Álbum de leitura: memórias de vida, histórias de leitoras

FUNDAÇÃO EDITORA DA UNESP

Presidente do Conselho Curador
José Carlos Souza Trindade

Diretor-Presidente
José Castilho Marques Neto

Editor Executivo
Jézio Hernani Bomfim Gutierre

Conselho Editorial Acadêmico
Alberto Ikeda
Antonio Carlos Carrera de Souza
Antonio de Pádua Pithon Cyrino
Benedito Antunes
Isabel Maria F. R. Loureiro
Lígia M. Vettorato Trevisan
Lourdes A. M. dos Santos Pinto
Raul Borges Guimarães
Ruben Aldrovandi
Tânia Regina de Luca

Lilian de Lacerda

Álbum de leitura: memórias de vida, histórias de leitoras

Prefácio de Roger Chartier

© 2003 Editora UNESP

Direitos de publicação reservados à:
Fundação Editora da UNESP (FEU)
Praça da Sé, 108
01001-900 – São Paulo – SP
Tel.: (0xx11) 3242-7171
Fax.: (0xx11) 3242-7172
Home page: www.editora.unesp.br
E-mail: feu@editora.unesp.br

Dados Internacionais de Catalogação na Publicação (CIP)
(Câmara Brasileira do Livro, SP, Brasil)

Lacerda, Lilian de
  Álbum de leitura: memória de vida, histórias de leitores / Lilian de Lacerda. — São Paulo: Editora UNESP, 2003.

  ISBN 85-7139-464-4

  1. Autobiografias 2. Feminismo 3. Memórias autobiográficas 4. Mulheres – Biografia 5. Mulheres – Livro de leitura 6. Mulheres – Psicologia I. Título. II. Título: Memória de vida, histórias de leitoras.

03–2112   CDD–002.082

Índices para catálogo sistemático:
1. Mulheres : Livros e leituras : História   002.082

Editora afiliada:

Asociación de Editoriales Universitarias
de América Latina y el Caribe

Associação Brasileira das
Editoras Universitárias

Às mulheres ilustres, desconhecidas e anônimas que no passado escreveram memórias, fizeram história e participam comigo desta metamemória.

À menina que me ensinou a amar, minha filha Stéphanie.

À mulher que soube acreditar, minha orientadora Magda.

Aos meus pais Terezinha e Maurício, que abriram minha história.

Agradecimentos

A definição por este trabalho revelou-se tão instigante que os desafios foram se transformando durante o exercício da pesquisa. As bibliotecas e acervos pessoais, os alfarrábios, os congressos e encontros de pesquisa, as trocas com leitoras e "amadores" de livros, de histórias e de memórias aproximaram-me, ainda mais, de meus objetos de investigação, de voz e corpo femininos. Tudo foi possível com a participação de diferentes sujeitos e instâncias com quem partilho agradecimentos, seja por minhas palavras, seja por trechos musicados e poesias que ouvi/li durante a produção deste texto final.

Magda Soares: gosto muito raro trago em mim por ti!

Maria José Viana: surpresa pela sua grandeza!

Antônio Augusto: pelos trabalhos juntos, as aulas, as trocas, as referências concedidas e a sensibilidade em um momento importante!

Maria das Graças de Castro e Sena: gosto de ver você no seu ritmo, sentir seu estilo!

Maria das Graças Bregunci: as coisas findas, muito mais que lindas estas ficarão!

Cynthia Greive: densidade e rigor que reafirmaram os caminhos desta investigação: maturidade para dizer não, reconhecimento para dizer sim!

José Mindlin: um daqueles que velam pela alegria do mundo!

Cristina Antunes: entre saudades: sem livros; entre alegrias: com livros!

Marlyse Meyer: pela adesão nos primeiros passos e as surpresas nos encontros posteriores!

Roger Chartier: meu trabalho é te traduzir. Tudo é bom de ver!

Angela Senra: porta de entrada nas terras da história da literatura em Mariana!

Maria Lourdes Eleutério: força de aderir ao texto o corpo e sua experiência, construído numa linguagem enxuta, poética mantendo a precisão!

Sandra Reimão: novelas de ontem e de hoje, texto em papel e em tela compartilhados no Recife e em Campinas!

Zahidé Muzaart: força de abolir o anonimato e deixar encarnar a poesia, a ficção, o romance. Pelo belo trabalho na Editora das Mulheres e pelas descobertas enviadas às minhas mãos!

Lilian Gadernal: todo conhecimento da intimidade das coisas é imediatamente um poema!

Maria Lúcia Hilsdorf: descobrir o ovo, a raiz, o núcleo, o germe do próprio objeto, e portá-los sem nenhum superlativo, mas com olhos e mãos superlativos com o suplente microscópio!

Márcia Hilsdorf: saudade da amiga paulista que se despediu há tempo. A faculdade, a noite, a espuma no dourado da cerveja!

Márcia Abreu: um certo sentido de beleza companheira, marcado entre sorrisos e seu humor inteligente!

Arisnete: para ser grande, sê inteiro. Sê todo em cada coisa. Põe quanto és no mínimo que fazes.

Elzira Perpétua: pelos papéis localizados!

Maria Lúcia Mott: pelos "papéis avulsos" e tudo que veio junto às cartas!

Ana Maria: amiga de Sergipe: botão de rosa menina, carinhosa, pequenina!

Ligia Prado: as novelas pelo Brasil joanino abriram minhas buscas e perspectivas.

Aparecida Paiva: pela partilha durante a definição do percurso.

Márcia Delgado: qualquer coisa que se sonha, canta e dança... que dará!

Laura: equilibrista que me ensinou a andar em corda bamba!

Jaqueline Grammont: para desentristecer... basta encontrar você no caminho!

Maria del Pilar: pelas surpresas de carinho em noites longas!

Graça Costa: nos dias tristes e nos dias melhores. Obrigada por todos eles!

Iria: terna guarida para um coração que esteve tão cheio de "não sei" e de "como será"!

Luzia Couto: poetiza que se deixa perder na vertigem dos poemas, obcecada como é pelo verso concentrado em outros versos!

Ao CEALE: espaço de iniciação: dez anos de história e de abrigo.

Ao CNPq: amanhã apesar de ontem, mesmo que uns não queiram, a vida é para vicejar...

Nádia e João: papel e tinta: objetos de ofício; sorrisos e gentilezas: atributos de pessoas especiais!

Aos professores do Programa de Pós-Graduação: caminhando contra o vento, sem lenço, sem documento... Gosto muito de vê-los caminhando sob o sol!

Raquel (revisão de português), Vívien (diagramação, editoração e programação visual), Joel (audiovisual), companheiros que escreveram, ilustraram e registraram comigo esse itinerário de viagem, minha gratidão e respeito!

Mauro e Daniel Alvarenga (companheiros na FaE/UFMG): pena não estarem mais entre nós!

Ricardo Miranda, Joefisson Saldanha e Mary (Bibliotec), Élcio (Decae/FaE), Rose (Diretoria FaE), Gláucia e Neuza (funcionárias da Pós-Graduação), Luíza e Claudinho (CEALE): tantos anos juntos: encontros, sorrisos, préstimos e dedicação!

Rose: irmã de todo esplendor, brilha nos lugares onde estou e aonde vou.

Sandra e Flávio: sonho de um é sonho, sonho de dois é realização!

Maraca: por compartilhar tudo que há em mim de grave e de carinhoso!

Lurdinha Mello: irmã das coisas fugidias... se desmorono ou se edifico, se permaneço ou me desfaço, não sei se ficou ou se passou. Não sei... não sei... Sei que canto e a canção é tudo. Tem sangue eterno a asa ritmada!

Luciene: serenidade em gestos, afeto e olhares!

Luda, Alessandra, Pierre Weill, Francisco di Biase, Zé Rubens e Roberto Crema: pessoas bonitas têm algo em comum com os anjos: são deste mundo!

Silvana e Nilo: as afinidades, os aniversários, os incidentes pessoais compartilhados.

Antônio Brasil, Marco Aurélio, Antônio Bessa, Áurea, Maria do Carmo, Zenith, Ana Laura, Carlos, Alberto, Geralda e Conceição: sangha – fonte de força, energia, solidariedade!

Minha família: onda do mar do amor que bateu em mim!

Centro de Estudos do Ciclo do Ouro: oh! Minas Gerais, quem te conhece não esquece jamais...

Instituto de Estudos Brasileiros/USP: obrigada à equipe pelos seus magníficos guardados!

Biblioteca José Mindlin: lugar onde sonhos se encontram em prateleiras!

Editora das Mulheres: segue o teu destino, rega as tuas plantas, ama as tuas rosas. Raro projeto de encanto, trabalho e memória!

Biblioteca Mário de Andrade e sua Seção de Obras Raras: silêncio, só os livros conversavam!

Biblioteca Lincoln Rocha Júnior: encontros, agora, em final de processo!

Livraria Alfarrábio Ltda. (Eduardo e Amélia), Páginas Antigas, Sebo Brandão, Calil e Brooklin: uma travessia de surpresas!

Ática: megalivraria – uma pena ter se perdido!

IBGE (Belo Horizonte e São Paulo): primeiros passos, espaços da pesquisa!

Livraria UFMG e Livraria da Edusp: busca, achados, aquisições!

Biblioteca Ana Maria Poppovic e Fundação Carlos Chagas: à pessoa de Ana Maria, que vasculhou comigo as referências e generosamente encaminhou as reproduções.

Faculdade de Educação (UFMG, USP e Unicamp): espaços abertos não só pelo acervo catalogado, mas pelo profissionalismo de funcionários e chefes.

Projeto Memória de Leitura: que viagem é navegar por ali!

Projeto Pau-Brasil Livraria e Biblioteca Nacional do Rio de Janeiro: feliz achado para uma internauta aprendiz em noites de insônia!

Núcleo de Estudos e Pesquisa sobre a Mulher – NEPEM/Fafich/UFMG: espaço fecundo nas trocas com suas pesquisadoras durante o encontro anual em 1998.

Sumário

Prefácio: Mulheres de Papel — 17
Apresentação: *Guardei na memória* — 27

Primeira parte: Documentando as narrativas
  1 *Companheiros de viagem* — 37
    Entre autobiografias, memórias e diários — 38
    Produção e publicação da literatura memorialística — 47
    Vestígios da memória — 57
    As narrativas eleitas — 73

  2 *Vozes do silêncio* — 87
    Quase todas Marias — 88
    Anna Ribeiro de Goes Bittencourt — 89
    Maria da Glória Quartim de Moraes — 102
    Maria Isabel Silveira — 110
    Maria Eugênia Torres Ribeiro de Castro — 115
    Adélia Pinto — 120
    Carolina Nabuco — 124
    Laura Oliveira Rodrigo Octávio — 129
    Hermengarda Leme Leite Takeshita — 135
    Maria Helena Cardoso — 141
    Maria José Dupré — 145
    Maria de Lourdes Teixeira — 152
    Zélia Gattai — 157

  3 *A rede era furta-cor* — 167
    Mães e filhas leitoras — 169

Avós leitoras	190
Pais e filhas	195
Maridos e amores	210
Irmãs e irmãos	217
Outras personagens, outros leitores	222

4 *Elos de uma corrente: seguidos de outros elos* 233
- O diário como objeto de leitura — 235
- Os serões domésticos, a recitação e as visitações — 243
- Traços da tradição oral — 250
- Leituras lidas, leituras ouvidas — 260
- A materialidade e as formas de circulação dos impressos — 267
- Textura e costura — 273
- Espaços de leitura — 275
- A música, o teatro, o cinema — 287
- O contexto socioescolar — 296
- Obras de destinação escolar — 298
- Algumas práticas escolares de leitura — 309

5 *Os caminhos* 315
- Vidas de meninas, imagens de infância — 317
- Jovens e mães, mulheres de papel — 335
- Do trigo ceifado à velhice em memória — 355

Considerações finais: *Quase tudo* 363
- Aquém do outro, além de mim — 363

Segunda parte: Documentando o percurso
Literatura autobiográfica pesquisada (1893 a 1990)
Lista 1 — 375
Obras que não informam sobre a trajetória de leitura das memorialistas
Lista 2 — 385
Obras que tematizam a leitura, mas não fornecem pistas sobre os processos de formação das leitoras
Lista 3 — 389

Memória de leituras
   Lista 4 — 394
   Lista 5 — 403
   Lista 6 — 409
   Lista 7 — 417
   Lista 8 — 419
   Lista 9 — 422
   Lista 10 — 430
   Lista 11 — 442
   Lista 12 — 450
   Lista 13 — 457
   Lista 14 — 463
   Lista 15 — 474
   Inventário de fontes — 479

Prefácio

Mulheres de papel

O *Álbum de leitura* que Lilian Maria de Lacerda lhes propõe folhear em sua companhia é um livro como poucos. Associando com graça análises rigorosas, citações literárias e imagens antigas, ela demonstra que uma pesquisa histórica que respeita todas as exigências do trabalho científico, não exclui – muito pelo contrário – uma relação íntima e sensível com o passado. O leitor, eu antes e agora vocês, encontra nesta obra as alegrias fugazes e as grandes tristezas, as coerções sofridas e as difíceis conquistas que marcam todas as existências. As leitoras presentes nestas páginas fizeram confidências à folha em branco, tornando-se assim autoras da narrativa da própria vida. Ao descobrirem a leitura e a literatura, elas puderam inventar novos espaços de liberdade, e mais, descobriram-se a si mesmas no espelho dos livros. Lendo a obra de Lilian Maria de Lacerda tenho certeza de que a mesma coisa acontecerá com vocês.

Sua originalidade mais fundamental provém do entrecruzamento de três campos de estudo e de reflexão geralmente separados: a história das práticas de leitura, a história da escrita autobiográfica e a história das mulheres – entendida como a história da relação entre os sexos e das formas da dominação masculina. Antes de mostrar como essas diferentes perspectivas se entrelaçam neste belo *Álbum*, gostaria de situá-lo na biblioteca de que faz parte e enfatizar tudo o que nos ensina de novo.

Nestes últimos anos multiplicaram-se no Brasil os estudos dedicados à história das leituras como o atesta a riqueza das comunicações apresentadas no I Congresso de História da Leitura e do Livro no Brasil, organizado em Campinas em outubro de 1998 pela Associação de Leitura do Brasil.[1] A atenção dos pesquisadores brasileiros focalizou-se sobre as formas de sociabilidade que acolhem as práticas de leitura, sobre a diversidade das competências e das modalidades de leitura segundo o pertencimento social, sexual, geográfico, étnico ou religioso, ou ainda sobre os gêneros impressos mais difundidos: os almanaques[2] ou os folhetins publicados nos jornais.[3] O livro de Lilian Maria de Lacerda apóia-se nesse impressionante conjunto de estudos, que não encontra equivalente em nenhum outro país, a fim de prolongá-lo e aprofundá-lo em duas direções. Por um lado, ela se dedica às formas próprias da aprendizagem feminina da leitura e da escrita no seio da família; por outro, identifica com precisão as situações de leitura e os objetos lidos descritos em suas autobiografias pelas mulheres brasileiras nascidas entre meados do século XIX e o início do século XX.

Por meio de um deslocamento essencial do olhar, Lilian Maria de Lacerda não considera essas narrativas de vida apenas uma fonte de informações sobre as práticas de leitura de suas autoras, mas objeto mesmo da interrogação.[4] Como, numa época em que continua forte o antigo preconceito que limita o acesso das mulheres à escrita, considerada uma competência perigosa, algumas entre elas puderam se apoderar dessa competência e redigir a história da sua existência? Para responder a esta questão, a pesquisa acompanha minuciosamente a trajetória de composição e de publicação dos textos autobiográficos. Ela mostra que, na maior parte das vezes, estes são precedidos por práticas de escrita mais espontâneas e menos regradas: por exemplo, os cadernos ou diários íntimos feitos pelas moças e que, mais tarde,

---

1   As Atas do Congresso serão editadas por Márcia Abreu com o título *Leitura, história – a história da leitura*, Campinas, Editora Mercado das Letras e Associação de Leitura do Brasil (Cf. em particular o posfácio de Lilian Maria de Lacerda, "Balanços e perspectivas da história da leitura no Brasil").
2   PARK, Margareth Brandini. *Histórias e leituras de almanaques no Brasil*. Campinas: Mercado de Letras e Associação de Leitura do Brasil, 1999.
3   MEYER, Marlyse. *Folhetim: uma história*. São Paulo: Companhia das Letras, 1996, e *As mil faces de um herói-canalha e outros ensaios*. Rio de Janeiro: Editora UFRJ, 1998.
4   Os trabalhos pioneiros sobre o gênero autobiográfico são os de LEJEUNE, Philippe. *Le Pacte autobiographique*, Paris: Editions du Seuil, 1975; *Je et un autre..L' autobiographie, de la littérature aux médias*, Paris: Editions du Seuil, 1980; *Pour l'autobiographie: chroniques*, Paris: Editions du Seuil, 1998; e *Les brouillons de soi*, Paris: Editions du Seuil, 1998.

alimentam a narrativa de sua vida. A autobiografia é assim considerada a forma mais acabada de uma longa prática da escrita e se encontra incluída no conjunto das produções escritas que acompanham o cotidiano feminino: livros de contabilidade, livros-razão, cadernos de textos copiados, correspondências.[5]

A trajetória das narrativas autobiográficas femininas não termina com a sua redação. Com efeito, muitas foram publicadas, porém com uma grande distância cronológica. O tempo da edição não é o da escrita. No período que as separa se introduzem as múltiplas intervenções que transformam uma escrita pessoal, destinada a leitores familiares e pouco numerosos, num livro que resulta de um trabalho de edição feito, segundo os casos, por membros da família, pesquisadores ou "copy editors" das editoras. Ao prestar atenção a esses distanciamentos, Lilian Maria de Lacerda lembra que o estatuto, o significado e a forma dos textos são sempre móveis e instáveis. A trajetória das narrativas de vida o demonstra claramente, uma vez que conduz o "mesmo" texto do manuscrito autógrafo ao livro impresso, da reflexão sobre si ao olhar público, do gesto íntimo e solitário da escrita às decisões, preferências e censuras dos diferentes atores implicados no processo de publicação. A lição não vale somente para os textos que constituem este *Álbum*. Ela deve ensinar a cada um de nós que os autores não escrevem os livros, mas que estes sempre supõem escolhas, competências e gestos que não são os da escrita, e sim os das empresas editorial e gráfica.

Ao respeitar cuidadosamente esses distanciamentos, este livro é uma contribuição sutil à história das mulheres, construída sobre dois modelos de compreensão da diferença entre os sexos. O primeiro é etnológico e dirige a atenção às rupturas que escandem tanto a existência feminina como a organização de sua narrativa na escrita autobiográfica.[6] É, com efeito, a sucessão dessas passagens mais ou menos ritualizadas (a

---

5   Sobre essa escrita feminina costumeira, cf. ARIÈS, Philippe, DUBY, Georges (dir.) *Histoire de la vie privée*, t. IV, volume organizado por Michelle Perrot. Editions du Seuil, 1987 (trad. brasileira: *História da vida privada*, t. IV, Da Revolução Francesa à Primeira Guerra. São Paulo: Companhia das Letras, 1991); DAUHIN, Cécile, PÉZERAT-LEBRUN, Pierrette, POUBLAN, Danielle. *Ces bonnes lettres. Une correspondance familiale au XIXe siècle*. Paris: Albin Michel, 1995.
6   Esta perspectiva está presente nos dois belos livros de VERDIER, Yvonne. *Façons de dire, façons de faire*. Paris: Gallimard, 1979; *Coutume et destin. Thomas Hardy et autres essais*. Paris: Gallimard, 1995.

puberdade, o casamento, a maternidade, a velhice) que define os papéis femininos próprios a cada uma das idades, assim como as práticas culturais, legítimas ou ilícitas, que lhes correspondem. É essa mesma sucessão que constrói as "mulheres de papel" representadas, imaginadas ou sonhadas pela escrita. Lilian Maria de Lacerda entrelaça assim, magnificamente, o ciclo dos papéis femininos com as existências que escrevem a página do diário ou da narrativa de vida:

"Mulheres de papel? Sim, já que suas histórias são, hoje, imagens construídas sobre papéis. Suas experiências de vida foram atravessadas por muitos papéis; suas relações de meninas a mulheres estiveram submetidas à força e imposição de certos papéis sociais; seus desejos, intimidades e fantasias... escamoteados nas linhas dos papéis que produziram sobre si mesmas; a feminilidade e a identidade feminina de cada memorialista escondem-se por detrás dos papéis, tanto o de seus registros pessoais, como aqueles que dizem respeito às relações sociais".

O segundo modelo de compreensão das diferenças entre os sexos é sociológico e situa a conquista feminina da cultura escrita no interior de uma tensão sempre presente entre coerções e liberdade, ou melhor, como escreve Lilian Maria de Lacerda, entre "liberdades tuteladas" e "modelo transgredido". Donde ao mesmo tempo a submissão e a distância das leitoras em relação a um modelo muito antigo de alfabetização que supõe, por um lado, o saber ler das mulheres e o controle das leituras que lhes são próprias e, por outro, o monopólio dos homens sobre a escrita, considerada um instrumento de poder e de emancipação.[7] As autoras das autobiografias coletadas neste *Álbum* mostram que em certos meios sociais e em certas circunstâncias uma tal representação, coletivamente partilhada, pode ser subvertida pelo domínio feminino da escrita e pela leitura das obras que lhes são proibidas. Mas nunca as mulheres biógrafas por si mesmas podem escapar totalmente às convenções que governam sua condição. A dominação masculina só pode se perpetuar se os distanciamentos e as desigualdades que a fundam são interiorizados por aquelas mesmas que são suas vítimas.[8] As exigências da escrita re-

---

7 SANDERS, Eve Rachele. *Gender and Literacy on Stage in Early Modern England*. Cambridge: Cambridge University Press, 1998.
8 BOURDIEU, Pierre. *La domination masculine*. Paris: Editions du Seuil, 1998.

duplicam essa submissão aos estereótipos dos papéis femininos, obrigando aquelas que pegam da pena a expor sua vida nas figuras esperadas dos destinos de mulheres.

Este livro fornece, assim, uma contribuição preciosa e original à reavaliação da escrita autobiográfica, objeto de grande atenção nos últimos anos.[9] Ele leva a interrogar sobre o momento primeiro, que é a decisão de escrever sua vida. Quais são os acontecimentos, as razões ou os sentimentos que levam à escrita? Lilian Maria de Lacerda insiste na dimensão afetiva desse gesto, ligado à melancolia em face de um passado desaparecido, à nostalgia provocada pela consciência do tempo que se esvai e das coisas perdidas. E, de fato, oito das 12 narrativas de vida mais particularmente estudadas no *Álbum* que ela nos oferece são uma escrita da velhice, começada depois dos setenta anos. Talvez fosse possível, numa tipologia mais ampla dos motivos que comandam a escrita autobiográfica, encontrar outras razões: uma mudança de condição e a vontade de lembrar (e se lembrar) uma trajetória social pouco comum, ou o desejo de fixar a memória familiar e, assim, ter garantias contra o esquecimento, ou ainda uma experiência forte, perturbadora, que torna imperiosa a reflexão sobre si.

O conjunto dos textos coletados convida, igualmente, a refletir sobre as censuras impostas a uma escrita que, no entanto, ultrapassa as coerções habituais que regem as condutas femininas. Elas são de duas ordens. As censuras da memória fazem com que certos episódios da existência passada sejam esquecidos, recalcados pela consciência, enterrados num segredo que o próprio indivíduo não pode revelar. Quanto às censuras da escrita, elas excluem da narrativa de vida o que não pode ser dito, mesmo num texto que não é destinado à publicação, e mesmo se seu único leitor é aquele ou aquela que o redige.

Lilian Maria de Lacerda abre ainda uma outra via de interrogação ao prestar atenção às formas mesmas das narrativas de existência. Formas

---

9   Ver o livro recente de AMELANG, James. *The Flight of Icarus: Artisan Autobiography in Early Modern Europe*. Stanford: Stanford University Press, 1998; e as edições de textos de JAMEREY-DUVAL, Valentin. *Mémoires. Enfance et éducation d' un paysan au XVIIIe siècle*. Prefácio, introdução, notas e anexos de Jean Marie Goulemot (Paris: Editions Le Sycomore, 1981) e de Jean-Louis Ménétra, artesão vidraceiro no século XVIII (*Journal de ma vie*, org. por Daniel Roche. Paris: Montalba, 1982; reed.: Paris: Albin Michel, 1998).

materiais, em primeiro lugar. A unificação imposta pela publicação impressa não deve ocultar a realidade primeira dos suportes da escrita pessoal: folhas separadas, agendas, cadernos, cópias, textos caligrafados ou datilografados etc. À coerência do projeto autobiográfico, à verdade primeira e espontânea da escrita, se opõe a diversidade dos materiais que acolhem uma escrita que risca, corrige e recopia.[10] Formas narrativas, em segundo lugar. Tomar da pena para escrever sua vida não é uma coisa óbvia, sobretudo para aqueles e ainda mais aquelas que não são profissionais da escrita. Donde o recurso encontrado nos textos lidos que fornecem modelos passíveis de ser imitados.[11] Os romances constituem provavelmente o gênero mais freqüentemente mobilizado pelas autobiógrafas brasileiras que nele colhem maneiras de dizer, situações, fórmulas narrativas. É, pois, necessário inverter o procedimento habitual aos historiadores e deixar de considerar as narrativas de vida apenas uma fonte que permite encontrar as leituras de seus autores, mas levar em conta os textos que leram como um repertório de modelos disponíveis para a escrita pessoal.

A autenticidade dessa escrita é garantida de diferentes maneiras. A mais fundadora consiste no pacto do autor consigo mesmo, que supõe o engajamento íntimo e pessoal de enunciar a verdade dos fatos e dos sentimentos. Mas, por vezes, essa decisão interior parece não bastar, e a narrativa de vida convoca outros traços da memória individual ou coletiva, aptos a certificar a exatidão da lembrança e da escrita: fotografias, jornais, documentos etc. A publicação impressa das autobiografias implica um trabalho de "edição" ("editing") que reforça o diálogo assim travado entre as existências singulares e o destino coletivo, uma vez que transforma uma escrita íntima num testemunho histórico que é preciso situar no seu contexto.

Com a distância do tempo e as recomposições da memória, as narrativas de vida dão entrada nas leituras femininas. Lilian Maria de Lacerda descreve minuciosamente as situações de leitura (em particular as diferentes formas das leituras feitas em voz alta), reconstitui meticu-

---

10 Cf. o ensaio fundamental e pioneiro de HÉBRARD, Jean. "Tenir um journal. L'écriture personnelle et ses supports", comunicação no colóquio *Récits de vie et médias*, Université Paris X-Nanterre, no prelo.
11 AMELANG, James. *The Flight of Icarus*, op.cit., p.129-41.

losamente o conjunto dos livros, dos periódicos e dos jornais citados, e enfatiza a tensão entre as leituras obrigatórias e as leituras proibidas. Uma tal análise, inteiramente exemplar, permite ver como os mesmos gêneros e os mesmos textos são investidos de significações diferentes por seus leitores e leitoras. Mais do que se disse, uns e outros partilham os mesmos objetos impressos, mas o fazem com expectativas, percursos de leitura, interpretações diferentes. Há dois belos exemplos no nosso *Álbum*: de um lado, os jornais, leitura masculina por excelência mas recebidos pelas moças e mulheres da casa graças à leitura em voz alta pelo pai ou marido; por outro, os folhetins que também são lidos por homens. Se, pelo menos nas representações normativas, a diferença dos sexos deve regular a diversidade das competências culturais, a circulação dos gêneros impressos baralha a rigidez de tais distinções e torna pensáveis partilhas inéditas.

Como outras, mais que outras, talvez as leituras femininas incitem à escrita. Elas fornecem, como já dissemos, modelos que permitem pensar e redigir uma narrativa de vida. Mas elas alimentam também práticas mais modestas e mais habituais, cuidadosamente recenseadas por Lilian Maria de Lacerda: assim, por exemplo, a cópia de extratos dos livros lidos em cadernos manuscritos, ou então as cartas que evocam as leituras e que por vezes são acompanhadas de um artigo ou folhetim recortado do jornal. Inversamente, a escrita da intimidade pode trazer leituras feitas em conjunto: o diário pessoal, do mesmo modo que os romances, se transforma então num texto partilhado entre amigas do peito. Tais análises convidam a considerar a cultura escrita no seu todo e a apagar as fronteiras excessivamente herméticas que as tradições de estudo ergueram entre leitura e escrita, objetos manuscritos e publicações impressas.

O livro de Lilian Maria de Lacerda sugere ainda muitos outros temas de reflexão. Falemos de dois deles. Em primeiro lugar, qual é o papel do ensino na escolha das leituras ou na lembrança destas? Seria apaixonante confrontar o conjunto dos autores citados e das obras lidas pelas autobiógrafas com os textos presentes nas antologias escolares ou nas coletâneas de trechos escolhidos. Por outro lado, não podemos deixar de ficar impressionados pelo lugar ocupado pelos autores e obras franceses nas leituras mencionadas pelas leitoras brasileiras. Ficam ao lado uns dos outros autores do século XVII (Corneille, Racine, Molière,

La Fontaine), os poetas do século XIX (Hugo, Lamartine, Baudelaire, Verlaine), romancistas populares (Bernardin de Saint-Pierre, Balzac, Zola, e duas mulheres entre os homens, Georges Sand e a condessa de Ségur), os folhetinistas (Alexandre Dumas, Eugène Sue, Ponson du Terrail, Michel Zévaco), escritores contemporâneos (Edmond Rostand, Anatole France, Marcel Proust, Paul Claudel, André Gide, Paul Bourget, Pierre Loti, Charles Péguy) e revistas de todos os tipos: culturais, literárias, femininas etc. Nem sempre é fácil saber se esses textos foram lidos no original francês ou em tradução ou adaptação para o público brasileiro. Em todo caso, essa onipresença da "literatura" francesa leva a que nos interroguemos sobre os hábitos intelectuais e os mecanismos editoriais que lhe asseguraram tão longo sucesso, tanto nas suas formas canônicas como nas mais populares.

Álbum de leitura é um livro erudito, inventivo, original. Mas traço mais raro para um livro de história, ele é habitado por uma emoção contida, um sentimento discreto da fragilidade das coisas. Ele fala das dores secretas, das felicidades efêmeras, dos combates tenazes. Estabelece com os seres do passado, transformados em seres de papel, uma relação de amizade e ternura. Desta vez a história é também poesia.

Roger Chartier

Tradução de Isabel Loureiro

O assoalho, que os outros pisam indiferentes, tem, no entanto, suas paisagens secretas.

Há um outro mundo, no assoalho que se pisa indiferente. E os grossos pés ignorantes andam sobre essas maravilhosas coisas, sobre os palácios e as flores, sobre os peixes e os olhos dos santos... Há outros mundos, também, noutras coisas esquecidas; nas cores do tapete, que ora se escondem ora reaparecem, caminhando por direções secretas. As pessoas de pé, olhando de longe e de cima, pensam que tudo são flores, grinaldas de flores... flores... Mas OLHINHOS DE GATO bem sabe que ali há noites, dias, portas, jardins, colinas, plantas e gente encantada, indo e vindo, e virando o rosto para lhe responder, quando ela chama...

Por isso é tão bom andar pelo chão, como os gatos e as formigas. Por baixo das mesas e das cadeiras reina uma frescura que a madeira conserva como a sombra que projetou no tempo em que foi árvore. E desse lado é que se pode ver como certas coisas são feitas: recortes, parafusos, encaixes, pedaços de cola... É desse lado que as coisas são naturais e verdadeiras, como nós, quando nos despimos. O avesso dos panos é uma revelação: que estranhos caminhos tem de seguir cada fio para, em sentido contrário, formar os desenhos que todos admiram!

Que gosto de longe – mas de um outro longe – há em cada objeto, em cada animal, em cada criatura! E que paciência de obedecer a um secreto compromisso! Tão sérias, as coisas! Tão sérios, os animais e as plantas! Muito mais sérios que as pessoas. Envoltos num sonho espesso. Andando, comendo, crescendo – mas sempre dormindo. Viajando como nós todos para a morte, mas ainda mais indefesos. E tudo morre! Tudo?

MEIRELES, Cecília. *Olhinhos de gato*. 3.ed. São Paulo: Moderna, 1983. p.8-9.

Apresentação

Guardei na memória

Andei pelo passado através de papéis. Papéis antigos, saídos de sótãos, com aspecto velho...

Desses papéis, a memória reconstrói lembranças de lugares, de pessoas e de práticas sociais como um velho álbum de família, cujos retratos permitem reconstituir o ontem, o antes de ontem e o antes de antes de ontem.

Esses papéis foram reunidos sob a forma de livros que podem ser identificados como memórias, autobiografias e diários. Muitos só foram editados depois de anos ou décadas de escritos. Outros foram escritos e publicados após algumas conquistas dos direitos femininos, são o resultado de novas configurações sociais e a revisão de algumas práticas femininas na sociedade, em particular no comércio das letras.

Minha aproximação com fontes autobiográficas de autoria feminina deve-se, em primeiro lugar, ao interesse em compreender como mulheres brasileiras, natas ou naturalizadas, no passado remoto, constituíram-se leitoras. Considerei, no estudo, a herança patriarcal, a divisão sexual nas formas de sociabilidade, a moral católica nos traços da formação brasileira e as obstruções históricas e culturais por elas enfrentadas para a alfabetização, a escolarização e a profissionalização. Deve-se, em segundo lugar, ao fato de existir, desde 1991, já mapeadas e recuperadas, um número significativo de autobiografias femininas,[1] das quais pude me aproximar.

---

1 VIANA, M. J. M. *Do sótão à vitrine: memórias de mulheres*. Belo Horizonte: Editora UFMG, 1993.

A escolha dessas fontes justifica-se por tratar de uma documentação potencial à investigação de tipo bibliográfico e aos estudos de práticas de leitura, ainda bastante incipiente no campo da Educação e só, mais recentemente, explorada pelos historiadores da literatura, sociólogos e outros pesquisadores interessados no feminino, no memorialismo e na produção literária feminina.

Procurei, nesses papéis, vestígios da forma feminina de se relacionar com a leitura ou de apropriar-se dela, marcas da circulação da leitura nos espaços da rua, da cidade, das escolas e das fazendas. Sinais dos usos da leitura na rotina doméstica, nos hábitos familiares e nas práticas culturais no passado remoto.

Além de descobri-los, encontrei mulheres de ontem e de hoje em versões autênticas e valiosas para e como documentação a respeito da leitura de corpo feminino e para a história social da mulher. Suas narrativas assemelham-se a velhos álbuns de família, cujas páginas e imagens possibilitam o recuo no tempo e o contato com a herança pessoal e social da vida nas fazendas e cidades do Brasil imperial e republicano.

Das narrativas femininas, não pude recolher somente as imagens de leitura, as informações sobre títulos lidos e as condições de possibilidade e de impossibilidade de leitura das mulheres. As histórias são marcadas por catarses, representações, desejos, lutas e perdas em condições desiguais de existência.

Alguns depoimentos evidenciam a dominação e a opressão dos homens às mulheres, outros demonstram percursos de vida fora dos moldes convencionais e sem o absoluto domínio masculino, acentuado pelo regime patriarcal então dominante. As tensões entre homens e mulheres estão nesses depoimentos mediadas pela posição de classe, pela participação feminina na renda familiar e pela capacidade de liderança na direção da casa, da fazenda, da criadagem e de outras atividades sob a responsabilidade da mulher, realizadas, muitas vezes, sem a presença dos maridos.

Esse trabalho com a memória, com o avesso dos panos, como diz Cecília Meireles, tem sido uma revelação. Compor e recompor as memórias em dados que não estão previamente prontos, que têm gosto de longe – mas de um outro longe –, com o qual precisei me familiarizar para compreender e construir um ponto de vista, ainda que provisório e parcial.

Por causa do valor auto-referencial dos textos, o trabalho com a memória recupera alguns acontecimentos e fatos, mas também oblitera, negligencia e omite outros. A linguagem utilizada é, em sua maior parte, simples e despretensiosa, mas nem por isso abandona as metáforas e outros recursos estilísticos. Como escreveu Cecília Meireles, as memórias são como florestas densas que escurecem; seus testemunhos exigem o olhar para o que está por debaixo das mesas e das cadeiras: recortes, parafusos, encaixes, pedaços de cola... as coisas naturais e verdadeiras. Os dados não estão *a priori* construídos, as informações nem sempre estão na superfície dos textos e exigem um trabalho de combinação, recomposição, montagem, cruzamento, complementação e análise.

O resultado final deste trabalho também é assim. O texto ora apresentado esconde as marcas do percurso acadêmico, de suas condições de produção, de qualificação e das intenções pretensiosas no início da pesquisa. Nestas páginas estão camuflados os recortes, as alterações e as discussões que constituíram o trabalho de orientação da tese, sem o qual não teria sido possível realizá-lo e concluí-lo. Sublinearmente permanecem as angústias ocasionais e a dificuldade freqüente com a solidão da escrita e com os retratos de solidão em muitos dos depoimentos femininos que li e reli.

Assim, este texto é resultado de um trabalho de 'pentimento', nome cunhado por Lillian Hellman e que ela assim o define:

À medida que o tempo passa, a tinta velha em uma tela muitas vezes se torna transparente. Quando isso acontece, é possível ver, em alguns quadros, as linhas originais:

> [...] através de um vestido de mulher surge uma árvore, uma criança dá lugar a um cachorro e um grande barco não está mais em mar aberto.
> Isso se chama pentimento, porque o pintor se arrependeu, mudou de idéia. Talvez se pudesse dizer que a antiga concepção, substituída por uma imagem ulterior, é uma forma de ver, e ver de novo, mais tarde.[2]

---

2 HELLMAN, Lillian. *Pentimento: um livro de retratos*. Rio de Janeiro: Francisco Alves, 1981. Epígrafe, p.3.

O que se lê neste trabalho já não é, propriamente, o que se produziu no começo e ao longo da investigação. A leitura crítica sobre o material memorialístico e a revisão do percurso da tese redundou em freqüentes alterações, inclusões, seleções e reestruturações.

Este resultado é uma forma de ver, ver de novo, mais tarde, a história de vida e de leitura de um grupo de brasileiras nascidas entre 1843 e 1916. Entre as reminiscências do passado, interessaram-me as lembranças que narram as condições de acesso ao escrito; as imagens e representações femininas sobre a leitura; os usos e práticas sociais em torno dos textos e impressos e seus modos de recepção, transmissão e representação cultural.

O estilo narrativo acabou sendo privilegiado como forma textual neste trabalho. Não apenas porque é uma modalidade bastante adequada para a proposta de metanálise das obras autobiográficas, mas porque afina-se com o estilo de escritura adotado pelas memorialistas para contar e descrever a realidade vivida.

No entanto, o tom narrativo, mais que uma escrita propriamente narrativa, ajusta-se às imposições do discurso acadêmico e às condições de enunciação do contexto em que este trabalho se insere. Narrar, nesse contexto, significa recontar histórias que descrevem, expõem e (co)memoram certos pontos de vista sobre a leitura e seus usos.

O que se pretende, então, é assumir, o mais possível, uma caligrafia adequada ao procedimento de metanálise sobre as narrativas femininas, e para isso parece importante destacar que uma narrativa sobre narrativas femininas prende-se tanto às condições do contexto de sua produção e materialidade quanto às injunções históricas e sociais da época em que as mulheres viveram e escreveram seus depoimentos.

Nessa perspectiva, a atividade da memória ou com a memória significou que as mulheres saíram do anonimato e tornaram públicas suas lembranças íntimas, embora a educação que tiveram, por um longo período, tenha sido, ao contrário, a negação de suas identidades pessoais, a amortização de seus desejos e sonhos ou "o decoro do esquecimento de si".[3]

---

[3] LE GOFF, Jacques. *História e memória*. Trad. Bernardo Leitão et al. Campinas: Unicamp, 1994. p.423.

O trabalho com a memória é quase sempre catártico. A exposição freqüente do 'eu', das intimidades, das frustrações, das transgressões, dos preconceitos e de um sem-número de revelações torna cada memorialista uma mulher, embora cada perfil retrate aspectos comuns de um contexto social específico, sobretudo quanto à construção da identidade feminina.

De acordo com Le Goff,[4] há dois séculos de história o homem tem sido objeto de ciência e de estudo, mas o reconhecimento da história da mulher só muito recentemente foi valorizado e, por isso, os resultados dos estudos já produzidos ainda são retratos parciais.

A escrita sobre o passado reservou às mulheres pouco espaço de cena e de atuação. Os grandes feitos, as guerras e a política são privilegiados, na escrita da história oficial, como temas centrais e fora do alcance das mulheres.

Nessa perspectiva, é recorrente, notadamente nos depoimentos mais antigos, a reconstrução de memórias mais ligadas aos afazeres domésticos, às relações no mundo privado e aos temas que especulam sobre a educação familiar, moral e religiosa.

Entre os conteúdos da memória e as reminiscências que ilustram a vida social no passado, detive-me nas lembranças ligadas à leitura e aos processos de formação das leitoras ou, melhor dizendo, de um grupo em particular de leitoras. Por meio de combinações entre as informações das memorialistas e as singularidades presentes em cada depoimento, acabei identificando cinco pistas, que mais tarde tornaram-se cinco perspectivas, pelas quais é possível reconstituir as condições de uso e de partilha da leitura feminina com base no grupo selecionado.

Refiro-me, em primeiro lugar, à possibilidade de retomar a trajetória de algumas leitoras pela escritura memorialística, não somente pela natureza dessa literatura, mas também pelo contexto que marcou sua produção e publicação. A escritura memorialística dessas escritoras trouxe a público formas, estilos e conteúdos sobre a vida de mulheres.

Em segundo lugar, refiro-me aos traços que delineiam o itinerário de vida de cada uma das memorialistas. Na escrita dessas memorialis-

---

4 Idem, p.423-5.

tas, as informações sobre os grupos sociofamiliares, seus valores, práticas, pertenças étnicas e religiosas, apresentam certos usos e práticas da leitura ou de sua proibição.

Em terceiro lugar, procuro reconstituir, entre as condições de possibilidade da leitura feminina, os sujeitos que interferiram no processo de formação das leitoras, influenciaram-no e participaram dele.

Um quarto ponto de vista diz respeito às imagens de leitura relembradas e o que elas representam como pistas para a reconstituição dos processos, fatores e condições de possibilidade de uso e circulação da leitura. Acabei privilegiando as imagens em torno da escrita do diário, os serões domésticos, as práticas de visitação e de recitação, as leituras lidas e ouvidas, os traços de nossa tradição oral, a materialidade e formas de circulação de alguns textos e impressos, as redes de troca e de empréstimos, os espaços de leitura e as formas de educação e de formação das moças, num período em que a participação efetiva na vida pública e política não era extensiva às mulheres, aos pobres e aos negros da sociedade, como o era para os homens brancos, sobretudo os mais abastados.

Uma quinta possibilidade de revisão das práticas da leitura feminina refere-se à sua relação com os ciclos vitais: a infância, a mocidade, a vida adulta, o casamento, a maternidade, o trabalho feminino (com ou sem remuneração) e a velhice.

Essas perspectivas acabaram sendo exploradas em cinco capítulos distintos. Cada um deles complementa-se e articula-se a fim de reconstituir o conjunto de possibilidades, os sujeitos e os fatores que condicionaram o acesso de um grupo de mulheres à leitura.

O primeiro capítulo está organizado em duas partes e tem um caráter mais geral e metodológico. Na primeira parte do capítulo caracterizei os diários, as autobiografias e as memórias segundo suas condições de produção e de publicação e de acordo com a reconstrução das lembranças femininas. Na segunda parte do capítulo fiz um balanço da literatura memorialística por meio da análise do percurso de identificação e seleção das obras de interesse para a pesquisa, dentre as demais fontes autobiográficas que tomei como ponto de partida.

A literatura memorialística vem sendo considerada tanto objeto de análise como fonte documental. Como objeto de análise, procurei compreender sua história de produção e de editoração. Como fonte documental, procurei reconstituir pistas, vestígios e indícios sobre as condições da leitura no passado, as interdições históricas e sociais sofridas por mulheres para o acesso a certos bens culturais, as práticas femininas de uso da leitura e as formas de circulação e de disponibilização dos textos revelados nos depoimentos pessoais. Esses desafios representam, no seu conjunto, o caminho percorrido nesta investigação.

No segundo capítulo procuro delinear um perfil geral das 12 obras selecionadas como amostra. Nessa caracterização, procuro apresentar a obra e, quando possível, sua história de produção e de publicação, a trajetória sociofamiliar das memorialistas em relação, particularmente, ao acesso das mulheres aos impressos.

No terceiro capítulo aprofundo cada trajetória de leitura com base, fundamentalmente, nas informações e pistas retiradas das obras consultadas e no que elas apontam sobre a atuação dos pais, das mães, dos maridos, dos irmãos e de outros sujeitos que mais decisivamente influenciaram e participaram da construção de certos gostos, hábitos e práticas da leitura feminina.

O quarto capítulo é um desdobramento do anterior, uma vez que os processos de constituição da leitora são nele analisados por meio de outras formas de socialização, de educação e de formação, além daquelas desenvolvidas no interior dos grupos familiares. Refiro-me, particularmente, às condições de socialização, transmissão e recepção do escrito, às experiências de instrução e formação feminina em diferentes espaços e condições socioculturais.

No quinto capítulo procuro analisar a leitura nos principais ciclos vitais: a infância, a mocidade, a vida adulta e a velhice, e o que eles revelam das experiências das meninas, suas brincadeiras e afazeres domésticos, a vida escolar das meninas-moças, os períodos de namoro e casamento (quando revelados), a maternidade, o trabalho (remunerado ou não), a formação religiosa e a aproximação da velhice.

As considerações finais apontam minha relação no exercício de/com a pesquisa e os resultados obtidos no trabalho de investigação. As novas possibilidades de investigação compõem, também, parte desse capítulo conclusivo.

Para abrir a apresentação e cada um dos capítulos escolhi alguns dos títulos de livros das próprias memorialistas, do conjunto das noventa obras levantadas e consultadas.

Apresentação: *Guardei na memória*, de Maria Silva Salles Coelho

Primeiro capítulo: *Companheiros de viagem*, de Deocélia Viana
Segundo capítulo: *Vozes do silêncio*, de Ivete Camargos Barreto
Terceiro capítulo: *A rede era furta-cor*, de Ana Bondespacho
Quarto capítulo: *Elos de uma corrente: seguidos de outros elos*, de Laura Oliveira Rodrigo Octávio
Quinto capítulo: *Os caminhos*, de Maria José Dupré
Considerações finais: *Quase tudo*, de Magdalena Tagliaferro

Para a abertura dos capítulos selecionei trechos epigráficos compostos pelas memorialistas que fazem parte, ou não, da amostra desta investigação. Esses trechos revelam pontos de vista, aspectos e situações vividas que ilustram e ampliam as informações sobre a vida das memorialistas, em relação aos aspectos que focalizo em cada capítulo. Esse procedimento pretende evidenciar, ainda mais, a escrita feminina do tipo memorialístico, já que essa produção tem uma circulação ainda restrita no âmbito acadêmico.

As imagens e as capas de livros reproduzidas foram selecionadas no conjunto de obras autobiográficas das memorialistas.

As citações das obras consultadas foram utilizadas sem qualquer alteração ortográfica ou sintática porque a linguagem de época não compromete a compreensão dos textos. Palavras ou expressões em negrito, itálico e letra maiúscula foram mantidas como nas obras memorialísticas ou bibliográficas de apoio.

É importante indicar também que a investigação resultou na forma de organização do texto, desse modo proposto em duas partes.

A primeira parte – Documentando as narrativas – contém o percurso de desenvolvimento da pesquisa, o processo de aproximação e seleção das fontes autobiográficas e a análise dos resultados alcançados neste estudo.

A segunda parte – Documentando o percurso – contém dados sobre as obras memorialísticas, informações da análise bibliográfica realizada, a sistematização dos dados acerca das leituras, escritores e escritoras lidos por cada memorialista e o inventário de fontes de apoio à pesquisa.

Primeira Parte

Documentando as narrativas

1
Companheiros de viagem

– E então?
– Então, o quê?
– *As memórias!*
– Você sabe que eu não gosto de memórias. Nunca pretendi escrever memória nenhuma. É um gênero literário – e será literário mesmo? – onde o autor se coloca abertamente como personagem principal e, quer esteja falando bem de si, quer confessando maldades, está em verdade dando largas às pretensões do seu ego – grande figura humana ou grande vilão. Mas *grande* de qualquer modo. O ponto mais discutível em memórias são as confissões, gênero que sempre abominei, pois há coisas na vida de cada um que não se contam. Eu, por exemplo, "nem às paredes do quarto as contaria", como diz o fado.
– *Mas eu para você devo ser mais do que as paredes do quarto.*
– É, mas as paredes não falam e muito menos escrevem. Vamos fazer uma acordo: não vou falar espontaneamente. Você terá que me extorquir as lembranças do passado, as coisas que testemunhei, as pessoas que conheci. Se quiser conto, se não quiser não conto. Prometo apenas não mentir, fugindo ao perfil clássico e invertido de 'memórias'.
– *Bem, eu não tenho condições de discutir. Aceito nos seus termos. Mas vamos começar.*
– Bom, hoje é 3 de maio de 1859, não, 1989. Estou exatamente com setenta e oito anos, cinco meses e meio. Falta só um ano e seis meses para fazer oitenta. Essa coisa me injuria muito. Fazer oitenta anos eu acho extremamente desagradá-

vel. Não sei por quê, mas acho. Pode ser que, depois, eu me acostume. Mas não creio: considero envelhecer uma idéia péssima. Aliás, pensei que seria pior. Isso é, do lado físico. Pensei que a incapacidade física viesse mais depressa e fosse maior. Sempre fui muito preguiçosa. Talvez isso ajude.
[...]

QUEIROZ, Raquel de & QUEIROZ, Maria Luíza de. *Tantos anos*. 1.ed. São Paulo: Siciliano, 1998. p.11-2.

Entre autobiografias, memórias e diários

Retratos de épocas, retratos de vidas, retratos de leitoras e de leituras identificados sob a forma de diários, memórias e autobiografias.

A escrita memorialística pode assumir outras denominações, como romances pessoais, diários intimistas, crônicas memoriais e romances autobiográficos, embora todas elas sejam sobreposições da trilogia clássica ou mais conhecida: diário – memória – autobiografia. O que diferencia basicamente essas formas literárias de outras são as marcas da escritura do eu e os modos de inscrição de si mesmo, que resultam num pacto denominado por Philippe Lejeune de pacto autobiográfico.

Os teóricos que tratam do memorialismo caracterizam esses três tipos de escrita e estabelecem algumas distinções entre eles.[1] No caso desta pesquisa, a seleção das obras e a análise delas não foram feitas levando-se em consideração a configuração, a estrutura ou o estilo de qualquer uma dessas formas literárias, já que os objetivos são de outra natureza.

Embora as argumentações conceituais para a classificação dessas três modalidades sejam discutíveis e imprecisas, utilizei-me delas para

---

[1] Refiro-me, particularmente, aos textos de Philippe Lejeune, *Je est un autre*: l'autobiographie de la littérature aux médias, 1980, e *Pour L'autobiographie*: chroniques, 1998; Béatrice Didier, *Le journal intime*, 1976; Elizabeth W. Bruss, L'autobiographie considerée comme acte littéraire, *Poétique*, 1974; Eduardo Portella, Problemática do memorialismo, *Dimensões I*, 1959.

identificar os traços mais marcantes que selam o pacto autobiográfico nas obras consultadas.

Sem nenhuma pretensão de aprofundar sobre as diferenças entre as formas de memorialismo, até porque elas são bastante frágeis entre si, procuro apenas destacar alguns aspectos que caracterizam, de maneira geral, esse tipo de escrita. Trabalhando com esse tipo de fonte senti necessidade de responder algumas perguntas que dizem respeito ao contexto de produção e socialização dessa literatura, no Brasil, e a própria natureza da documentação de cunho autobiográfico. Nessa direção, procuro, então, sistematizar algumas das informações que localizam essa produção feminina no campo da produção literária brasileira e das principais convergências identificadas nos textos memorialísticos.

São 12 obras tipicamente autobiográficas no total de noventa títulos.[2] Essa forma de escritura faz-se reconhecer por uma construção textual baseada em relatos de experiências vividas e evocação de fatos que se submetem ao crivo da escritora. Soma-se, ainda, uma outra característica, ou seja, a elaboração de um registro sistemático, marcado por datas ou outras indicações cronológicas, que recuperam o passado centralizado no próprio eu – o eu narrador.

A cronologia, no entanto, não impõe ao texto uma linearidade de fatos e acontecimentos revividos, muito ao contrário, é comum que informações sobre um mesmo acontecimento sejam reincidentes, e cada vez com um número maior de dados em torno da escritora e de sua vida.

O texto denominado autobiográfico constitui-se com marcas de um estilo próprio e maior familiaridade com o literário. Aliás, o traço de literariedade aparece fortemente em obras tipicamente autobiográficas, como é o caso dos títulos – *Memórias de uma viúva de três maridos... e suas verdades. 1905-1988* de Laura Josephson Graça, *Maria Ruth* de Ruth Escobar, *Eu nua* de Odete Lara, *Olhinhos de gato* de Cecília Meirelles e outros.

O traço literário, por vezes, dá ao texto características ficcionais e, por isso, poder-se-ia levantar suspeitas sobre o que é ou não verossímil na escritura. Essa questão é cada vez mais debatida no campo da Teoria Literária e nos estudos sobre o memorialismo: realidade e imaginação,

---

2 Cf. Lista 1 na segunda parte deste trabalho.

vivência e representação. São exemplares, aqui, as obras de Virginia G. Tamanini,[3] autora do romance autobiográfico *Estradas do homem* e das poesias, também autobiográficas, *Marcas do tempo*. Poderia citar, ainda, *Poemas dos becos de Goiás e estórias mais*, assinadas por Cora Coralina, e de Maura Lopes Cançado os contos autobiográficos, publicados em 1986, com o título *O sofredor do ver*.

Na escrita autobiográfica dita tradicional, afirma Elzira Perpétua, a tentativa é a de "representação de um sujeito pleno, aquele forjado pelo modelo ocidental: homem, branco, burguês".[4] Portanto, é no contexto histórico da ascensão burguesa que esse gênero se constitui e se estrutura nesse tripé até meados do século XX, quando as vozes das chamadas minorias começam a se fazer ouvir.

Pensando retrospectivamente, é no contexto dos anos 1960 que a escrita autobiográfica ganha evidência, ou seja, é nesse período que o mercado editorial em vários países do mundo passa a publicar registros pessoais de grupos minoritários (ao menos do ponto de vista de prestígio social), como negros, mulheres, homossexuais, prisioneiros, camponeses e outros.

De acordo com Elzira Perpétua,[5] a memorialística produzida a partir dos anos 1980 eclode como uma resposta ao processo de silenciamento e às situações opressivas vividas no período ditatorial. É interessante perceber que as autobiografias oriundas desse processo, publicadas com alcance maior ou menor de público e vendagem são produzidas, inclusive, por mulheres de distintos grupos sociais. É o caso da escritora Cícera Fernandes de Oliveira, autora de uma autobiografia oral que foi gravada, transcrita e relida por Danda Prado – jornalista engajada na discussão feminista e co-autora do livro *Cícera, um destino de mulher*.

O texto autobiográfico constitui-se, então, como um gênero com fins literários mais definidos, com forte apelo à narração em detrimento

---
3   Autora de vários trabalhos como *Amor sem mácula*, um romance-folhetim de 1923, publicado no jornal *O Comércio*; *Amor de mãe* e *O primeiro amor* são dramas encenados e publicados em 1929; outros dramas, agora de 1931-41, são *Filhos do Brasil* e *Em pleno século XX*. No mesmo período, levou em cena, na região capixaba, a comédia *Onde está o Jacinto?* Em versos, também teve publicado *A voz do coração*, de 1942, e *O mesmo amor nos nossos corações*, de 1949. Seu primeiro romance intitula-se *Karina*, de 1964, traduzido em 1980 para o italiano. (Cf. TAMANINI, Virginia G., *Marcas do tempo*, 1982. Dados biográficos.)
4   PERPÉTUA, Elzira. A escrita autobiográfica. In: ALMEIDA, M. I. (org.). *Para que serve a escrita?* p.169.
5   Idem, p.170.

à descrição e, além disso, o estilo é mais pessoal e auto-referencial. O que não significa dizer que a verdade interior da autora escravize o texto a regras que o tornem uniforme. Ao contrário, a escritora empresta ao texto características que vão desde a

> importância da experiência pessoal e a oportunidade de oferecê-la ao outro até o estabelecimento de uma relação pactual, num acordo tácito de um eu autorizado pelo próprio sujeito da enunciação e que toma para si sua vivência passada.[6]

O pacto autobiográfico é selado num acordo tácito de cumplicidade entre quem escreve e quem lê, à medida que o texto avança e que se partilham experiências do mundo privado e íntimo da escritora. É o caso, por exemplo, da autobiografia de Carolina Maria de Jesus – *Diário de Bitita*. As características que marcam a escrita dessa memorialista, em particular, em seu diário da menina-moça em Sacramento, Minas Gerais, chocam e emocionam ao mesmo tempo em que desvelam, página a página, as vivências pessoais e íntimas da vida da escritora.

Às vezes esse acordo ou *pacto autobiográfico* é estabelecido por intermédio de outras estratégias. A escritora, nesse caso, além de narrar, autoriza-se a qualificar comportamentos, a denunciar transgressões pessoais ou até mesmo a estabelecer alguns padrões morais, dirigidos aos seus possíveis interlocutores. Como muitos textos foram produzidos a pedido de filhos ou parentes próximos e, por isso, configuram-se como uma espécie de memória familiar destinada às gerações futuras, é freqüente o aparecimento de prescrições e advertências moralizadoras dirigidas aos filhos, netos, sobrinhos.

Encontrei escritoras que não se limitam a narrar as experiências e sim apresentam seus pontos de vista e, em alguns casos, estabelecem juízos de valor sobre certas condutas e situações que dizem respeito aos códigos de moralidade e clichês sociais de seu tempo e lugar. É o caso, por exemplo, do romance autobiográfico de Vera Santana, *Quase baixo*, publicado em 1983, do livro de Hermengarda L. L.Takeshita, *Um grito de liberdade*, de 1984, e do diário pessoal e autobiográfico de Dina Sfat,

---

6 VIANA, M. J. M. *Do sótão à vitrine: memórias de mulheres.* Belo Horizonte: UFMG, 1993. p.16.

Palmas pra que te quero, publicado em 1988, em co-autoria com a jornalista Mara Caballero, composto de recortes jornalísticos, críticas e cartas.

Quanto às narrativas do tipo memória, além da presença de marcas cronológicas encontra-se uma carga mais afetiva e subjetiva por parte da autora. A protagonista aparece à medida que fatos e experiências pessoais vão sendo narrados, quase sempre dos mais antigos para os mais atuais.

Como afirma Marina Maluf,[7] a memorialista elucida "temas de caráter mais voltados ao auto-esclarecimento ou à autojustificação". Isso significa que o álbum das lembranças é recomposto pela seleção de conteúdos que evidenciam a personagem em detrimento das circunstâncias e dos fatos. O que, no entanto, não é totalmente diferente da escritura do tipo autobiográfico.

Porém, há uma marca diferencial entre a escrita autobiográfica e a de memória: refiro-me ao caráter *confessional* presente em todo o depoimento. No texto-memória, o clima de confissão contribui para a construção de uma narrativa testemunhal e documental em que a memorialista incorpora outros narradores, personagens, lugares e fontes bibliográficas que conferem maior valor, confiabilidade e veracidade às lembranças. Algumas memorialistas incorporam fotografias e documentações de familiares, outras valem-se de pesquisa em jornais e outras fontes documentais para a reconstrução das lembranças. É o caso, por exemplo, da obra de Deocélia Viana, *Companheiros de viagem*, de 1984, um livro composto de cartas, fragmentos de discursos, palestras e entrevistas.

Portanto, se a autobiografia assume ou busca assumir formas literárias de escritura, na memória a preocupação é com a verdade do narrado, isto é, sobressai, aqui, o documentário construído sobre a vida. Embora não desapareçam, nos textos-memórias, traços visivelmente literários, como aqueles encontrados na obra de Raquel de Queiroz, em co-autoria com sua irmã Maria Luíza de Queiroz, *Tantos anos*, publicada em 1998.

A escrita do tipo memória caracteriza a grande maioria das narrativas. Localizei 66 livros de memória no universo de noventa. No entanto, no conjunto da produção feminina analisada, trata-se de um

---

7   MALUF, Marina. *Ruídos da memória*. São Paulo: Siciliano, 1995. p.46-8.

tipo literário difícil de ser caracterizado, uma vez que algumas memórias só foram produzidas com o apoio em diários pessoais ou em cadernos de parentes. Por isso, os textos se mesclam com anotações baseadas na escrita diária utilizadas como informação adicional ou complementar à própria narrativa. São exemplos disso *Tempo e memória* de Maria Thereza R. Marcondes, *Reminiscências* de Maria Eugênia Torres Ribeiro de Castro, e *Longos serões do campo* de Anna Ribeiro de Goes Bittencourt.

Há ainda algumas memórias compostas sob a forma de crônicas esparsas, escritas ao longo da vida, e que se reúnem em livro de memória dado o caráter retrospectivo que apresentam. Exemplos desse tipo de narrativa são as obras *O tempo no jardim* de Lauricy Bellete Rodrigues e *Vozes do silêncio* de Ivete Camargos Barreto. Outras narrativas-memórias se fazem acompanhar de poemas, da própria autora ou de outros autores, como é o caso da obra *A queda para o alto* de Herzer, *Sobrevi/vi* de Elza Versiani, e *Eu e a dança*, de Eros Volusia.[8] E há também memórias que admitem outras denominações, como romances pessoais e autobiográficos, segundo indicam as correntes de estudos sobre o memorialismo. Nesse caso, refiro-me aos trabalhos de Maria José Dupré, *Os caminhos*, e de Eliane Maciel, *Com licença eu vou à luta*.[9]

O que se pode afirmar sobre esses registros é que eles, apoiados ou não em diários, com maior ou menor valor literário, são representativos como uma documentação pessoal, pois as informações sobre a vida da escritora revelam diferentes experiências, circunstâncias e situações vividas desde a infância até a velhice. Aliás, essa é uma característica comum aos depoimentos do tipo memória com os quais trabalhei: documentam fatos que transcorrem em períodos que cobrem grande parte da vida das escritoras e, muitas vezes, incluem informações sobre os ancestrais. Alguns desses fatos são contados oralmente

---

8   No caso de Eros Volusia, os poemas são de autoria da mãe, Gilka Machado.
9   No caso da obra de Eliane Maciel, o texto tem um valor biográfico marcante e está baseado em trechos de um outro texto memorial que ela havia produzido antes de 1983 – data em que lançou seu primeiro livro de memórias: *Com licença eu vou à luta: é ilegal ser menor*, pela editora Rocco. Essa obra, em 1986, já alcançava sua 19ª edição. Nesse mesmo ano a autora lança sua segunda obra, também de caráter memorial, cujo título é *Corpos abertos*. Obra que, no entanto, não consegui recuperar nem identificar seus dados bibliográficos nas enciclopédias e dicionários literários consultados.

por parentes ou fundamentados em outras fontes: matérias jornalísticas, fotografias etc.

Foram poucos os depoimentos-memórias escritos em torno de um período específico da vida das memorialistas, como ocorreu, por exemplo, com as obras de Helena Silveira em *Paisagem e memória*, e de Raquel Jardim[10] em *Os anos 40*. Ambas concentram referências mais especificamente ligadas às décadas de 1940 e 1950.

Na relação de obras-memórias há um título que se distingue dos demais, já que, nesse caso, as memórias foram escritas pela pena de um *ghost-writer*: a filha de Matilde de Carvalho Dias. *Amor e trabalho*, publicado em 1973, é um relato de uma, entre muitas mulheres, que nasceram no século XIX. Conta a história de uma dona de casa e fazendeira da região de Poços de Caldas, sul de Minas Gerais, que se dedicou à agricultura e à pecuária.

Nos diários, as marcas escriturais são mais claras que as anteriores, dadas as características textuais que estruturam e compõem esse tipo de narrativa. Essas marcas evidenciam-se nos textos tanto em aspectos da diagramação como nos da textualidade. A recorrência de datas, a identificação de pessoas, de lugares, os níveis de detalhamento dos fatos do cotidiano expressam uma forma de interlocução com o leitor e, ao mesmo tempo, estabelecem limites e possibilidades para a própria recepção do texto.

No diário, são freqüentes as rupturas, ocasionadas pelas interrupções e pausas que a escritora faz entre um registro de um dia e de outro. As descontinuidades são causadas por intervalos às vezes grandes de tempo, visto que o diário nem sempre é uma escrita sobre todos os dias de vida da depoente. Os diários de Maria Julieta Drummond de Andrade, de Helena Morley e de Cecília de Assis Brasil referem-se, respectivamente, aos períodos de adolescência da menina Julieta e de sua estada em Belo Horizonte, durante suas férias escolares; ao período entre 13 e 15 anos de idade vividos pela mocinha Helena, em Diamantina; e ao

---

10 Encontrei referência na *Enciclopédia de Literatura Brasileira*, dirigida por Afrânio Coutinho e J. Galante de Sousa, acerca de um segundo livro de cunho autobiográfico escrito por Raquel Jardim. Trata-se de um diário, *Vazio pleno*, publicado em 1975. Infelizmente só consegui localizar essa obra e outras referências de cunho autobiográfico da mesma escritora apenas ao final do trabalho, apresentado em novembro de 1999.

período entre 1916 e 1928, de que são selecionadas e publicadas, pelos familiares, as anotações pessoais e íntimas de Cecília.[11]

A utilização de datas e sua configuração em destaque no corpo do texto, a explicitação e, muitas vezes, a repetição de lugares, pessoas e situações conferem ao texto uma certa seqüência e ao registro uma rotina – a escrita do cotidiano. Os diários são constituídos de textos em geral compactos, de informações breves e mais ou menos contínuas, e por isso as anotações se associam umas às outras, mas são, ao mesmo tempo, relativamente independentes. Essas narrativas possuem um caráter intimista mais acentuado em relação aos dois gêneros anteriores. O interesse está no registro das impressões e nas expressões sobre o vivido no âmbito individual.

Identifiquei um total de 12 diários, entre os noventa títulos examinados. Os diários foram escritos tanto por memorialistas que nasceram no século XIX como por outras nascidas no século XX.

A obra *Reminiscências*, de Maria Eugênia Torres Ribeiro de Castro, data de 1893. Apesar de o texto ser do tipo memória, guarda características textuais e discursivas peculiares às anotações dos cadernos pessoais da menina-moça Eugênia, com base nas quais o livro foi escrito. Sabe-se que a primeira publicação em 1893 teve uma tiragem reduzida e a segunda publicação, em 1975, só aconteceu por intermédio e esforço de seu filho, que reuniu alguns poucos exemplares existentes entre os familiares e promoveu a reedição. Ao que tudo indica, essa segunda tiragem também não foi muito grande.

A prática da escrita diária é muito presente entre as moças, desde o século XIX.

> [...] as jovens de antigamente costumavam manter diários em que, geralmente, anotavam sua vida amorosa, mas esses diários, com o casamento e a chegada dos filhos, não progrediam e, dependendo de seu texto, tinham até que ser queimados. (BRASIL, Cecília de Assis. *Diário de Cecília de Assis Brasil*, p.6.)

---

11   No caso de Cecília de Assis Brasil, sabe-se que a família conservou apenas os cadernos que datam de 1916 a 1932, com exceção dos cadernos de 1919 e 1922 que foram perdidos. Porém, para fins de publicação, outros cortes foram realizados, como é o caso dos textos referentes ao período entre 1929 e 1932.

Os diários não caíram de moda. No século XX, mais especificamente a partir dos anos 1960, a publicação da literatura memorialística feminina, inclusive sob a forma de diários,[12] cresce significativamente. Entre os diários publicados aos quais tive acesso aparecem os títulos *Reminiscências*, de Maria Eugênia Torres Ribeiro de Castro, sobre os anos de 1878 a 1893, mas que só se tornaram públicas em 1975; *Diário de Cecília de Assis Brasil*, publicado em 1983; *Diário de uma garota*, de Maria Julieta Drummond de Andrade, produzido nos idos de 1941-42, mas que também só veio a prelo nos anos 1980; *Diário de Bitita*, de Carolina Maria de Jesus, com a primeira publicação na França em 1982 e quatro anos depois editado no Brasil; *Diário das máscaras*, publicado em 1966, e *Em psicanálise*, publicado em 1983, ambos de Ruth Bueno. Há ainda Maura Lopes Cançado com as anotações de seu tratamento em um hospital psiquiátrico, que redundaram no controvertido título *Hospício é Deus*. Essa obra dedica-se, sobretudo, às reminiscências dos anos 1959-60 e ganhou duas publicações: a primeira em 1966 e a segunda em 1979.

Encontram-se também, na década de 1960, dois trabalhos de Carolina Maria de Jesus. O primeiro marca a estréia de sucesso de público e de tiragem alcançado pela memorialista com o lançamento, em 1960, do livro *Quarto de despejo: diário de uma favelada*. Esse diário sobre os acontecimentos vividos entre 1955 e 1959 alcançou nove edições sucessivas e foi traduzido em 13 idiomas imediatamente após a primeira edição brasileira. Depois, Carolina parte para o segundo diário, *Casa de alvenaria: diário de uma ex-favelada*, lançado em 1961. Esse livro não causou o mesmo impacto que o anterior. No ano de 1963, a autora teve a edição independente e autofinanciada do terceiro livro, *Provérbios e pedaços da fome*, outro título sem impacto editorial, seguido, nos anos 1980, pelo lançamento de *Journal de Bitita*.[13]

---

12 Há, nesse período, publicações que não se adequam às caracterizações dos diários, mas que são assim intituladas. É o caso de *Diário de Bitita*, de Carolina Maria de Jesus, uma autobiografia póstuma com a primeira edição brasileira em 1986; *Diário de uma atriz*, de Wanda Marchetti, pseudônimo utilizado por Ester Marchetti, memória publicada em 1979 e baseada em um diário de infância e com pequenas biografias de atores, e *Ai de vós! Diário de uma doméstica*, de Francisca Souza da Silva, memória escrita aos quarenta anos de idade, lançada em 1983, com o apoio da patroa.
13 PERPÉTUA, Elzira. Às margens da tradução: a obra de Carolina de Jesus. In: IX ENCONTRO NACIONAL DA ANPOLL, 1995, João Pessoa. *Anais...*, v.2, t.2, João Pessoa, 1995. p.1549.

No final dos anos 1960, Maria Helena Cardoso lança seu segundo livro de caráter memorialístico: um diário cujas datas foram suprimidas e que foi publicado em 1973, com o título *Vida-vida*.

Os diários consultados, escritos mais recentemente até onde acompanhei, referem-se aos trabalhos de Marcia Moura, *Por debaixo da toga*, de 1984, de Dina Sfat, *Palmas pra que te quero*, lançado em 1988, e o de Odete Lara, *Minha jornada interior*, de 1990.[14]

Produção e publicação da literatura memorialística

Com base nas leituras dos depoimentos autobiográficos e dos fichamentos dos livros, fui estabelecendo a cronologia entre os textos femininos. As obras, quando alinhadas desde o período em que foram escritas até o de sua publicação, revelam, no conjunto, uma história. O intervalo entre o período da escrita memorial e a data de sua impressão mostrou-se bastante significativo para grande parte das obras, e somente menor para aqueles títulos produzidos nas décadas de 1970 e 1980.

Quais seriam as razões para os hiatos entre escrever e editorar, registrar e publicar? Por que a maioria das obras apresenta grandes intervalos de tempo entre o período da escrita memorial e o de sua impressão/divulgação? Por que essas publicações somente ganham visibilidade a partir dos anos 1960 e, sobretudo, entre o final da década de 1970 e início da de 1980? Como alguns textos vieram a público, se muitas memorialistas não pretendiam a escrita literária e nem sequer a editoração de seus escritos pessoais? Quem eram essas autobiógrafas, em sua maioria ilustres desconhecidas, e como conquistaram espaço editorial, de crítica e de público em condições políticas tão adversas como foram as dos anos 1960 e 1970? Qual a história literária, social e editorial que os depoimentos femininos não narram que condicionou, em um momento, o obscurecimento da escrita de autoria feminina e, num outro

---

14 Em 1996, Odete Lara desenvolve mais uma obra de cunho autobiográfico intitulada *Meus passos em busca de paz*. São memórias que junto aos dois outros títulos já publicados compõem seu álbum de vida. O primeiro, *Eu nua*, é um livro estabelecido no terreno "puramente físico", como ela mesma afirma. O segundo, *Minha jornada interior*, revela "o terreno psíquico" da autora, e o terceiro, escrito em idade mais avançada, revela "um ciclo espiritual" de sua vida.

momento, sua expansão e divulgação? O que essa história tem a contar sobre a escrita de mulheres, sem nenhuma tradição literária, mas que se tornam, pela forma como narram e pelo que elegem para narrar, fenômenos editoriais? O que essa história tem a contar sobre o interesse pela produção memorialística feminina, especialmente quando a matéria autobiográfica choca, denuncia e desnuda as condições de miséria e flagelo social, econômico e cultural de mulheres pobres, operárias, domésticas, faveladas, prostitutas e consideradas minorias na escala societária?

Em artigo sobre Carolina Maria de Jesus, Marisa Lajolo focaliza o palco literário recapitulando não só o contexto brasileiro, mas também a atuação das mulheres-escritoras naquele período. Conforme Lajolo:

> Era um Brasil cheio de mulheres com caneta na mão e idéias na cabeça: em 1960, Cecília Meireles publica *Metalrosicler* e Clarice Lispector *Laços de família*; em 1961, Cecília lança *Solombra* e Clarice *A maçã no escuro*; em 1962 surge *Ou isso ou aquilo* de Cecília e em 1963 Adelaide Carraro publica *Eu e o governador*; Henriqueta Lisboa *Além da imagem* e Lygia Fagundes Telles *Verão no aquário*; são de 1964 *Crônica trovada da cidade de Sam Sebastiam do Rio de Janeiro* de Cecília Meireles, *A paixão segundo GH* e *A legião estrangeira* de Clarice Lispector e *Histórias escolhidas* de Lygia Fagundes Telles. Em 1965 Cora Coralina estréia *Poema dos becos de Goiás e estórias mais*; e Lygia Fagundes Telles lança *O jardim selvagem*. Em 1966 Nélida Pinõn escreve *Tempo das frutas* e Anajá Cardoso *Negra Efigência: paixão de senhor branco*; em 1967 Maria Alice Barroso publica *Um nome para matar*; em 1969 Clarice Lispector lança *Uma aprendizagem ou O livro dos prazeres* e são de 1970 *O fundador* de Nélida Pinõn, *Antes do baile verde* de Lygia Fagundes Telles e *Espelho provisório* de Olga Savary.[15]

Nesse período favorável à escrita feminina, afirma Marisa Lajolo, as temáticas de impacto social encontravam ressonância ao lado de estudos culturais, renovados pela *A formação da literatura brasileira* de Antonio Candido e *A formação econômica do Brasil* de Celso Furtado, obras de 1959, que contracenam ao lado de *Quarto de despejo* (1960); as revistas

---

15 LAJOLO, Marisa. A leitora no quarto dos fundos. In: *Leitura: teoria e prática*, Campinas, n.25, p.10, 1995.

Manequim (1959) e *Claudia* (1960), e, oito anos depois, com "a cara nova de *Veja*" e "o alternativo oficial *O Pasquim*" de 1969.[16]
O cenário redesenhado pela pesquisadora revela, também, que

> os livros modernizam suas instituições e atrelam sua circulação a percursos mais diferenciados que amadurecem na década seguinte: em 1970 acontece em São Paulo a primeira Bienal Internacional do Livro, e 1972 celebra o Ano Internacional do Livro com o lançamento de 1813 títulos de literatura; no ano seguinte (1973) funda-se o Círculo do Livro.[17]

Nesse panorama cultural gerado nos anos 1960 e amadurecido nos anos 1970, contracenam não apenas livros mas outros objetos culturais, como o rádio, a televisão, o cinema e as artes. Juntos somam aspectos do contexto cultural brasileiro que, no dizer de Marisa Lajolo, "vão ao mesmo tempo do requintado ao esquerdizante e popular".[18]

No inventário de fontes sobre a historiografia da mulher encontrei indicações de Sônia Coutinho[19] e Maria Helena Werneck acerca das condições da produção feminina brasileira do tipo memorialístico. Maria Helena discute a ficção de autoria feminina nos anos 1980 e sua necessidade, naquele momento, de construir "uma nova crítica, que adote o ponto de vista da especificidade da linguagem feminina e que seja feita pelas próprias mulheres".[20] Essa nova crítica assentada no levantamento e na avaliação de obras de autoria feminina alcança espaço de notoriedade entre o público e permite o "resgate de figuras e nomes até certo ponto soterrados por uma visão 'oficial' e distorcida da literatura brasileira".[21]

Na trilha rastreada pelas pesquisadoras Maria Helena Werneck e Sônia Coutinho evidencia-se uma proposta da historiografia literária

---

16   Idem, p.11.
17   Idem, p.11-2.
18   Idem, p.12.
19   COUTINHO, Sônia. Ficção/mulher anos 80. In: *Revista do Brasil: Literatura anos 80*, Rio de Janeiro, n.5. p.56, 1986.
20   WERNECK, M. H. V. O feminino na literatura. In: *Revista Tempo Brasileiro*, São Paulo, v.1, n.1, p.123, 1990.
21   Idem, ibidem.

voltada para a revisão da escrita feminina e a avaliação da produção exclusiva de mulheres-escritoras. Nessa produção de mulheres, interessaram-me particularmente as obras de escritoras "condenadas ao esquecimento", como elas afirmam, e sentia necessidade de entender por que, num determinado momento, elas deslocam-se para o centro dos debates acadêmicos e literários e passam a ser publicadas e a ocupar lugar de prestígio em congressos, seminários e editoras.

Uma das respostas possíveis pode ser encontrada na revisão historiográfica no campo das literaturas e, nela, a incorporação de obras e autoras menos ou nada consagradas pelos cânones anteriores. Nesse sentido, Maria Helena Werneck indica o século XIX como um dos períodos de silenciamento sobre a produção feminina. Naquela época, a escritura feminina não foi decisiva para a formação literária brasileira. Ficou à margem do mercado e restringiu-se a colaboração em periódicos de vida curta ou de público doméstico. Assim, é possível compreender como vários trabalhos de autoria feminina permaneceram soterrados em nossa história.

Como nos lembra Maria José Viana,[22] essas anotações pessoais, quer sejam diários ou não, permaneceram nos baús e nas gavetas familiares, esquecidas por muito tempo, até serem, de alguma forma, colocadas a público e dadas a ler. Muitas das autoras não tinham intenção prévia de publicação, visto que, como afirmou Cecília de Assis Brasil, a prática da escrita fazia parte de uma rotina de moças que guardavam em seus cadernos amores secretos. Se esse era o propósito, ou um dos propósitos da escrita íntima e feminina, seu fim acabava sendo a fogueira, uma vez que os cadernos escondiam mistérios, sentimentos e desejos proibidos pela moral que regia a moça de boa família. Por isso, a produção memorialística feminina e brasileira, resgatada por Maria José Viana, representa uma parcela da seara desconhecida de escritas que nem chegaram a ser publicadas, nem chegaram a ser lidas, já que devem ter sido destruídas pelo tempo ou por alguma forma de censura social.

A pesquisadora Elzira Perpétua também se interessou pela produção feminina no Brasil. Segundo ela, o *boom* editorial ocorrido a partir dos anos 1970 e 1980 recebe influência do mercado editorial europeu,

---

22 VIANA, M. J. M. *Do sótão à vitrine*, op. cit., p.14.

que desde os anos 1960 "passa a absorver as publicações de cunho autobiográfico de prisioneiros, camponeses, negros, homossexuais, guerrilheiros, mulheres".[23] Nessa perspectiva, a autora reitera o final do período de censura militar, ocorrido no Brasil, como o marco de crescimento e divulgação da literatura memorial feminina, independentemente das posições de classe.

O texto de marca memorial recupera aspectos identitários fundamentais, o que favoreceu, naquele período, a sua circulação. Em um contexto social marcado por forte repressão política, essas obras poderiam significar certa anistia ética, moral e de costumes.

Nas palavras de Maria José Viana, é possível perceber como a escrita autobiográfica se afirma a partir dos anos 1960. O texto memorialístico carrega marcas que dizem respeito às fraturas sociais, sejam do passado, sejam do presente, e, portanto, é mais um discurso que retrata as ambigüidades visíveis e invisíveis.

> O texto memorialístico se constitui como um tecido que encobre e, porque encobre, revela ao mesmo tempo os contornos daquilo que tenta esconder. [...] o que se busca ler nessa escrita é o que ela diz sem o revelar porque o ignora. Ouvir o que sua voz silencia através do que fala, atentando para possíveis tropeços e rachaduras na significação que o discurso não consegue dissimular.[24]

Os processos de censura e de recalque transformam-se e se dissimulam segundo as circunstâncias de tempo e lugar. Como instrumento de controle e de poder de certo conjunto de idéias que se pretende hegemônico, a censura foi, nos anos 1980, questionada, e portanto, em algumas situações, atenuada e disfarçada, e em outras situações, debilitada e suprimida.

O silêncio das mulheres e de suas obras e produções até esse período pode, então, ser interpretado como forma de censura ideológica e cultural. Essa censura parece motivada por um pensamento hegemônico que definia um certo modo de ser e de viver para as mulheres. As

---

23 PERPÉTUA, Elzira. A escrita autobiográfica, op. cit., p.169-73.
24 VIANA, M. J. M. *Do sótão à vitrine*, op. cit., p.52.

muitas transformações ocorridas no sistema social que eclodem em 1980 são, portanto, promotoras da projeção editorial das escritas femininas, especificamente as de cunho memorial. As mudanças significativas entre as décadas de 1960 e 1980, sobretudo em relação ao poder político-econômico, as transformações tecnológicas, as novas conquistas eletroeletrônicas e de informação, as lutas e conquistas dos movimentos sociais, são fatores favoráveis às formas de publicização do 'eu' – o diário, a memória e a autobiografia.

No dizer de Maria José Viana, "mais do que nunca a identidade de cada um é dada pelo olhar do outro, mas um olhar mediado por lentes diversas".[25]

Das obras que vieram a público, decorrentes desse crescente movimento editorial, algumas continham explícita intenção literária por parte de suas autoras e outras foram escritas sem qualquer pretensão literária e editorial. A análise dessas obras permite afirmar que nem todas as memorialistas viram seus trabalhos publicados, e essa publicação foi o sonho de um parente próximo ou homenagem recebida de um ente querido.

As informações até o momento apresentadas elucidam parte das condições sócio-político-culturais ocorridas no contexto brasileiro. Junto a elas poderia lembrar os processos de revisão paradigmática ocorridos em diferentes campos do conhecimento científico, especialmente no território das Ciências Sociais. Essa revisão influenciou a produção científica expressa nos estudos de caráter historiográfico, literário, sociológico, antropológico e pedagógico a partir dos anos 1960.

Os holofotes acadêmicos direcionados para os grandes feitos, as macroanálises e a produção masculina, branca e burguesa mudam, radicalmente, os eixos tradicionalmente privilegiados pela investigação científica e se dirigem em favor das personagens deserdadas da/pela História.

É nesse contexto multifacetado que se podem situar obras como a de Carolina Maria de Jesus – *Quarto de despejo: diário de uma favelada* – e seu enorme sucesso, apesar das infrações literárias e gramaticais recorrentemente citadas pela crítica.

---

25   Idem, ibidem.

A cartografia social brasileira descrita pela mulher pobre e negra de uma favela em São Paulo foi a receita de sucesso de Carolina Maria de Jesus. Uma receita utilizada também por outras escritoras que souberam explorar e dar voz às suas mazelas e opressões. Entretanto, outros temas e formas literárias foram utilizados, e também alcançaram espaço editorial e de público, num mercado até então fechado e limitado.

Revendo a história dos processos que vão da escrita até a vitrine, particularmente dos depoimentos que foram publicados, apesar da despretensão literária e editorial acabei identificando outros aspectos que constituem essa história. As memórias, os diários e as autobiografias sofrem, nesse percurso, supressões, alterações, acréscimos e censuras por diferentes sujeitos ou intermediários externos à memorialista. Do manuscrito à fabricação do livro atuam diferentes agentes interessados, ao que parece, em atribuir forma e dar legibilidade às escritas íntimas. Os livros, como artefatos culturais, ganham um aparato editorial específico, além de um conjunto de alterações que permitem sua presença entre outros bens de mercado e de consumo.

Ora são os familiares que decidem o que tornar público, ora são os editores e seus agentes que elegem a forma do discurso e a matéria memorialística a ser veiculada. É o caso, por exemplo, do livro *Paisagem e memória*, de Helena Silveira, escrito no final dos anos 1970:

> Escrevi esta Paisagem e Memória fragmentariamente. Tempo muito ruim para mim e para o país. Não digo que neste momento o instante brasileiro seja esplêndido. Mas, no que tange à matéria escrita, melhorou bastante. Pediram-me que testemunhasse meu tempo no terreno cultural. Procurei fazer isto. E digo logo: desordenadamente, fora de cronologias. Afastei-me de pesquisas. Penso que estas me atrapalhariam muito. Nada tenho de historiadora. Deixo que o tempo filtre em mim e, o que fica, é memória. [...] Os mesmos fatos vistos em angulações diversas fazem os memorialistas com seus valores e desvalores. Relendo estas páginas vejo que elas se ressentem muito da ausência da visão política pós-64. Visão martirizante. A encomenda feita não incluía estes anos. Pediam-me muito mais registros das décadas anteriores: 40, 50. Procurei fazer. Isto não impede um segundo volume onde possa narrar-me a mim e ao tempo escoando. (SILVEIRA, Helena, *Paisagem e memória*, p.2.)

Essa encomenda (editorial?) mencionada por Helena Silveira aparece como o fio da matéria memorialística. O texto narra, em primeira pessoa, a busca pela resposta problematizada por um interlocutor ausente e para quem a escritora se dispõe a debruçar no tempo: "o testemunho da cultura de meu tempo, das artes, da literatura?" Esse é o mote que sustenta toda a tarefa de reconstrução – pela vida da memória – da arquitetura cultural brasileira, nos anos 1940 e 1950.

Os elementos perigráficos no livro de Helena Silveira compõem-no e contextualizam-no. Desde o conselho editorial até as informações sobre os órgãos co-editores, o arquivo consultado, o projeto editorial, as "orelhas" e, ao final, a biografia literária da autora revelam parte do processo de construção da autoria e da editoração da obra.[26] Mais do que a função literária, a memória opera também como função social, uma vez que dá a seus leitores uma paisagem. Num momento de crise política brasileira, fim dos anos 1970, a escrita de Helena convida à retrospectiva de tempos menos martirizantes do que a década de 1960 e, mais especificamente, o ano de 1964.

Outro livro cujo trabalho de editoração desenvolve-se por diferentes mecanismos de edição é a obra *Longos serões do campo*. As memórias foram escritas por Anna Ribeiro de Goes Bittencourt, aos oitenta anos de idade, com base em 28 cadernos-diários que manteve durante a vida. Sua narrativa produzida sob a forma de memórias em originais manuscritos foi, mais tarde, datilografada. A essa segunda versão foram acrescentadas referências a documentos históricos que localizam, situam e ampliam muitas informações apresentadas pela memorialista. Entre a primeira versão datilografada, antes de 1930, até a publicação, em 1992, transcorreu um longo período de revisão, supressão e reordenação que definiu a composição para a edição final.

Mesmo quando o que se escreveu sobre o cotidiano é reconhecido como merecedor de publicação, algumas obras alcançaram, ainda as-

---

[26] O conselho editorial era composto por Antonio Candido, Celso Furtado, Fernando Gasparian e Fernando Henrique Cardoso. O projeto editorial é assinado por Ella van Steen; o Arquivo Multimeios do Centro Cultural São Paulo foi espaço de consulta; as "orelhas" foram compostas por trechos que comentam a obra ou outras obras de diferentes personalidades como Oswald de Andrade, Graciliano Ramos, Lygia Fagundes Telles, Sérgio Milliet, Tristão de Athayde, Jamil Almansur Haddad, Paulo Ronai e Roger Bastide. A Secretaria Municipal de Cultura de São Paulo participou da editoração do livro e de parte do projeto, "Coleção Depoimento".

sim, um número restrito de leitores ou tiveram uma circulação limitada que, provavelmente, não ultrapassou as fronteiras familiares. Um exemplo disso é a primeira publicação de *Reminiscências*, escrito por Maria Eugênia Torres Ribeiro de Castro no final de 1878 e publicado em livro em 1893. Seu filho, quando se dispôs a reeditar a obra, encontrou dificuldade para localizar exemplares entre os próprios familiares, e acabou reeditando uma obra, como ele afirma, "quase completa".

Outros títulos também revelam trajetórias editoriais bastante inusitadas. Encontrei livros cujas edições parecem ter sido autofinanciadas, pela própria memorialista ou por parentes próximos, com tiragens independentes e reduzidas, muito provavelmente restritas aos familiares. Refiro-me aos títulos *Ecos de minha existência*, de Áurea Custódio Bernardes, lançado em 1970;[27] *Lembranças do meu tempo*, de Dinorah Renault Junqueira, de 1957; *Minhas lembranças, minhas saudades*, de Elzira Augusta Pereira Neves, em 1984; *Minhas memórias*, de Selene Espínola Correia Reginato, em 1966, e *Pesadelo que dura*, de Maria Stella Vargas de Almeida.[28]

Mas esse não foi o itinerário comum das noventa obras memorialísticas. O processo de editoração, para algumas delas, dependeu de circunstâncias específicas marcadas por lutas e por conquistas sociais e políticas, das oscilações freqüentes no panorama brasileiro desde o momento em que a imprensa foi instituída e consolidada no Brasil.

Essas circunstâncias, de acordo com Maria José Viana, fundamentam-se em três razões. Uma primeira razão, além da implantação da imprensa brasileira, diz respeito às mudanças no quadro sociocultural provocadas por um acelerado processo de desenvolvimento literário e cultural a partir de 1922. A "revolução literária" que marca o Brasil, a partir de 1922, permite o reconhecimento nacional de algumas escrito-

---

[27] O exemplar levantado por Maria José Viana ao qual tive acesso é, possivelmente, o original levado a prelo ou uma versão datilografada dos manuscritos. Apesar de a pesquisadora ter privilegiado somente obras editadas sob a forma de livros, tenho dúvidas se, neste caso, a obra de Áurea Custódio Bernardes não escapou do critério adotado. Trata-se de um material, como já disse, datilografado, sem referência catalográfica ou outras marcas perigráficas que poderiam caracterizá-lo como livro. Se essa edição autofinanciada foi ou não impressa por uma gráfica de pequeno porte é difícil precisar, já que nesse caso não há menção sobre o trabalho gráfico, como ocorre no exemplar de *Reminiscências*, de Maria Eugênia Torres Ribeiro de Castro.

[28] Nessa obra não há registro da data de publicação.

ras como Raquel de Queiroz, Cecília Meireles, Carolina Nabuco e outras. Conforme essa autora, o período foi um "divisor de águas" entre o silêncio e a "abertura das portas editoriais a outras escritas e escritoras".[29]

Uma segunda razão que acabou favorecendo a produção autobiográfica feminina advém dos movimentos feministas, sobretudo aqueles ocorridos da década de 1960 em diante, desenvolvidos sob marcas expressivas das influências americana e européia. Com o crescimento industrial e tecnológico, em particular dos meios de comunicação, verifica-se, nesse contexto, um avanço nas formas de produção e circulação das idéias, o que possibilita a "entrada definitiva das mulheres no mercado editorial brasileiro".[30]

Uma terceira razão diz respeito à revisão do estatuto da memorialística feminina no quadro da história literária brasileira. Essa revisão, entre outros ganhos, permitiu rastrear obras até então desconhecidas, reavaliar e rediscutir a canonização de outras e reconsiderar a importância desse tipo de literatura como fonte documental e como expressão da história social brasileira.

Essas indicações de Maria José Viana, quando combinadas à relação de obras publicadas até a entrada dos anos 1960, confirmam a existência, até aquele momento, de um número restrito de livros. São eles: *Minha vida de menina* de Helena Morley, editado em 1942; *Olhinhos de gato* de Cecília Meireles, obra publicada inicialmente em capítulos na revista *Ocidente*, nos anos de 1939 e 1940;[31] *Antes que toque a meia-noite: memórias de uma professora*, de Maria da Glória D'Ávila Arreguy, editado em 1958 mas que também contou com uma pré-lançamento, em capítulos, no jornal *Estado de Minas*.[32]

É certo que as primeiras escritas de mulheres, no Brasil, não foram do tipo memorialístico. Na poesia e na ficção as iniciativas de mulhe-

---

29 VIANA, M. J. M. *Do sótão à vitrine*, op. cit., p.14.
30 Idem, p.15.
31 Editada em livro em 1983.
32 Essa edição publicada sob a forma de capítulos semanais acabou definindo os temas a serem mais amplamente discutidos e relembrados. A escrita e a reescrita das memórias de Maria da Glória Arreguy, supervisionadas pelo filho e jornalista João Etienne, acabaram tendo sua primeira edição em 1958. Em 1975, a família resolve publicar uma nova edição em comemoração aos oitenta anos da memorialista. Essa edição saiu apenas em 1995 e recebeu o título *Antes que toque a meia-noite: memórias de uma professora*. Utilizei, neste estudo, a publicação recente, por se tratar de uma edição modificada e ampliada.

res[33] podem ser reconstituídas historicamente, ainda que a bibliografia especializada na literatura brasileira enfatize, demasiadamente, a mulher em contextos de reclusão e confinamento aos afazeres do lar.

Nesse sentido, os estudos que reconstituem o quadro social da história literária no Brasil problematizam o excesso de rigor das análises tradicionais acerca da condição feminina, no passado. A mulher sempre foi enfocada em condições de submissão e subserviência irrestrita aos maridos quando, na verdade, a historiografia atual sobre a família e o feminino vêm demonstrando a liderança que elas tiveram na administração da vida doméstica, com ou sem a presença dos maridos, nas fazendas e nos sítios espalhados pelas regiões interioranas e no enfrentamento das barreiras sociais e culturais que lhes permitiram a fundação, edição, co-edição e a colaboração em jornais e periódicos diversos, além da publicação de livros de romances, contos, crônicas, poemas e poesias.[34]

Vestígios da memória

Por causa dessa delimitação dos textos memoriais e de detalhar seus projetos de escrita e de publicação, procurei caracterizar ainda mais a literatura memorialística feminina, agora em função de alguns traços comuns identificados nas obras. Esses aspectos convergentes

---

33 No rastro de outras escritas e escritoras, brancas e negras, que se dedicaram à prosa, à ficção, à poesia, ao romance e ao jornalismo, poderia citar as contribuições realizadas por pesquisadoras como Maria Lúcia de Barros Mott, Norma Telles, Maria de Lourdes Eleutério, Maria José M. Viana, Maria Arisnete Morais (atuante no Núcleo Nísia Floresta, pela UFRN), Maria Crescenti Bernardes e Zahidé Muzzart (que atuam com outras estudiosas na Editora das Mulheres, em Florianópolis-SC), Ivia Alves (do Núcleo de Incentivo Cultural de Santo Amaro-BA) e tantas outras ligadas a centros de pesquisa, como a RedeFem, pela UFMG, que têm se dedicado à trajetória literária de brasileiras esquecidas ou obscurecidas pela grande parte da bibliografia clássica acerca da história da literatura brasileira.

34 Chamo a atenção para algumas contribuições sistematizadas por pesquisadores e fóruns de discussão, como o número especial sobre Família e Grupos de Convívio, da *Revista Brasileira de História*, da ANPUH; os cadernos *Espaço Feminino* editados pela CDHIS, da Universidade Federal de Uberlândia; alguns artigos temáticos sobre Gênero e Família propostos na coleção *História da vida privada no Brasil*, volumes II e III, e a *História das mulheres no Brasil*, organizada por Mary del Priore, e ainda os livros publicados, respectivamente, por Eni Mesquita Samara, *As mulheres, o poder e a família*, por Albertina de Oliveira Costa e Cristina Bruschini (orgs.), *Estudos sobre a condição feminina*, e por Elódia Xavier, *Declínio do patriarcado: a família no imaginário feminino*.

dizem respeito à forma pela qual o pacto autobiográfico vai sendo selado entre cada escritora e seus leitores.

Acredito que as características, aqui destacadas e comentadas, esclareçam mais sobre as formas textuais assumidas por esse tipo especial de literatura e permitem conhecer melhor as obras e parte de seus conteúdos.

Não se trata, contudo, de buscar padronizações ou classificações dos textos memoriais. As características levantadas evidenciam o lugar de construção do discurso de autoria feminina em função das condições de sua produção, a fim de melhor compreendê-lo em relação ao seu projeto autobiográfico.

Uma primeira recorrência ou convergência identificada entre as obras memorialísticas diz respeito à preocupação da escritora em construir um depoimento verdadeiro e fiel. Suas memórias são apresentadas como produtos de um testemunho ocular da história de seu tempo, como se elas pudessem ser elaboradas de forma impermeável às contradições, às interpretações pessoais e às subjetividades. A memorialista procura retirar as "impurezas" externas ao texto, tornando-o "límpido". Nesse sentido, seu projeto é frágil, pois "não há mensagem que seja irreversível, informação que não seja ambígua, porque não há uma única interpretação de qualquer objeto".[35]

Em algumas obras memorialísticas há notas dirigidas aos leitores – produzidas pelas próprias autoras – e prefácios – produzidos ora pelas autoras, ora por amigos e escritores –, em que se evidencia o lugar da memorialista como depoente:

> [...] a autora insere sua história pessoal num quadro social desenhado com grande nitidez. (DALLARI, Dalmo, *Um grito de liberdade*, prefácio, p.7.)

> [...] E falo assim porque tenho na memória a casa tôda, sem faltar um detalhe... (PINTO, Adélia. *Um livro sem título: memórias de uma provinciana*, p.13.)

> Assim que terminei de ler os originais dessa desesperada selva, fiquei sorrindo e pensando: aí está Helena Silveira. Entregou-

---

35 MALUF, Marina. *Ruídos da memória*, op. cit., p.28.

> se, finalmente, de corpo e alma, ao trabalho que se impôs: real e simultaneamente simbólico, este é o documento de uma época em que o dinheiro e o poder inverteram os valores humanos... (TELLES, Lygia Fagundes, *Paisagem e memória*, paratexto.)

De acordo com Marina Maluf, o trabalho de rememoração "é um ato de intervenção no caos das imagens guardadas".[36] A memorialista organiza o passado – reencontrado pelo desejo de relembrar –, e procura atribuir sentidos aos fragmentos rememorados numa tentativa de "abraçar o passado" ou de "abarcar toda uma vida". A narradora descreve suas vivências particulares na perspectiva presente e por isso se apóia em "fórmulas verbais para acomodar o passado, tanto para si quanto para o leitor",[37] num trabalho intenso e marcado pelas limitações e possibilidades no uso da memória.

Marina Maluf, com base nas contribuições de Jean Starobinski, destaca a dificuldade da memorialista durante o ato da escrita. Como o texto assume um caráter "auto-referencial", permanece também "a marca da pessoalidade da autora", manifestada por meio das lembranças e das seleções sobre o passado, mas de um ponto de vista determinado pela atualidade e pelo momento presente do "eu-narrador". Dessa forma, a produção do texto memorial não pode ser realizada como uma tarefa fiel e uma "reprodução exata dos acontecimentos passados".[38]

O esforço da memorialista em reconstituir o passado tal como ele aconteceu não pode ser alcançado plenamente. Lembrar é uma atividade do presente sobre o passado e, por isso, sofre suas interdições e imposições, sem que a escritora consiga, de fato, evitar todos "os artifícios, as interpretações, os lapsos e os recalques de toda uma vida sempre tão complexa e cuja totalidade constantemente lhe escapa".[39]

De acordo com Ecléa Bosi, o narrador não busca recuar do presente para reviver, tal como se deram, os acontecimentos vividos. Rememorar é uma atividade orientada pela atualidade, determinada pelo lugar social, referenciada pela gama de significados do imaginário social de um gru-

---
36 Idem, p.29.
37 Idem, ibidem.
38 Idem, p.30.
39 Idem, ibidem.

po, alimentada pelo relicário da vida pessoal, limitada pelas margens da própria atividade de escrita de quem registra e depende do trabalho de uso dessa memória individual e social.

O trabalho com as reminiscências é uma tarefa complexa em que "nada é esquecido ou lembrado", ou seja, é uma recriação, no presente, do passado, ou uma reinvenção do passado pelo presente.[40] O que é escrito desse relicário de lembranças está orientado por uma necessidade determinada pelo momento atual e, assim, os supostos lapsos de memória não podem ser considerados apenas como falhas ou rupturas do que se tenta apreender do passado, mas podem, nessa perspectiva, constituir partes do próprio texto.

Desse ponto de vista, as falhas e os esquecimentos podem ser considerados e problematizados como parte do movimento dinâmico da memória em (re)elaborar memórias. As fronteiras entre memória e esquecimento são sutis e "dependem do resultado transitório de um conflito entre as forças que levam o passado à consciência e forças que o condenam ao esquecimento".[41]

As relações entre memória e esquecimento podem ser capturadas sob diferentes nuances, o que implica diferentes possibilidades de análise. Foi importante, no contexto deste trabalho, compreender e levar em conta nos textos-memórias tanto as lembranças quanto suas lacunas.

Um segundo ponto comum entre as narrativas femininas é a preocupação de rememorar as experiências pessoais e articulá-las com o contexto sócio-histórico mais amplo. Para atender a esse propósito é comum, entre as autoras, a realização de pequenas pesquisas em arquivos documentais e familiares, a utilização de fotografias e a reprodução de matérias jornalísticas. Assim, as escritoras contextualizam suas memórias não só no tempo e lugar a que se referem, como acrescentam elementos que as legitimam como depoimentos de valor e de verdade.

A memória individual dialoga com o coletivo e redimensiona a realidade passada. As lembranças apóiam-se em fatos, acontecimentos históricos e, ao mesmo tempo, ampliam e informam aspectos da história

---

40 BOSI, Ecléa. *Memória e sociedade: lembrança de velhos*. São Paulo: Companhia das Letras, 1994. p.17.
41 Idem, p.304.

social brasileira. Descrevem, detalham, precisam e explicitam os cenários pouco iluminados pelos grandes refletores históricos.

> "Histórias" porque recuso o anglicismo "estórias", com sua intenção marota de traçar uma linha divisória entre o pessoal e o coletivo, desvinculando os sucessos individuais do curso da História. (SILVA, Carmem da, *Histórias híbridas de uma senhora de respeito*, p.8.)

> Pelas páginas destas memórias, ainda que em ritmo velocíssimo, passam cinqüenta anos da história de Minas Gerais. (FILHO, João Etienne, *Antes que toque a meia-noite: memórias de uma professora*, prefácio, p.8.)

> [...] Faço-o certo de oferecer aos estudiosos das coisas da nossa terra um documentário de inestimável sentido histórico-pátrio, vazado num relato de emocionante sensibilidade, que reflete a estrutura celular de um regime escravagista sócio-econômico imposto a um punhado de entes humanos... (CASTRO, Flávio Torres R. de, *Reminiscências*, prefácio, p.14.)

De acordo com Maurice Halbwachs, a memória individual constitui-se com base em de pontos de referência – datas, eventos, marcos históricos e pessoas – que estruturam simultaneamente a memória coletiva.[42]

A função (re)memorativa é um fenômeno eminentemente social na perspectiva halbwachsiana e, portanto, as evocações são restituídas em textos antes desconsiderados na malha cultural. A memorialista, ao reviver conteúdos do passado, confere ao texto parte de sua liberdade individual, mas dentro, obviamente, de certos limites dados pela cultura.

No jogo das lembranças encenam-se, simultaneamente, concepções, pontos de vista e princípios, os quais demonstram o esforço de enquadramento da memória, e uma memória comum que procura manter a coesão interna e defender as fronteiras daquilo que um grupo tem em comum e, por oposição, confrontam-se, simultaneamente, tensões e conflitos que de certo modo conspiram contra essa identidade coletiva.[43]

---

[42] HALBWACHS, Maurice. *A memória coletiva*. Trad. Laurent Léon Schaffter. São Paulo: Vértice, 1990. p.26.
[43] POLLAK, Michael. Memória, esquecimento, silêncio. In: *Estudos Históricos*. Rio de Janeiro: CPDOC/Fundação Getúlio Vargas, v.2, n.3, 1989. p.8.

Uma terceira convergência identificada entre as memórias, diários e autobiografias refere-se ao emprego da citação. A citação, como propõe W. Benjamim,[44] é uma das muitas formas de conexão com certos pontos de vista ou afinidades intertextuais. A citação, nessa perspectiva, serve de elo entre o presente e o passado e evidencia como um autor, no caso, as autoras de memórias, se posicionam com relação a este passado pelo que citam e pelo que incorporam como parte de suas lembranças.

No caso específico deste trabalho, chamaram-me a atenção as citações ligadas às leituras, as referências sobre escritores da época, os textos censurados, sobretudo pelos familiares, e os trechos de livros incorporados como parte das reminiscências.

As citações falam das experiências de vida das memorialistas e, sendo incorporadas aos depoimentos, colaboram e elaboram a tessitura do texto memorialístico, uma vez que a citação torna-se parte daquilo que se dispõe a ser relembrado, comemorado, rememorado.[45]

> Ah, o sentimento de orfandade que minha querida mãe de criação quis me incutir como destino inadiável! Ela e Tia Zelinda ensinaram-me a mim e a Dinah versos de Guerra Junqueiro onde duas orfãzinhas dialogavam. Lembro-me de um verso que eu dizia, confundida:
>
> "Nem as urzes do caminho têm a sorte igual à minha!"
>
> Urzes, urzes, eu me repetia, a palavra gastando-me a boca e ouvindo em torno o choro de mulheres de negro. As tias não se conformavam com a morte da sobrinha tão dotada e que se fora em plena mocidade. Então, era necessário cultivar no peito das filhas a dor da orfandade.
>
> [...] Creio que esse fantasma da mãe morta logo que eu nascia foi resolvido por mim na infância, escrevendo-a em minha cabeça. Em Dinah, ela dormiu longos anos e minha irmã a construiu em pedaços de criaturas de ficção quando fez o seu primeiro romance: Floradas na Serra, todo habitado de

---

44 OTTE, Georg. Rememoração e citação em Walter Benjamim. In: *Revista de Estudos de Literatura*, Belo Horizonte, v.4, p.212, 1996.

45 Cf. COMPAGNON, Antoine. *O trabalho da citação*. Trad. Cleonice P. B. Mourão. Belo Horizonte: UFMG, 1996. O livro detalha inúmeros aspectos da citação em uma obra.

tísica, hemoptises com o pólen das flores de Campos de Jordão coincidindo com pulmões sangrando. (SILVEIRA, Helena, *Paisagem e memória*, p.13-4.)

[...] O conflito entre as duas famílias – a intelectual e a de bons fazendeiros – singularizou minha educação. Conhecia o supérfluo sem conhecer o fundamental. Tinha indigestões de literatura francesa, lia Machado, Raul Pompéia, Lima Barreto. Recitava Bilac, Antero de Quental. Apaixonei-me por Álvaro Moreira que então escrevia na revista Para Todos e comecei a imergir na onda dos modernistas.

Da. Aída Brandão ficava perplexa quando eu lhe assegurava que nada queria saber de Castro Alves nem muito menos de Alberto de Oliveira. Acompanhava nas revistas o 'português errado' de Mário de Andrade.

Só fui me embalar com nossos poetas românticos no momento em que tive de os revelar para meus filhos. Então, a jovem mãe questionou o Modernismo que meu pai, ainda eu pequena, questionara. (SILVEIRA, Helena, *Paisagem e memória*, p.23.)

Uma quarta recorrência a ser destacada nos textos memorialísticos diz respeito às razões que impelem/motivam a produção das memórias, sobretudo naquelas que se dedicam à escrita memorialística numa idade mais avançada.

A saudade, a solidão e o desamparo procuram acolhimento e companhia junto à rememoração e à comemoração dos acontecimentos passados. Elzira Augusta Pereira Neves, com o título de sua obra, elege a saudade como uma forma de assinatura do texto: *Minhas lembranças, minhas saudades*. Já Maria Helena Cardoso inicia sua obra, *Por onde andou meu coração*, com um trecho de seu diário, escrito em 1963, de onde retira a frase "a minha primeira saudade senti-a aos sete anos".

O final do livro de Maria Helena Cardoso não perde a marca da saudade e, mais que isso, amarga o sentimento de perda que a morte de entes queridos lhe traz. Assim, ela escreve para concluir suas memórias:

Faz muito tempo morreram quase todos os de que falo aqui. Todos que amei, que viveram comigo a minha infância, que me viram crescer, passar de menina a moça e de moça ao

> que sou agora. [...] Pela madrugada julgo ainda ouvir, no cimento da entrada, passos cautelosos para não me despertarem, passos a caminho da primeira missa da manhã; ou o som de vozes conhecidas que conversam à hora do café. Quem sabe aplacarei ainda esta grande saudade que não me larga, encontrando depois os que amei e que partiram antes de mim. É a minha esperança. Mas, se tudo não for, então a Vida é somente viver; e morrer, que é tudo, não é nada. (CARDOSO, Maria Helena, *Por onde andou meu coração*, p.391.)

Impelidas pela saudade, ou quem sabe pela melancolia, o projeto de escritura vai se justificando por revelações como estas:

> Segundo os antigos, Prometeu doou ao homem dois bens: a não lembrança contínua da morte e o dom maior da esperança. Ora, à medida que envelhecemos vamos sendo despojados daquelas dádivas. Já agora, na etapa mais crítica do meu destino, na curva final, assumo a única postura digna de mim – saber, aceitar, esperar. [...] deixo as espigas maduras e o trigo ceifado. Tenho minhas contas feitas com a vida, nesta tranqüila espera da noite absoluta. (TEIXEIRA, Maria de Lourdes, *A carruagem alada*, p.3.)

> As crianças crescem, e somos depois fàcilmente destronados por uma bicicleta, um namôro, um curso ou mesmo pela necessidade de estudar, de trabalhar e ganhar dinheiro... É dessa perda certa e fatal que êste livro procura me compensar [...] Já vivi a maior parte de minha vida, estou agora sòzinha, sem ter mais para cuidar o marido que a morte levou e os filhos que a vida também vai levando para longe. É tempo de rememorar momentos passados, numa tentativa de reencontrar o paraíso perdido, aquêle clima de afeição profunda que nos torna o sol do sistema planetário familiar. (SILVEIRA, Maria Isabel, *Isabel quis Valdomiro*, p.7.)

Como a escrita memorial alimenta-se do passado, exercê-la é quase sempre uma catarse; o que acaba por instaurar um clima nostálgico e saudosista sobre o que se elege como lembrança.

Embora as razões para os projetos de escritura estejam mais ligados à saudade, à melancolia, à aproximação da velhice e ao medo da morte, é possível identificar outros motores propulsores da escrita feminina.

A escrita, na obra de Maria Eugênia Torres Ribeiro de Castro, foge a uma prática social e é caracterizada como um passatempo, uma forma de fuga aos momentos de ociosidade e reclusão que ela denuncia reincidentemente em suas memórias:

> [...] se tento escrever para matar o tempo, chamam-me romântica, louca, dizendo ser mania do século os jovens terem pretensões a poetas e romancistas. Que fazer? Curvar a cabeça ao jugo do mundo, e procurar ser boa despenseira, boa costureira e ver se arranjo marido para ter casa a governar e quem pague as contas das modistas. Pobre e torpe realidade!. (CASTRO, Maria Eugênia Torres R. de, *Reminiscências*, p.76-7.)

A escrita para Maria Eugênia, Anna Ribeiro de Goes Bittencourt, Helena Morley, Ruth Bueno, Maura Lopes Cançado, Cecília de Assis Brasil, Maria Isabel Silveira, Dulce Chacon, Maria Luíza de Queiroz e outras chegou sob diferentes condições e circunstâncias, porém tornou-se uma necessidade, uma forma de reconstruir as imagens da realidade e a própria identidade feminina. Escrever, para elas, é uma prática social – encarnada no relato cotidiano. Escrever é inscrever-se e aos outros, por isso engendra um compromisso, também, de caráter social.

Um outro motor da escritura memorialística feminina é a intenção prévia de publicar as lembranças.

> A encomenda feita não incluía estes anos. Pediam-me muito mais registros das décadas anteriores: 40, 50. Procurei fazer. Isto não impede um segundo volume onde possa narrar-me a mim e ao tempo escoando. (SILVEIRA, Helena, *Paisagem e memória*, p.9.)

> [...]

> Tentei narrar-me, narrar o tempo no qual vivi incrustada. Envolta em meu tempo, vou adentrando outros que não colam em mim. Tento medi-los, equacioná-los. Mas tudo feito a distância, como um jogo no qual eu não acreditasse... (SILVEIRA, Helena, *Paisagem e memória*, p.240.)

As memórias com intenção prévia de publicação assumem ainda mais a dicção do narrador ou depoente. Nem sempre a busca pelas lembranças do passado tem o propósito de fazer balanço, embora provoque um estado de melancolia, uma sensação de acerto de contas com a vida, e desperte muitas emoções. Assim inicia Ruth Bueno uma conversa com seu diário:

> Grande capitão. O capitão do barco onde estamos nós dois e mais ninguém.
>
> Ontem, chamando-te, queria dizer-te o que hoje ouves, do escrito, Catarse.
>
> Não importa o que tu pensas, não importa o que julgas, não importa o que sintas. Ainda que seja contra mim. Eu quero assim. Será.
>
> Ouvir-me-ás, agora, rosto a rosto. Interrompe – se o quiseres – dando-me a cadência da tua voz rouquenha. Mas ouve.
>
> Está aberto o nosso jogo, que será franco. Esmagas, trituras minha pele: estou um trapo. Também não importa. Eu ressurgirei das cinzas.
>
> Defenda-se, tu me disseste. Não. Agora não. É cedo ainda. Aguarda.
>
> Enquanto aguardas, tu falas, repetida e enrouquecidamente da tua partida. Da tua ausência. Fevereiro. E ainda me lembras que tu podes – quem sabe – não voltar. Sinto, lá no peito, onde tu me mostraste, a ferida aberta desde agora com a despedida. (BUENO, Ruth, *Diário das máscaras*, p.19.)

As memorialistas, quando narram, não conseguem conter o que Márcia D'Aléssio denominou "sensação de ruptura irreversível do passado com o presente e o temor da perda de si mesmas"; o sentimento de solidão, para algumas em determinados períodos de sua vida, para outras, ao longo de toda ela, emerge de uma forma ou de outra nos projetos autobiográficos.[46]

---

46 D'ALESSIO, Marcia Mansor. Memória: leitura de M. Halbwachs e P. Nora. In: [s.l.]: [s.n.], [s.d.].

Só agora parei, voltei para trás. Vivi tudo de novo, tudo que tive de bonito na vida. É tão bom.

A sinceridade fere, é difícil encontrar parceiro. Às vezes a vida muda o parceiro e a gente fica falando sozinha, sofre no isolamento, fica desavorada. (PENTEADO, Yolanda, *Tudo em cor-de-rosa*, epílogo.)

Parece que tudo foi há muitos anos, foi ontem, foi um dia de sonho que já se esfumaça na minha memória, ameaçado de desaparecer totalmente não fosse o registro do que aconteceu naquele tempo que não sei se existiu de verdade e que, com medo de perder, busco sempre nestas páginas que escrevi do tempo de antes, de alegria do de depois, do sofrimento, ao longo e depois desses anos que procuro cada vez mais, para não perder aquele que perdi e aquela que fui e que começa a deixar de ser, antes e depois. (CARDOSO, Maria Helena, *Vida-vida*, p.5.)

Agora brotou sob uma carcaça velha, que jamais ostentará a beleza de uma planta que nasceu fora de tempo, porque não foi cultivada, em um lindo vaso de colégio e talvez venha a fenecer sem o orvalho da boa vontade de alguém, ou seja sepultada no túmulo de sua criadora e essa obra nascerá em forma de uma flor engastada nos braços de uma cruz simbolizando um sonho que não morreu. (CARMO, Clotilde do, *Aluna do telhado*, p.219.)

Depois que o silêncio cai ao redor, permanece o medo no coração e nos olhos das crianças que precisam, estas sim, viver para domesticá-lo. (CHACON, Dulce, *Medo de criança*, p.519.)

Uma quinta convergência evidencia a reconstrução das lembranças femininas. Segundo Walter Benjamim, as memórias são recuperadas por meio de lembranças sobre os *dias de festa*. As evocações recuperam as festas populares e religiosas; os rituais escolares, religiosos e familiares; celebrações e tradições sociais; costumes e práticas comuns à época etc. Tomar os dias de festa e repeti-los periodicamente ao longo dos textos é outra forma de registrar o ordinário por meio do extraordinário. São cenas da vida modesta nas cidades ou nas pequenas províncias, vilas e fazendas.

> Certo domingo, mamãe regressou da missa muito satisfeita. Monsenhor João Grossi havia anunciado a próxima chegada dos Padres Redentoristas para pregarem as Missões. Ela transmitiu a notícia, acrescentando: – "Iremos todos ouvir as pregações. E eu mesma levarei as crianças ao catecismo".
>
> Quando apearam dos animais os arautos do Senhor, o povo prorrompeu em vivas, foguetes subiam aos ares e os dobrados musicais retumbaram. Em seguida, alguém saudou, em nome do povo, os recém-chegados. Finalmente, seguiram todos até a Matriz e dali para a casa do vigário. [...] Estavam iniciadas as Missões.
>
> No dia seguinte, ao toque do meio-dia, estava a igreja repleta de crianças e adultos para o catecismo. No fim da primeira semana, foi determinado o dia da primeira comunhão das crianças.
>
> A cidade viveu dias felizes, houve várias conversões, primeira comunhão de adultos, casamentos regularizados. Foi tão grande o entusiasmo do povo pelas Missões que, nos três anos seguintes, a convite, voltaram os mesmos Redentoristas para as pregações durante o mês de maio. (ARREGUY, Maria da Glória D'Ávila, *Antes que toque a meia-noite: memórias de uma professora*, p.19-20.)

Ainda que o tempo passe, as festas e rituais marcam os costumes...

> 25 de dezembro. Que pena não estarmos todos juntos nesta data. Quem da família terá ido à missa do galo em Santa Teresa, tão cara aos nossos corações? (NABUCO, Carolina, *Oito décadas*, p.139.)

Dessas celebrações ficam os rituais e as práticas de festividades comuns:

> Em frente à Casa-Grande armava-se uma fogueira enorme, alimentada por cargas de lenha, enfeitada de guirlandas indo das árvores aos galhos fincados em seus quatro cantos, tudo ornado de bandeirolas de papel colorido e nela assava-se milho verde e batata doce.

> Na cozinha faziam-se tachadas de canjica, muitos bolos de mandioca, pés-de-moleque, pamonhas em quantidade, para prever tôdas as possibilidades e eventualidades.
>
> Dançavam também no terreiro, ou pátio do engenho, um 'Bumba-meu-boi'...
>
> Assim eram aquelas festas de São João... (PINTO, Adélia, *Um livro sem título: memórias de uma provinciana*, p.68.)

No elenco das lembranças, encontrei também versos, modinhas, trovas e cantigas de infância compartilhadas pelo grupo durante muitos momentos de festividade. O significado dessas relíquias é inestimável, visto que adornam as ruínas do passado que ficam em tradições ensinadas de geração a geração.

> E a gente cantava a pleno pulmões:
> "Eu fui a uma torada em Timbuí
> pa-rára'tin-bum
> pa-rára-tin-bum
> E quase morro de tanto rir
> pa-rára-tin-bum".
> (MAGALHÃES, Maria Nilce, *Eu Marianilce*, p.127.)

Esses repertórios comuns de um grupo são paródias que ilustram o cotidiano. Seus significados são tão mais distintos quanto mais distintas as condições de sobrevivência individuais e da memória sobre o grupo. No caso de Carolina Maria de Jesus, há alguns pequenos trechos, em rima e verso, compondo seu diário. Em sua narrativa, Carolina ora os inventa para cantar e chorar a vida na favela, ora os retoma como um fragmento da memória para parodiar os fatos de um cotidiano de sofrimento.

> [...] estou começando a perder o interesse pela existência. Começo a revoltar. E minha revolta é justa.
>
> [...] Toquei o carrinho e fui buscar mais papeis. A Vera ia sorrindo. E eu pensei no Casemiro de Abreu, que disse: "Ri criança. A vida é bela". Só se a vida era boa naquele tempo. Porque agora a época está apropriada para dizer: "Chora criança. A vida é amarga".

> "Não pensas que vais conseguir
> o meu afeto novamente
> o meu odio vai evoluir.
> criar raizes e dar semente".
> (JESUS, Carolina Maria de, *Quarto de despejo*, p.58, 177.)

Nelly Alves de Almeida, em *Tempo de ontem*, revolve lembranças, recupera uma, entre outras cantigas, na voz de Malaquias: caboclo simpático, encarregado da fazenda de seu avô e contador de histórias. De acordo com Malaquias, essa cantiga "dizia mais ou menos ansim":

> Virgem do Rosário,   não tem mais coroa,
> Senhora do mundo,   tem uma tocaia
> dá-me um coco dágua   vinda de Lisboa
> se não vou ao fundo.   Inderé, ré, ré, ré
> Meu São Benedito   Ai, Jesus de Nazaré!
> (ALMEIDA, Nelly Alves de, *Tempo de ontem*, p.136.)

No imaginário coletivo, além de cantigas, versos, trovas e modinhas encontrei depoimentos orais de outras personagens femininas – mães, avós, escravas e parentes das memorialistas. Os testemunhos dessas mulheres contam as histórias de outras épocas que precedem a vida da própria memorialista. São causos comuns, especialmente no mundo das fazendas e de pequenos sitiantes, e que fazem parte das histórias de tradição oral – versões de histórias desconsideradas pela História.

Esses novelos de histórias se desfiavam entre as horas de costura e bordado, entre receitas e preparativos na cozinha, nas lavações de roupa na beira do rio ou em bicas d'água, nos momentos de descanso e de cisma nos quais as mulheres trocam experiências e educam, tanto a si mesmas com a outras mulheres.

> Minha mãe descrevia o sertão verdejante. Verdes eram as matas, os cafèzais, a horta, o pomar, os papagaios e periquitos gritadores que passavam em bandos com as asas refletindo os raios de sol. [...] Mamãe narrava a viagem duríssima...
> (DUPRÉ, Maria José, *Os caminhos*, p.3.)

A narrativa reconstrói as identidades e é fonte de sabedoria, como depõe Maria José Dupré. Educa sobre os modos de vida do grupo, seus comportamentos e valores. Os causos exemplificam a vida cotidiana, explicam fenômenos, ilustram situações, constroem significados e o imaginário do grupo. Assim, prossegue a memorialista:

> Sei que eu estava na fazenda de sua avó com suas irmãs que teriam oito, nove e dez anos. Seu tio estava em S. Paulo, ficava pouco na fazenda. Sei que um dia estávamos todos no terraço, tomando a fresca, quando um vizinho apareceu, num galope só, e avisou que se prevenissem, o Gumercindo não estava longe. [...] Minha avó ordenou também que ninguém saísse de onde estava, ninguém fôsse trabalhar e que cada um ficasse no seu pôsto. Minha mãe contava que a calma de vovó era tão grande que a transmitia às outras mulheres. [...] Passaram três dias e três noites nessa agonia; se ouviam rumor do vento no jardim, pensavam que eram os bandidos que haviam passado a divisa sem que as sentinelas os percebessem. [...] Quando mamãe lembrava êsses fatos, vovó se agigantava aos meus olhos. Crescia. (DUPRÉ, Maria José, *Os caminhos*, p.3-7.)

As memórias desdobram-se em histórias ouvidas, lidas e contadas. Foi assim naquele 5 de outubro dos primeiros anos de 1900, por ocasião de uma tempestade de gafanhotos na Fazenda Bela Vista, um acontecimento que deixou marcas e prejuízos para a família de Maria José.

> Mamãe então se lembrou do que vira escrito a lápis no batente da porta de entrada: em datas iguais, em anos seguidos, caíram terríveis tormentas sôbre a fazenda. Voltou-se para meu pai e comentou: –"Você se lembra de quando chegamos aqui o que estava escrito na porta? As datas combinam". (DUPRÉ, Maria José, *Os caminhos*, p.63.)

A mãe de Maria José, para testemunhar sua própria história junto ao grupo familiar e aos peões da fazenda, lança mão de uma outra história, a narrativa bíblica. Junto aos fazendeiros vizinhos e trabalhadores, lê os acontecimentos descritos na Bíblia, conforta a si mesma e aos seus companheiros, explica o que lhes parecia inexplicável – a perda do trabalho –, modifica e constrói significados junto ao grupo. Com os fios da história bíblica puxa os fios de sua história, desfia-os e tece outra história: a história recontada anos depois, por Maria José.

> Minha mãe levantou-se e disse: – "Vou buscar a Bíblia que fala sôbre as pragas, não é difícil tirar isso a limpo..." Foi buscar e leu em voz alta o Êxodo, capítulo 8: – "Querem ouvir? Primeira praga: as águas de todos os rios tornaram-se côr de sangue..." O vizinho Lalau interrompeu: "– Só a côr de sangue ou era sangue mesmo?" Mamãe tornou a ler e êle replicou: "– Então foi só para enganar". "Querem ouvir a segunda? As rãs. Eram tantas..." Não pude deixar de interromper mamãe: "– Então rã é praga?" Com paciência ela respondeu: "– Sim em grande quantidade: sôbre as árvores, os telhados, na terra, nos quartos, nas salas, nas plantações..." Houve silêncio no auditório; eu senti arrepios de mêdo pensando nas pragas seguintes. "Terceira praga – Piolhos". [...] "A oitava praga vem agora: os gafanhotos, o que sofremos e sabemos o que é".
> (DUPRÉ, Maria José, *Os caminhos*, p. 65-6.)

A narrativa prosseguiu até a décima praga...

Nas narrativas pessoais, as memorialistas revisitam espaços perdidos, recordam histórias e acontecimentos. Como afirma Michelle Perrot, "elas foram de alguma forma delegadas, por convenção e posição, a guardar, a (re)memorizar". Essas mulheres permaneceram anônimas por um longo período, já foram, muitas delas, "secretárias da família", antiquárias de objetos, narradoras de viagens e de épocas, colecionadoras de miniaturas, retratos, pinturas, músicas e "mil nadas".[47]

À medida que despertam lembranças, ecoam vozes e remexem objetos, as páginas se impregnam de melancolia e nostalgia, sentimentos freqüentes que movem a construção de grande parte dos registros memoriais. Os documentos, as cronologias, as pesquisas prévias, retratos e outros artefatos de apoio à memória auxiliam no ordenamento dos acontecimentos, na seleção das lembranças e servem como testemunhos documentais dos conteúdos rememorados.

Através da utilização da citação, da reprodução material de fotografias e documentos, da repetição de fatos, festividades e acontecimentos da tradição brasileira, da exposição da realidade individual e coletiva, da preocupação em construir um testemunho verossímil e fiel à verdade vivida foi possível ler textos que retomam o passado e dão provas de sua

---

[47] PERROT, Michelle. Práticas da memória feminina. In: *Revista Brasileira de História*, v.9, n.18, p.9-18, 1989.

presença pelos esforços em materializar os vestígios do tempo da infância à velhice.

As narrativas eleitas

A literatura feminina do tipo memorialístico só muito recentemente foi mapeada e identificada como uma produção específica no Brasil. Até o final da década de 1980 essa forma de escrita era desconhecida pelos estudos da historiografia da mulher, pela história da literatura brasileira e, em particular, pelos estudos do memorialismo, e apenas em 1991 foi localizada e analisada como uma produção da literatura de tipo autobiográfico.

A identidade hoje atribuída a essa literatura feminina e brasileira só foi possível pelo exaustivo trabalho de levantamento e análise realizado por Maria José Motta Viana.[48] Os resultados apresentados por intermédio dessa pesquisa contribuíram significativamente para a localização e revisão quantitativa e qualitativa de um número significativo de obras de autoria feminina, publicadas entre 1893 e 1990, num total de 81 diários, autobiografias e memórias. Desse universo de títulos memoriais, Maria José Viana se dispôs a "observar o perfil de mulher traçado" por meio "da escuta dessa fala ou discurso" e, nesse sentido, recolheu toda a bibliografia memorialística que lhe foi possível e construiu uma análise que permite conhecer traços marcantes da identidade feminina ali representada.[49]

Maria José Viana debruçou-se em tarefa árdua e, como ela mesma escreve, aparentemente "absurda ou pretensiosa", que foi a de realizar um rastreamento bibliográfico dos depoimentos femininos já editados no Brasil. Uma vez mapeados e adquiridos os exemplares ou as cópias dos livros de cunho autobiográfico, ancorou-se em pressupostos psicanalíticos, antropológicos e do memorialismo para a construção de seus pontos de vista sobre a formação identitária feminina.

---

48 Dissertação de Mestrado apresentada ao Programa de Pós-Graduação em Literatura Brasileira, da Faculdade de Letras-UFMG, em 1991, e publicada em livro com o título *"Do sótão à vitrine: memórias de mulheres"*. Belo Horizonte: Editora UFMG, 1995.
49 VIANA, M. J. M. *Do sótão à vitrine*, op. cit., p.8.

No caso deste estudo, o objeto de interesse é outro, ou seja, meu trabalho propõe retomar a produção bibliográfica levantada por Maria José e desvendar e desvelar, com base nesses registros biográficos, as condições pelas quais um grupo de mulheres, de um tempo remoto, se constituíram leitoras tendo em vista as imposições e restrições que sofreram numa sociedade marcada por diferenças sexuais, sociais culturais e raciais.

Do conjunto de 81 títulos mapeados por Maria José Viana, extraviaram-se dois deles: *Um telefone é muito pouco*, de Silvia Escorel, e *Diário de Bitita*, de Carolina Maria de Jesus. A análise dessas obras baseou-se apenas nas resenhas desenvolvidas sobre cada uma delas e na entrevista com a pesquisadora, embora tenha procurado reavê-las, particularmente o *Diário de Bitita*, por tratar-se de uma obra sobre a infância e, por suposto, de potencial interesse ao objeto desta pesquisa.[50]

Como os caminhos na realização das pesquisas, de maneira geral, são marcados por surpresas, mais tarde acabei identificando e tendo acesso a outros títulos, todos autobiográficos e de autoria feminina. São eles: *Elos de uma corrente: seguidos de outros elos*, de Laura Oliveira Rodrigo Octávio; *Longos serões do campo*, de Anna Ribeiro Goes Bittencourt;[51] *Poemas dos becos de Goiás e estórias mais*, de Cora Coralina; *O sofredor do ver*, de Maura Lopes Cançado; *Marcas do tempo* e *Estradas do homem*, de Virginia Tamanini; *Meus passos em busca de paz*, de Odete Lara; *No tempo de dantes*, de Maria Paes de Barros; *Tantos anos*, de Raquel de Queiroz e Maria Luíza de Queiroz, e, como não poderia deixar de ser, "Diário de Bitita", de Carolina Maria de Jesus.[52]

---

50   Gostaria de mencionar o apoio irrestrito de Maria José Motta Viana, emprestando-me todos os 79 títulos e dedicando atenção e estímulo na realização deste trabalho.

51   A indicação dessa obra foi obtida por intermédio de Marlyse Meyer, pesquisadora que apoiou e acompanhou o processo de coleta de dados em São Paulo e, posteriormente, o processo de qualificação da tese.

52   A localização dessa obra foi possível pela colaboração da pesquisadora Elzira Divina Perpétua, doutoranda na Faculdade de Letras da UFMG, no curso de Pós-Graduação de Literatura Comparada. Seu estudo, intitulado Traços de Carolina de Jesus: gênese, recepção e tradução de *Quarto de Despejo*, reconstitui criticamente o percurso de vida literária de Carolina, as precárias condições de existência dessa escritora, a natureza do mercado editorial, sobretudo brasileiro, a partir dos anos 1960. Elzira vem se dedicando aos estudos sobre a escrita memorialística e sua dissertação de mestrado – Solos e litorais da escrita: uma leitura de memórias de marginais – sistematiza suas reflexões acerca de três publicações de mulheres brasileiras, desconhecidas no meio literário, negras e miseráveis, mas que tiveram suas histórias de vida editadas entre os anos 1960 e 1980. Por intermédio da pesquisadora me aproximei da produção literária e não-literária produzida por Carolina e desenvolvida com base em e sobre ela, tanto no Brasil como fora do país.

Essa aproximação definiu a ampliação do "corpus" geral de 81 para um total de noventa títulos.

Na segunda parte deste trabalho, denominada Documentando o percurso, relaciono, na Lista 1, as obras memorialísticas de autoria feminina, inicialmente localizadas por Maria José Viana e, posteriormente, acrescidas por esta pesquisa. Essa minha relação amplia um pouco mais o mapeamento de obras de autoria feminina, no Brasil, do tipo memorialístico. Embora não tenha sido meu objetivo garimpar outros títulos memorialísticos publicados em livros, na verdade essa literatura revela indicadores de crescimento quando considerada longitudinalmente, desde os primeiros escritos de autoria feminina. O que não tem sido diferente na França, como aponta Philippe Lejeune, ao referir-se à natureza desse tipo especial de literatura, seus impactos e críticas no mercado francês, e seus pontos de ascendência em momentos específicos da história literária francesa.[53]

De cada uma das noventa obras realizei um fichamento catalográfico e biográfico, a fim de identificar e selecionar os depoimentos que, de fato, fornecem pistas e dados sobre as condições de possibilidade da leitura feminina. Esse fichamento foi importante na problematização e na formulação da análise acerca das condições de publicação da literatura memorialística produzida por mulheres.

As informações desse fichamento são: o período de produção do depoimento e de sua publicação; o nome da editora, número de edições e reedições; indicação de prefácio, prefaciadores e conteúdos privilegiados; comentários (capa, contracapa, folha de rosto) e fortuna crítica (quando aparece); idade da autora durante a produção do texto e quando da sua publicação; profissão da autora e (quando possível) outros títulos por ela publicados; local de nascimento e de moradia; itinerário socioprofissional e escolar dos pais e dos maridos; trajetória escolar, social e profissional das memorialistas e pertencimento religioso e étnico-racial (quando revelados).

Foram ainda fichadas outras informações ligadas, fundamentalmente, às lembranças e memórias de leitura, aos fatores que condicionaram

---

[53] LEJEUNE, Philippe. *Pour L'autobiographie*: chroniques, p.11. Além da obra, do mesmo autor, cujo título *L'autobiographie en France* data de 1971.

o acesso ao escrito (quando explicitados) e aos escritores lidos ou censurados, sobretudo na infância e na mocidade. Esse procedimento foi fundamental para compor uma amostra parcial e menor a fim de aprofundar a análise em torno da leitura.

Do total de noventa obras memoriais, 24 delas não tocam na questão da leitura, ou o que mencionam sobre a leitura aparece marginalmente no texto. Essas 24 obras foram, por isso, excluídas desta investigação.

Entre esses depoimentos excluídos, algumas memorialistas focalizam os preconceitos e os problemas enfrentados no momento para a profissionalização. É o caso, por exemplo, dos títulos *Eu quero voar: o retrato de um preconceito*, de Lucy Balthazar; *Por debaixo da toga*, de Marcia Moura; *Eu e a dança*, de Eros Volusia; *Os reis e eu*, de Mirian Lee, e *...Apesar de ser mulher*, de Dorothea Werneck.

Há, ainda, entre esses depoimentos, alguns que tematizam diferentes momentos da vida da memorialista, por meio da descrição de situações ou acontecimentos experienciados na infância, na juventude e na vida adulta. As memorialistas não evidenciam, nesses registros, uma preocupação rígida com a narrativa cronologicamente organizada; recuperam os períodos de suas vivências que parecem ter sido mais marcantes e significativos. É o caso, por exemplo, dos títulos *Candeia do corpo: reminiscência de uma pequena vida*, de Maria Luiza Amaral Peixoto; *Vídeo-tape*, de Yone Quartim, e *Se a memória não me falha*, de Sylvia Orthof.

Nesse grupo ainda é possível perceber um outro tipo de escritura feminina. Refiro-me às narrativas em que os relatos de vida estão marcados pela dor e pelo sofrimento. O tom da narrativa é crítico e de denúncia e, nesse sentido, escrever é uma forma de aliviar as angústias e cicatrizes da vida. Os descaminhos, maus-tratos e desigualdades sociais são contados como um discurso de alerta à sociedade e às situações semelhantes vividas por mulheres anônimas. Por isso, acredito que são discursos coletivos, ou seja, primam pela fabricação, sob a forma literária, de uma escritura de crítica social, profundamente marcada pelas mazelas sociais, seus efeitos de desigualdade e que se materializam em depoimentos-verdades. Assim são os testemunhos *Cícera, um destino de mulher*, de Cícera Fernandes de Oliveira e Danda Prado; *Ai de vós! Diário de uma doméstica*, de Francisca Souza da Silva; *Memória do caos*, de Lúcia

Rito; *Com licença eu vou à luta: é ilegal ser menor,* de Eliane Maciel; *O monstro de olhos azuis,* de Tônia Carrero; *Ela e a reclusão: o condenado poderia ser você,* de Vera Tereza de Jesus; *Em psicanálise,* de Ruth Bueno, e *Sobrevi/vi* de Elza Versiani.

No pólo oposto, identifiquei outras obras, agora bem-humoradas, cheias de ironia e com características de um narcisismo latente, como em *Tudo em cor-de-rosa,* de Yolanda Penteado; *Eu, Marta Anderson,* de Marta Anderson; *Quase tudo,* de Magdalena Tagliaferro; *Diário de uma atriz,* de Wanda Marchetti, e *A rede era furta-cor,* de Ana Bondespacho.

Encontrei, ainda, textos que primam pelo cultivo do regional, do típico, do particular. A escritura, nesse caso, assume, quase sempre, um tom laudatório e saudosista, retrata épocas, costumes e cenários de lugares importantes para as memorialistas. Assim são os textos de *Serra da Boa Esperança,* de Áurea Netto Pinto, e *Guardei na memória,* de Maria Silva Salles Coelho.

Essas 24 biografias pessoais narram temas de interesses que não aqueles relacionados à leitura. Essas obras estão relacionadas na Lista 2, apresentada na segunda parte deste trabalho.

Após a supressão desses 24 títulos, reagrupei os 66 restantes em dois subconjuntos distintos, em função, basicamente, do tipo de informação e do enfoque dado ao tema da leitura.

No primeiro subconjunto, composto de 31 obras, as lembranças referem-se aos livros e aos textos lidos, mas não se referem aos processos e às condições de possibilidade da leitura durante a vida. Nesse caso são exemplares os depoimentos *Palmas pra que te quero,* de Dinah Sfat; *Eu nua, Minha jornada interior* e *Meus passos em busca de paz,* de Odete Lara; *Companheiros de viagem,* de Deocélia Viana; *Marcas do tempo,* de Virginia Tamanini; *O sofredor do ver,* de Maura Lopes Cançado, entre outros. Essas memórias fazem referências a outros textos, como peças teatrais, textos para novelas, textos jornalísticos e de crítica, incorporados como parte da documentação sobre si mesmas.

Além disso, a leitora presente nesses textos é já a leitora adulta que escreve sobre parte do que leu, suas preferências literárias e suas práticas em torno do escrito, sem, contudo, incluir depoimentos sobre suas primeiras experiências com os textos. Poderia citar algumas narrativas, a exemplo de *Vida-vida*, de Maria Helena Cardoso; *Hospício é Deus*, de Maura Lopes Cançado; *Vozes do silêncio*, de Ivete Camargos Barreto; *Quase baixo*, de Vera Santana; *O tempo no jardim*, de Lauricy Bellete Rodrigues; *Quarto de despejo* e *Casa de alvenaria*, de Carolina Maria de Jesus.

Algumas memórias são entrecortadas pelas memórias de leituras. Nesses casos a memorialista incorpora seu conhecimento sobre o que leu por meio de epígrafes e citações de textos da literatura nacional e estrangeira. Assim são as obras *Eu Marianilce*, de Maria Nilce Magalhães; *À mesa do jantar*, de Laurita Mourão; *Histórias híbridas de uma senhora de respeito*, de Carmem da Silva; *A queda para o alto*, de Herzer; *Jardim de inverno*, de Zélia Gattai, e outros.

Desse modo, esse subconjunto de 35 obras também foi subtraído das obras de interesse, como mostra a Lista 3 apresentada na documentação sobre o percurso da pesquisa.

As obras que revelam as condições de uso e prática da leitura pelas mulheres fazem parte do segundo subconjunto de obras. Esse subconjunto compõe-se de 35 narrativas e não só contemplam a questão da leitura como informam sobre os processos de formação das leitoras. Delas, a memorialista mais velha nasceu em 1843 e a mais nova em 1938, 16 são do século XIX, 19 do século XX, e estão distribuídas em diferentes estados brasileiros: duas no Rio Grande do Sul, oito em Minas Gerais, duas em Goiás, três no Rio de Janeiro, uma no Espírito Santo, 14 em São Paulo, duas na Bahia, duas em Pernambuco e uma no Ceará.

Grande parte dessas memorialistas escreveu seus depoimentos em idade mais avançada, entre sessenta e oitenta anos de idade, e algumas delas utilizaram anotações de diários e cadernos pessoais, escritos no período da infância ou da mocidade.

Nesses 35 depoimentos identifiquei:

• quatro narrativas produzidas por memorialistas-escritoras, ou seja, mulheres que tiveram projeção no mundo literário em função da publicação de seus livros de memória e do reconhecimento que eles alcançaram. Suas obras tiveram sucesso de vendagem, reedições e abriram possibilidades para outras publicações no campo do memorialismo.

Memorialistas-Escritoras

Autoria	Título da obra memorial	Nascimento Falecimento	Local de nascimento	Edição consultada
Cora Coralina[54] (pseudônimo)	*Poemas dos becos de Goiás e estórias mais*	1889-1985	Goiás Velho/ Goiânia-GO	8.ed. São Paulo: Global Editora, 1985.
Maria Helena Cardoso	*Por onde andou meu coração*	1903-1994 (?)	Diamantina-MG	3.ed. Rio de Janeiro: José Olympio, 1973.
Carolina Maria de Jesus	*Diário de Bitita*	1914-1977	Sacramento-MG	Rio de Janeiro: Nova Fronteira, 1986.
Zélia Gattai	*Anarquistas, graças a Deus*	1916-	São Paulo-SP	10.ed. Rio de Janeiro: Record, 1985.

- 14 narrativas produzidas por escritoras-memorialistas, o que significa dizer, por escritoras que, entre outras criações literárias, publicaram ao menos um livro de natureza autobiográfica.

Escritoras-Memorialistas

Autoria	Título da obra memorial	Nascimento Falecimento	Local de nascimento	Edição consultada
Anna Ribeiro de Goes Bittencourt	*Longos serões do campo*	1843-1930	Itapicuru-BA	Rio de Janeiro: Nova Fronteira, 1992 (dois volumes).
Maria Paes de Barros	*No tempo de dantes*	1851-1953	São Paulo-SP	2.ed. Rio de Janeiro: Paz e Terra, 1998.
Carolina Nabuco	*Oito décadas*	1890-1981	Rio de Janeiro-RJ	Rio de Janeiro: José Olympio, 1973.
Horacel Cordeiro Lopes	*Recordando... minhas memórias*	1897-(?)	Porto Alegre-RS	Rio de Janeiro: José Olympio, 1973.
Virginia Tamanini	*Estradas do homem*	1897-(?)[55]	Santa Teresa- ES	Uberaba: Editora Gráfica Uberaba, 1977.

54   O nome de Cora Coralina é Ana Lins dos Guimarães Peixoto Bretas.
55   Seu livro *Marcas do tempo*, publicado em 1982, contém dados biobibliográficos da escritora, mas não de seu falecimento até essa data.

Autoria	Título da obra memorial	Nascimento Falecimento	Local de nascimento	Edição consultada
Hermengarda Leme Leite Takeshita	Um grito de liberdade: uma família paulista no fim da belle-époque	1903-1986	Franca-SP	São Paulo: Alvorada, 1984.
Maria José Dupré	Os caminhos	1905-1987	Sertão paranaense-PR	São Paulo: Saraiva, 1969.
Maria de Lourdes Teixeira	A carruagem alada	1907-1982	São Pedro-SP	São Paulo: Pioneira, 1986.
Raquel de Queiroz Maria Luíza de Queiroz (co-autora)	Tantos anos	1910-	Fortaleza-CE	São Paulo: Siciliano, 1998.
Tatiana Belinky	Transplante de menina: da rua Navios à rua Jaguaribe	1917-(?)	Nasceu em Riga, Letônia	Rio de Janeiro: Agir, 1989.
Maria Julieta Drummond de Andrade	Diário de uma garota	1928-(?)[56]	Rio de Janeiro-RJ	Rio de Janeiro: Record, 1985.
Raquel Jardim	Os anos 40	1928-	Juiz de Fora-MG	Rio de Janeiro: José Olympio, 1979.
Helena Silveira	Paisagem e memória	1911-	São Paulo-SP	Rio de Janeiro: Paz e Terra, 1983.
Giselda Laporta Nicolelis	O exercício da paixão	1938-(?)[57]	São Paulo-SP	São Paulo: Nobel, 1985.

---

56 Na *Enciclopédia de Literatura Brasileira* dirigida por Afrânio Coutinho e J. Galante de Sousa e publicada em 1990 não há indicação de falecimento. (Cf. p. 220.)

57 O *Dicionário crítico da literatura infantil e juvenil brasileira* de Nelly Novaes Coelho, reeditado em 1995, não faz identificação quanto ao falecimento dessa escritora. (Cf. p.381-93.)

• 17 narrativas produzidas por memorialistas, isto é, mulheres comuns e desconhecidas no mundo das letras, tanto antes como depois de terem publicado suas memórias, exceto algumas que alcançaram prestígio nos meios literários dado o valor atribuído à sua obra memorialística; não se conhecem delas outras publicações autobiográficas ou literárias.

Memorialistas

Autoria	Título da obra memorial	Nascimento Falecimento	Local de nascimento	Edição consultada
Maria da Glória Quartim de Moraes	Reminiscências de uma velha	1850-1937	São Paulo	[s.l.], [s.n.]: 1981 (Coleção Vovó Vita).
Maria Eugênia Torres Ribeiro de Castro	Reminiscências	1863-(?)	Piracicaba-SP	2.ed. Rio de Janeiro: Cátedra, 1975.
Edésia Correia Rabello	Lá em casa era assim...	1879- (?)	Diamantina-MG	Belo Horizonte: Siderosiana, 1964.
Adélia Pinto	Um livro sem título: memórias de uma provinciana	1879- (?)	Cabo-PE	Rio de Janeiro: Pongetti, 1962.
Maria Isabel Silveira	Isabel quis Valdomiro	1880-1965	São Paulo-SP	São Paulo: Francisco Alves, 1962.
Helena Morley[58]	Minha vida de menina: cadernos de uma menina provinciana nos fins do século XIX	1880-1970	Diamantina-MG	16.ed. Rio de Janeiro: José Olympio, 1979.
Matilde de Carvalho Dias	Amor e trabalho	1888-(?)	Poços de Caldas-MG	Rio de Janeiro: José Olympio, 1973.
Laura Oliveira Rodrigo Octávio	Elos de uma corrente: seguidos de outros elos	1894-1996	São Paulo-SP	Rio de Janeiro: Civilização Brasileira, 1994 (2.ed. rev. e aum.).

---

58 Pseudônimo de Alice Dayrell Caldeira Brandt.

Autoria	Título da obra memorial	Nascimento Falecimento	Local de nascimento	Edição consultada
Maria da Glória D'Ávila Arreguy	Antes que toque a meia-noite: memórias de uma professora	1895-(?) obra póstuma	Capelinha-MG	Belo Horizonte: Editora Gráfica da Fundação Cultural de BH, 1996 (rev. e aum.).
Cecília de Assis Brasil	Diário de Cecília Assis Brasil	1894-1934	Pedras Altas-RS	Porto Alegre: L&PM, 1983.
Clotilde do Carmo	Aluna do telhado	1902-(?)	Portugal	São Paulo: Loyola, [s.d.].
Elzira Augusta Pereira Neves	Minhas lembranças, minhas saudades	1902-(?)	Curvelo-MG	[s.l.], [s.n.]: 1979.
Dulce Chacon	Medo de criança	1904-(?)	Pernambuco	Recife: UFP Editora Universitária, 1979.
Áurea Custódio Bernardes	Ecos de minha existência	1909-(?)	Uberabinha-MG (atual Uberlândia)	Goiânia: [s.n.], 1970.
Selene Espínola Correia Reginato	Minhas memórias	1911-(?)	Bahia	Rio de Janeiro: Pongetti, 1966.
Nelly Alves de Almeida	Tempo de ontem	entre 1909 e 1913-(?)	Itaberaí-GO	Goiânia: Oriente, 1977.
Maria Thereza Ramos Marcondes	Tempo e memória	1917-(?)	Taubaté-SP	[s.l.]: Editora CQ Ltda. e Prefeitura Municipal de Taubaté, 1976.

Considerando as diferenças nos percursos individuais de cada memorialista pude reorganizar as 35 obras, tendo como critério básico as experiências pessoais com a escrita, como leitoras e escritoras.

Esses depoimentos, como já mencionei, referem-se às histórias de 35 mulheres nascidas entre 1843 e 1938, em diferentes regiões brasileiras, e que descrevem suas experiências como leitoras em períodos históricos nem sempre coincidentes. Isso implica que cada uma dessas biografias traz consigo uma história social, uma geografia rural ou urbana e um inventário de textos e impressos lidos mediados pelas condições políticas, culturais, escolares, comerciais do tempo e lugar em que nasceram e viveram.

Procurei recortar esse conjunto de obras a partir de um período histórico comum compondo, assim, uma amostra menor e significativa, em que os retratos de vida e de leitura permitissem construir um *álbum* da história social de um grupo de leitoras. Considerando que a análise de trajetórias de vida e, em particular, de processos de formação da leitura implicam a verticalidade das informações existentes em cada uma delas e, considerando também as condições reais de produção deste trabalho, minha opção acabou resultando na seleção de alguns livros, em detrimento de outros.

A seleção das obras foi feita com base em depoimentos representativos e o que eles sinalizam e informam acerca das condições de acesso e de prática da leitura por mulheres, as singularidades em relação às suas trajetórias como escritoras, as interseções e os cruzamentos existentes entre as obras e, também, suas especificidades e contrastes.

Optei por uma parcela representativa dos três grupos já mencionados – o das memorialistas-escritoras, o das escritoras-memorialistas e o das memorialistas. Parti do pressuposto de que as relações de uso da escrita estão condicionadas por relações de uso da leitura e, nesse sentido, a diversidade das práticas de leitura e de escrita poderia enriquecer os resultados desta investigação.

Considerei, ainda, que as mulheres nascidas no século XIX e no início do século XX compõem o grupo que mais sofreu interdições e obstáculos à sua alfabetização, escolarização e profissionalização. Desse modo, privilegiar as trajetórias femininas de um passado mais remoto pode vir a contribuir, mais efetivamente, com os estudos no campo da Educação interessados nos processos e nas condições de formação da leitura, de leitoras e leitores. Em relação aos estudos sobre o feminino, a história da mulher e a literatura de voz feminina e aos campos da sociologia e da história da leitura, este trabalho também revela convergências e interseções na medida em que os depoimentos elucidam aspectos ligados às práticas culturais, à circulação de impressos, os tipos de leitura e de suportes textuais, as formas de socialização e de censura a certos escritos, os modos de transmissão, as formas de recepção, partilha e troca de impressos em diferentes espaços, situações e por diferentes agentes sociais.

Esses fatores de ordem empírica justificam, em parte, a escolha por uma amostra menor; no entanto eles não explicam por que, entre os depoimentos de mulheres que nasceram no século XIX ou início do século XX, elegi apenas 12 deles.

Em primeiro lugar, há um fator, de ordem subjetiva, que interferiu na seleção. É que ler implica também julgar, selecionar e eleger. Assim, o contato permanente com as narrativas memorialísticas, por meio de sua leitura e releitura, contribuiu para a eleição de algumas. Como lembra Leila Perrone-Moisés,

> qualquer que seja o 'método de análise', cada vez que uma obra é eleita por alguém como objeto de discurso, essa escolha já é a expressão de um julgamento. 'Lier, élire (Ler, eleger)...[59]

Em segundo lugar, no caso específico de algumas obras como *Diário de Bitita*, *Estradas do homem*, *No tempo de dantes* e *Tantos anos*, elas só foram localizadas quando grande parte da análise já estava sendo produzida e, portanto, sua inclusão comprometeria o prazo final estabelecido para a conclusão da investigação, além de ser necessária a pesquisa em outras fontes e bases de informações, como procedi com as demais, a fim de evitar incorreções biográficas ou simplificações na história de vida e de leitura de cada uma das memorialistas citadas.

A amostra definitiva não se configura, então, como um conjunto exaustivo, levando-se em conta o universo inicial de noventa obras memoriais e o subconjunto de 35 depoimentos, pertinentes ao objeto de interesse nesta pesquisa. Contudo, as 12 narrativas eleitas contribuem significativamente para a reconstrução dos processos de formação das leitoras, uma vez que narram suas condições de possibilidade quanto ao acesso, uso e práticas da leitura, e elucidam os aspectos constitutivos à sua formação como leitoras-escritoras.

---

59 PERRONE-MOISÉS, Leyla. *Altas literaturas:* escolha e valor na obra crítica de escritores modernos. São Paulo: Companhia das Letras, 1998. p.10.

São as seguintes as obras selecionadas para objeto desta pesquisa:

Memorialistas-Escritoras

Autoria	Título da obra memorial
Maria Helena Cardoso	*Por onde andou meu coração*
Zélia Gattai	*Anarquistas, graças a Deus*

Escritoras-Memorialistas

Autoria	Titulo da obra memorial
Anna Ribeiro de Goes Bittencourt	*Longos serões do campo*
Carolina Nabuco	*Oito décadas*
Hermengarda Leme Leite Takeshita	*Um grito de liberdade: uma família paulista no fim da belle-époque*
Maria José Dupré	*Os caminhos*
Maria de Lourdes Teixeira	*A carruagem alada*

Memorialistas

Autoria	Título da obra memorial
Maria da Glória Quartim de Moraes	*Reminiscências de uma velha*
Maria Eugênia Torres Ribeiro de Castro	*Reminiscências*
Adélia Pinto	*Um livro sem título: memórias de uma provinciana*
Maria Isabel Silveira	*Isabel quis Valdomiro*
Laura Oliveira Rodrigo Octávio	*Elos de uma corrente: seguidos de outros elos*

Selecionadas essas obras, procedi ao levantamento bibliográfico para o desenvolvimento da pesquisa. Do mapeamento teórico feito, foram privilegiados os estudos relacionados à leitura, à historiografia sobre a mulher e à literatura memorialística. O resultado desse procedimento permitiu compor um inventário de fontes apresentado neste trabalho como parte da documentação sobre o percurso da pesquisa.

2
Vozes do silêncio

3.1.1963.
Aborreço a monotonia das coisas que me cercam. Sempre as mesmas repetidas. Repetidamente. No vaivém da casa ao trabalho, recomeçando amanhã. Aborreço os risos e sorrisos que escondem minhas penas. E as penas que matam minha alegria.
Busco ser eu mesma e não encontro eco a meus passos, que se perdem. Quero ser eu. Grilhões me prendem ferindo meus punhos frágeis.
Só nas tuas páginas brancas, listadas de azul, encontro aquela que procuro. Tira-me a venda aos olhos, desata meus pulsos, deixando livres as mãos. Põe-me despida diante de mim. Tenho encontro comigo mesma.
Silêncio. Agora estou em fuga.

14.1.1963.
Separei meus livros. Enfim. Do lado de cá, os do trabalho: livros de leis, que são o meu estudo. Eles pesam séculos. Do lado de lá, os companheiros da noite – prosa e poesia. Divido-me entre eles, como entre ambos está, também, dividida a minha vida. Dois caminhos. Os meus caminhos.

BUENO, Ruth. *Diário das máscaras.* 2.ed. Rio de Janeiro:
Fontana/Brasília: INL, 1980, p.11, 13.
(Trechos de seus diálogos com o diário.)

Quase todas Marias

Para compor os retratos de vida de cada memorialista o fichamento de cada obra foi fundamental. Esse fichamento, entretanto, foi insuficiente para apreender a totalidade dos textos e as histórias de vida. As memórias trazem informações parciais acerca das experiências de vida, os apagamentos coexistem com as lembranças e, por isso, busquei outras fontes de informação, como enciclopédias, dicionários literários e biobibliografias especializadas em literatura feminina brasileira.

O resultado desse procedimento permitiu cartografar não só os itinerários de vida de cada memorialista, como também os aspectos marcantes presentes em seus projetos autobiográficos e que foram constituídos como obra em livro. No caso das escritoras que atuaram no campo literário, inventariei os percursos socioculturais também de seus familiares, e procurei relacioná-los às suas condições como leitoras e como escritoras. Desse modo consegui, no caso das escritoras, levantar um número maior de informações, ao passo que no caso das memorialistas apenas um conjunto menor de dados, já que são parcas as documentações, os dicionários e outras fontes historiográficas e sociológicas acerca das mulheres no Brasil.

Isso determinou a presença de maiores ou menores informações de cada uma das escritoras, uma vez que as referências sobre elas são mais ou menos intensas. Dessa forma, de algumas encontrei retratos, capas de livros, dados biobibliográficos, ao passo que de outras só foi possível contar com as informações da obra-depoimento a que tive acesso. Os percursos de vida reconstituem trajetórias de mulheres que nasceram entre 1843 e 1916. Algumas delas tiveram destinos itinerantes, deslocando-se da cidade natal para outras cidades do interior ou para grandes capitais. Seus deslocamentos, residências ou lugares de origem concentram-se em cidades paulistas como Santos, Piracicaba, São Pedro, Franca, Botucatu, Sorocaba e a própria capital paulista, e outras cidades e estados onde nasceram ou residiram, como Diamantina, Curvelo, Uberlândia, Bocaiúva e Itabirito (no estado de Minas Gerais), Cidade do Cabo (em Pernambuco), Itapicuru e Catu (na Bahia) e Petrópolis (no Rio de Janeiro).

Álbum de leitura: memórias de vida, histórias de leitoras 89

Anna Ribeiro de Goes Bittencourt
Longos serões do campo (Memória)
Data de nascimento: 1843
Local de nascimento: Catu-BA
Data de publicação: 1992
Local de publicação: RJ
Editora: Nova Fronteira
Introdução: Maria Clara Mariani
Organização e notas: Maria Clara Mariani Bittencourt
Período de produção da obra: em torno dos oitenta anos de idade da escritora, baseado em diários, reescritos sob a forma de memórias
Primeira versão datilografada dos originais: Olga Berenguer (neta)
Data de falecimento: 1930

Essa obra tem um percurso editorial bastante peculiar. Anna[1] produziu a narrativa sobre sua vida na infância e na mocidade em 28 pequenos cadernos escolares, os quais foram reescritos sob a forma de memórias quando contava cerca de oitenta anos. No entanto, ela não chegou a vê-los publicados, pois faleceu em 1930. Clemente Mariani Bittencourt sempre desejou tornar públicas as memórias da avó e mãe de criação.

Conservou consigo, durante anos, a primeira cópia datilografada, conhecida como "os originais de D. Anna".[2] Pretendia publicar com o livro as notas sobre os documentos históricos que localizou na Biblioteca Nacional do Rio de Janeiro e que confirmam a narrativa de Anna, no primeiro volume das Memórias, sobre o personagem Major Pedro Ri-

---

1   Segundo a própria escritora, "em alguns apontamentos biográficos enviados pelo meu parente Dr. Innocencio de Araujo Goes a Sacramento Blake, autor de um **Dicionário bibliográfico e histórico**, sou considerada filha do Catu. Foi um engano, mas não valia a pena ser retificado. Sou realmente mais filha do Catu do que Itapicuru, de onde vim com idade de dois anos; no Catu tem decorrido *quase* toda a minha existência. (Cf. *Longos serões do campo*, v.II, p.10.)
2   Julguei desnecessário a cada citação das memorialistas fazê-la pelo nome completo. Dada a aproximação e "intimidade" que passei a ter com a história de vida dessas escritoras, passo a utilizar o primeiro nome ou, quando necessário, os dois primeiros nomes, já que muitas delas são Marias.

beiro, avô de Anna. A morte de Clemente,[3] em 1981, impediu-o de ver publicado o inventário deixado por Anna, um memorial que encena com detalhes as décadas do século XIX, particularmente aquelas após a Proclamação da Independência.

Os historiadores José Gabriel da Costa Pinto, do Arquivo Nacional, e Lourenço Jacobina Lacombe, do Instituto Histórico e Geográfico do Rio de Janeiro, após a leitura da versão datilografada, recomendaram a publicação das memórias de Anna. A recomendação de publicação da obra implicou a revisão, pelos parentes, dessa versão à luz dos originais manuscritos deixados por Anna e conservados, mais tarde, pela neta Olga Berenguer.

O cuidado na preparação do material não evitou as costumeiras supressões realizadas, nesse caso, por Clemente Mariani, na época advogado e político em ascensão no estado da Bahia, cuidando pessoalmente de evitar temas ou nomes que pudessem comprometer as alianças sociais e políticas de seu interesse. Entre os diferentes propósitos que motivaram a escrita de Anna e a publicação por Clemente Mariani verifica-se a despreocupação, por parte da autora, na escrita das memórias, e a censura, por parte do neto, na preparação do texto para a publicação. De acordo com os familiares o depoimento de Anna, nos cadernos-diários, foi escrito livre de restrições, convicta de que circularia apenas entre os parentes.

Da revisão realizada pelas netas e pelas bisnetas, entre o material manuscrito e a versão datilografada elas identificaram um mínimo de rasuras por parte da memorialista, como também sua grande fluência para a escrita de tipo narrativo, o que, por hipótese, certamente evitou maiores intervenções. As mudanças processadas por elas destinaram-se à atualização de algumas estruturas sintáticas e correções ortográficas. Procederam à atualização ortográfica salvo os nomes próprios; reorganizaram cronologicamente os documentos sobre os familiares;[4] retifica-

---

3   Referências a obras de Anna e outras documentações podem ser localizadas na Fundação Clemente Mariani; Biblioteca do Estado da Bahia; Biblioteca do Mosteiro de São Bento. (Cf. MUZART, Zahidé L. (org.). *Escritoras brasileiras do século XIX*: antologia. Florianópolis: Editora das Mulheres; Santa Cruz do Sul: EDUNIDC, 1999. p.390.)
4   Nos documentos transcritos integralmente as peças judiciais e os inventários foram levantados por meio de uma pesquisa prévia de apoio à edição das memórias de D. Anna.

ram, sempre que necessário, as datas e os nomes a fim de evitar incorreções históricas, e compuseram, com base na documentação familiar conservada por Anna, a árvore genealógica detalhada do grupo.[5]

Todo esse processo contribuiu para a publicação de um material riquíssimo sobre o Recôncavo Baiano do século XIX, reconstruído com base na escrita de uma jovem, branca, ilustrada, filha de uma família abastada, proprietária de latifúndios e bens rurais. Uma reconstrução literária que documenta sua história e a de seu grupo, e por isso representa parte do legado cultural e literário que D. Anna deixa para os filhos e netos.

A leveza de seu estilo, a forma como reconstitui o cotidiano da vida no campo, o valor literário de seu depoimento, o valor documental de seu inventário sobre o passado impulsionam a leitura, página a página, desses serões do campo. É um material fundamentado em fontes que complementam e ampliam as informações sobre a história baiana, as leituras em circulação, o francesismo na literatura brasileira, as práticas, os valores e os costumes de época, há muito esquecidos.

O memorial de Anna compõe-se de dois volumes. No primeiro, *Longos serões do campo – Major Pedro Ribeiro*, a escritora logo indica seus leitores-modelo: os filhos e netos. Propõe-se, então, a relatar alguns episódios ocorridos com seus antepassados, que tinham sido relatados oralmente por sua mãe durante "os longos serões do campo onde sempre tenho residido".[6] A incursão histórica permite conhecer a participação de seu avô materno na campanha da Independência – "um lavrador afugentado da ilha da Madeira por dificuldades econômicas no início do século XVIII" –, mais tarde um afortunado senhor de engenho no Agreste Baiano, dono de uma das maiores riquezas da região e lembrado, pela memorialista, por sua austeridade, aliás imagem freqüentemente atribuída aos homens pelas memorialistas do século XIX. Essa primeira parte do livro tematiza, então, a saga familiar em torno da figura de Pedro Ribeiro – "um herói de qualidades excepcionais".[7]

---

5 Os quadros genealógicos são complexos e ajudam na compreensão das relações de parentesco estabelecidas, especialmente aquelas decorrentes dos consórcios matrimoniais.
6 Cf. *Longos serões do campo*, p.9.
7 Todas as citações desse parágrafo estão em *Longos serões do campo*, p.3.

Nesse volume desfilam nomes, parentescos e consórcios arrolados por uma memória prodigiosa e ancorada em documentos conservados por Anna, uma arquivista da família, que permite recuperar o significado do patriarcalismo brasileiro no século XIX. Graças à memória, às suas anotações cotidianas e à manutenção dessa documentação foi possível reconstituir a árvore genealógica da família desde os antepassados. A educação masculina contrastada com a feminina, os casamentos, quase todos por interesse, os castigos físicos nas escolas da época, a estruturação familiar e outros traços da cultura brasileira podem ser revisitados num texto leve e sem pretensões de literariedade, mas que não peca, por faltas ou excessos, na construção textual da narrativa.

No segundo volume, *Longos serões do campo – infância e juventude*, Anna dedica-se a uma narrativa mais pessoal e intimista, relatando fatos de seu principal grupo parental, o período de infância, a mocidade e o casamento, sendo esta etapa o desfecho de seu registro. A narrativa de certos fatos, os detalhes e a recomposição dos cenários no campo confirmam o uso dos cadernos-diários, escritos na mocidade.

Nesse segundo volume observei o retrato da menina obediente, recatada, dócil e religiosa, subjugada a valores morais, à personalidade firme de seus pais e amparada em contextos familiares cujo rigor revela os tradicionais ritos das famílias católicas brasileiras.

Anna nasceu em 1843 e é a memorialista mais velha do grupo selecionado. Até 1865, ano em que contrai núpcias com o estudante de Medicina, ela vive em dois engenhos de sua família e são eles os cenários principais de sua vida. Ali revive o percurso típico de mulheres de seu meio social: cercada por cuidados familiares, escravas e escravos, é educada para tornar-se boa mãe e esposa.

Embora Anna não tenha transgredido a rota esperada para as mulheres de seu tempo, é verdade também que ela procurou diferenciar-se das mocinhas casadoiras, freqüentadoras de bailes, de chás e das melhores casas lojistas existentes, naquele tempo, na província baiana. Anna buscava a leitura e a educação formal fora do espaço doméstico, ansiava pelos estudos de geografia, interessava-se por metafísica. Lia desde os romances folhetinescos até os de natureza político-literária. Dedicou-se à escrita de poesias, contos e romances. Quando menina acompanhava, de ouvido, as leituras de sua mãe, e não perdia o contato com a literatura em circulação na Bahia, divulgada pelos catálogos de novidades enviados pelas livrarias de Salvador ou que podiam ser obtidos por assinaturas.

A família tem dois traços muito fortes: os preceitos católicos e a brancura da pele manifestada num tempo em que o debate sobre o escravismo acirrava as relações sociais entre brancos e negros, livres e escravos. A posição socioeconômica privilegiada e o apego a certos valores culturais diferenciou, também, os itinerários dos homens em relação às mulheres. A instrução masculina era normalmente desenvolvida em escolas particulares, muitas delas de caráter confessional. Nessas escolas o período colegial era cursado, seguido dos estudos preparatórios e, finalmente, a Academia de Medicina ou de Direito. Às mulheres eram reservados os estudos nos redutos da casa, acrescidos das aulas de piano e pintura, das horas de costura e bordado e, no caso de Anna, as aulas de Geografia, que só não foram adiante em função de seus problemas com a visão.

Esse repertório mínimo também definiu a formação de sua mãe. A ausência de ilustração, tomada no sentido da instrução pela via escolar, foi compensada pelas conquistas junto aos livros. Esses eram seus companheiros freqüentes ainda que sobrecarregada de afazeres domésticos, como esposa, senhora do lar, mãe e encarregada de muitas atribuições, inclusive com os agregados, parentes próximos ou distantes que se serviam dos ares do engenho e dos benefícios de sua mão zelosa e serviçal incapaz de negar auxílio a alguém.

Sobre o pai, reminiscências esparsas, reforçadas sempre pela imagem do provedor, comprometido com as exigências do engenho, lembrado por uma conduta impecável, às vezes severo demais em seus julgamentos. Anna menciona superficialmente possíveis desentendimentos entre os pais. Esta seria a razão para que ele se mantivesse afastado da fazenda por mais tempo.

De uma origem sociofamiliar privilegiada, sem as preocupações com a sobrevivência material ou problemas graves – a não ser os cuidados exigidos com a visão –, relata os acontecimentos do cotidiano com expressões freqüentes como "a vida corria monótona e tranqüila, como é costume no campo".[8]

---

8   Cf. *Longos serões do campo*, p.125.

O projeto autobiográfico consumado pela reescritura dos cadernos-diários assume uma finalidade quase educativa para os parentes, além de ser uma forma de perpetuar a história do grupo e de si mesma. Esse projeto representa uma resistência à morte de parentes e amigos e à velhice que se acomoda junto aos seus oitenta anos de vida.

Ao final do texto, a leveza da forma literária é substituída pela amargura. O estado da velhice e a aproximação da morte parecem comprometer o tom confessional, agora sobreposto pela despedida.

Os romances que preencheram sua mocidade são, ao final das memórias, substituídos por leituras de caráter religioso, político-literário, nem sempre compatíveis com os imperativos católicos, pilares de sua formação como mulher e mãe, e parte fundamental valorizada pelo grupo familiar. Assim, dos títulos e escritores citados nesse período, destacam-se Silvio Pellico, autor de *Francesca de Rimini* e *Minhas prisões*; Dostoievsky, autor de *Casa dos mortos*; *A bíblia sagrada*, a *Vida de Santo Agostinho*, *Jesus Cristo perante o século*, de Roselly de Lorgues, e as principais obras de Allan Kardec.

Junto ao repertório de leituras[9] rememoradas desde a infância acrescentam-se, no livro, notas explicativas do período de sua publicação, os escritores, traduções e outras informações de valor documental acerca das condições histórico-sociais para o acesso e a circulação de textos e impressos na Bahia.

Os originais de Anna, guardados e cuidadosamente co-editados pelos familiares, são ricos, ainda, nos traços da tradição oral, social e cultural brasileira, quando revivem as primeiras festas da Independência comemorada na rua, as moléstias que afetaram sensivelmente a população, como o *cholera-morbus*, a topografia da província baiana e a arquitetura das igrejas e dos conventos, as indumentárias feminina e masculina e seus significados socioculturais, e o alto valor da palavra oral na herança cultural brasileira, nas práticas sociais e comemorativas e na movimentação de muitos negócios comerciais.

Embora os problemas com a visão tenham dificultado o conhecimento em áreas de seu interesse como a Geografia, Anna, após o casamento em 1865, passa a residir em Salvador, onde o marido completava

---

9   Cf. Lista 4, na segunda parte deste trabalho.

o terceiro ano de estudos no curso de Medicina. Na capital baiana familiarizou-se com a elite local, com os acontecimentos festivos, freqüentava salões e participava mais proximamente da literatura produzida e divulgada, inclusive das idéias científicas em circulação na Faculdade de Medicina, onde a aristocracia intelectual fora educada e educava seus herdeiros. Logo cuidou de complementar seus estudos, como sempre desejara, contratando aulas de Francês e Italiano, e retoma os estudos de piano e canto.

A decadência da economia agrária sustentada pelo trabalho escravo tem seu declínio e compromete as riquezas de várias famílias. Esse fator e o agravamento do estado de saúde do pai de Anna favorecem seu retorno, do marido e dos filhos para o engenho em Catu, em 1868. Após o falecimento do pai, o fato de seus filhos estarem maiores e servidos de professores particulares fez com que Anna retomasse seus escritos. Esse período marca, então, a produção dos primeiros trabalhos e sua pré-estréia na literatura. São versos parnasianos sem fins claros de publicação, seguramente, em função do desprestígio das mulheres naquela sociedade.[10]

Os versos conhecidos datam de 1875 e Anna não os menciona em suas memórias. As informações que pude reunir foram coligidas com base em pesquisas e publicações divulgadas pela Editora das Mulheres, de Florianópolis. Anna, como se sabe, não tinha intenção de tornar públicos esses primeiros escritos, talvez por achá-los prematuros dentro de um mercado tão disputado por autores nacionais e estrangeiros nesse e nos demais gêneros literários.

Seus poemas aparecem publicados muitas décadas depois, em dois periódicos: *Amor materno* é o título do primeiro deles, divulgado em 1910, pela revista *A Paladina*.[11] Os demais poemas, *A caridade*, *Que doce e calma alegria*, *Doze anos coletas, meu filho* e *Que se proclame a glória do guerreiro* são divulgados pela *Revista da Academia de Letras da Bahia* apenas em 1952, ou seja, publicadas postumamente, e provavelmente por intermédio de algum parente, como aconteceu com seus *serões do campo*.

---

10   MUZART, Zahidé L. *Escritoras brasileiras do século XIX*, op. cit., p.386.
11   A revista *A Paladina* (1910) foi dirigida e contou com colaboradoras católicas na Bahia. Esse nome foi mantido até 1912, e dessa data até quando foi extinta, em 1917, assumiu o nome: *A Paladina do Lar*. (Cf. MUZART, Zahidé L. *Escritoras brasileiras do século XIX*, op. cit., p.388.)

Se no campo da poesia sua entrada e participação parecem tímidas, seus contos e romances não deixam dúvida de sua marcante atuação no mercado baiano à contramão dos valores de seu tempo e da censura contra a participação das mulheres em esferas sociais extradomínios da casa. Anna foi colaboradora atuante na revista *A Paladina do Lar* – dirigida por senhoras da Liga das Senhoras Católicas da Bahia e presidida por D. Amélia Rodrigues.[12]

Esse periódico, conforme informa Anna, foi editado pela Tipografia Beneditina entre 1910 e 1917. Trazia na abertura do primeiro número o objetivo de "propagar idéias moralizadoras e conhecimentos úteis", além de "auxiliar as mães de família na tarefa de educar os filhos".[13] Assim como esse periódico, outros tiveram propósitos semelhantes, como *A voz da Liga das Senhoras Católicas* e *O Mensageiro da Fé*, ambos do mesmo gênero, nos quais Anna também atuou. Ao que tudo indica, não teve dificuldade para arrebanhar um público de leitoras e mantê-las assíduas junto ao protocolo de recomendações em favor do dever sagrado da maternidade e das idéias da corrente higienista-nacionalista em circulação no período.

A produção de Anna não se restringiu apenas à colaboração em periódicos religiosos. O traço de religiosidade se manifesta, no entanto, em diferentes trabalhos, como sugerem alguns dos títulos de seus romances: *A filha de Jephte*, de 1882, baseado na Escritura Sagrada. Esse primeiro livro foi levado a prelo graças ao incentivo de um parente distante, Inocêncio Marques de Araújo Góis, então político de alta projeção na Bahia. O sucesso da obra conquistou outras leitoras (leitores?), então atendidos pela publicação do segundo romance, *O anjo do perdão*, de 1885, e estrategicamente lançado nos moldes de uma das receitas literárias de maior prestígio na época – o folhetim –, veiculado pela *Gazeta de Notícias*[14] da Bahia.

---

12 Sobre Amélia Rodrigues sabe-se da primeira peça dramática, escrita em 1886, com o título *Fausta*, quando tinha vinte anos de idade. Sua produção literária foi negligenciada por muitos equívocos da história tradicional; encontra-se atualmente reunida no Instituto Feminino da Bahia. Outra parte pode ser consultada na Biblioteca Nacional do Rio de Janeiro. Na vertente religiosa sabe-se da publicação intitulada *Leituras religiosas*, semanário editado pela Congregação Salesiana com sede em Barbacena-MG. Amélia conquistou, por intermédio dos caminhos religiosos, espaço para a divulgação e a publicação de muitos de seus trabalhos e sobre ela encontrei apontamentos no estudo desenvolvido por Maria Aparecida Paiva, *A voz do veto: a censura católica à leitura de romances*. Belo Horizonte: Autêntica, 1997, e também no estudo específico sobre a obra e a vida literária dessa escritora, cujo título é *Amélia Rodrigues*, divulgado em 1998 pelo núcleo de Incentivo Cultural de Santo Amaro-BA, pela organizadora e apresentadora Ivia Alves.
13 Cf. *Longos serões do campo*, v.II, p.309.
14 Jornal diário de Salvador.

Na década de 1880 foram ainda veiculados seus primeiros poemas e artigos, também na *Gazeta de Notícias*, em *A Verdade*, periódico de Alagoinhas, e no *Almanaque de Lembranças Luso-Brasileiro*, com grande impacto e circulação por todo o Brasil. Esses artigos tinham intenção claramente moralizante, como afirma a bisneta Maria Clara Mariani Bittencourt, e faziam-se acompanhar por recomendações dedicadas à formação das jovens.[15]

A escrita refinada de Anna guiava-se, de um lado, pelo classicismo da época, e, de outro, pelo recato próprio das senhoras católicas. Uma receita que abriu e manteve abertos os espaços de publicação e divulgação das idéias que Anna e que fez circular na imprensa periódica e nos romances a que se dedicou.

No prefácio de seu primeiro romance, *A filha de Jephte*, podem ser percebidos alguns traços que acompanham o desafio do ofício da escritora estreante:

> O viajor que reconhece fallecerem-lhe as forças para subir ás grandes alturas onde se respira um ar puro e benefico, não deve esforçar-se por chegar ás pequenas eminencias, fugindo dos logares baixos e humidos, onde se respira os effluvios deleterios e os miasmas insalubres dospantanos? O esforço ou trabalho mal succedido é mais louvavel do que a completa inacção. (sic).[16]

Uma escrita que apela, como na de outras mulheres, para uma excessiva modéstia e pedidos de desculpas que chegam até, de certa maneira, a desmerecer sua própria literatura. Será que tamanha modéstia justifica-se pela estréia oficial de Anna no mercado livreiro? O fato é que no horizonte de suas expectativas, como mulher e como escritora, Anna atravessa os limites impostos social e culturalmente pela comunidade baiana e brasileira da época em que viveu, ao lançar seu primeiro romance. O prefácio afere, de certo modo, um estatuto menor ao livro, uma vez que aparece como "esforço ou trabalho mal succedido". Talvez

---

15 Cf. *Longos serões do campo*, v.I, p.6.
16 SINZIG, Frei Pedro. *Através dos romances: guias para as consciencias*. 2.ed. Petrópolis, RJ: Ed. Vozes de Petrópolis, 1923. p.115. (Citando o prefácio da obra de Anna, *A filha de Jephte*.)

porque Anna contasse com a severidade da crítica, acaba justificando seu trabalho como "mais louvavel do que a innacção". E porque sua entrada na ficção era considerada uma ousadia das mulheres que lutavam por espaços de produção e divulgação das idéias, Anna confessa seu desejo de "subir ás grandes alturas onde se respira um ar puro e benefico". Metáfora que representa o lugar, pelo menos do seu ponto de vista, ocupado pelos escravos da pena e do papel, sejam eles consagrados ou não.

Em 1902 Anna publica, na imprensa diária, *Helena*, obra que tematiza a campanha da Independência de 1822-23, com um enredo movido por tramas, heróis e heroínas, tão apreciado na época. A seguir veio o título *Letícia*, impresso pela Litografia, Tipografia e Encadernação Reis, em 1908, que retoma a escrita do romance rural.

Seguindo os títulos escolhidos para as lombadas de seus livros, Anna traz outras personagens femininas. Em 1921 é *Abigail* – título para um outro romance de caráter religioso –, veiculado também sob a forma de capítulos pelo *Diário da Bahia*. Em seguida, *Susana*, um romance que não chegou a ser publicado e que inauguraria uma nova perspectiva na produção da escritora, uma vez que a temática urbana ganha, ali, centralidade. Esse texto foi escrito por volta dos oitenta anos de vida, quando Anna também preparava suas memórias. Talvez em função disso a história de amor vivida por *Susana* tenha marcas significativas dos lugares, dos costumes e das festividades típicas de Salvador, que ajudam a compreender fatos da história brasileira.

Entre alguns títulos que contemplam sua produção em contos, os nomes femininos são eleitos como parte do enredo e, por que não dizer, como estratégia de destinação a um certo público-leitor, de um gênero, um estilo, uma escrita? Assim, elegeu Anna os seguintes títulos: *Os sonhos de Josefina*, *Angélica*, *Maria*, *Marieta*, *Violeta*, *Dulce* e *Alina*.

Como na trilha de outras escritoras contemporâneas, Anna afirma-se por meio de um estilo que tende para o moral e o religioso, dois preceitos que, sem dúvida, facilitaram a circulação dos textos e a ocupação dos espaços literários para escritoras sem tradição no campo disputado das letras brasileiras.

A retaguarda literária concedida a alguns de seus textos expressa-se, inclusive, no *Guia para as consciencias*, um manual de censura e veto à leitura de romances – publicado pela Editora Vozes, em 1923 –, escrito pelo frei Pedro Sinzig e colaboradores, entre eles D. Hilda Leite Guimarães e Amélia Rodrigues.

Nesse guia de censura, as notas referem-se a apenas dois dos romances escritos por Anna. Sobre *A filha de Jephte*, de 1882, a recomendação diz:

> Póde ter um logar em todas as bibliothecas populares e de associações religiosas, por ser interessante e por não ter nada que offenda sentimentos puros ou que por outros motivos seja prejudicial. Modesta, a autora justifica, no prefacio, o seu trabalho. [...] Há, no decorrer do livro, uma ou outra affirmação, com a qual não podemos concordar, mas que desapparecem em meio de tantas coisas bôas. Sob o ponto de vista literario desejavamos não fossem intercaladas considerações, embora acertadas, da autora, visto a technica do romance preferir que tudo conste tão sómente das acções e das palavras dos varios personagens, como si não houvesse romancista a falar.[17]

O segundo e último romance comentado é *Letícia*, de 1908, e embora o frei aponte pequenas objeções à obra, ele a recomenda dizendo:

> Assumpto da actualidade e mostra incontestavel progresso na arte de narrar. A autora apresenta um lar que se desfaz pela leviandade e pelas faltas graves do marido, e procura mostrar o que á esposa convém fazer para evitar semelhante mal. Desejavamos vêr repellida, energicamente, a pags. 23 e 57 a falsa e injusta indulgencia da sociedade para com o homem impuro. Não achamos proprio citar, a pag. 54, a opinião dum escriptor tão reprovavel como E. Sue, sobre o suicidio, opinião esta que, pelo menos, deveria encontrar a mais decidida contestação. Felizmente, estes sinões passam quasi desapercebidos e não impedem que "Letícia" sejam bem recebida por todos os leitores adultos.[18]

A chancela favorável à leitura dos romances de Anna sustenta-se, para Sinzig, pelos critérios que elege na análise dos 21.553 livros e 6.657

---

17 SINZIG, Frei Pedro. *Através dos romances: guia para as consciencias*, op. cit., p.115.
18 Idem, ibidem.

autores/autoras consultados. Para o frei, as leituras de recomendação favorável são aquelas que primam pela divulgação de preceitos morais e católicos e fogem às contradições e conflitos estabelecidos entre a Igreja e a sociedade, o que inclui qualquer literatura inflamada pelos ideais republicanos ou socialistas que inquietasse a pena de intelectuais, escritores e os investimentos dos editores e dos políticos de diferentes instâncias.

Nessa direção, encontrei referência na obra de Nelson Werneck Sodré que confirma esse perfil moralizante assumido por Anna. Assim escreve o historiador:

> Se, em 1843, o já citado padre Lopes Gama prevenia os espíritos contra os que se educavam fora do país, afirmando, "Por intermédio dêsses viajeiros e dêsses doutoraços é que as doutrinas ímpias dos filosofantes da França pouco a pouco se foram importando no Brasil" – já em 1885, uma escritora, Ana Ribeiro de Góis Bettencourt, colaboradora do **Almanaque de Lembranças Luso-Brasileiro**,[19] publicado na Bahia, advertia, a propósito dos novos costumes que eram introduzidos pela literatura romântica, "certas cenas um pouco desnudadas", "perfis de mulheres altivas e caprichosas", alguns pretendendo mesmo que "a união dos sexos promovida sòmente pelo amor seja tão santa e pura como a que a religião e a sociedade consagra".[20]

Conhecendo o percurso de vida de Anna não é improvável supor o escoadouro seguro que seus romances e trabalhos literários tiveram junto à iniciativa católica de recomendar, ou não, a leitura de certos impressos. Haja vista sua ampla participação em jornais e periódicos e os temas que sugerem os títulos divulgados pelas revistas dirigidas por lideranças femininas católicas em que colaborava: *A caridade*, *Saber*

---

19 Indicação que aparece, também, no trabalho de doutoramento de Maria Arisnete Câmara de Morais. A pesquisadora, de posse do número do *Almanaque Luso-Brasileiro* para o ano de 1886, encontra referências que Anna Ribeiro de Goes Bittencourt faz em relação aos riscos da leitura de romances. (Cf. *Leituras femininas no século XIX (1850-1900)*. Campinas, Faculdade de Educação da Unicamp, 1996. p.142.)

20 SODRÉ, Nelson Werneck. *História da literatura brasileira*. Rio de Janeiro: Civilização Brasileira, 1964. p.236. (Trechos que remetem provavelmente à publicação do romance *Senhora*, de José de Alencar.)

ser pobre, O ensino religioso, O divórcio, O catecismo nas escolas, A caridade à infância e outros.[21]

Talvez caiba perguntar é se o traço de religiosidade e moralidade não foi, para muitas escritoras, uma porta de entrada estrategicamente adotada para conseguir ocupar espaços nos quais as disputas e as relações de força e poder eram bastante acirradas e expressavam as desiguais condições entre homens e mulheres, também no campo das letras.

---

21 Entre os artigos divulgados pela revista *A Paladina* aparecem outros tantos temas de discussão intitulados por Anna, como *O feminismo* (1911), *O feminismo na Finlânida* (1913), *A questão feminina* (1917), *A paixão* (1918), *A propaganda do protestantismo* (1911), *Jogos e divertimentos* (1913), *Exaltação* (1916) e *Mentalidade feminina depois da guerra* (1917). (Cf. MUZART, Zahidé L. *Escritoras brasileiras do século XIX*, op. cit., p.390.)

Maria da Glória Quartim de Moraes
Reminiscências de uma velha (Memória)
Data de nascimento: 1850
Local de nascimento: São Paulo
Data de publicação: 1981
Local de publicação: São Paulo
Prefácio: Yone Quartim
Período de produção da obra: 1884 a 1887
                                           1893 a 1916 (diários)
Obra compliada e co-autoria: Yone Quartim (neta)
Data de falecimento: 1937

Pelo que se sabe a compilação dessa obra póstuma é realizada pela neta, Yone Quartim, com base em dois cadernos de anotações pessoais escritos e mantidos por Maria da Glória. É pela voz de Yone Quartim que o livro se inicia. Yone organiza o texto, seleciona informações e assume a co-autoria do texto, cumprindo a promessa feita a avó, Maria da Glória, de tornar públicas suas lembranças de infância, mocidade e parte da vida adulta.

A avó trazia sempre seus cadernos nas visitas aos familiares, e as conversas delongavam-se sobre o tempo de ontem. Nas vozes e nas imagens do passado conservadas/registradas por Maria da Glória, Yone reproduz parte dos cadernos das lembranças e inclui outras informações sobre a família Quartim de Moraes, a árvore genealógica do grupo, outras lembranças pessoais sobre alguns acontecimentos ocorridos em sua vida, reproduções jornalísticas e fotográficas que documentam a história da família. Todo esse material confere ao depoimento um caráter catártico e evidencia claramente a participação de Yone na reconstrução das lembranças.

O resultado dessa memorialística a quatro mãos é a publicação autofinanciada do livro *Reminiscências de uma velha*, por Yone Quartim, deixando suspensas questões relativas ao possível número de tiragem, a reedição ou não do livro e seu fluxo de circulação fora do cenário familiar.

As reminiscências da avó representam, no conjunto, amostra pequena do que provavelmente continham os diários inicialmente cedidos por Maria da Glória. A impressão que se tem ao ler a obra é que houve supressões e reestruturações do original, uma vez que a distribuição dos temas em datas desaparece. Como inexistem informações sobre o contexto mais geral, escapam as experiências do cotidiano comuns em diários, assim como são esparsas as informações sobre a trajetória da memorialista durante os ciclos da infância à vida adulta.

A escrita para Maria da Glória é uma forma de recreio e desabafo. Por meio dela é possível conhecer aspectos do mundo feminino e as dificuldades enfrentadas no acesso à leitura – "o fruto proibido". Maria da Glória revela-se "inclinada à leitura".[1] Da lista de obras[2] e de escritores relembrados, o destaque está para os livros religiosos em função de restrições e censuras para a leitura de certos textos, o que, seguramente, inclui, naquele contexto, a leitura de certos romances. A exceção, conforme a memorialista, vale apenas para alguns títulos massudos e sérios que não chegavam a suprir sua curiosidade infantil. Esses títulos são, na grande maioria, de caráter religioso e enciclopédico, alguns de uso escolar e outros cumpriam parte da recomendação de leitura que os adultos lhe permitiam.

Referindo-se ao clima cultural da época, Maria da Glória destaca a roda de intelectuais e de artistas em redor da figura de Brigadeiro Oliveira – o responsável pelo fornecimento do "contrabando de leitura", mantido embaixo do colchão para não ser descoberto e banido pela mãe.[3]

> Falemos do **BRIGADEIRO OLIVEIRA**. Chamava-me ele "**a sempre viva**"! No meu coração viverá sempre a lembrança desse paulista distinto, que iniciou entre nós o **SISTEMA PENITENCIÁRIO**, foi o organizador do 7º **BATALHÃO DE VOLUNTÁRIOS**, um dos homens mais cultos de sua época, reunindo sempre na Casa de Correção onde residia no sobrado do estabelecimento – hoje transformado em Cadeia, uma roda escolhida de intelectuais e artistas, como JOAQUIM AUTUSTO (riograndense) e JÚLIA DE AZEVEDO paulista, natural de Santos), ANGELO AGOSTINI, HUASCAR VERGARA, LUIZ GAMA, AMÉRICO DE CAMPOS, CRISPINIANO SOARES, a atriz VELLUTI e muitas outras celebridades da época. Recebia, primeiro que ninguém as obras mais recentes que se publicavam em Paris, cultivando flores e tendo um mostruário notável de mineralogia... (*Reminiscências de uma velha*, p.9.)

---

1 Cf. *Reminiscências de uma velha*, p.9.
2 Cf. Lista 5 na segunda parte deste trabalho.
3 Cf. *Reminiscências de uma velha*, p.9.

O que permanece da infância é o retrato da menina incompreendida pela mãe, disciplinada pelo excesso de regras, castigos e obrigações impostas pela educação familiar. Uma menina inquieta pelos pensamentos e reflexões que fazia com pouca idade. Entre as inquietações de Maria da Glória, estão presentes os mistérios da fé católica e os dogmas religiosos – aprendidos à custa de muita memorização.

O depoimento de Maria Isabel Silveira, sua filha, e também autora de memórias, acrescenta algumas referências sobre os cadernos pessoais de sua mãe e de sua participação, na mocidade e na vida adulta, nas altas-rodas sociais de São Paulo. Apesar dos acréscimos serem mínimos, eles são significativos para o interesse de caracterizar melhor o perfil de Maria da Glória, de acordo com a filha Isabel – uma mulher de estirpe, educada em princípios rígidos e de tradição católica, amante das letras, do teatro e da música, embora avessa às exigências sociais de recato e à passividade em frente das discriminações culturalmente engendradas.

O amor pelo teatro fica bastante evidenciado pelas informações sobre seus familiares. Aliás, o legado cultural e econômico tem, do lado dos Quartim de Moraes, as raízes em seus avós paternos – Antonio Maria Quartim e Matilde Eufrosina de Castro – e, do lado de seus avós maternos, aparece a figura, quase lendária, representada pelo famoso Dom Tomás de Molina e sua esposa D. Rosa Salles.

Do lado dos Quartim (sobrenome aportuguesado da família Kwartin da Inglaterra, mas que residiu em Lisboa), Yone reproduz a imagem do brasão da família que sela, naquele contexto de época e de costumes, a notoriedade e o pertencimento à linhagem nobre inglesa – um símbolo de distinção preservado culturalmente ainda nas primeiras décadas do século XIX, sobretudo pela corte portuguesa.

Antonio Maria Quartim, avô da memorialista, nasceu em Gibraltar e foi oficial da Marinha da Armada Real Inglesa, em Lisboa. Quando se instalou no Brasil, passou a ocupar o cargo de secretário do então governador de capitania – Horta Barbosa –, além de diretor e responsável direto pelo Jardim Público da Luz e pelo Comando das Armas e da Cavalaria de São Paulo, nos idos de 1810. Era "um homem ilustrado, finalmente educado e que conviveu na roda mais aristocrática" da época. Falava sete línguas – entre elas o grego e o hebraico, e "em tudo era consultado pelos Governadores daquele tempo especialmente João Carlos Oyenhausen", o que lhe rendeu perseguições constantes pelo lado da família Andradas.[4] Fundou a primeira fábrica de tecidos em São Paulo, na Ladeira Porto Geral, foi fazendeiro no Morro do Jaraguá e ocupou o cargo de almoxarife da Real Fazenda e dos Trocos Miudos D'El Rey, o que representa a segunda autoridade da administração pública da cidade, na época, e, por isso presença obrigatória em festividades oficiais e religiosas na antiga São Paulo.

Do lado de Dom Tomás de Molina e D. Rosa Salles – avós maternos de Maria da Glória – o *Almanaque do Estado de São Paulo* noticia a biografia do avô, uma das figuras mais conhecidas de São Paulo.

> Opulento fidalgo iberico, oriundo de antiga familia aragoneza, nasceu em Granada. Com outros irmão, integrou o grupo dos dominadores da Argentina e do Uruguay. Foi expulso quando estes paizes declararam a sua independencia. Trouxe D. Tomaz, ao vir para o Brasil, além de enorme fortuna, quatro navios de vela, de sua propriedade. Aqui chegando, estabeleceu-se adquirindo predios e terrenos. Teve casa na rua do Carmo e, na ladeira do porto Geral, uma fundição de moedas, a primeira do Brasil, pois, como era amigo de D. Pedro I, este lhe déra tal concessão, tendo para isso feito um contracto com o governo [...] D. Tomaz Ter-se-ia encarregado de abrir uma estrada de rodagem entre São Paulo e Montevideu, a qual devia passar por mato Grosso, o que é incrivel. Dizem uns que morreu, nessa época, de febre palustre. Dizem outros, no entanto, que foi assassinado. Como, porém as suspeitas recaíam sobre pessoas de destaque, tudo se abafou. (*Reminiscências de uma velha*, p.117.)

Histórias sobre Dom Tomás de Molina não faltam. Entre elas, registra-se o rapto de sua amada Rosa e depois o casamento, a visita de D. Pedro a Dom Tomás, e sua amizade com Antonio Maria Quartim, que resultou no consórcio entre seus filhos, em 1849 – Antonio Bernardo Quartim e Henrique Eulália de Molina –, os pais de Maria da Glória.

O pai de Maria da Glória, Antonio Bernardo Quartim, era proprietário do Teatro do Largo São Paulo, juntamente com Furtado Coelho e Eugênio Câmara. Foi também fundador do Cassino, local onde

---

4   Idem, p.20.

se realizavam muitos bailes, segundo noticia o *Correio Paulistano*, em 1854. Sobre Antonio Bernardo, encontrei mais informações por intermédio de Maria Isabel Silveira, filha de Maria da Glória, que se utiliza de parte dos escritos deixados por sua mãe para escrever, mais tarde, suas próprias memórias:

> [...] A educação de meu pai [o avô de Isabel] quanto a letras foi muito rudimentar. Apenas aprendeu mal o português e rudimentos de latim. Era professor dessas matérias um tal Rôlha, que ensinava a poder de bolos de palmatória valentemente aplicados! Aos 12 anos, foi para o comércio, para o qual não tinha vocaçào, isto em casa de seu cunhado Antonio de Paiva Azevedo, homem rico e que tinha na cidade 4 lojas. [...] Bem triste foi a juventude de meu pai. O futuro mostrou o quanto foram contrariadas as suas tendências, pois amava os livros e, quando via pinturas arquitetônicas, levava tempo imenso esquecido a contemplá-las. Casou-se em 26 de Maio de 1849 e eu vim ao mundo em 20 de novembro de 1850, sendo muito mal recebida por meu pai, que ficou indignado quando lhe disseram que eu era menina e não menino como êle desejava. Meu pai que tinha um rico temperamento, exuberante, mudou-se logo para o palacete Jordão, situado num dos 'quatro cantos' da rua Direita, então enorme casarão colonial, com jardim ao fundo, dois terraços, estátuas e enorme poço no quintal.. [...] Meteu-se meu pai em política e conseguiu um privilégio (isto na administração do Conselheiro Nabuco): a estrada de rodagem de Rio Claro a Santos e mais o contrato da edificação do Teatro São José. Do privilégio da estrada de rodagem êle desistiu mais tarde, em favor da Inglêsa, a pedido do Visconde de Mauá, isto de mão beijada, por amor a São Paulo!). É natural que êste fato seja desconhecido, visto não haver reportagem, nem jornais. O pequeno *Correio Paulistano* de então, era liberal e francamente hostil a meu pai, conservador dos quatro costados. (SILVEIRA, Maria Isabel. *Isabel quis Valdomiro*, p.161-4, citando o diário de sua mãe Maria da Glória.)

Quanto ao grupo de origem, sabe-se que Maria da Glória pertenceu a uma camada de certo prestígio, seja pelo capital econômico e social de seus avós e pais, seja pelo capital cultural que herdou, acumulou e partilhou, mais tarde, com seus filhos e demais parentes.

Quanto ao seu pertencimento religioso e étnico sabe-se, pelo registro produzido e por algumas fotografias da memorialista, que ela recebeu uma formação de tradição católica e que se trata de uma mulher branca. Do tempo de menina relembra algumas situações envolvendo os castigos a escravos em um quarto de tronco existente em um cômodo térreo do casarão em que morava, seu convívio freqüente junto às escravas da casa e com a pajem, e sua oposição, mais tarde, ao escravismo negro.

Os princípios religiosos divulgados pelas cartilhas religiosas e escolares e os livros de missa e de reza em circulação na escola e na casa são, alguns deles, criticados por Maria da Glória. Ela tece suas opiniões e recupera alguns conflitos, na infância, acerca dos dogmas cristãos como as três pessoas da Santíssima Trindade, o mistério da ressurreição e o pecado original. Anos mais tarde, com a perda de um dos filhos, acaba se convertendo ao espiritismo, mas o que prevalece no texto são marcas das leituras religiosas, de formação católica, e suas dúvidas sobre a "esterilidade de tal educação" inculcada pela Igreja, reforçada pela mãe e complementada pela escola.

Como criança e mulher branca, convive com as mazelas sociais produzidas pelo sistema escravocrata, seus efeitos de discriminação e outras formas de censura social, cultural, política e escolar, reveladas na sociedade paulista e brasileira de outrora. O rigor familiar na educação das crianças e a égide religiosa sobre os costumes, valores e comportamentos vão constituindo suas representações de menina-moça. Entre o final século XIX e as duas primeiras décadas do século XX suas anotações registram:

> **Patriotismo:** Dó Maior na escala dos sentimentos humanos! **República:** uma coisa que se fez... para aquilo que não se faz... **Democracia:** Tendência para a aristocracia! **Monarquia:** manjar de Sustância, causador de violentas indigestões! **Isabel, a Redentora:** menina quebra-louça! **Campos Salles:** Tempo virá!... E veio. **Portugueses:** ilustres fabricantes de café com leite... no Brasil e na África! **Mulher:** entidade destinada em todos os tempos a caminhar... em corda bamba! **Dança:** poesia do movimento! **Amor:** supremo engodo universal! **Velhice:** vidraça que apanhou chuva de pedra! **Jurisprudência:** novelo em patas de gata! **Confiança:** jangada em alto mar! **Esperança:** fresta de luz, na escuridão! **Inveja:** portaria das mazelas! **Castidade:** pobreza fisiológica! **Casamento**

indissolúvel: "sauve qui peut"! **Medicina:** ciência que vive de apalpadelas! **Sífilis:** lixo nos encanamentos! **Verdade:** metal sujeito a decomposições químicas! **Amor platônico:** fósforo sem caixa... caixa sem fósforo! **Bancos estrangeiros:** cavalos de Tróia! (*Reminiscências de uma velha*, p.6.)

Os apontamentos sobre o casamento são esparsos, e o que revela sobre o período matrimonial permite dizer de sua vida ao lado de um recém-formado juiz de Direito que inicia carreira em Bagagem, interior de Minas Gerais, onde a família vive temporariamente até o retorno, mais tarde, a São Paulo.

Maricota, apelido de Maria da Glória, freqüentava o Teatro São José desde a idade de dois anos. Segundo sua filha Isabel, as famílias dos anos 1830 "iam tôdas e inteirinhas ao teatro, levando cadeiras, escravos, pastéis, confeitos e pinicos...".[5] Essa relação aproximada com várias pessoas da elite social e intelectual na jovem São Paulo permitiu o estreitamento da convivência com algumas artistas e escritores, entre eles Castro Alves.

Entre os retratos de família detalhados por Yone Quartim e Maria Isabel Silveira, o perfil de mulher-leitora atribuído a Maria da Glória é assim definido:

> [...] nascida numa época em que se negava à mulher até o direito de aprender a lêr e a escrever, soubera abrir seu caminho lendo, investigando, convivendo com homens de cultura. Sua roda não se compunha de comadres idiotas, e sim das mais sólidas culturas de seu tempo: o Brigadeiro Machado de Oliveira, Pedro Taques, Padre Valadão, Emilio Vautier, Manoel Dias de Toledo Júnior, Américo de Campos, Dom Manoel do Vale, Dr. Vicente Cabral. Huascar Vergara, Luís Gama, Crispiniano Soares, Angêlo Agostini, Joaquim Augusto e Júlia Azevedo e tantos outros. Como tantos espíritos de seu tempo sofrera influência voltairiana, e tendia para o materialismo e a sátira. Muitos anos mais tarde, porém, quando perdeu meu mano Carlos, bàrbaramente assassinado em Baurú passou por uma crise religiosa e converteu-se ao espiritismo, em cuja crença morreu aos 86 anos de idade, no ano de 1937. (SILVEIRA, Maria Isabel, *Isabel quis Valdomiro*, p.161.)

---

5   SILVEIRA, Maria Isabel. *Isabel quis Valdomiro*. São Paulo: Francisco Alves, 1962. p.164.

Embora o livro de Maria da Glória tenha sofrido as intervenções de Yone Quartim, tanto na seleção e compilação das reminiscências quanto na complementação do texto, de que se apresenta como co-autora, não há supressões dos dados biográficos a ponto de comprometer o livro como material autobiográfico.

Como no registro de Anna Ribeiro de Goes Bittencourt, a memória tem seus próprios saltos e apagamentos; assim, se a menina e a moça aparecem por entre as lembranças, a mulher adulta, no entanto, está mais obscurecida. As seleções entre o que **re**memorar e **co**memorar privilegiam certos aspectos da vida em detrimento de outros.

Maria Isabel Silveira ISABEL QUIS VALDOMIRO *memórias*	**Maria Isabel Silveira** *Isabel quis Valdomiro (Memória)* Data de nascimento: 1880 Local de nascimento: São Paulo Data de publicação: 1962 Local de publicação: São Paulo Prefácio: da autora Compilação: Miroel Silveira (filho) Período de produção da obra: (impreciso) após 1924 Editora: Livraria Francisco Alves (Editora Paulo de Azevedo Ltda.) Data de falecimento: 1965

A escrita das memórias procura, de acordo com Isabel, compensar a solidão e a ausência dos filhos e do marido falecido. O clima saudosista e a tentativa de reencontrar "o paraíso perdido", como ela o chama, são marcas que motivam o projeto autobiográfico e editorial. Diferentemente das duas primeiras memorialistas, Isabel pôde assistir e participar, a tempo, do lançamento de sua obra, vindo a falecer três anos depois.[1]

O texto constitui-se de fatos corriqueiros e recupera as experiências familiares e pessoais do cotidiano de uma dona de casa pertencente à camada média da sociedade. Conta sobre uma rotina modesta, uma vida simples e sem muito luxo junto ao escritor Valdomiro Silveira.

Seu testemunho apóia-se em diários produzidos durante a criação dos filhos, sobretudo o período da infância de cada um deles. O período privilegiado data do ano de 1884 até cerca de 1915. Nessas lembranças, Isabel recupera dados de seus parentes, particularmente do final do século XVIII e início do século XIX, quando seu bisavô – Dom Tomás de Molina – chegou de Granada.

O cotidiano familiar é atravessado por nomes, mais ou menos conhecidos, da literatura brasileira da época em que viveu, e que desfilam entre os acontecimentos de sua rotina doméstica ao lado de Valdomiro Silveira, mais tarde membro da Academia Paulista de Letras. Desse modo ela apresenta as circunstâncias em torno do nascimento dos filhos, os batizados, os casamentos, a importância de alguns hábitos e comporta-

---

1 SILVEIRA, Maria Isabel. *Isabel quis Valdomiro*. São Paulo, Francisco Alves, 1962. p.8.

mentos franceses e americanos na constituição da sociedade, além das festas, saraus, teatros, clubes e bailes de Carnaval.

As experiências rememoradas compõem a lista[2] de periódicos, jornais, poesias, contos e outros textos – parte de sua memória pessoal como leitora e de sua memória coletiva com outros leitores e leitoras –, ampliada pelo convívio do esposo com as literaturas nacional e estrangeira e nomes representativos que compunham os espaços de divulgação das idéias, particularmente pela via de jornais e das publicações individuais em livros.

De um lado, a relação de Isabel com a leitura advém do convívio com o marido e escritor Valdomiro. De outro, Isabel narra as experiências partilhadas no interior do grupo familiar, especialmente por intermédio de sua mãe – Maria da Glória Quartim de Moraes –, escritora de *Reminiscências de uma velha*, com quem mantém correspondência após o casamento, durante os anos em que residiram em Santos.

O círculo de amigos e amantes da literatura era grande e relativamente freqüente em sua casa: Claudio de Souza, Ricardo Gonçalves, Antero Bloem, Vicente de Carvalho, Martins Fontes, Francisco Escobar, Alberto Leal e outros.

Nesse clima favorável à leitura, Isabel tem acesso a alguns títulos encomendados, comprados e lidos. Assim, ela procura influenciar seus filhos relendo títulos de seu repertório de menina, como se percebe por este trecho de carta:

> Valdomiro,
> li um capítulo das "Férias" para a Júnia e todos vieram escutar, gostaram como eu gostei, quando pequena, com o teu oferecimento.
> **Para a Doninha** – lembras-te?
> Quantas recordações da infância êste livro me traz! Foi a minha maior felicidade, li-o não sei quantas vêzes! Deste-m'o como presente de férias e nunca vi um presente tão apreciado e tão aproveitado! Era o apelido que me davas – **Doninha** – e eu lia o livro para meus irmãos em voz alta, querendo com isso fazê-los gozar o prazer que eu sentia ao lê-lo. Depois vieram os "Desastres de Sofia" e afinal tôda a coleção da

---

2   Cf. Lista 6 na segunda parte deste trabalho.

> Condessa de Ségur.
> Agora terei cuidado com êste exemplar que me deste e estou lendo agora para os nossos filhos. VOU Pôr-lhe capa e trancá-lo a chave! (*Isabel quis Valdomiro*, p.169.)

A escrita, na correspondência familiar, noticia histórias de amor, situações entre os familiares, as emoções causadas por falecimentos, nascimentos e comemorações comuns ao cotidiano. Os escritos de uso cotidiano, guardados e conservados por Isabel, constituem parte fundamental do tecido de suas lembranças.

Sua narrativa, num estilo despretensioso e acessível, recupera modos de vida, costumes e práticas, em desuso na atualidade. É o caso, por exemplo, das reminiscências sobre o Teatro São José, fundado por seu avô e freqüentado por sua mãe desde os primeiros anos de vida. Essas lembranças são retomadas por Isabel, com base nos diários de sua mãe, Maria da Glória Quartim de Moraes:

> Insisto sobre o tamanho do Teatro de São Paulo, no Páteo do Largo do Palácio, por causa dos êrros a êsse respeito. [...] Uma das tristezas na infância de Mamãe era ter perdido, aos 10 anos de idade (em Outubro de 1860) uma representação anunciadíssima da "Dalila", com Furtado Coelho e Eugênia Câmara, por motivo de haver sido castigada injustamente. Teve mais tarde, porém oportunidades inúmeras não só de ver como também de conviver com a atriz e com o poeta Castro Alves, que declamava seus inflamados versos chegando-se à frente de algum camarote. [...] Ao Antigo Teatro São José, localizado onde hoje se ergue a Catedral, deve São Paulo a frase proferida por Sarah Bernhardt quando nos visitou em 1892: "São Paulo é a Capital artística do Brasil". Meu avô sempre mandou vir os melhores artistas musicais, e durante 19 anos manteve companhias nacionais. (*Isabel quis Valdomiro*, p.163-4.)

De sua herança cultural, Isabel destaca seu avô e sua mãe como figuras importantes, ao lado, é claro, do marido – figura amada e central no seu depoimento.

> Minha mãe **Maria da Glória** (só a chamavam de Maricota), era uma criatura de forte personalidade, originalíssima. Meus

> filhos não têm a puxar cabeça apenas do lado Silveira, pois também minha velha, nascida numa época em que se negava à mulher até o direito de aprender a lêr e a escrever, soubera abrir seu caminho lendo, investigando, convivendo com homens de cultura...(*Isabel quis Valdomiro*, p.161.)

Dessa herança posso pressupor outras relações e herdeiros, que foram pouco evidenciados durante a narrativa de Isabel. Refiro-me, em particular, às duas memorialistas Helena Silveira[3] e Yone Quartim,[4] e à romancista Dinah Silveira, todas elas sobrinhas da memorialista. Além disso, dois filhos de Isabel seguem carreiras semelhantes, como boa parte dos Silveira e dos Quartim, no campo das artes e da literatura.

Miroel Silveira (1914) bacharelou-se, como o pai, pela Faculdade de Direito da Universidade de São Paulo, em 1936, abrindo escritório de advocacia em Santos, mas abandonando-o em 1942 para dedicar-se ao teatro, como fez seu bisavô materno, e à música, como apreciava e cultivava sua avó Maria da Glória. Atuou, também como o pai, na *Tribuna de Santos*, escrevendo crítica literária, além da colaboração em outros jornais: *O Diário de Notícias* (do Rio de Janeiro) e a *Folha de S.Paulo*. Publicou contos, sendo *Bonecos de engonço*, de 1940, premiado pela ABL, seguindo-se outras publicações e trabalhos sobre contos, a tese de doutorado pela USP a respeito do teatro brasileiro, e assinando com a irmã, Isa Silveira Leal, algumas traduções de livros.[5]

O percurso de Isa no campo das traduções advém de sua experiência e formação em vários idiomas, o que lhe permitiu trabalhar com obras de Shakespeare, John dos Passos, Duhamel, Harold Losky, Zofia Kossak, Van Passen, Joe Louis e outros. Em 1940 faz sua estréia em emissora de rádio, *A Difusora*, e depois nas *Emissoras Associadas*, em São Paulo, organizando os programas *Paulistas ilustres* e *Todos cantam a sua terra*. Colaborou na *Folha de S.Paulo* e, além das traduções, teve publicados alguns de seus romances.[6]

---

3   SILVEIRA, Helena. *Paisagem e memória*. Rio de Janeiro: Paz e Terra, 1983.
4   QUARTIM, Yone. *Vídeo-tape*. São Paulo: [s.n.], 1975.
5   Cf. MENEZES, Raimundo de. *Dicionário literário brasileiro*. Rio de Janeiro: Livros Técnicos e Científicos, 1978. p.642-3.
6   Idem, p.351.

A rica vivência intelectual propiciada tanto pelos Quartim como pelos Silveira é resgatada na obra de Isabel, ao lado de traços muito marcantes de sua época e formação, valores morais e religiosos que assentaram princípios em sua identidade feminina como mulher, mãe e cristã, elementos indissociáveis no protocolo comum da educação feminina daquele tempo.

Maria Eugênia Torres Ribeiro de Castro
Reminiscências (Memória)
Data de nascimento: 1863
Local de nascimento: Piracicaba-SP
Data de publicação: 1975
Local de publicação: Rio de Janeiro
Editora: Cátedra
Prefácio: Flávio T. R. de Castro
1ª edição em 1893
Preparação para reedição: Flávio de T. Ribeiro de Castro (filho)
Período de produção da obra: final de 1893 com trechos de 1878
Composto e impresso no departamento gráfico do M. A. F. C.

Maria Eugênia justifica que escreveu seu livro mobilizada por uma reverência aos pais e por um sentimento nostálgico que a subjuga diante das recordações do passado. Para a reedição do memorial da mãe, Flávio Torres Ribeiro de Castro recolheu os poucos exemplares localizados entre parentes e amigos, alguns deles incompletos. As dificuldades encontradas deixam suspeitas sobre a reedição integral da primeira edição e a possibilidade de alterações do texto, já que internamente há marcas que evidenciam a supressão de datas, a organização temática em tópicos, a hierarquização dos títulos e subtítulos e a interrupção brusca das lembranças, particularmente no que se refere às vivências após o casamento. De outra forma, a própria Maria Eugênia pode ter interrompido seu registro em função das obrigações domésticas, a criação dos filhos ou alguma forma de censura social à escrita diária.

O material a que tive acesso é uma reedição dos diários de Maria Eugênia, publicados pela primeira vez em 1893 e, ao que tudo indica, autofinanciada e com circulação restrita, pouco além do círculo familiar. Cuidou dessa reedição, fazendo algumas alterações e incluindo o prefácio o qual ele mesmo assina, seu filho, Flávio Torres Ribeiro de Castro, que, dessa forma, presta uma homenagem à mãe – provavelmente já falecida em 1975.

Esse material é uma fotocópia encadernada e dela não constam a capa e o prefácio completo, portanto as indicações catalográficas[1] são precárias e a ausência de informações sobre Maria Eugênia, em diferen-

---

[1] As referências sobre editora, local e ano de publicação aparecem em VIANA, M. J. M. *Do sótão à vitrine, memórias de mulheres*. Belo Horizonte: Editora UFMG, 1993. p.181.

tes fontes biobibliográficas consultadas, dificultaram a precisão acerca de alguns dados.

Entre o possível e o inapreensível no texto de Maria Eugênia, o que posso afirmar é que seu depoimento refere-se à vida na cidade de Piracicaba, em São Paulo, no final do século XIX. Seu olhar apurado não descreve apenas pessoas, circunstâncias, espaços e arquiteturas, mas o fazer silenciado das mulheres da casa enquanto trabalham, fiam, cozinham, medicam, cuidam, educam, lêem, estudam. Tudo isso em meio à dinâmica contrastante do mundo masculino durante a colheita e as sacas de café, a preparação do terreno para o replantio, as máquinas do engenho, a lida do pai nas negociações de preço e venda dos produtos gerados na fazenda. Esse silêncio marcado pelas dinâmicas dos mundos feminino e masculino deflagra os distanciamentos nas relações entre mulheres e homens e o valor desigualmente atribuído para suas atividades nas terras distantes das fazendas do interior. Um silêncio capturado e ressignificado por Eugênia por meio das imagens que vão da memória e voltam na escrita da memória acerca da vida pacata, monótona, cheirando a café e açúcar, uma vida preguiçosa perante os anseios de menina-moça, da qual ela se queixa por entre as linhas do caderno-diário.

Seu livro está proposto em duas partes, as quais representam, cada uma, um período cronológico. A primeira é designada "primeira estação de ano" e refere-se aos meses de maio a novembro. Nela, a autora resgata traços da vida no interior; os costumes na fazenda em Piracicaba; o perfil de seus pais, irmão e irmãs; a presença de escravos em sua formação; traços de religiosidade e a presença da leitura em casa. Essa primeira fase do livro corresponde aos sete primeiros meses do ano e ao tempo que o pai passava ocupado com a moagem e com as atividades da lavoura.

A "segunda estação do ano" compreende os cinco meses restantes, os quais a família passava na cidade para as festas de Natal, do Ano-Bom e da Semana Santa. Nesse calendário próprio, exigido pelos trabalhos na fazenda do pai, Maria Eugênia recupera alguns traços da vida na cidade, no período entre 1878 e 1893.

A mãe de Maria Eugênia é retratada como uma mulher ativa e sempre em trabalho: chefia os afazeres domésticos e os escravos da casa, conduz as práticas de devoção, rezando e lendo a cartilha religiosa nos domingos de ladainha. Além de exímia cozinheira, como é lembrada pela filha, revezava-se nas tarefas de médica cuidando dos primeiros socorros, das moléstias comuns e preparando com ervas e receitas os medicamentos para as situações de emergência.

A imagem dos pais é resgatada num tom de austeridade que perpassa todo o texto de Maria Eugênia. Através dela aparecem as lembranças sobre livros e leituras. Seu pai é descrito como homem de qualidades morais, dado a normas e a correção do caráter. Nascido em Portugal, veio para o Brasil aos 12 anos e empregou-se no comércio. Por meio dessa atividade conquistou sua independência e posição na sociedade. Talvez esse percurso de vida marcado por lutas e conquistas pessoais justifique a redundância de Maria Eugênia, no texto, acerca de suas qualidades como homem trabalhador, de caráter e íntegro.

Mais tarde seu pai adquiriu a fazenda de café e, segundo registra Maria Eugênia, "adotara sempre o sistema de governar mais pelo estímulo que pela força, sendo por esse motivo divinizado pelos escravos, coisa bem rara naquele tempo".[2] Mantinha o costume diário da leitura do jornal e conservava, além de uma antiga escrivaninha de família, mais três "inseparáveis sustentáculos da fortuna" – o caixa, o borrador e o razão. A respeito desses três livros de controle contábil o pai reafirma as balizas de seus negócios: "a melhor casa sem uma boa escrituração era o mesmo que uma grande meiada embaraçada em seus múltiplos fios".[3]

Essa escrituração – recurso útil para a manutenção da fortuna – destina-se num primeiro momento às práticas de escrita do e para o trabalho, por meio das quais o controle dos débitos e créditos são sistematicamente lançados nos livros de conta.

Em alguns momentos da narrativa, Maria Eugênia indica as formas de escrita presentes no cotidiano doméstico. Por ela é possível identificar modos de uso do escrito nos livros que circulavam no interior da casa; nas horas de bordado regadas à leitura; nas cartas do irmão que estudava distante da fazenda; no texto de cartilha religiosa que orientava as ladainhas e práticas de fé; nas aulas com o professor de francês na fazenda; na prática de recitação; no teatro e na Biblioteca

---

[2] CASTRO, Maria Eugênia Torres Ribeiro de. *Reminiscências*. 2.ed. Rio de Janeiro: Cátedra, 1975. p.25.
[3] Idem, p.29.

da Sociedade Brasileira de Beneficência freqüentados na temporada na Capital; nas horas de "cisma" regadas a poesias e na paixão confessa de Eugênia pela escrita.

A paixão cega pelos encantos da pena, confessa Eugênia, manifesta-se em páginas diárias de um pequeno caderno. Aos poucos passou a receber a censura dos pais. A objeção à escrita explicitada pelos familiares se dá, notadamente, pelo fato de considerarem que a boa formação da jovem ficaria comprometida.

A despeito das observações e críticas dos pais, a escritora mergulha na prática da escrita como fuga dos papéis atribuídos à mulher. Repreendida por escrever e pelo que elege para ser escrito, Maria Eugênia vê-se entre a liberdade que se acena durante a leitura e a escrita de suas reminiscências cotidianas e os deveres femininos com a casa, a costura e a cozinha.

Entre as imagens e representações de leitura, a memória elege escritores como Lamartine, Victor Hugo, Sandeau e Feuillet,[4] e textos musicais de Gottschalk, Gounod e Chopin, que se constituíam repertório nos salões de festa e nas aulas de formação – praxe comum à educação das moças.

Entre os vestígios de leitura e as condições a seu acesso, o espaço da casa aparece como facilitador para a circulação dos textos e dos impressos, obviamente aqueles dentro da prescrição tradicional à leitura feminina, embora esse mesmo espaço seja descrito como limitador dos anseios de liberdade da menina-moça e a monotonia dos sete meses que vivia nas temporadas da fazenda.

No texto aparece o perfil estereotipado com que Maria Eugênia retrata sua família. Um grupo branco, de camada social de prestígio numa sociedade em fins de escravidão, embora ainda assentada sob a estrutura escravocrata, a moral católica, os costumes patriarcais, em um grande latifúndio dedicado às culturas do café e de açúcar. Identidades reforçadas pela imagem imponente da figura paterna e pela presença, quase invisível, das mulheres no cenário da casa, confinadas à vida esquecida e longínqua do interior paulista e reguladas por um sem-número de atividades em torno da produção e da renda gerada pelos produtos agrá-

---

4 Cf. Lista 7 na segunda parte deste trabalho.

rios da fazenda em Piracicaba. Este retrato não é senão o modelo tradicional e hegemônico comumente atribuído à família brasileira dos idos Oitocentos, tão presentes nos romances de época.

A narrativa de Eugênia surpreende pelos trechos de crítica à sociedade da época e, paradoxalmente, pela submissão ao contexto de opressão que a faz refugiar-se na imagem de boa moça desejada pela família. Essa dualidade vem comprometer o exercício livre e sem censura de sua paixão – escrever, escrever, escrever.

A publicação de suas memórias no fim do século XIX já é, naquele contexto, uma conquista para as mulheres de sua época, envolvidas, desde então, em lutas feministas que lhes assegurem direitos sociais fundamentais. Talvez, por isso, não pareça boa estratégia promover discursos inflamados a favor da igualdade feminina quando escrever, e publicar memórias é uma ambição fora de alcance para a maioria das moças e senhoras das tradicionais famílias brasileiras.

As lacunas sociais, em particular para as mulheres do passado, vão deixando seus efeitos das maneiras mais sutis. Entre a menina-moça das primeiras páginas e a mulher e mãe revelada nas últimas linhas do texto não há diálogo. Ao contrário, a descontinuidade no relato desses períodos está muito evidenciada. O ritmo da narrativa é interrompido e a ruptura entre as lembranças das imagens de infância e as da vida adulta estão ligeiramente registradas. As lembranças privilegiam a menina e obnubilam a mulher. Ficam dúvidas sobre a interrupção brusca da escritura, já que Eugênia é uma amante das tintas por entre as linhas de papel. O casamento e a maternidade são referências esparsas que anunciam o ponto final do projeto autobiográfico dessa interiorana paulista.

Assim, as 82 páginas que compõem seu livro têm sabor de promessa futura, mas, ao que tudo indicou durante as buscas que fiz sobre seu trajeto biográfico e literário, essa promessa não se cumpre num suposto segundo volume de memórias.

Adélia Pinto
Um livro sem título: memórias de uma provinciana (Memória)
Data de nascimento: 1879
Local de nascimento: Cabo-PE
Data de publicação: 1962
Local de publicação: Rio de Janeiro
Prefácio: Gilberto Freyre
Editora: Irmãos Pongetti Editôres
Período de produção da obra: (impreciso) após 1924

    Menina de Engenho é o título dado por Gilberto Freyre para apresentar a obra de Adélia. A "telúrica pernambucanidade salpicada de toques requintadamente europeus" é a expressão, por ele usada, para marcar alguns dos traços da menina, moça e mulher representados longitudinalmente nas páginas de seu memorial. As memórias de Adélia foram escritas depois de seus oitenta anos de vida e podem ser divididas em dois momentos: o primeiro vai da infância até o casamento realizado, aproximadamente, em 1912; o segundo, já casada e com dois filhos, retrata sobretudo as passagens da vida, no Recife e, mais tarde, no Rio de Janeiro.

    O projeto autobiográfico nasce da insistência dos filhos. Sem nenhuma pretensão literária, a vida da pernambucana trata de cenários íntimos e comuns ao contexto nordestino no final da *belle-époque*.

    O pai de Adélia era de Igaraçu, cidade histórica em Pernambuco. Filho do coletor do município, assumiu com a mãe, aos dez anos, a responsabilidade da casa por causa do falecimento do pai. Como caixeiro de livraria, acabou ganhando muito pouco, o que era compensado apenas pela instrução obtida nos livros e nos jornais, lidos à noite, por empréstimo do zelador da Biblioteca local. Já casado, foi chefe da Estrada de Ferro e obtinha, nessa posição, os recursos necessários para uma vida sem muito luxo, mas também sem dificuldades e infortúnios. Mais tarde, já aposentado, ele compra um engenho e passa a abastecer uma usina local, além de explorar uma olaria que por ali existia.

    Sua mãe era filha de irlandeses, criada por ingleses. Conservava muitos hábitos de sua origem em casa, como o tradicional *five o'clock tea*. Devotou-se aos afazeres domésticos, não pegava em livros, e só muito raramente lia o jornal, em particular a página de missas fúnebres.

Seu gosto era mesmo pelo teatro, oferecido pelos espetáculos mensais do Grêmio Lítero Teatral. Cada espetáculo complementava-se com um ato chamado Variedades, constituído de recitativos. Esses espetáculos reuniam toda a elite local e eram tão apreciados quanto as músicas tocadas em casa pela banda local.

> Os atores eram rapazes da cidade, escolhidos entre os que tinham mais "bossa" – nesse tempo bossa era uma só; não havia como hoje, velha e nova – para o palco. Só quando a ocasião era muito solene "importavam" alguma figura teatral de fora. As atrizes sim, vinham sempre do Recife, pois nenhuma jovem de sociedade poderia pisar o tablado sem ficar com a reputação comprometida, quando não "escangalhada". E os rapazes julgavam-se tão suficientes que só encenavam dramalhões, como "O vinte e nove" ou "Honra e Glória" – que contava o heroísmo de um velho soldado – outros da mesma fôrça. Quando a peça era mais fraca, ou mais curta, completava-se o espetáculo com um ato chamado de "Variedades", mas que consistia apenas de recitativos, como "A Doida de Albano" ou coisa similar, sempre trágica. O teatro era fronteiro à nossa casa, num prédio de porta e janela muito largas, conjugado a outro igualzinho que era a Biblioteca.
> (*Um livro sem título: memórias de uma provinciana*, p.48.)

Não é possível, pelo depoimento de Adélia, saber muito mais sobre seus pais e, de maneira geral, os dados sociológicos do grupo são mencionados muito superficialmente. Entre esses, o fator racial constitui-se como o mais inapreensível no registro de Adélia, mesmo quando a memorialista relata acontecimentos e situações da vida social familiar, os encontros com parentes, as reuniões de vizinhança, as comemorações e festividades anuais e outros acontecimentos do dia. Contei, contudo, com a narração das festas, as práticas do cotidiano e as formas de sociabilidade da época registrados em seu depoimento, como os saraus, os recitativos, as festas de tradição popular, como o bumba-meu-boi, São João e a Cavalhada.

As festas em casa estenderam-se depois de casada. Adélia promovia recepções, jantares e encontros constantes, mantendo o convívio com a elite pernambucana, seus escritores e musicistas.

Adélia conservava "um álbum de músicas, muito bonito, de **chagrin** vermelho, com letras douradas, uma edição simplificada dos últimos pensamentos musicais de seis grandes compositores".[1] Entre as peças musicais do álbum ela tocava diariamente as de Beetohoven e Weber. Esse álbum era usado por ela em todas as ocasiões festivas. Ali guardava as dedicatórias de musicistas, pensamentos e poesias de escritores com os quais se encontrava nas rodas sociais e que reunia desde o tempo de menina.

Dos textos rememorados,[2] Adélia cita a leitura intensiva da obra de Edmundo de Amicis, *Cuore*. Possuía livros de histórias infantis, revistas, jornais e teve acesso, por intermédio de seu padrinho, a uma encadernação de operetas e espetáculos franceses. O gosto pela música e pelo teatro, o uso da literatura francesa e o hábito da conversação em francês aparecem como parte das práticas corriqueiras na casa do padrinho, espaço de convivência freqüente de Adélia desde pequena.

Além das publicações em livros e jornais, Adélia rememora outros títulos relacionados com sua experiência como leitora. A música e o teatro fazem parte do repertório de experiências de Adélia e sua filha, assim como as conferências literárias ocorridas no Recife e no Rio de Janeiro, quando se mudaram de Cabo.

O conhecimento de línguas estrangeiras, favorecido pelo pai e pelo padrinho, contribuiu, mais tarde, para o ajuste das finanças domésticas após o casamento. Adélia deu aulas particulares de Francês, Inglês e Português. Trabalhou numa cadeira de Inglês na Escola Doméstica no Recife. Essa trajetória foi significativa para a manutenção dos custos de sobrevivência, a educação dos filhos e a conservação de seus hábitos festivos.

Na Escola Doméstica, o corpo docente constituía-se de professores recrutados entre os do Ginásio e os da Escola Normal de Pernambuco. Não havia curso primário e o secundário regulava-se pelo programa das escolas oficiais, acrescido, como o nome do estabelecimento indica, pelas aulas de "Artes Domésticas: culinária, corte, confecção de chapéus, de flores". Essa é uma das poucas indicações de Adélia a respeito dos modelos de educação escolar na época. Além de aulas de língua estrangeira e portuguesa, Adélia respondeu por várias traduções no *Jornal do*

---

1 PINTO, Adélia. *Um livro sem título: memórias de uma provinciana*. Rio de Janeiro, Pongetti, 1962. p.48.
2 Cf. Lista 8 na segunda parte deste trabalho.

Commercio. Entre as memorialistas apresentadas até o momento, é a primeira mulher que exerce atividade profissional fora de casa como meio de sobrevivência. Um comportamento incomum, nem sempre visto com bons olhos na sociedade do entresséculos, mesmo entre as mulheres pertencentes às camadas médias da sociedade.

Carolina Nabuco (Maria Carolina Nabuco de Araújo)
Oito décadas (Memória)
Data de nascimento: 1890
Local de nascimento: Petrópolis-RJ
Data de publicação: 1973
Local de publicação: Rio de Janeiro
Editora: Livraria José Olympio Editora
Período de produção da obra: (impreciso) década de 1960-70
Data de falecimento: 1981

As memórias de Maria Carolina contam o período entre 1890 e 1950. A partir dessa dada as reminiscências são esparsas em sua linha do tempo, concluída em torno dos anos 1970. Cada capítulo está proposto em períodos de uma década, dentro de temas específicos que vão da infância à velhice. Esse é um depoimento em que o objetivo de publicação pode ser evidenciado, o que não é comum em todos os projetos autobiográficos analisados.

Carolina estreou no campo da biografia em 1929, quando lançou o título *A vida de Joaquim Nabuco*, que lhe valeu, no mesmo ano, o prêmio de erudição da Academia Brasileira de Letras. O êxito dessa estréia abriu caminho para novas edições: em 1944 o livro foi traduzido para o espanhol, depois publicado em Buenos Aires, e para o inglês, pelo professor Ronald Hilton da Universidade de Stanford, na Califórnia, depois divulgado nessa mesma instituição. Ainda no campo da biografia escreveu *Santa Catarina de Sena – sua ação e seu ambiente* no ano de 1950, e *A vida de Virgílio de Melo Franco*, livro publicado em 1962.

No gênero de romance *A sucessora* é possivelmente a obra mais conhecida da autora. Lançada em 1934 pela Companhia Editora Nacional, alcançou até 1953 mais quatro reedições. No mesmo ano teve uma edição portuguesa, três anos depois uma tradução em espanhol, lançada no Chile (1978, em terceira edição), e uma tradução italiana (de que não consegui recuperar a data),[1] publicada com o título *Il ritratto di Alice Steen*.

A sucessora foi adaptada para a televisão anos mais tarde por Manoel Carlos, e levada às telas da Rede Globo como uma das melhores

---

1 Prevista para 1973 pela Cagliari, Editrice Sarda Fratelli.

produções em telenovela[2] do núcleo das 18 horas. Foi exibida entre outubro de 1978 e março de 1979, com um elenco de atores e atrizes dos mais prestigiados, trazendo para o horário o clima psicológico, enigmático e de suspense ao estilo de Alfred Hitchcock. Esse sucesso ocorreu junto à polêmica realizada em torno da trajetória do livro de Daphe du Maurier, lançado em 1940, em filme, com o título *Rebeca, a mulher inesquecível*, levada ao cinema pelo mestre de suspense Hitchcock. Sobre este livro especulou-se a possibilidade de plágio da escritora inglesa à obra de Carolina, tanto em relação ao enredo quanto referentes a situações e diálogos de seu livro, confirmado depois por Álvaro Lins, no *Correio da Manhã*. Segundo Álvaro Lins, trata-se de duas obras "tão semelhantes como não creio que se possam encontrar outras em toda a história das literaturas".[3]

Com o título *Chama e cinzas*, romance publicado em 1974, Carolina conquista seu segundo prêmio, também concedido pela Academia Brasileira de Letras.

Carolina ainda dedicou-se à crítica literária, à literatura de viagem, à literatura infantil, tendo publicado contos, ficção, biografias, obra didática e conferências sobre Joaquim Nabuco, publicadas pela Imprensa Oficial. Entre seus livros, *Joaquim Nabuco* e *Catecismo historiado (Doutrina cristã para a primeira comunhão)*, lançados, respectivamente, pela Edições Melhoramentos (1949) e pela Livraria José Olympio (1940), alcançaram, como *A sucessora*, o público escolar.

Essa experiência pode ser revista na trilha literária construída por Carolina. A proximidade com o pai, seus apontamentos pessoais, a produção que ele deixou como homem público e historiador levou-a aos estudos biográficos desdobrados em livros desse gênero, escritos à luz do método presente no livro de Lytton Strackey, *Eminent Victorians*, e depois do método de André Maurois. Após o falecimento do pai, retorna ao Brasil com sua mãe e o exercício da escrita em português, "sempre na forma de ficção curta, ou seja, contos", levou-a aos concursos de

---

2 Cf. FERNANDES, Ismael. *Memória da telenovela brasileira*. São Paulo: Brasiliense, 1997, p.224-5. A referência foi gentilmente cedida pela pesquisadora Sandra Reimão, professora da Universidade Metodista de São Paulo/UMESP, interessada na história dos romances brasileiros adaptados para a telenovela.
3 Cf. NABUCO, Carolina. *Oito décadas*. Rio de Janeiro: José Olympio, 1973. p.217.

jornal, alguns premiados e publicados em *O Jornal*; mais tarde, nos *Diários Associados* no Rio de Janeiro e no *Jornal do Brasil*.

A ambição de criança de virar escritora começou a ser esboçada a partir desses concursos e a publicação dos primeiros escritos – crônicas com o título genérico *Opiniões de Eva*, enviados, com certa regularidade, pelo correio, anonimamente, ao vespertino *A Notícia*, folha dirigida por Oliveira Rocha. Carolina sonhou com o lugar de romancista e dedicou-se a enredos que lhe renderam lançamentos, reedições e traduções de seus livros nesse gênero.

Voltada para o interesse de pesquisa, como demonstram seus trabalhos biográficos, Carolina investiu e conjugou à escrita de ficção[4] a crítica literária. Para isso se valeu de sua experiência com a literatura e o amor confesso pelas leituras, ou, como ela mesma diz, "fui desde menina leitora ávida, onívora, insaciável".[5] O resultado foi o livro *Retrato dos Estados Unidos à luz de sua literatura*, uma escolha que demonstra sua familiaridade com a língua inglesa e seus escritores, marcada, entre outros fatores, pelo fato de ter estudado e morado fora do Brasil durante os anos dos cursos primário e secundário. Seu livro de memórias aparece como um desdobramento de suas experiências anteriores como leitora e escritora, dentro e fora do campo das letras.

Não aparece em suas memórias o tom saudosista, nostálgico e, de certo modo, melancólico como de outros projetos femininos. O compromisso é com a reconstrução do percurso de oito décadas vividas pela menina e assinados pela escritora que, em 1973, publica, aos 93 anos, seu percurso de vida.

Sua narrativa memorialística tem como ponto de partida a década 1890-1990, o apogeu da *belle-époque*, e, nela, a escritora retoma alguns acontecimentos políticos ocorridos em particular no Brasil. O tema político traz para o centro do texto a figura do pai, Joaquim Aurélio Nabuco de Araújo, pessoa fundamental na formação identitária da menina, da moça, da escritora Carolina, como ela confessa ao longo do livro.

Carolina é filha da elite branca, política e intelectual brasileira, e reserva à Joaquim Nabuco espaço privilegiado como homem diplomáti-

---

[4] Poderia citar o título *O Ladrão de guarda-chuva e outras histórias*, de 1969.
[5] NABUCO, Carolina. *Oito décadas*, op. cit., p.221.

co e pai idolatrado. Abolicionista, líder político e, mais tarde, correspondente do *Jornal do Brasil,* Joaquim Nabuco é relembrado em sua carreira pública como embaixador em Londres e Washington e Ministro das Relações Exteriores. No Rio de Janeiro, exerceu a advocacia e o jornalismo. Sua amizade com escritores como Machado de Assis, Lúcio Mendonça e José Veríssimo foi decisiva na fundação da Academia Brasileira de Letras em 1896. Baseada em apontamentos do diário de seu pai, ela retoma alguns posicionamentos políticos, sobretudo nos primeiros anos da República brasileira e durante a política de encilhamento gerada por Rui Barbosa. As páginas em homenagem a Nabuco revelam a sua importância como mentor intelectual de Carolina.[6]

Os dados sobre a mãe, D. Evelina Torres Ribeiro Nabuco,[7] assim como traços de sua formação familiar e social, os laços de descendência e sua formação escolar são apagados no interior do texto. As menções à mãe são ligeiras, dispersas e restrigem-se ao seu papel como preceptora das primeiras letras dos filhos (em português e em francês). Isso justifica o acesso que Carolina teve, desde a infância, à literatura francesa e à leitura de romances. Para além disso, D. Evelina é lembrada como esposa e mãe dedicada, ordeira e submissa às condições da carreira do marido.

As imagens de leitura aparecem em diferentes momentos de sua memorialística. Carolina percorreu as literaturas inglesa e francesa. Eram literaturas acessíveis naquela época e constituíram-se parte integrante da formação e da educação da época. Na literatura romântica, Carolina destaca a coleção de livros da Condessa de Ségur, comercializados pela série da *Bibliothèque Rose,* e outros títulos que possuía em casa. Esses livros eram-lhe presenteados ou intercambiados com outras leitoras e leitores.

Seu depoimento traz vários títulos que fizeram parte de seu elenco de leituras,[8] e como os descreve é possível recompor parte

---

[6] Alguns dados sobre Joaquim Nabuco foram cotejados e complementados com base em COUTINHO, Afrânio e GALANTE DE SOUSA, J. *Enciclopédia de Literatura Brasileira,* v.II, p.954-5.
[7] Poderia D. Evelina ser irmã ou parente próxima da memorialista Maria Eugênia Torres Ribeiro de Castro? Castro é o sobrenome de Maria Eugênia assumido após seu casamento, ocorrido em torno de 1885. Não encontrei nenhum registro sobre as duas Torres Ribeiro que pudesse confirmar a hipótese de parentesco.
[8] Cf. Lista 9 na segunda parte deste trabalho.

de suas condições de acesso à leitura desde criança, sobretudo no âmbito familiar.

Entre suas experiências como leitora, escreveu Carolina:

> [...] Na minha avidez adolescente em alargar meus conhecimentos, nenhum pareceu mais importante, ou mais empolgante, do que o conhecimento dos homens e portanto o de mim mesma. Os personagens de Thackeray, a exemplo dos de Balzac, cuja leitura naquele tempo era vedada a meninas de minha idade, não trazem o sopro de um grande criador, mas têm uma lucidez que penetra nas almas. Foi para mim uma surpresa deliciosa descobrir nas páginas de Vanity Fair uma mulher diversa das virtudes heroínas que povoavam a ficção daquele tempo e que eu sempre encontrara nas leituras, inclusive em Dickens. (*Oito décadas*, p.40.)

No entanto, o texto contém lacunas, particularmente no que se refere ao apagamento de algumas experiências pessoais, como, por exemplo, a convivência com os irmãos, a temporada no colégio, sua formação fora do Brasil, sua adolescência, possíveis namoros e aspectos de sua vida mais íntima. Depois das etapas da infância e da mocidade, assume lugar a escritora adulta e a voz da memorialista, com quase oitenta anos de idade, disposta a rememorar e a reapresentar cenários do passado, em tinta e papel.

Laura Oliveira Rodrigo Octávio
Elos de uma corrente: seguidos de outros elos (Memória)
Data de nascimento: 1894
Local de nascimento: São Paulo
Data de publicação: 1994
Local de publicação: São Paulo
Edição: 2. (rev. e aumentada)
Prefácio: José E. Mindlin
Editora: Civilização Brasileira
Comentários: Ênio Silveira
Período de produção da obra: a primeira edição foi produzida entre 1961 e1973, e após 1974 foram acrescidas outras lembranças. A reedição aconteceu em 1994.
Fortuna Crítica: Josué Montello (*Jornal do Brasil*), Austregésilo de Athayde (*O Jornal*), Peregrino Jr. (*ABL*), Carlos Drummond de Andrade e outros
Data de falecimento: 1996

O livro *Elos de uma corrente: seguidos de outros elos* compõem-se de cinco partes. A primeira inicia-se em 1842 – data de nascimento da avó materna de Laura – e estende-se até 1908. A segunda parte começa em 1910 e vai até 1919, embora a escritora faça uma curta regressão a 1842 para situar a família do marido. A terceira parte do livro refere-se ao período vivido entre 1913 e 1973. A quarta parte contém reminiscências variadas e referências ao trabalho para a produção de seu livro. A quinta e última parte compõe-se de *Novos elos*, isto é, acréscimos realizados para a preparação da segunda edição da obra, em comemoração, em 1994, de seu centenário de vida.

Laura dedica o livro aos filhos e aos netos e propõe-se a contar histórias "antes que o elo que a prende à corrente se gaste demasiadamente".[1] Para tanto, por meio de seu texto recupera memórias de um tempo longo num tom retrospectivo, literário, saudosista, fala de si e de seu grupo familiar. O desejo de historiar lembranças e reconstruir memórias sobre os familiares evidencia e sela o projeto de autoperpetuação como característica marcante da escrita autobiográfica. Para cumprir esse desejo inspira-se nas palavras de Guimarães Rosa: "E envelhecia bem: isto é, tomava posse do passado".[2]

---

1   OCTÁVIO, Laura Oliveira Rodrigo. *Elos de uma corrente: seguidos de outros elos*. 2.ed. Rio de Janeiro: Civilização Brasileira, 1994. p.16.
2   Idem, p.99.

Acostumada, desde pequena, ao hábito de ouvir histórias, Laura lança mão do caderno de anotações pessoais de sua avó materna – autêntica contadora de histórias – e é a começar por ele que narra os acontecimentos sobre seus antepassados.

No escaninho da memória, Laura relembra a avó Mariquinhas – contadora de histórias. Nessas histórias recapitulam-se parlendas, "causos" com fins morais, fábulas. Contar histórias é, portanto, parte de uma tradição repassada de boca em boca que ilustra fatos, modos, comportamentos e divertimentos.

Sua avó, como narra Laura, possuía imenso desejo de instrução, entretanto não possuía meios para isso, uma vez que necessitava cuidar da sobrevivência. Apesar das dificuldades, mantinha para consulta um *Manual Encyclopédico* a fim de buscar conhecimentos gerais. O francês de uso e de conhecimento chegou-lhe por intermédio do marido, seu Sabino, que ensinava tanto a esposa como a filha, a mãe de Laura. Ele conhecia bem essa língua, e como gostava de ler em voz alta, "os serões eram atenuados pelas leituras que ele fazia".[3]

O avô Ricardo Leão Sabino era filho do Maranhão, terra de gente muito culta. Naquele tempo a cidade tornou-se referência cultural, social e econômica, especialmente por causa das relações portuárias com a Europa. Era prática comum às famílias de posses mandar os filhos para a Europa, e assim ocorreu com seu Sabino. Ilustrado, Ricardo Sabino, avô de Laura, ao retornar para São Luís abriu um curso superior, no qual em 1835 recebeu a matrícula de Gonçalves Dias para aprender como outros Latim, Francês e Filosofia. Entusiasmado com Duque de Caxias, Ricardo Sabino envolve-se com questões políticas a ponto de acompanhar Caxias em suas viagens para São Paulo, Minas Gerais e Rio Grande do Sul.

Como afirma Laura, seu avô era um homem boêmio, não economizava nem o suficiente para manter-se em um mesmo ofício:

> [...] era músico excelente, tocava flauta muito bem, mas sempre como amador, nunca tirou partido desse dote. "Dentista da Casa Imperial", nunca se fixou em profissão hoje tão ren-

---

3   Idem, p.21.

dosa! Era um homem que tudo sabia fazer, mas provavelmente não se interessava por ganhar dinheiro e era com lutas que a família se sustentava. (*Elos de uma corrente: seguidos de outros elos*, p.19.)

A vida itinerante de seu Sabino comprometeu a educação dos filhos, inclusive a de Amélia Adelaide, mãe de Laura, uma vez que as mudanças de uma cidade a outra retardaram sua entrada no colégio.

O avô paterno de Laura também era itinerante. Como ela diz, não se sabe bem por onde ele andava, enquanto a esposa, Maria Thereza Guimarães, permanecia na fazenda do interior do Rio de Janeiro, cuidando da criação dos filhos e de todo o leque de responsabilidades na liderança das tarefas durante as ausências do esposo e as intempéries financeiras. Por essa razão, comercializava para a farmácia local água de flor de laranja e esse foi um meio de garantir algumas economias.

De história em história vai-se compondo o memorialismo de Laura e, por entre as lembranças resgata costumes, valores e práticas sociais; a figura das amas-de-leite; as horas de costura e bordado; os namoros no início do Novecentos; o estudo de piano; os hábitos franceses na cultura brasileira, particularmente na língua, na decoração e na indumentária; o fonógrafo e o cinema; o *foot-ball* e o ciclismo; a educação na Europa; a cidade e o comércio em São Paulo.

Esses e outros temas abrem espaço para suas memórias de leitura. As marcas da tradição oral e as práticas de contar e recontar histórias são evidenciadas como fundamentais entre as práticas sociais de seu grupo familiar. Além disso, Laura destaca os serões domésticos, em português e em francês, realizados em casa e com a presença de todos em redor da mãe; a correspondência familiar; as notas sobre a imprensa da época; o aprendizado da leitura e da escrita e a familiaridade com livros nacionais e estrangeiros.

Dos autores e obras relacionados, Laura menciona títulos tanto de suas primeiras experiências como leitora como de seu convívio, na vida adulta, com a literatura. Assim, saltam da memória gêneros e escritores diversos, tão diversa é a sua convivência com o escrito:[4]

---

4   Cf. Lista 10 na segunda parte deste trabalho.

> René Doumic, Raimundo Correia, *Par le Sentier* – de Sérgio Milliet; Hino de Amor – texto escolar da *Cartilha João de Deus*, *A Ceia dos Cardeais*; contos de Eça de Queiroz, fábulas de La Fontaine, A *Bibliothèque Rose*, da Condessa de Ségur, *Contos Infantis*, de Júlia Lopes de Almeida, *Sylvia Pellica na Liberdade* de Alfredo Mesquita, *Max und Mortz* (em alemão), *Excusez du peu* traduzido por Bilac, a revista *La Plume*, os *Miseráveis*, de Vitor Hugo, *Le Silence* de Maeterlinck, *L'Illustration*, *Werther*, *Hermann e Dorotéia*, *Compêndio de Literatura Francesa*, *A Muralha*, romance de Dinah Silveira de Queiroz...(*Elos de uma corrente: seguidos de outros elos.*)[5]

No universo cultural rememorado por Laura, há trechos sobre a paixão dos pais pelo teatro, sobre as idas a diferentes peças teatrais, concertos e óperas e o contato com musicistas famosos, como Magdalena Tagliaferro, pianista e também memorialista.[6]

Sobre os pais de Laura sabe-se que Numa de Oliveira nasceu no Rio de Janeiro, em 1870, e em 1891 casou-se com Amélia Pederneiras, então viúva do primeiro casamento. Seu pai e seu tio Horácio receberam proposta de contratar o serviço taquigráfico do Congresso Paulista, assumindo a dois esse serviço: um na Câmara e outro no Senado. O trabalho rendia frutos e era ensinado a outros jovens que passavam a constituir as equipes de trabalho dos dois irmãos e sócios. A família se estabeleceu na Vila Buarque e depois na Avenida Paulista, num tempo em que ela era despovoada e em que o ciclismo – novidade da época – era praticado na larga e tranqüila via (ao menos naquele tempo).

Sua mãe trabalhava na mocidade, mas com o casamento e o equilíbrio financeiro proporcionado por Numa passava os dias envolvida com leituras, bordados, costuras, pinturas e fitas de cinema, sem descuidar da educação esmerada dos filhos, o que incluía, para as moças, as aulas de piano, de dança e de línguas.

Seu pai foi diretor do Teatro Municipal de São Paulo e presidente do Banco do Comércio e Indústria da capital paulista. Sua família pertenceu à elite intelectual paulista e a atuação de seu pai estendeu-se à fundação, com outros amigos, do Automóvel Clube de São Paulo; à

---

5 Referências de diferentes páginas.
6 TAGLIAFERRO, Magdalena. *Quase tudo*. Rio de Janeiro: Nova Fronteira, 1979.

fundação e manutenção da Casa de Cultura Artística, em 1912; à participação na comissão da Semana de Arte Moderna em 1922; ao secretariado da Fazenda, no governo de 1931, e à consultoria em vários governos brasileiros.

Na trajetória familiar de classe média branca à classe alta, o depoimento de Laura reconstitui cenários, personagens, músicas, danças e nomes, como o de Ana Pavlova. Reconstitui, ainda, festividades e acontecimentos de importância para a história cultural paulista e brasileira. Relembra as companhias de teatro (nacionais e estrangeiras), as peças teatrais, óperas e *ballets* no Teatro Municipal, o velho Teatro São José (citado por Maria da Glória Quartim de Moraes e Maria Isabel Silveira, substituído pelo prédio da Light), o extinto Teatro Sant'Anna, o início do cinema na capital paulista, o Carnaval nas ruas do Triângulo, a casa-livraria Garraux e outros espaços de práticas sociais das famílias paulistas e cariocas com as quais manteve amizade.

As leituras clássicas, os recitativos, os saraus e serões domésticos, a presença marcante da língua e dos hábitos franceses, o distanciamento entre pais e filhos, o peso da tradição oral, a presença da ama-de-leite, o tratamento diferenciado entre homens e mulheres, evidente, em particular, nas figuras dos avós e dos pais, são vestígios, no depoimento de Laura, da herança do passado e o que dela permanece em seu presente.

Laura é, sem dúvida, uma memorialista que demonstra cuidado especial no trabalho de preparar as memórias para a publicação. Seu livro, junto ao de Anna Ribeiro de Goes Bittencourt, são os únicos nos quais se encontram, ao longo do texto, referências e notas explicativas. São notas que denotam o trabalho inventarial na composição das lembranças, fazendo delas um testemunho ocular e documental. Entretanto, no caso de Anna, essas notas explicativas são o resultado da pesquisa realizada pela família com base nos inventários e documentos que ela conservou ao longo das décadas e outras buscas feitas na Biblioteca Nacional do Rio de Janeiro.

As citações de lugares, acontecimentos e famílias paulistas são acrescidas por anotações em rodapé, fundamentais para o trabalho desta e de outras pesquisas. Além disso, a leitura pode ser orientada por um índice remissivo e uma cronologia, um protocolo bastante incomum entre os demais títulos memorialísticos, mas que sem dúvida funciona como chave para abrir outras entradas para o texto.

Laura se forma no curso Normal pela escola Caetano de Campos, em São Paulo, embora, ao que parece, não tenha trabalhado como professora ou em outro ramo profissional. Essa formação iniciada pela irmã, uma espécie de preceptora de Laura, vale tanto para os estudos com fins de instrução escolar quanto para as trocas informais sobre língua estrangeira, leituras, teatro e iniciação musical. Uma educação que passa em revista nomes de escritores lidos e de atores e atrizes do teatro quando toda a família passa uma temporada na Europa.

Nos elos de sua corrente estão também o marido, os filhos e, posteriormente, os netos. Lembranças que recuperam o cotidiano da vida tranqüila que decorre entre namoro, casamento e maternidade. Lembranças dos acontecimentos do dia: os batizados, os casamentos, as comemorações, a vida cultural em São Paulo nas primeiras décadas do século XX, a arquitetura da cidade, as mudanças que denotam o processo de urbanização cada vez mais crescente, os espaços culturais, a memória dos bens e serviços que se alternam e de uma relação significativa de nomes da roda social que Laura freqüentava, desde menina até adulta.

Hermengarda Leme Leite Takeshita
Um grito de liberdade: uma família paulista no fim da belle-époque
(Autobiografia)
Data de nascimento: 1903
Local de nascimento: Franca-SP
Data de publicação: 1984
Local de publicação: São Paulo
Prefácio: Dalmo de A. Dallari
Editora: Alvorada
Comentários: Jorge Doce e Marcelo J. M. de Barros
Período de produção da obra: provavelmente em 1974
Data de falecimento: 1986

Hermengarda reporta-se em seu livro ao final do século XIX e atravessa o século XX, até a data próxima de sua publicação. Para a construção da narrativa autobiográfica, a escritora lança mão de documentos sobre seu grupo familiar, o que lhe permitiu a construção da cronologia de sua vida e de certos acontecimentos, embora as datas não sejam os únicos indicadores temporais de que ela se utiliza.

No começo da obra, Hermengarda relembra que Monteiro Lobato a incentivou a escrever memórias. Com a morte do escritor, ela conta ter perdido o estímulo para escrever e, somente mais tarde, após ter se recuperado de um ataque cardíaco, retoma seu projeto autobiográfico. A autora justifica sua opção por um projeto memorialístico quando afirma que "as barreiras físicas e as saudades complacentes encostaram um espelho nessa muralha, refletindo a estrada percorrida".[1]

Hermengarda é uma mulher branca, de família paulista e de recursos modestos. Sua mãe era descendente de nobres portugueses e sua família instalou-se em Franca. Seu avô levou para lá sua inseparável escrivaninha e uma grande soma em dinheiro, perdido por causa de um vendedor local que negociou toda a fortuna em um lote de terras improdutivas. Seu avô foi um republicano fervoroso, assinava artigos do jornal local *Echo de Bocaina*. Sem um dote, a mãe de Hermengarda acabou casando-se sem amor, mas à custa da ilusão de que teria uma vida mais segura, confortável e que viesse atenuar as despesas de seu pai no sustento da família. A máquina de costura, único dote que pos-

---
[1] TAKESHITA, H. L. L. *Um grito de liberdade: uma família paulista no fim da belle-époque*. São Paulo: Alvorada, 1984. p.10.

suía, acabou servindo-lhe, mais tarde, como recurso indispensável à subsistência do grupo.

Dada a dificuldade financeira de sua família, boa parte da infância de Hermengarda foi vivida em dois espaços: o de sua casa e o da casa de seus avós paternos. Uma, de tradição protestante, a outra, católica. A primeira, contava com parcos recursos para a sobrevivência, e a segunda possuía condições financeiras mais favoráveis e outros códigos de valores e de costumes nos modos de vestir, de falar, de sentar-se à mesa etc.

Em 1903, uma geada pôs fim à plantação de café mantida pelo pai de Hermengarda. Na cidade de Franca, além de fazendeiro, seu pai era coletor estadual. A bancarrota chegou em seguida, pois a falência do banco onde depositavam todas as economias acabou comprometendo ainda mais a situação econômica dos Ferreira Leite. A situação econômica da família ficou equilibrada pela participação ativa de todos os membros, o que permitiu, alguns anos depois, um certo conforto e alívio em frente de toda dificuldade enfrentada nos primeiros anos do século XX.

D. Clotilde, mãe de Hermengarda, era protestante, mantinha um caderno de memórias, lia entre os "pequenos intervalos de assados e costuras – afazeres essenciais à rotina e economia dosmésticas – servindo-se, vez por outra, de sonhos e esperanças oferecidos pelos romances.[2]

Os sacrifícios e as lutas decorrentes da falência dificultaram, entre outras coisas, a escrita diária no caderno de anotações, e as leituras que D. Clotilde tanto apreciava ficavam cada vez mais esparsas. Foi nesse mesmo ano que Hermengarda nasceu. Impressionada com o livro *Eurico*, D. Clotilde registra:

> [...] dei o nome à minha filha, de Hermengarda, heroína do romance. Foi um consolo para mim. Senti novas forças e esperança. Sobre o bercinho de Hermengarda, eu precisava abrir um guarda-chuva, quando chovia, pois o zinco que cobria o quarto era furado. (*Um grito de liberdade: uma família paulista no fim da belle-époque*, p.17.)

---

[2] Idem, p.17.

Com a perda dos bens, a família partiu para a fazenda Japão e a viasacra do grupo não parou por aí. Percorreram outros lugares pelo interior paulista, ajudados, quase sempre, pelos avós paternos de Hermengarda, que tinham uma vida econômica estável.

Até os cinco anos, Hermengarda contou com a educação propiciada no interior de sua família: seu pai comprou-lhe cartilha, lápis de cor e borracha para as garatujas e seus primeiros ensaios de escrita. Ele era resistente à ida da filha para a casa da avó – único recurso para a garantia da matrícula em escola pública. Sua mãe cuidou de lhe ensinar as primeiras letras e, em seguida, D. Zinha, professora local, colocou-a como aluna ouvinte na sala de D. Vera, professora no grupo escolar.

A educação de Hermengarda, mais tarde, acabou sendo financiada pelos avós, que acolheram a neta e passaram a cobri-la de mimos e presentes. Pelos sonhos de seu pai Hermengarda estudaria para advocacia, ao contrário do desejo materno. A mãe esperava que a filha tivesse futuro como professora. Em torno dos 13 anos, a matrícula de Hermengarda foi realizada no curso da Escola Normal e quem se formou para advogado, anos mais tarde, foi seu pai.

Sobre os avós paternos as referências são mínimas. Sabe-se que o avô trabalhava na coletoria, que funcionava em sala anexa a uma das saídas da própria casa. Hermengarda permanecia junto a ele durante horas aproveitando-se dos muitos papéis de sua mesa para familiarizar-se com as letras. Sua avó, de formação católica, mantinha hábitos de orações diárias junto ao oratório da casa e aos santos de devoção. Após as ladainhas em voz alta, cuidava dos afazeres cotidianos da casa e da cozinha. Com capricho vestia Hermengarda, penteava-lhe os cabelos, comprava-lhe agrados e fazia toda sorte de mimos para que a menina se acostumasse na casa, o que D. Clotilde nem sempre via com bons olhos.

Hermengarda destaca como elemento marcante em sua identidade certos costumes da tradição oral. As rotineiras horas de histórias traziam do imaginário social personagens lendárias do folclore brasileiro, repetiam-se os "causos" sabidos de cor e sobrepunham-se histórias da literatura infantil: fábulas e histórias da carochinha. A memória recupera alguns textos escritos a que teve acesso no período que freqüentou a escola primária e secundária. Hermengarda dedicava-se à prática de escrever cartas e em alguns trechos retoma sua correspondência pessoal, especialmente as cartas de amor.

Os títulos e escritores a que se refere são aqueles dos primeiros contatos com os impressos, durante a infância, e, mais tarde, selecionados durante a vida adulta.³ As memórias de leitura de Hermengarda revelam parte de sua experiência como escritora desde os tempos de mocidade, sua amizade com o poeta Ricardo Gonçalves, o gosto pela poesia, seus primeiros contos e romances e, na vida adulta, a trajetória de trabalho no campo da literatura, das traduções e das revisões.

Sua carreira profissional parece ter sido construída entre altos e baixos, o que significa dizer com esforços, lutas e conquistas pessoais, já que ela não era herdeira de um capital cultural e social de prestígio que viesse favorecê-la, de algum modo, no campo literário e editorial.

Hermengarda explicita, parcialmente, seu itinerário no magistério. As referências localizadas apresentam-na como uma educadora que se empenhou num trabalho de base na área da educação, ensino e cultura.⁴ Foi professora, a partir de 1925, no Grupo Escolar Romão Puiggari, recém-fundado na ocasião, e que se tornou um dos mais importantes nas décadas de 1920 e 1930 na capital paulista. Atuou como tradutora da revista *Seleções do Readers's Digest* e de mais oito livros, todos bem heterogêneos, segundo indicam os títulos: *Eu viajei com Vasco da Gama, Destinos humanos, Os treze pontos, História das invenções, Perdidos pelo pecado* e outros.

Como revisora trabalhou para as editoras Ipê, Brasiliense e Universitária. Essa experiência é o indicador de sua aproximação com a memorialista Maria José Dupré, a quem trata de "Zezé Monteiro, de Botucatu" ou de "Madama Dupré". Hermengarda foi revisora, se não de todos, de alguns livros de Maria José e, por essa via, realizou o desejo de lê-los.⁵

Contrariando as convenções sociais e preconceitos, inclusive os de sua família, Hermengarda casa-se com um oriental – Kwanichi Takeshita –, samurai japonês emigrado para o Brasil. Sua transgressão é ainda maior quando se interessa pelos estudos espiritualistas que vão influenciar sua produção na literatura.

---

3 Cf. Lista 11 na segunda parte deste trabalho.
4 Cf. COELHO, N. N. *Dicionário crítico de literatura infantil e juvenil brasileira: séculos XIX e XX.* São Paulo: EDUSP, 1995. p.424-6.
5 TAKESHITA, H. L. L. *Um grito de liberdade: uma família paulista no fim da belle-époque*, op. cit., p.217.

Sua estréia em publicação de livros ocorreu em 1937, com o título *Sakurá*. Apesar das apreciações elogiosas que o livro conquistou de nomes como Monteiro Lobato, Erico Verissimo, Menotti del Picchia, em artigos de diferentes jornais, a segunda edição do livro só aconteceu em 1960, lamenta Hermengarda. Publicou ainda mais dois livros. O primeiro é *Estranhos visitantes*, escrito em 1947 e publicado em 1954 – uma novela de intenção científica que se utiliza da temática dos discos voadores para o enredo. O livro de Rubens Teixeira Scavone,[6] *O Homem que viu o disco voador*, publicado em 1958, teria sido o primeiro do gênero para adultos. Hermengarda havia dedicado sua obra ao público infantil. Esse livro, de acordo com Nelly Novaes Coelho,[7] é um livro datado, uma vez que há intencionalidade pedagógica diante das disposições e condições presentes nas décadas de 1930 e 1940 e a busca por uma literatura específica para as crianças. O livro revela um traço humanístico entre homem e natureza. Em 1972, ela contribui com investigações feitas pela Nasa, enviando-lhes um relatório minucioso sobre sua experiência com discos voadores e que originou a produção desse livro.

O segundo livro, intitulado *Joãozinho no Planeta Azul*, foi escrito em 1975 e publicado cinco anos depois. Na direção inversa do livro anterior, o personagem vive as aventuras terrestres durante a descoberta do "Planeta Azul". Essa novela infanto-juvenil dialoga com questões enfrentadas no pós-guerra e de novo a tônica humanizadora faz-se presente.

Esse traço humanitário é revelador não só nos trabalhos assinados por Hermengarda, mas também explicita atitudes e interesses que adotou durante a vida. Hermengarda colabora com instituições culturais e beneficentes e alia-se a jovens idealistas colaborando com a fundação da Assembléia Juvenil da Boa Vontade, em São Paulo, com resultados significativos em favor dos hansenianos, presidiários e outros marginalizados sociais.

Embora tenha conquistado certo prestígio literário, isso não foi suficiente para obter espaço para a divulgação de outros trabalhos. Isso pressupõe a existência de textos inéditos que não vieram a público. As

---

6   Filho da memorialista Maria de Lourdes Teixeira, escritora de *A carruagem alada*.
7   Cf. COELHO, N. N. *Dicionário crítico da literatura infantil e juvenil brasileira: séculos XIX e XX*, op. cit., p.425.

dificuldades para firmar-se como escritora, no entanto, não são claramente apontadas, por isso é difícil tecer outras considerações sem o risco de ultrapassar os limites da interpretação acerca de sua carreira.

O escoadouro das publicações em poesias, artigos e contos aparece, em grande parte, em revistas como *Nikkei, Anhembi* e a *Revista dos Fazendeiros,* o que sinaliza os caminhos que buscou para divulgar suas idéias.

Ao final da escrita de sua autobiografia, Hermengarda faz um balanço de vida ao lado do marido. Em função disso, decidiu-se pela produção do texto memorial o que, mais uma vez, põe em evidência a marca de autoperpetuação como fortemente presente nos depoimentos femininos. O tom, ao final da escrita, não escapa a certa amargura, que assim se expressa:

> Minha alma – vulcão – explodiu.
> O balão – meu refúgio – queimou.
> Tudo acabou.
> Cinzas de uma vida amarga
> Que o "faz-de-conta" adoçou.
> (*Um grito de liberdade*, p.337.)

Maria Helena Cardoso
Data de nascimento: 1903
Local de nascimento: Diamantina-MG
Data de publicação: 1992
Local de publicação: Rio de Janeiro
1ª edição: 1967
Orelhas: Carlos Drummond de Andrade, Maria Alice Barroso
Editora: Livraria José Olympio/INL-MEC
Período de produção da obra: iniciou em 1960 e terminou em 1963
Data de falecimento: 1994 (?)

Por onde andou meu coração marca a estréia de Maria Helena[1] na literatura. Composto com base no diário pessoal de Maria Helena, marcado por um discurso literário e por conteúdos privilegiados, não faltaram incentivos para que fosse publicado. Com essa obra memorialística conquistou duas premiações: Prêmio Jabuti e Prêmio Fernando Chináglia, ambos em 1967. Em 1973 publicou *Vida-vida*, diário autobiográfico, lançado também pela Editora José Olympio. Em 1979 publicou um romance com o título *Sonata Perdida*. Colaborou, ainda, em diferentes periódicos.[2]

O depoimento reconstruído pela memorialista-escritora guarda semelhanças, em vários aspectos, com outras narrativas femininas. A Primeira Guerra Mundial é tema em Zélia Gattai, Maria José Dupré, Laura Oliveira Rodrigo Octávio, Adélia Pinto e está também representado na obra de Maria Helena Cardoso. As lembranças das leituras em francês, das práticas religiosas e das festas populares aparecem como parte do imaginário social brasileiro.

As anotações sobre seus pais assemelham-se ao relato de Maria José Dupré, a começar pela descrição da saga da família para Várzea da Palma, através das estradas de terra no interior mineiro e suas aventuras e desventuras até o lugar de pouso. Esses trajetos de viagem apare-

---

[1] Com um ano de idade foi morar em Curvelo, também interior de Minas Gerais, fixando residência até os estudos, na juventude, em Belo Horizonte, e depois, na vida adulta, no Rio de Janeiro. A indicação da data da morte da escritora é representada por um ponto de interrogação em FLORES, Hilda Agnes Hübner. *Dicionário de mulheres*. Porto Alegre: Nova Dimensão, 1999, p.103, <www. editoramulheres@floripa.com.br>.
[2] Cf. COUTINHO, Afrânio e GALANTE DE SOUSA, J. *Enciclopédia de Literatura Brasileira*. Rio de Janeiro: MEC/FaE, 1990. v.I. p.388.

cem também em Maria da Glória Quartim de Moraes quando, recémcasada, transfere-se com a família de São Paulo para Bagagem, interior de Minas Gerais. Fazem parte da lembrança desses trajetos a narrativa do percurso no lombo de burros e cavalos; dos riscos de viagem; das paradas em hospedarias rústicas ou em sítios e fazendas da redondeza; dos tropeiros que conduziam e tão bem conheciam as matas; dos perigos de animais e outras surpresas expostas naqueles tempos longínquos, sem muitos recursos materiais. A vida simples e o trabalho de sol a sol são enaltecidos. A figura austera e valente do pai aparece com destaque durante essas lembranças do tempo de menina.

Sua imagem é rememorada junto às conversas dele com os empregados, os "causos" entre os caboclos, os conselhos e conhecimentos no trato da terra, na lida do plantio e das emergências locais. Por ser o mais instruído do grupo, ele assume o papel de médico, auxiliado sempre pelo *Dicionário Chernoviz*. Atendia aos colonos vizinhos e a gente distante, cujas solicitações vinham por meio de cartas.

Sua mãe trabalhou duramente ao lado do marido e cumpria à risca a tarefa de preceptora dos filhos. Como os custos para a instrução dos filhos eram maiores do que a família podia arcar, todas as noites a mãe lia, comentava e discutia com eles os impressos de que dispunha, principalmente os de escritores em evidência. Essa estratégia preenchia, de certo modo, tanto as lacunas dos primeiros anos de escolarização dos filhos como contribuía para a formação cultural da própria mãe.

As intempéries causadas pela instabilidade da vida econômica definiram mudanças de endereço e de cidade. Ainda assim, Helena freqüenta não só o curso secundário como também se forma no curso de Farmácia, em Belo Horizonte, embora o seu campo de atuação profissional (a área burocrático-administrativa) em nada se relacione com o de sua formação.

O livro tematiza, ao contrário de outros depoimentos femininos, o amor na juventude; as frustrações do coração; os complexos e a baixa-estima da adolescente; a infância, a mocidade; a vida ao lado de amigos, irmãos, colegas de colégio, admiradores e dos livros.

A leitura e a presença de livros são parte integrante de sua identidade. Ler é uma prática cada vez mais pessoal ao longo da vida. A prática da leitura, seja em língua materna, seja em língua estrangeira – em particular o francês –, representa a conquista da maioridade como leitora.

A leitura vai deixando de ser prática da experiência coletiva para integrar-se como parte do mundo privado. Da sala passa ao recolhimento do quarto a portas fechadas, para que ninguém interrompa ou censure as descobertas pessoais.

A leitura como um mundo de descobertas, devaneios e fantasias aparece em outros trechos. A leitura que rouba as forças é também a que alimenta.

> Que dias felizes aqueles, entregue aos livros, completamente esquecida do mundo. Saía do quarto cansada e de olheiras, tamanha a vibração. Devorava o que me caía às mãos. Tudo era pouco, nada havia que chegasse para saciar a minha enorme curiosidade. (*Por onde andou meu coração*, p.99.)

Essa curiosidade citada não está somente na trajetória pessoal de Maria Helena. Compartilham dela seus irmãos, companheiros de leituras e buscadores de conhecimento nos campos da pintura, da música, das letras e do teatro. Desse modo, percorrem farta bibliografia literária, nacional e estrangeira, por meio de aquisições, empréstimos, trocas com outros leitores e leitoras de sua convivência na infância e mocidade, no gabinete de leitura, na biblioteca local e escolar, nas horas furtivas partilhadas com outros praticantes: colegas do colégio e de vizinhança.

> Algumas tardes, acabando as aulas, subia a Rua Timbiras com Stela. Aquelas, escapadas, sem que mamãe soubesse, me deliciavam e meu coração batia ao juntar-me à companheira no portão do colégio. Eram tardes em que, inteiramente livre e alegre, partia em busca de romances policiais. Foi no recreio que ela me falou um dia dos seus irmãos Jonas e Oton e dos romances policiais em fascículo, Sherlock Homs e Nick Carter, empilhados num armário do porão da casa. Não tive mais sossego. Se me emprestasse... Diariamente puxava conversa sobre o assunto, insistindo com os argumentos mais convincentes. Tolice, se já tinham lido, não iriam descobrir nada, pois não os procurariam a menos que alguém fosse lhes contar, e isto não aconteceria. Do meu lado, não diria a ninguém. Ficasse tranqüila, sabia guardar segredo. [...] A partir de então as escapadas à tarde, depois das aulas, se fizeram freqüentes, constituindo minha maior alegria

daquela época. [...] Lá estava o armário grande de jacarandá, marrom-escuro, sobre o qual se empilhavam os fascículos: era alto, atingindo quase o teto, mas isto não constituía dificuldade para nós. Empurrávamos para junto dele uma pequena mesa, que se achava num dos cantos, uma cadeira por cima dela e pronto; enquanto eu segurava a cadeira, Stela subia do chão para a mesa, dela para a cadeira, passando daí, agilmente, para cima do armário, sobre o qual se instalava confortavelmente sentada. Um a um, ia apanhando os fascículos, cujos títulos lia em voz alta: *A Faixa Sarapintada*; *Zanoni*, a *Bela Feiticeira*. Se já tinha lido eu ficava em silêncio, se não dizia rápida: – Esse, pode jogar esse, ainda não li. E assim por muito tempo, até que me dava por satisfeita com a pilha que tinha conseguido e que nunca me parecia suficientemente grande, pois minha cobiça ultrapassava a minha capacidade de carregar. (*Por onde andou meu coração*, p.202.)

As buscas de Maria Helena resultam na composição de uma lista extensa de leituras[3] e de escritores que fabricam desejos, sonhos e segredos no mundo particular que ela cria durante as páginas lidas: *O escaravalho de ouro*, romance policial publicado pelo semanário *Eu Sei Tudo*; *O moço louro* de Joaquim Manuel de Macedo; a literatura feita por Dostoievsky, como *Crime e castigo* e *Recordações da casa dos mortos*; títulos de Tolstoi, Tchecov, Gogol, Tourguenef, e romancistas ingleses como Galsworthy, Thomas Hardy, George Elliot, Mrs. Gaskell e outros.

---

3   Cf. Lista 12 na segunda parte deste trabalho.

 **Maria José Dupré** (Maria José Fleury Monteiro Dupré)
Os caminhos (Memória)
Data de nascimento: 1905
Local de nascimento: Botucatu-SP
Data de publicação: 1975
Local de publicação: São Paulo
Editora: Saraiva (1ª edição 1969)
Período de produção da obra: depois de 1950
Data de falecimento: 1987

A narrativa de *Os caminhos* parte do final do século XIX. Baseada nas memórias de sua mãe, a escritora dedica cerca de um terço da obra para resgatar lembranças sobre a vida na fazenda, os escravos, o casamento dos pais, a saga da família pelo sertão[1] e seu período de infância.[2] Esse percurso vai, aproximadamente, até 1920. A segunda parte do livro estende-se até a década de 1950.

Na primeira parte da obra, é importante ressaltar os traços de tradição oral. Maria José relata histórias da vida de sua avó e de sua mãe, por meio das quais rememora a sabedoria popular, os modos de vida, os comportamentos, as crenças e os valores que reconstituem as identidades do grupo. Os "causos", a troca de experiência entre as mulheres, as narrativas sobre fatos e acontecimentos da vida política da região revelam um típico modo de vida no campo, num clima nostálgico e bastante peculiar aos hábitos rurais.

Descendente de tradicional família de fazendeiros, Maria José narra aspectos da vida, antes de seu nascimento, contados por sua mãe. Essas evocações entresséculos recuperam o início da vida dos pais após o casamento, estabelecidos numa boa fazenda em Sorocaba. Não muito longe dali havia a escola, onde seus irmãos aprenderam conhecimentos básicos e gerais. Assistiam a aulas de Inglês com uma preceptora inglesa, contratada especialmente para o serviço. Na fazenda, os

---

1   Trata-se de uma região na época considerada sertaneja, entre o interior de São Paulo e o Paraná.
2   Às margens do Rio Paranapanema, em Botucatu, São Paulo. Nelly Novaes Coelho (*Dicionário crítico da literatura infantil e juvenil brasileira: séculos XIX e XX*) aponta a data de 1987 para o falecimento da escritora, ao passo que Afrânio Coutinho e Galante de Sousa (*Enciclopédia de Literatura Brasileira*) indicam o ano de 1984.

cafezais trouxeram prosperidade. Sua mãe assumia os afazeres da casa-grande, desempenhava as vezes de médica entre os colonos e dirigia, com punho firme, os empregados, junto a Mã e Eufrozina (provavelmente ex-escravas), que serviram a Sinhá (D. Rosa[3]) nos momentos de bonança e borrascas.

A família não dispõe de muitos recursos financeiros, e a vida e a lida na administração de fazendas e como capatazes de outras, em localidades do interior de São Paulo, retratam a peregrinação do grupo em busca de melhores condições de sobrevivência e de estabilidade econômica. Diferentemente dos tempos de conforto que tiveram nos primeiros anos de casados, os pais, que puderam contar com uma boa educação, esmerada nos moldes das famílias tradicionais de Sorocaba, não puderam proporcionar a todos os filhos a mesma educação.

Maria José descreve o pai como um homem envolvido na lida da terra, no plantio, na criação de animais e outras atividades desenvolvidas por ele para a subsistência da família. De uma família de Sorocaba, filho de Lopes de Oliveira e de Monteiro, não quis estudar na capital, e quando conheceu Rosa Pais de Barros era proprietário de uma olaria na cidade paulistana. É lembrado como um pai carinhoso, companheiro dos filhos, trabalhador e de virtudes morais. Maria José escreve: "Papai, em seu modo rude de sertanejo, sempre se chamou de caboclo".[4] Embora o termo caboclo seja polissêmico, o fato é que nessa obra também são esparsas as referências à etnia e à raça.

> Meu pai tinha fama de homem calado, sisudo e quietarrão. Media um metro e oitenta de altura, era magro e pelos retratos de môço, bonito. Diziam que ninguém brincasse com Capitão Monteiro, era muito zangado. Não. Era muito bom, mas enérgico. Apesar de enérgico dizia sempre que nunca batera num filho e não achava necessário bater. O melhor era corrigir com palavras e exemplos. A prova do que êle

---

3   D. Rosa Pais de Barros, nome de solteira da mãe de Maria José. Posteriormente assinará Rosa Pais de Barros Fleury Monteiro. Ela pode ter sido irmã ou prima da escritora Maria Paes de Barros.
4   Caboclo, "s. m. (Bras.) indígena brasileiro, de pele acobreada. //Mulato de côr acobreada, descendente de índios.// Mestiço de branco com índio.// sertanejo (homem do sertão, de pele queimada pelo sol).// Caipira, roceiro.//Sujeito desconfiado ou traiçoeiro.// F. Tupi-guar. Caá+boc". (Cf. AULETE, Caldas, 1958: 761.)

dizia é que muito antes da lei de alforria aos escravos, os pais dêle, Lopes de Oliveira e Monteiro de Sorocaba, já haviam libertado todos os seus negros, que continuavam, por amizade, a trabalhar para a família. (*Os caminhos*, p.17.)

Seu Antônio Lopes casou-se com D. Rosa quando ela estava com 16 anos e ele já havia completado 32. Escrevia muito bem, recitava Guerra Junqueiro e dele sabia muitos versos de cor. Os romances *O amor de perdição* e todos os de Eça de Queiroz eram por ele conhecidos, assim como outras obras da literatura portuguesa. Segundo as palavras do pai de Maria José, "no que toca à literatura do século passado foi a herança que recebi de meu pai".[5]

Sua mãe conta com uma educação exclusivamente doméstica junto a algumas primas de maior posse e que obtinham aulas de uma preceptora contratada para os cuidados com a formação das moças. Seu conhecimento sobre a língua francesa e as literaturas nacional e estrangeira deve-se a esses momentos de instrução informal e depois aos seus próprios investimentos de leitura em jornais, livros e periódicos.

Os infortúnios levaram à mudança para Botucatu, para o sertão e depois novamente para Botucatu. A família não dispunha mais de muitos recursos financeiros para os custos com a escolarização de todos os filhos e filhas. Assim, as irmãs moram durante uma temporada com parentes próximos e os meninos seguem para o colégio. As incertezas econômicas não foram obstáculo para o clima favorável à leitura, fossem elas lidas ou ouvidas. Os pais não só mantinham a prática da leitura individual e coletiva, como também incitavam os filhos ao gosto pela literatura, à prática de recitativos. É a esse clima que Maria José atribui a inspiração para sua estréia, mais tarde, no campo das letras. Num caráter essencialmente pessoal, a segunda parte da obra retrata as vivências na escola, o casamento e a trajetória profissional como professora, e, mais tarde, como escritora de literatura infanto-juvenil.

A recitação de poemas e versos, a leitura de obras clássicas, o valor da escrita e as histórias recontadas oralmente foram incorporados, de acordo com a memorialista, em alguns personagens de seus livros infantis e no estilo de narração aprendido com sua avó.

---

5   DUPRÉ, Maria José. *Os caminhos*. São Paulo: Saraiva, 1969. p.4.

Entre os vestígios da memória, títulos e escritores são relembrados: La Fontaine, Cervantes, Eça de Queiroz, Alexandre Dumas, Dickens, Guilherme de Almeida, Guerra Junqueiro, Rimbaud, Heine, Goethe, Schiller, Casimiro de Abreu, Nietzsche e outros que conheceu desde a infância.[6]

> Antes que eu começasse a freqüentar alguma escola, já conhecia autores clássicos. Talvez isso tenha influído para minha futura vida literária. Eu ouvia meus pais comentarem Eça de Queiroz; falavam sôbre os personagens do romance como que colocavam os mesmos personagens em pessoas de suas relações: "– Aquêle fulano, com tanto orgulho, pensa que é da Ilustre Casa de Ramires..." Falavam de Júlio Dinis e de Camilo Castelo Branco. Quando mamãe conversava com minhas irmãs mais velhas já casadas, discutiam o comportamento de Ana Karenine como se discutissem sôbre pessoas de suas relações. [...] Antes de aprender quanto eram 7 vêzes 7, eu já sabia de cor a história do *Amor de perdição*. (*Os caminhos*, p.63.)

O valor dos textos escritos aparece em diferentes trechos da obra e em cada um deles é possível recuperar diferentes modos de vê-la. É o caso do *Dicionário Chernoviz*, muito usado pela família, auxiliar no tratamento de moléstias, nos partos e na prevenção de doenças:

> Minha mãe entrou em casa, pegou a caixa de remédios, o Chernoviz e foi com Má para a colônia onde uma colona, Pascoalina, estava sofrendo as dores de parto e mandara recado para que fôsse logo. [...] Quando viram mamãe chegar com o livro e a caixa, retiraram-se em respeito silencioso. (*Os caminhos*, p.11.)

A escrita representa distinção e poder, como mostra o trecho abaixo a respeito da família Lopes – antepassados de Maria José e moradores de Sorocaba:

> Mamãe explica que eram pessoas adiantadas para a época, possuíam biblioteca em casa. Os únicos na cidade que tinham livros, tinham tôda a coleção de Alexandre Dumas... (*Os caminhos*, p.86.)

---

6   Cf. Lista 13 na segunda parte deste trabalho.

Em outro episódio, vivido na fazenda em Botucatu, Maria José novamente registra o uso da escrita:

> Num dia 5 de outubro caiu uma tempestade de granizo na fazenda que deixou marcas e prejuízos. Mamãe então se lembrou do que vira escrito a lápis no batente da porta de entrada: em datas iguais, em anos seguidos, caíram terriveis tormentas sôbre a fazenda. Enquanto residiram naquela fazenda, em todos os anos que lá passaram, aconteceu a mesma coisa. E como o anotador anterior, minha mãe também assinalava o acontecimento escrevendo a lápis no batente.(*Os caminhos*, p.63.)

Além disso, a escrita circula em práticas corriqueiras e necessárias àquele tempo – as cartas. São cartas dos pais às filhas casadas, dos parentes noticiando novidades, nascimentos, festividades, falecimentos e outros fatos.

> Entramos em casa rindo, contentes, e mamãe começou a perguntar pelos parentes. Contou depois a maior novidade: Os padrinhos, João, Cecília e o filho que tinha nascido na Europa, chegariam no próximo mês. Foi a melhor notícia, lemos e relemos a carta que anunciava a breve chegada. Durante horas falamos sôbre êles; mandavam às vêzes retratos das crianças brincando na neve, o recém-nascido, deitado num carrinho, também ao ar livre. (*Os caminhos*. p.63.)

A escrita é ainda meio de reconstrução dos *caminhos* vividos e retomados no projeto autobiográfico de Maria José. Se a escrita, ao longo do texto, serve como instrumento para o registro do nascimento, da juventude, dos sonhos, das mudanças, do casamento e da profissão, ela, no final da obra, é usada para narrar, num tom amargurado e nostálgico, a perda do marido, a aproximação da velhice, um *caminho* percorrido.

Como indica a trajetória de Carolina Nabuco e, agora, a de Maria José Dupré, a escrita autobiográfica revela aspectos da vida pessoal e literária. É um ponto de culminância na trajetória das escritoras. As palavras de Maria José, ao encerrar a narrativa, são que "todos os caminhos conduzem ao fim".[7]

---

7   DUPRÉ, Maria José. *Os caminhos*, op. cit., p.309.

Aos *caminhos* recapturados é necessário acrescentar alguns dados da biografia literária de Maria José. Em 1944, período arrefecido pelos conflitos políticos advindos da ditadura militar, é também marcante para essa escritora que se alia a Monteiro Lobato, Caio Prado Jr., Artur Neves e o próprio marido, Leandro Dupré, para a fundação da Editora Brasiliense. Leandro participa como um dos sócios e o contrato com a editora, como escreve Maria José, assegurava a publicação de seus livros, tanto os infantis como os romances, assim como ocorreu com os livros de Monteiro Lobato – decisivos naquele contexto para o sucesso do empreendimento junto aos demais. Embora contemporânea de Erico Verissimo, Vianna Mogg e de outros representantes da literatura, ela vai marcar seu nome não nos anos 1930, mas nos anos 1940, assim como acontece com Dinah Silveira, Hermengarda Takeshita, Maria de Lourdes Teixeira e outras brasileiras.

Leandro Dupré foi o primeiro, conforme conta Maria José, a incentivá-la a escrever. Para ele, sua descrição de um fato acontecido em família era um conto oral – merecedor de publicação. Desse modo, deu-se o prenúncio da carreira de Maria José no campo das letras, com o título *Meninas tristes*, conto que abriu sua estréia, em 1939, no Suplemento do jornal *O Estado de S. Paulo*, sob o pseudônimo de Mary Joseph. Na ocasião, conquistou o apreço literário de Guilherme de Almeida e Afonso Schmidt.

Madame Leandro Dupré – assinatura literária que ela adotou a partir de 1941, ano em que publicou o primeiro romance, *O romance de Teresa Bernard*. Como escritora de literatura infanto-juvenil publicou contos, crônicas, romances e obras de ficção, sendo algumas delas de circulação escolar. O êxito definitivo foi com a obra *Éramos seis*, livro que atingiu, em 1943, uma tiragem de cinco mil exemplares e rapidamente alcançou a segunda edição, com sete mil e quinhentos exemplares. Traduzido para o sueco, o francês e o espanhol, *Éramos seis* recebeu o Prêmio Raul Pompéia, de 1944, pela Academia Brasileira de Letras. Foi adaptado para o cinema argentino e conquistou audiência com a adaptação para a telenovela, pela TV Tupi de São Paulo, em 1977. Até o ano de 1978, alcançou 23 edições, além do lançamento de outros títulos como *Luz e sombra* (1944), *Gina* (1945), *Os Rodrigues* (1946), *D. Lola* (1949), *Casa de ódio* (1951), *Vila Soledade* (1953), *Angélica* (1956), *Menina Isabel* (1959) e *Os caminhos* (1961).

O potencial da escritora parecia aprisionado. Bastou o primeiro trabalho para que outros viessem quase ano a ano. No campo da literatura infantil, *Aventuras de Vera, Lúcia, Pingo e Pipoca*, de 1943, abriram o gênero e conquistaram premiação, também, pela ABL. Maria José elege enredos que conhecia desde criança: temas do cotidiano familiar, travessuras infantis transformadas em aventuras. Além desses títulos há mais uma dezena ou mais de títulos infantis que poderiam ser citados, como *A ilha perdida*, de 1944, *A montanha encantada*, de 1945, *A mina de ouro*, de 1946, *O cachorrinho Samba*, de 1949, *O cachorrinho Samba na floresta*, de 1952, *O cachorrinho Samba na Bahia*, de 1957, *O cachorrinho Samba na Rússia*, de 1964, *O cachorrinho Samba entre os índios*, de 1965, *O cachorrinho Samba na Fazenda Maristela*, de 1967, e outros escritos no período de 1986 a 1990.

A receita dessa escrita não está apenas na narrativa dinâmica, na escolha por temas de interesses infantis, na fluência da linguagem marcante de Maria José. Sua produção em série contagia um público escolar bem definido, em um contexto, os anos 1930-40, favorável à emergência da literatura de cara brasileira para meninos e meninas. As séries escolares, sob a forma de coleções paradidáticas, atingem esse público escolar e têm em escritoras como Maria José suas fontes de divulgação e socialização.

Maria José pertenceu à direção da Sociedade Paulista de Escritores e conjugou outros trabalhos, como o de vice-presidência da Gota de Leite e da Creche Baronesa de Limeira. Esses trabalhos foram liderados por feministas e por mulheres não necessariamente feministas, mas que, em diferentes estados brasileiros, participaram por conquistas e direitos sociais em torno do feminino.

> **Maria de Lourdes Teixeira** (Maria de Lourdes Resende Teixeira)
> *A carruagem alada (Memória)*
> Data de nascimento: 1907
> Local de nascimento: São Pedro-SP
> Data de publicação: 1986
> Local de publicação: São Paulo
> Editora: Pioneira
> Período de produção da obra: por volta de 1984
> Data de falecimento: 1982

Com a idade de setenta anos, ou cerca disso, Maria de Lourdes tem o desejo de escrever suas memórias. Como em boa parte dos registros, a solidão, a saudade e a perda do companheiro mobilizam o projeto autobiográfico. Nas palavras da escritora, "a casa que abriga as minhas coisas cheias de passado, velhas companheiras, abriga também a minha solidão, os meus pensamentos e minha saudade".[1]

Sua trajetória no campo das letras inicia-se quando era menina-moça. Nessa época publicou seus primeiros trabalhos de contos na revista *Papel e Tinta*, na década de 1920, fundada e dirigida por Menotti Del Picchia e Oswald de Andrade. Participou, também, de 1948 e até aproximadamente 1952, do jornal *O Estado de S. Paulo*. Em um de seus artigos intitulados O Anjo da Guarda, a Musa e a Madona, analisou a influência feminina na obra dos escritores e, em particular, o papel desempenhado por Carolina, a esposa de Machado de Assis, durante a vida conjugal e profissional do escritor. Escreveu contos para periódicos como *Papel e Tinta*, *Letras e Artes*, *O Estado de S. Paulo*, entre outros. Para este último, enviou uma série de crônicas quando permaneceu em Paris.

Além disso, ingressou num círculo de mulheres jornalistas formado pela anfitriã e jornalista d'*O Estado de S. Paulo*, Carmem de Almeida, e por Maria Antônia, que escrevia na *Gazeta*; Margarida Izar, dos *Diários Associados*; Helena Silveira, cronista social da *Folha da Manhã*; Odete de Freitas, do *Diário de São Paulo*; Ieda Ramos, das *Folhas*; Cristina Azevedo, dos *Associados*. Nesse grupo, travou conhecimento com vários escritores/escritoras e amantes das letras como Sérgio Milliet, Raimundo de

---

[1] TEIXEIRA, Maria de Lourdes. *A carruagem alada*. São Paulo: Pioneira, 1986. p.3.

Menezes, José Mauro de Vasconcelos, Maria José Dupré, a desenhista e chargista Hilde Weber, a escultora e desenhista Elizabeth Nobiling, o arquiteto Rino Levi, entre outros.

Sobre esse tempo é a própria escritora quem narra:

> O tempo corria. Eu que ao iniciar-me no jornalismo já publicara três livros – *Alfeu e Aretusa, O Banco de Três Lugares, Graça Aranha* – desde então não conseguira escrever mais nenhum, pois só trabalhava em função dos jornais. (*A carruagem alada*, p.234-5.)

Como romancista Maria de Lourdes escreveu *O banco de três lugares* – Prêmio Júlia Lopes de Almeida da Academia Brasileira de Letras –, publicado pela Coleção Saraiva, em 1951; *Raiz amarga*, publicado em 1960 e premiado tanto pela Academia Paulista como pela Câmara Brasileira do Livro; *Rua Augusta*, de 1962, que alcançou no ano seguinte mais duas edições; *A virgem noturna* é lançado em 1965 e, em 1976, publica *O pátio das donzelas*, romance também premiado, e com esta obra conquista o Prêmio Jabuti. Na relação de romances, *Grades de sombra* era inédito até o período da produção de suas memórias, e não posso afirmar se ele, de fato, foi lançado em livro.[2]

Maria de Lourdes dedicou-se aos trabalhos de tradução, entre os quais cito alguns poucos: *O idiota*, de Dostoievsky, editado pela José Olympio; *A cartuxa de Parma* e *O vermelho e o negro*, de Stendhal, ambos para a coleção *Clássicos Garnier*, pela Difusão Européia do Livro; *O pensamento vivo de Descartes*, apresentado por Paul Valéry, e *Os mandarins* de Simone de Beauvoir.

Na trilha literária de Maria de Lourdes segue-se a publicação de alguns ensaios como *Alfeu e Aretusa (As apaixonadas de Goethe)*, em 1950, *Esfinges de papel* de 1966 e *O Pássaro tempo*, de 1968.[3]

Para ela, o triunfo como escritora chegou com sua eleição, quase por unanimidade, para a Academia Paulista de Letras, em junho de 1969. Sua inserção significa a ruptura de um longo processo de discriminação

---

[2] VIANA, Mario G. *Dicionário mundial de mulheres notáveis*. Porto: Lello & Irmão, 1967. p.1281.
[3] MENEZES, Raimundo de. *Dicionário literário brasileiro*. Rio de Janeiro: Livros Técnicos e Científicos, 1978. p.674-5.

contra as mulheres. Maria de Lourdes foi a primeira mulher eleita para uma Academia no Brasil, já que a poetisa Presciliana Duarte de Almeida pertencera àquela instituição paulista como membro fundador, no começo do século, em 1909, a convite dos demais escritores. Uma vez encerradas as reuniões para a fundação da Academia, que se realizavam no colégio de Silvio de Almeida – poeta, filólogo e marido de Presciliana –, ela foi incluída, como não poderia ser diferente, na equipe fundadora. Porém, até aquele momento nenhuma escritora jamais fora eleita, conta Maria de Lourdes.[4]

A história de Maria de Lourdes como leitora e escrita resultou num total de 18 livros publicados, centenas de artigos veiculados na imprensa e outras tantas conferências. Em 1950, durante sua estada em Paris, foi premiada, pela Comissão Internacional de Psicologia Geral da Polícia Criminal de Paris, pelo seu estudo intitulado *La ressurection*, extraído do romance de Tolstoi.[5] Desse modo, a produção de suas memórias, por volta dos setenta anos de vida, representa mais um entre outros tantos trabalhos literários de sua autoria. Parece certo que Maria de Lourdes, Anna Ribeiro de Goes Bittencourt, Carolina Nabuco, Hermengarda Takeshita e Maria José Dupré elegeram a chamada terceira idade como momento para a escrita autobiográfica, tanto para conviver com as saudades como para, de alguma forma, selar a história literária que cada uma realizou.

O registro de suas memórias parte de 1870, até aproximadamente 1981, sem ter, contudo, a preocupação de reconstituir linearmente os acontecimentos.

Sua trajetória como leitora é descrita a partir de informações sobre seu avô, como ela mesma narra:

> A *Livraria Garraux*, em São Paulo, à rua 15 de Novembro, fundada em 1860 pelo pai de René Thiollier, ponto de encontro de poetas e escritores, era muito freqüentada por meu avô, que aí adquiria livros, inclusive os romances franceses que, anos depois, costumava enviar a Mamãe. [...] Não resta dúvida que foi um intelectual e talvez mesmo uma vocação literária frustrada.(*A carruagem alada*, p.15.)

---

4 TEIXEIRA, Maria de Lourdes. *A carruagem alada*, op. cit., p.256.
5 OLIVEIRA, Américo Lopes de. *Dicionário de mulheres célebres*. Porto: Lello & Irmão Editores, 1981. p.1277-8.

Nascido em berço de ouro, uma velha metáfora adequada para o avô de Maria de Lourdes e a herança a ele deixada, Estevão Ribeiro de Rezende[6] foi neto do Marquês de Valença, filho do Barão de Lorena e um homem, segundo descreve a neta, instruído, talentoso, bom, honesto e fino. Teve uma vida marcada pelo sofrimento e pela solidão. No fim da vida, sentiu-se culpado em função de sua imprevidência financeira, o que teria causado prejuízo às filhas. Amante das letras, do piano e do teatro lírico, talvez tenha sido essa a maior herança deixada por Estevão à mãe de Maria de Lourdes, que dominava o francês tanto para ler quanto para escrever. Ela vivia em torno de todo tipo de livro, seja da literatura nacional, seja da estrangeira.

Sua mãe é apresentada como "criatura dinâmica, cheia de vida. Exímia pianista, era também grande leitora".[7] Jamais, até a extrema velhice, abandonou os livros. Preceptora das primeiras letras, incutiu em Maria de Lourdes, desde a infância, a prática da leitura diária, que ela fazia em voz alta para toda a família nas fazendas do interior da velha São Paulo.

Nesse ambiente favorável à leitura, e facilitado pelo acesso a diferentes impressos, Maria de Lourdes convive com as coleções de brochuras francesas, com a literatura romântica e outros materiais impressos em circulação no Brasil, presenteados pelo avô, repassados de mãe para filha, que compõe uma lista diversificada de sua intimidade, desde a infância, com a literatura.[8]

Maria de Lourdes revela também a intimidade do pai com as letras em papel:

> Escrevia muito bem, pois conhecia o nosso idioma a fundo. Lia e relia os *Sermões* de Vieira e a *Nova Floresta* de Bernardes, em velhos volumes encadernados em carneira que não saíam de sua escrivaninha. Diariamente lia os jornais, acompanhando atentamente a situação política. (*A carruagem alada*, p.7.)

Os pais de Maria de Lourdes pertenciam às rodas sociais freqüentadas pela elite econômica de São Paulo. Iam a bailes, teatros e concertos

---

6 Sobre o avô, conforme escreve Maria de Lourdes, há documentos e uma biografia, realizada pelo filho e biógrafo Barão de Rezende. (Cf. *A carruagem alada*, p.8-9.)
7 TEIXEIRA, Maria de Lourdes. *A carruagem alada*, op. cit., p.19-20.
8 Cf. Lista 14 na segunda parte deste trabalho.

e mantinham uma vida social dividida entre a capital paulista e o interior, nas fazendas da família. O cenário da infância compõe-se como um quadro típico do século passado.

Sobre a infância e a mocidade, a memória semeia lembranças das terras da fazenda e da Casa-Grande – sede de comemorações tradicionais da Semana Santa, casamentos, batizados, aniversários e festas típicas do folclore brasileiro, contadas oralmente pelos parentes ou vividas pela própria memorialista. Essas lembranças são povoadas por personagens como a preta velha Sinfrônia, os agregados, os professores particulares que educaram seu pai, a imprensa local e o colégio para a educação dos homens – O Caramuru. Elas recuperam e ressignificam o uso dos folhetins em rodapé de jornal e de figuras literárias como Ubaldino do Amaral – folhetinista, escritor de dramas e tradutor de várias obras francesas, espanholas e italianas.[9]

Essa obra, diferentemente de outras do gênero memorialístico, não esconde certos pre-conceitos existentes na sociedade da época. Refiro-me ao fato de Maria de Lourdes, uma mulher branca pertencente à alta sociedade paulista, expor dissabores vividos no matrimônio, sem camuflar sofrimentos, repressões e proibições a que foi submetida pelo marido durante vinte anos. Em função disso, ela opta pelo desquite[10] e pela reconstituição de sua vida amorosa e conjugal, no final da década de 1940 – um escândalo para a época. Permanece junto ao filho, Rubens Teixeira Scavone, outro amante de leituras, mais tarde também escritor.

---

9   TEIXEIRA, Maria de Lourdes. *A carruagem alada*, op. cit., p.19-20.
10   O divórcio no Brasil só veio a ser promulgado em dezembro de 1977.

Zélia Gattai (Zélia Gattai Amado)
Anarquistas, graças a Deus (Memória)
Data de nascimento: 1916
Local de nascimento: São Paulo
Data de publicação: 1986
Local de publicação: Rio de Janeiro
Editora: Record (1ª edição 1979)
Período de produção da obra: iniciou em 1976 e concluiu em 1979

A estréia de Zélia no campo da literatura e, mais especificamente, no memorialismo tem como ponto de partida o livro *Anarquistas, graças a Deus*, em 1979, e que em 1985 tinha pela mesma editora sua décima edição. Em seguida, a escritora lança mais três títulos de caráter autobiográfico, que podem ser considerados, de certo modo, obras de continuidade à primeira. Todas elas seguiram a trilha de sucesso e de reedições como ocorreu com

Anarquistas, graças a Deus. Em 1986, *Um chapéu para viagem* alcança a sétima edição e *Senhora dona do baile*, a quarta edição. Também pela Editora Record, em 1988 sai a segunda edição de *Jardim de inverno*, livro que reafirma o percurso autobiográfico assinado por Zélia.

Entre as autoras analisadas neste trabalho, Zélia é a única a compor uma coleção memorialista. Cada livro discorre sobre um período de sua vida, explorado horizontal e verticalmente. Os temas de seus livros são janelas para seu passado. Abertas uma a uma, é possível conhecer mais e melhor a vida da mulher, da mãe, da fotógrafa e da memorialista. Cada livro lido, e a leitura do conjunto deles, retrata aspectos que compõem a trajetória de vida dessa paulista e baiana, já que Salvador é a cidade que adota para fixar residência.

Anarquistas, graças a Deus nasce ao lado de *Tieta do agreste*, obra de Jorge Amado, seu marido, iniciada também em 1976. Conforme afirma o escritor, a esposa colocou no papel uma divertida história acontecida no tempo de infância e escrita por insistência dele e dos filhos. É assim, na maturidade, que Zélia inicia o projeto do livro – um projeto autobiográfico sem pretensão literária e editorial –, que se desdobra num projeto maior reunindo quatro livros afins, mas independentes, de perfil memorialístico.

O relato de Zélia recupera a vinda da família Gattai para o Brasil no ano de 1890. A luta pela sobrevivência inicia-se na viagem feita no porão do navio e prossegue até a transferência da família para São Paulo. Os primeiros anos na cidade paulista rememoram a forte influência da música, do cinema, do rádio e do teatro nas formas de sociabilidade da época e na formação social dos brasileiros e imigrantes que ali viveram.

Permanecem no século XX práticas, costumes e comportamentos comuns ao século XIX, como a leitura em serões domésticos, a influência dos folhetins na formação e gosto das leitoras, os traços da tradição oral, os recitativos, as interdições sociais em relação à mulher e outros.

Muitos italianos aportaram em Santos e seguiram para as terras cedidas por D. Pedro II, no Paraná, em uma comunidade chamada *Colônia Cecília*. Arnaldo Gattai, avô de Zélia, permaneceu na Colônia cerca de dois anos e acabou transferindo-se para São Paulo com toda a família, já que não suportava continuar vivendo o fracasso daquela experiência. Ernesto, filho de toscanos, pai de Zélia, é herdeiro do sonho dos pais e dos ideais anarquistas. Sua vinda ao Brasil, junto à família, em 1890, deve-se à busca de melhores condições de vida. Como ele, muitos imigrantes aqui aportaram. Eram viajantes, donos da mesma vontade e esperança.

A trajetória da família da mãe de Zélia é semelhante à da família Gattai. Os avós vênetos cederam aos sonhos de um futuro melhor e deixaram a Itália. Vovô Nono fora contratado para trabalhar como colono numa fazenda de café no interior paulista. O navio italiano atracou no porto de Santos, desembarcando toda a sua família, por volta de 1894. Nas terras de Cândido Mota, região da fazenda de café, o fim da escravidão não impediu a exploração negra e branca da mão-de-obra contratada. Imigrantes e brasileiros envolviam-se em trabalhos forçados, recebiam pouco dinheiro e as condições de sobrevivência eram péssimas. O inconformismo com tal situação motivou a partida de Nono e de sua família para São Paulo, vindo a residir no Brás.

Esse percurso marca a aproximação das duas famílias, consolidada, mais tarde, com o casamento dos filhos – os pais de Zélia. Em 1910, recém-casados, instalam-se na Alameda Santos, próxima à Rua Consolação, e fazem da casa alugada o espaço de moradia e de trabalho com uma reforma da garagem que passa a abrigar a oficina Gattai.

> Para quem vem do centro da cidade, a Alameda Santos é a primeira rua paralela à Avenida Paulista, onde residiam, na época, os ricaços, os graúdos, na maioria novos-ricos. Da Praça Olavo Bilac até o Largo do Paraíso, era aquele desparrame de ostentação! Palacetes rodeados de parques e jardins, construídos, em geral, de acordo com a nacionalidade do proprietário: os de estilo mourisco, em sua maioria, pertenciam a árabes, claro! Os de varandas de altas colunas, que imitavam os "palázzos" romanos antigos, denunciavam – logicamente – moradores italianos. Não era, pois, difícil, pela fachada da casa, identificar a nacionalidade do dono. (*Anarquistas, graças a Deus*, p.9.)

Foi nesse cenário que seu Ernesto atreveu-se, como escreve Zélia, no comércio de carros. A primeira aquisição foi a do Motobloc. Seguido pela paixão, Ernesto Gattai adquiriu, em sociedade com alguns amigos, o modelo Dedion Boutton (da França). Logo depois vieram outros automóveis, entre eles o Alfa Romeo com o qual participou em competições automobilísticas. Esses investimentos davam à vida uma certa instabilidade evidenciada, de um lado pelo crescimento da cidade, suas novas necessidades e investimentos, e de outro lado pelos efeitos da revolução tenentista e pela personalidade forte e persistente de Ernesto, sempre disposto a desafiar os temores da esposa e ultrapassar os horizontes sociais de sua origem e condição.

O depoimento de Zélia relata o amor de sua mãe pelo cinema, pelo folhetim recortado em capítulos e pelas histórias lidas e contadas por seu Ernesto, que as repetia às filhas, como quem partilha e quer despertar o gosto por interesses afins: o teatro, a ópera, as músicas, o cinema, a literatura anarquista. Esse repertório fazia parte da herança cultural daqueles imigrantes e, como no modelo francês, achavam-se fartamente distribuídas na *belle époque* brasileira.

Como afirma Marlyse Meyer:

> Era de se supor que, tal como sucedera outrora com os colonizadores portugueses, aqueles imigrantes italianos que aqui chegaram trouxessem na parca bagagem e na memória, embaladas com o sonho da 'Ameriga', lembranças, fantasias e imagens suscitadas por velhas e costumeiras histórias, ouvidas, recontadas, lidas quiçá. Paladinos de França e Monte Cristo, com fundo sonoro das melodramáticas desventuras

de tanto heróis e heroínas cantantes. Houve mais. Testemunhos concretos permitem apontar para o que teria sido um reencontro: histórias de lá, ouvidas de novo aqui. Um alimento para o imaginário que hábeis editores continuarão a fornecer.[1]

Zélia recupera a imagem da mãe leitora e amante do cinema. Angelina sabia de cor Dante Alighieri, como também Castro Alves e *Iracema* de José de Alencar. A emoção vinha com Zola, pela obra *Acuso*, e o sofrimento pela força de Victor Hugo, em *Os miseráveis*.

Envolvida com a leitura de jornais, seja dos folhetins, seja dos anúncios sobre missas e cortejos fúnebres, D. Angelina lia também os letreiros-propaganda de cinema e as legendas das fitas para as crianças ou para as mulheres analfabetas.

A leitura aparece nos romances que D. Angelina compartilhava com outras mulheres durante as horas de costura e bordado. Ela mantinha seu próprio estoque de livros, guardado no fundo do guarda-roupa, fora do alcance das crianças e mocinhas da casa. Desse estoque particular, Zélia resgata títulos como a *Divina comédia*, *Os miseráveis*, *Os trabalhadores do mar*, *Thereza Raquim*, *Germinal*, *Acuso* e outras leituras românticas e anarquistas.

O prazer de Angelina de ler expressava-se nas leituras às altas horas da noite; Zélia supõe que talvez porque no silêncio e solidão pudesse aproveitar melhor o prazer das leituras nos livros de Victor Hugo, Eça de Queiroz, Guerra Junqueiro, Dante Alighieri, BaKunin, Dropotkin e Pietro Goripro.

Os nomes de alguns escritores repetem-se na obra de Zélia. A memória vai e volta em torno deles, como se reproduzisse o vai-e-vem das leituras favoritas de sua mãe e de seu pai. Preferências que se registram no imaginário da menina por meio de práticas que indicam o modo de leitura intensiva com que esses impressos e textos acontecem na sala da casa, às portas fechadas do quarto ou em voz alta para outras leitoras-ouvintes. Os livros e jornais são lidos e relidos, ou, no dizer de Zélia, gastos de tanto ler. Nas lembranças anarquistas, Zélia vai revelando as relações de leitura, com a leitura, em torno da leitura – o que se lia,

---

1   MEYER, Marlyse. *Folhetim, uma história*. São Paulo: Companhia das Letras, 1996. p.334.

como se lia e as preferências de leitura confessadas pela mãe-leitora. São representações acerca do escrito constituídas nos gestos e nas maneiras da mãe de se apropriar dos textos e impressos que vão sendo incorporadas pela menina Zélia e, mais tarde, registrados pelas mãos maduras da memorialista.

> Tendo terminado de folhear a "Divina Comédia", sobravanos ainda muito tempo pela frente para novas incursões pelo guarda-roupa. Mais uma rodada de "Ferro Quina"... Vera e Wanda abriram as portas do armário de par em par, tiraram de dentro uma pilha de livros. Vera foi lendo os nomes dos autores – quem sabe, entre eles havia algum livro novo para nós? Pietro Góri, autor muito conhecido. Seu livro, reunião de dramas anarquistas, verdadeira bíblia de dona Angelina, bastante manuseado, sempre com marcador de página pelo meio. Dois livros de doutrina anarquista: de Bakunin e de Droptkin. Néry Tanfúcio, poeta humorístico – muito da predileção de dona Angelina. Ela sabia o volume quase de cor, recitava seus versos espirituosos e críticos a toda hora. Chegara a vez dos prediletos de mamãe e de minhas duas irmãs: "Os Miseráveis" e "Os Trabalhadores do Mar". Esses dois volumes estavam gastos de tantas leituras. Mamãe gostava de ler trechos de "Os Miseráveis" para os filhos e para Maria Negra. "Livro verdadeiro e muito instrutivo" – dizia. (*Anarquistas, graças a Deus*, p.127.)

Sobre o pai, Zélia relembra que era leitor diário do jornal *O Estado de S. Paulo*, gostava de óperas, teatro e música. Era o contador de histórias e casos, e ainda, o censor das leituras de folhetim. O Sr. Gattai era homem de princípios anarquistas, de sonhos "altos" que atemorizavam D. Angelina. Não investia no futuro das filhas muito mais do que a educação primária. Lia e escrevia devagar, narra Zélia, mas o fazia sempre corretamente. Aprendera o alfabeto, as quatro operações, e todo o resto resultou de seu próprio esforço e vontade de aprender.

Os méritos dos pais pela busca de conhecimentos, pelo interesse com a cultura são ressaltados por Zélia. O rebuliço da casa descrito nas páginas das memórias de Zélia revela um cotidiano dinâmico co-habitado pelo que se incorpora das reuniões anarquistas que freqüentam, das peças de teatro e das operetas, das músicas, das danças, da literatura e das fitas de cinema assistidas, vivenciadas, lidas, ouvidas e relembradas. Essas experiências artísticas lembradas de infância revelam uma relação pessoal, um modo de apropriação e de uso de certos bens culturais a que seus pais têm acesso independentemente dos bancos escolares, pelos quais eles não passaram, e dos limites econômicos e sociais enfrentados, uma vez que o orçamento familiar era muito modesto.

Os textos escritos[2] circulam em casa com ou sem as precauções e censuras do pai. A empregada Maria Negra aprendeu a ler e a escrever para atender a seus objetivos de amor. Vera, uma das irmãs de Zélia, era portadora do *Livro das Sortes* – uma espécie de caderno secreto, copiado integral e cuidadosamente de um livro, onde as mocinhas da redondeza consultavam seu destino. Além disso, os fascículos do *Tico-Tico*, os mais apreciados de Zélia, eram conseguidos por meio de trocas com os meninos do bairro. A coluna do necrológico era lida por D. Angelina e, em seguida, emprestada às vizinhas. Ali, noticiava-se, diariamente, os horários dos enterros que, naquele tempo, não percorriam a Avenida Paulista, mas a rua detrás de onde moravam os Gattai. Os enterros eram acontecimentos sociais que traziam em branco-e-preto os nomes das famílias de prestígio, da velha São Paulo, nas colunas do necrológico. Esse hábito de leitura era cultivado também pela mãe de Adélia. Ela lia o necrológico para acompanhar parte dos acontecimentos locais da sociedade pernambucana.

Entre esses muitos papéis de leitura que circularam na casa, interpunham-se as histórias, nas vozes dos tios, avós, pais e mulheres freqüentadoras da casa. As narrativas trazem "causos" e histórias do passado e do presente, que tecem o imaginário da menina-moça e marcam o cotidiano ítalo-brasileiro nas primeiras décadas de São Paulo.

Os traços que selam o projeto autobiográfico na obra *Anarquistas, graças a Deus* de Zélia referem-se aos primeiros anos de infância, o que foi importante dentro do interesse desta investigação. Nessa obra, os processos de socialização da menina e sua aproximação com a leitura mesclam-se com os processos de socialização da família. Interessou-me também conhecer a estratégia usada por Zélia para ingressar na escola, garantir sua matrícula e cuidar pessoalmente de seu itinerário escolar, tudo feito às escondidas, já que o pai era avesso aos estudos além do

---

2   Cf. Lista 15 na segunda parte deste trabalho.

curso primário. Esse comportamento foi suficiente para convencer seu pai e obter dele a autorização para freqüentar a escola. Estratégia de menina para obter mais do que a experiência de forno e fogão, parte obrigatória na formação da futura esposa e mãe.

***

As características reconstruídas sobre cada uma das memorialistas podem ser cotejadas e sistematizadas por meio de alguns destaques principais.

Chamo a atenção para o fato de que essas mulheres viveram realidades sociais semelhantes, articularam a história pessoal com a história social, os costumes e as práticas dos grupos de que fizeram parte e escreveram seus depoimentos de vida como parte do legado cultural deixado a seus parentes. Cada texto-memória expõe sua maneira de viver, seus modos de ver e de representar o cotidiano.

Entre os 12 depoimentos, dois deles foram escritos no período da maioridade, como ocorreu com Maria Isabel Silveira e Adélia Pinto, que escreveram em torno dos quarenta anos. Os oito restantes dedicaram-se à memorialística em idade mais avançada, entre setenta e oitenta anos de vida. Apenas Maria Eugênia Torres Ribeiro de Castro e Maria da Glória Quartim de Moraes escreveram nos tempos de menina-moça e quando recém-casadas. Nesses dois casos, seus escritos vieram a público graças ao interesse de parentes próximos. É verdade que no caso de Maria Eugênia seu filho indica a existência de uma primeira publicação dos diários, em 1893. No entanto, como não foi localizada, trabalhei com a segunda publicação, organizada sob a forma textual de memórias, lançada em 1975.

Há um outro ponto que aproxima o projeto autobiográfico dessas 12 memorialistas. É o fato de elas se valerem de anotações do passado para a reconstrução das memórias e a elaboração de seus livros. Essas anotações do passado são, no caso de Isabel, de Anna, de Adélia, de Maria Helena Cardoso e de Carolina Nabuco, parte de seus registros pessoais feitos em diários particulares ou anotações esparsas sobre diversos fatos. No caso de Laura Oliveira Rodrigo Octávio, de Hermengarda Takeshita, de Maria José Dupré, de Zélia, de Maria de Lourdes Teixeira, e também de Carolina, elas apóiam-se em registros de seus pais e mães, de avós e de parentes, veiculados por meio das correspondências freqüentemente enviadas uns aos outros.

As narrativas femininas silenciam-se, muitas vezes, a respeito do universo masculino e diante das contradições existentes na sociedade, reforçadas pelos papéis e relações sociais, os valores e modelos de submissão e subalternidade a que estiveram expostas. Talvez isso sirva de justificativa para o fato de os aspectos relativos às identidades femininas aparecerem de forma mais secundarizada nos depoimentos.

Suas experiências de instrução e de escolarização revelam tanto vivências informais nos domicílios quanto formais nos estabelecimentos de ensino (público e particular). Carolina é a única que estudou em colégio interno francês, fora do Brasil, em função das viagens e das oportunidades profissionais de seu pai, como homem público. As demais memorialistas cursaram o primário e o secundário em escolas públicas e, no caso de Maria de Lourdes, sua formação escolar inicia-se no Colégio de Irmãs Francesas de Notre Dame du Calvaire, em Campinas, e o restante do curso secundário é concluído em São Paulo.

Anna, Maria Eugênia e Adélia, no entanto, receberam a instrução básica nos internos da casa com professores particulares, contratados para aulas avulsas como língua estrangeira, canto, dança, piano, conhecimentos gerais e língua pátria. Adélia e Anna, mais tarde, tiveram oportunidade de aprofundar seus conhecimentos em áreas de interesse, mas não ocuparam lugar nos bancos escolares como as demais memorialistas. Todas as outras instruíram-se, primeiramente, nos interiores da casa, contando com a participação de seus pais ou parentes no aprendizado da leitura, da escrita e das contas matemáticas e, mais tarde, vieram a cursar o primário, como revelam Maria da Glória, Maria Isabel e Zélia. Quanto à Carolina, Laura, Hermengarda, Maria Helena, Maria José e Maria de Lourdes, elas não só cursaram o primário como também o secundário.

Entre as 12 memorialistas apenas quatro não trabalharam fora do espaço doméstico. São elas Maria da Glória, Maria Eugênia, Isabel e Laura. As demais atuaram no magistério e/ou colaboraram em periódicos e jornais, atuaram como tradutoras, revisoras e escritoras. Maria Helena é a única, entre as 12, que atuou, por alguns anos, em serviço burocrático-administrativo, antes de estrear no campo da literatura memorialística. Maria José, Hermengarda e Adélia se formaram e atuaram, por algum tempo, como professoras.

Se são distintos os percursos de escolarização e de profissionalização das memorialistas, há no entanto interseções em relação às declarações sobre as experiências no campo das artes, do teatro e da cultura, na rede de relações, nos bastidores sociais da época em que viveram e nas viagens realizadas dentro e fora do Brasil. Tudo isso permitiu a ampliação do repertório cultural e intelectual das memorialistas, especialmente para aquelas que lutaram na conquista de espaço de divulgação para seus trabalhos literários.

Para Anna, Isabel, Maria Helena, Maria Eugênia e Maria da Glória, a escrita do cotidiano nasce de forma despretensiosa, sem intenção prévia de publicação. Já para Hermengarda, Laura, Zélia, Maria de Lourdes, Maria José, Adélia e Carolina, a escrita memorialística tem fins mais claramente objetivados, ou seja, a de se materializar sob a forma de livro. Tanto para aquelas que escreveram sem pretensões editoriais como para as outras que esperavam tornar públicas suas lembranças, o traço comum é o desejo de conservar-se na posteridade por meio de um testemunho memorial tecido pelas experiências, pelas vivências e reminiscências e suas representações acerca do contexto e do tempo vividos.

Nos projetos memorialísticos, a atuação dos familiares de algumas escritoras foi decisiva. Exemplo disso é o desejo de Clemente Marianni em tornar públicas as memórias de sua avó e mãe de criação, Anna, e a participação, *a posteriori*, das netas e bisnetas que fizeram desse desejo uma realização. As notas preparadas ao fim do livro, inventariadas com base em uma série de documentos que Anna conservou consigo durante décadas, e a seleção e a compilação de novas notas pela pesquisa que a família faz na Biblioteca Nacional do Rio de Janeiro foram fundamentais. Nesse sentido poderia dizer que a participação familiar na preparação da edição da obra memorialística de Anna constitui-se quase como um trabalho de co-autoria. No caso dos depoimentos de Maria da Glória e de Maria Eugênia, essa co-autoria fica mais evidenciada, pois as intervenções no texto, sua compilação e organização interna passaram pelo crivo da neta de Maria Glória – Yone Quartim – e do filho de Maria Eugênia – Flávio Torres Ribeiro de Castro.

Outra obra em que aparecem notas complementares, ao final do texto ou em rodapé, é o livro de Laura. Elas compõem e complementam o texto à medida que abrem informações que aprofundam certos assuntos e trazem referências de pessoas relembradas ao longo das memórias. Essas notas constituem-se como marcas que dão ainda mais veracidade e autenticidade às lembranças, pois o trabalho na reconstrução do passado é precedido da composição e da articulação com outras fontes de informações.

Nessa caracterização específica de cada memorialista e de alguns traços mais gerais sobre o conjunto dos depoimentos não vou me deter nas informações sobre suas experiências como leitoras. Esses apontamentos são objetos de minha metanálise nos capítulos subseqüentes.

3

A rede era furta-cor

[...] Eu era muito amiga de meu futuro cunhado. Eu pegava um livro de modinhas que ele tinha me presenteado. O livro era intitulado 'A Lira do Capadócio', e ficava virando e revirando as páginas sem saber ler, soletrando alguma coisa que eu aprendera furtivamente com meu irmão, que tinha um aluno que vinha à noite aprender a ler. Eu ia espiar na porta para ver se apanhava alguma coisa que ele estivesse ensinando para o aluno, mas assim que me pressentia virava-se para trás e me mandava fazer crochê ou costurar. Eu ficava louca da vida, mas foi então que tive uma idéia. No outro dia, trepei no telhado que não era alto e alcancei o cômodo onde meu irmão lecionava. Arredei uma telha, pondo um olho na mesa do professor, pois a casa não tinha forro e me facilitou bastante. Ali fiquei na minha carteira incômoda, estendida de bruços no telhado com os olhos no vão da telha esperando a hora da aula. E de lá eu podia ver e ouvir tudo que diziam, mas uma noite fui surpreendida por uma chuvarada e tive que me safar depressa pelo telhado abaixo. Quando chovia eu não podia ir à aula, de guarda-chuva era impossível, de modo que marquei muitas faltas, pois nem sempre eu podia ludibriar minhas irmãs e minha mãe. Tinha noite em que eu não podia ir, então eu estudava na 'Lira do Capadócio', arrancando algumas palavras fáceis como amor, Maria, e algumas outras. E assim se sucederam os dias. Minha mãe notava a minha falta, mas pensava que eu estivesse no vizinho. Uma noite foram me procurar lá e eu não estava, então ouvi minha mãe dizer: – Onde andará aquela menina?

Eu, querendo descer e não podia porque meu pai estava no paiol descascando milho para dar à criação no dia seguinte e ficava daquele lado onde eu descia. Se olhasse para cima do telhado, me veria, mas a noite estava escura. Esperei algum tempo, enquanto lá dentro comentava a minha ausência. Eram nove horas e meu irmão já tinha mandado o seu aluno embora. E eu, a aluna clandestina, estava de castigo em cima do telhado. Meu pai saiu do paiol, vagou por ali e depois entrou. Então desci como um corisco, pelas telhas abaixo e pus um pé na cerca, agarrando-me ao pau e pulei ao chão. Minha mãe ouviu o barulho do pulo e saiu para ver o que era, e espantou-se quando me viu; ralhou comigo e queria saber de onde eu vinha. [...] Passei alguns dias sem repetir a minha façanha. Ia dormir mais cedo para acostumarem com a minha ausência, para depois recomeçar tudo de novo. [...] Eu estava fingindo que dormia, mas na outra noite minha irmã me surpreendeu subindo no telhado, e revoltada confessei o meu sublime crime. Eu estava cansada de andar no telhado como os gatos, e deixei de ir à escola que freqüentei por dois meses, mas com muitas faltas. Porém aproveitei bem o tempo, nada me desviava a atenção pois eu não tinha companheira de carteira. As minhas companheiras eram as estrelas, que pareciam estar bem pertinho de mim piscando umas para as outras, caçoando da minha posição de aluna desajeitada, mas mesmo assim aprendi também a amá-las.

CARMO, Clotilde do. *Aluna do telhado.*
São Paulo: Loyola, s.d. (mimeo.)

Procuro, aqui, reconstituir algumas pistas e evidências identificadas nos depoimentos pessoais que permitem apreender formas de acesso e de uso da leitura entre as memorialistas, nas experiências partilhadas com outros leitores/leitoras. Mais do que citar nomes ou pessoas que influenciaram e participaram nas histórias de vida e de leitura dessas memorialistas, busco reconstituir suas formas de atuação e como isso condicionou as experiências e práticas da leitura feminina.

Reúno e procuro articular trechos autobiográficos que evidenciam a importância de certos sujeitos praticantes da leitura na história particular das memorialistas: lembranças sobre as práticas de leitura desde a infância, restrições, permissões e censuras a certos textos e impressos, experiências no uso da leitura individual e coletiva e, também, as partilhas em torno da escrita.

Mães e filhas leitoras

Nas histórias de vida de Anna Ribeiro de Goes Bittencourt (1843), Carolina Nabuco (1890), Hermengarda Leme Leite Takeshita (1903), Maria José Dupré (1905), Maria Helena Cardoso (1903), Maria de Lourdes Teixeira (1907) e Zélia Gattai (1916), as figuras maternas são marcantes e decisivas na sua formação como leitoras. Suas mães atuaram como preceptoras no ensino das primeiras letras ou foram modelos de leitoras para as filhas.

Se, hoje, é comum a participação dos pais na alfabetização dos filhos, no passado isso nem sempre ocorreu, até porque, no caso das mulheres, muitas delas tinham um nível de letramento muito precário e contaram com preceptoras, contratadas para o dever da formação dos filhos e filhas.[1]

No caso das meninas, a formação era constituída pela aprendizagem do português e de uma segunda língua, quase sempre o francês. Também faziam parte da formação das meninas o aprendizado das contas, a iniciação musical (canto e piano), a aprendizagem da dança, da costura e do bordado. Não raro, a essa formação, quase sempre exclusivamente doméstica, acrescentavam-se aulas de pintura e desenho e de noções de História, Geografia, Literatura, Catecismo e Artes Clássicas.[2]

---

1   Para as famílias mais abastadas era comum, desde o segundo quartel do século XIX, enviar os filhos para colégios estrangeiros localizados na França, na Inglaterra, em Portugal ou na Alemanha. A escolha quase sempre incidia sobre lugares onde a família possuía laços comerciais ou dos quais recebia recomendação de algum familiar ou conhecido. No entanto, algumas famílias adiavam o ingresso dos filhos nos colégios, temerosas do rigor dos castigos corporais, já que iam além de meros corretivos de efeito moral. (Cf. BARROS, Maria Paes de. *No tempo de dantes*. Rio de Janeiro: Paz e Terra, 1998. p.12-4.)

2   Ainda com relação ao ensino, as aulas avulsas continuam sendo anunciadas em jornais em 1830. A realização do ensino em unidade, num prédio único, está longe de concretização. Com isso, os anúncios constituem uma boa estratégia para a oferta de professores e preceptoras para as lições em casas particulares. (Cf. RENAULT, Delso. *O Rio antigo nos anúncios de jornais (1808-1850)*. Rio de Janeiro: José Olympio, 1969, p.94).

A educação feminina em grupos de melhor posição social e econômica era, comumente, assumida por uma preceptora de origem estrangeira, que cuidava da educação, da formação e da instrução da menina-moça, até o casamento. Nesse processo de preparação das meninas os manuais de etiqueta eram muito utilizados, uma vez que traziam prescrições e orientações sobre os costumes, a moda, os hábitos e as práticas de sociabilidade em voga na Europa e, particularmente, na França, cuja influência fazia-se presente desde a época do Brasil Colônia.

Nesse modelo de formação feminina, educar cumpre as vezes de escolarizar. Para os homens, isso nem sempre é equivalente.

Contando com o repertório mais ou menos restrito das mães, as memorialistas narram suas primeiras experiências com a leitura.

> Aos cincos anos começou a deliciosa aventura de estudar com minha Mãe. Ganhei uma carteira de colegial para meu tamanho, mas em cujo banco cabíamos as duas. Lembro-me (como se fosse hoje) da emoção que me assaltou no dia em que, tendo mais ou menos aprendido o alfabeto, eu descobri subitamente como se fazia a fusão das letras e exclamei exultante: Ah! é assim? Então eu sei ler! Eu tinha verdadeira avidez de aprender tudo o que me quisessem ensinar. Minha Mãe familiarizou-me cedo com o francês, que era para ela uma segunda língua materna. Abriu-se com isso, para mim, o acesso à delícia dos livros da Condessa de Ségur, hoje quase todos traduzidos, mas que naquele tempo só existiam nas edições de capa de percalina vermelha da série da "Bibliothèque Rose". As lições de Mamãe corroboravam com minha ansiedade em entender as histórias do livro, que eu manuseava com delícia antecipada aplicando-me em adivinhar o sentido. (NABUCO, Carolina, *Oito décadas*, p.9.)

> Eu crescia na fazenda Bela Vista e aprendia a ler e escrever com minha mãe. Aprendia a contar com meu irmão mais velho quando êle aparecia na fazenda. E quando Raul e Renato chegavam do colégio, nas férias, havia festa. As noites eram tranqüilas entre conversas e fatos que os meninos contavam do colégio à luz dos lampiões de querosene suspensos sôbre a mesa da sala de jantar. Papai sentado na rêde, eu sentada ao seu lado, ouvindo a prosa. Lembro-me de mamãe debruçada sôbre a máquina de costura e aquêle tá-tá-ta me ficou nos ouvidos pela vida afora. Mamãe tinha conhecimentos gerais de tudo o que aprendera em casa de tia Genebra de Aguiar Barros que fôra casada com

um irmão de vovó. Eu mal soletrava e já conhecia as fábulas de La Fontaine; gostava de recitar "A Cigarra e a Formiga", imitando a pronúncia de mamãe. Minha mãe falava sôbre o autor e o quanto êle conhecera os homens e suas fraquezas. Explicava a significação de cada história e dizia que as criaturas humanas representam as mesmas histórias. Ela recitava em alemão os versos de Schiller, de Heine e de Goethe; contava que aprendera com a mesma professôra que ensinara prima Rosa Antônia, filha de tia Genebra. Haviam aprendido juntas os clássicos alemães e franceses. Eu pedia: "– Mamãe, recite aquêles versos de Heine..." Ela recitava enquanto costurava. (DUPRÉ, Maria José, *Os caminhos*, p.59, 62.)

Tinha eu entrado nos dez anos, e um desejo ardente de aprender a ler invadiu-me. Vendo minha mãe e sua amiga Sinfronia lerem histórias, parecia-me que, se o pudesse fazer, nada mais almejaria. Como eu apresentasse sensível melhora na vista, escreveu minha mãe um alfabeto com letras grandes e bem vivas para ensinar-me. Uma mulatinha de minha idade, destinada a ser minha ama de quarto, foi minha companheira de estudo por julgarem que assim eu não me aborreceria. Lembro-me dela com saudades; chamava-se Felicidade e morreu aos dez anos. Muito afeiçoada a mim, era, apesar da raça africana, que tinha já muito longe, mais branca do que eu e até loura. Um dos luxos das moças ricas daquele tempo era uma criada de quarto de cor branca. Mostrei grande facilidade para a leitura, e meus pais ficaram encantados, atribuindo aquilo a excepcional inteligência, sem levarem em conta o meu desejo de ler e a idade mais adiantada do que aquela em que os meninos começam o estudo das primeiras letras. Não fui feliz na escrita. O mesmo se deu com a tabuada pela qual manifestei pronunciada aversão. A Felicidade levou-me grande vantagem, ao passo que na leitura eu sempre me avantajara. Aborreci-me, pedindo à minha mãe para deixar de escrever. – Quando ficar moça, desejará escrever e se esforçará por fazê-lo. Naquele tempo ensinava-se em primeiro lugar a letra de mão e, quando o aluno já a fazia correntemente, passava-se então à impressa ou redonda, como vulgarmente era chamada. (BITTENCOURT, Anna Ribeiro de Goes, *Longos serões do campo*, p.69-70.)

Esse primeiro mosaico de lembranças remete às condições de cada grupo familiar e narra como as mães influenciam essas meninas-moças no processo de aquisição da leitura.

Nos depoimentos de Hermengarda Leme Leite Takeshita e Maria Helena Cardoso, a figura materna é também realçada positivamente. Essas memorialistas contaram, até a vida adulta, com itinerários sociais pouco privilegiados, embora não lhes tivesse faltado ocasiões de acesso à cultura letrada e a certos bens culturais que, sem dúvida, devem ter colaborado em suas trajetórias como escritoras.

As desventuras econômicas dos pais de Hermengarda e Maria Helena são semelhantes: revezaram seus endereços entre o campo e a cidade e tiveram um padrão de vida sempre modesto. As mães dessas autoras conciliavam as atividades diárias em torno de uma economia doméstica subordinada aos custos da sobrevivência e o gosto por textos, livros e leituras.

> Ao acender das primeiras luzes no exterior do prédio, apareciam as visitas, tudo gente moça, que procurava a nossa casa atraída pela simpatia de mamãe, pela rua movimentada em que morávamos e pela proximidade do cinema. Mamãe, nesse tempo, era a própria alegria. Se bem que inculta, era sensível e inteligente. Viva, entregava-se com entusiasmo à vida, que lhe parecia bela e nobre. Desde muito jovem, lia com a maior avidez, tudo que lhe caía. Mas não se interessava só por leitura: gostava também de política que procurava acompanhar nos seus menores detalhes. Apesar do trabalho para ler *O Correio da Manhã*. Conhecia tão bem as intrigas da política local quanto qualquer dos seus chefes e, não raro, em suas discussões com eles, deixava-os surpresos pela sua vivacidade e argúcia. Através d'*O Correio da Manhã* acompanhou toda a campanha civilista, o período do domínio de Pinheiro Machado no cenário político nacional, entusiasmando-se com a sua atuação. Adorava os filhos que educou sozinha, pois a profissão do marido mantendo-o quase sempre fora de casa, a assistência que lhes dava era exclusivamente material. Aos filhos homens, pequenos ainda, procurava transmitir o amor à vida pública, a admiração pelos grandes vultos da História pregando-lhes o seu exemplo, incitando-os a se dedicarem ao bem público através do caminho da política. Lia-lhes páginas de civismo, onde era exaltado o patriotismo. Além do curso primário, nenhuma instrução tinha tido, a não ser algumas aulas particulares de português, mas supria o que lhe faltava pela inteligência e pela leitura, pois não se cingia a um determinado assunto, mas a

> tudo que lhe interessasse. Tinha uma enorme sede de saber, adorava leitura, principalmente romances. Tentou mesmo escrever um, que abandonou depois, inacabado. A sua atividade intelectual, entretanto, não prejudicava os seus deveres de mãe de família pobre: na semana em que estava na cozinha, preparava comida para duas famílias, sem por isso deixar de lavar a nossa roupa, costurar, fazer enxovais de batizado para ajudar Tidoce nas despesas de casa, auxiliando-a ainda nas encomendas de costura. Era enérgica e, ai dela se não o fosse, a educação dos filhos tendo ficado inteiramente a seu cargo. (CARDOSO, Maria Helena, *Por onde andou meu coração*, p.94-5.)

As lembranças de Maria Helena Cardoso evidenciam o percurso de vida, a leitura e a instrução, tanto da memorialista como de seus irmãos. A mãe lia, diariamente, textos que julgava importantes para os filhos quando do ingresso na escola. Além de ler uma literatura que julgava ser de alcance infantil, ela somava aos textos uma série de perguntas, interpostas na leitura, como uma espécie de questionário interpretativo. Essa estratégia ou investimento da mãe em favor do sucesso dos filhos aparece, em outros momentos, quando Maria Helena descreve os muitos esforços da mãe na manutenção das despesas domésticas e no custeio dos estudos de todos os filhos.

No caso de Hermengarda, sua mãe costurava para os colonos e vizinhos. A forte geada ocorrida em Franca em 1903 foi decisiva para a perda das economias adquiridas com a cultura do café e, logo, consumidas pela falência do banco local.

Nessa época D. Clotilde – mãe de Hermengarda – fazia as anotações das economias e da vida na casa intercalando citações do romance *Eurico*. Segundo D. Clotilde, essa era uma leitura revezada com costuras e assados. Hermengarda, em sua narrativa, retoma alguns trechos de sua infância, apoiada nos cadernos de anotação de sua mãe.

> O tempo passava e eu não ia estudar. À noite, enquanto mamãe costurava na mesa junto ao lampião, eu fazia umas garatujas num caderno, procurando reproduzir o que vi – flores, frutas – o que mamãe sempre elogiava. Começou também a me ensinar a desenhar letras. Papai comprou uma cartilha, caixa de lápis de cor e borracha. Era um novo prazer para mim. Mostrando minhas garatujas a papai, ele se impressio-

nou e, de repente, resolveu deixar-me ir para a casa de tia
Zinha estudar. Mamãe ficou tão contente e durante toda a
semana cuidou dos preparativos. Fez novos vestidos, roupas
de baixo para mim. Trabalhava cantando. (TAKESHITA, Hermengarda, *Um grito de liberdade*, p.30.)

Também nos escritos de Maria José Dupré e Zélia Gattai a memória está marcada pela saga familiar e as formas de sobrevivência do grupo. Na narrativa delas identifiquei a atuação das mães como parte constitutiva de suas histórias como leitoras, na medida em que estas contribuíram com um repertório favorável por meio do que liam, dos usos diferenciados que faziam dos impressos e da partilha de seus gostos e preferências literárias transmitidas, oralmente, como parte de seu legado cultural.

Nos trechos a seguir é possível retomar parte daquilo que a memória conservou e tomou para ser relembrado. São passagens que recompõem os retratos das mães leitoras e ajudam a reconstituir, nas relações pessoais e familiares, a forma como essas personagens atuaram na trajetória de vida e de leitura de suas filhas.

[...] "– Desconfie de quem não gosta de música...essa pessoa não é boa". Eu ria e perguntava: "– Por que diz isso, papai?" "– Pela experiência que tive na vida", respondia. "– A música faz parte do que é bonito e agradável, assim como as flôres, assim como os pássaros. "– Pois é, mas mamãe não gosta de música". Êle pulou para defender mamãe: "– Quem disse isso? Ela gosta mas não aprendeu. Como é que se pode gostar de uma coisa que não se conhece? Mas gosta de flôres, vive plantando flôres na chácara, trata dos bichos e gosta dêles. E sua mãe gosta de versos, gosta de romances; pergunte sôbre "As Pombas de Raymundo Corrêia". Falei que estava brincando e quando mamãe entrou na sala, pedi-lhe para dizer os versos e no mesmo instante, ela recitou: "– Vai-se a primeira pomba despertada..." Recitamos juntos outros versos e papai recitou – O Tejo ... (DUPRÉ, Maria José, *Os caminhos*, p.112-3.)

Menina de doze anos, tia Dina era tão miúda que, para alcançar as panelas no fogão, necessitava subir num caixote. Em troca exigia da cunhada que lhe contasse histórias: "Ou conta histórias ou não cozinho..." Mamãe se sujeitava com gran-

> de prazer à chantagem da cunhadinha. Mil vezes contar, inventar histórias do que se acabar no fogão e no maçante serviço da casa. [...] Tarde da noite, quando todos dormiam, mamãe levantou-se da cama, voltou à sala de jantar. Apanhou o jornal largado pelo marido, folheou-o procurando algo que muito a interessava. Com uma tesoura recortou o noticiário sobre Sacco e Vanzetti: o artigo de Pietro Nenni e ainda outro, de um jornalista também italiano, Umberto Terracini. Também ele batalhava pela revisão do processo que condenara os dois inocentes. Mamãe leria tudo numa hora de calma, lentamente, refletindo, como gostava de fazer. Depois os guardaria junto a outros recortes que havia muito vinha juntando debaixo do colchão. (GATTAI, Zélia, *Anarquistas, graças a Deus*, p.12, 80.)

Uma imagem cola-se a outra e, assim, as memórias vão recompondo os retratos de mulheres leitoras formadoras de outras leitoras.

> Mamãe gostava de falar sôbre os romances que lera em sua juventude; dizia não ter mais tempo para ler. Reproduzia todos os fatos que Vitor Hugo escrevera sôbre "Os Miseráveis". Eu perguntava: "– Tudo por causa de um pão?" "– Por causa de um pão, Jean Valjan estava com fome..." Nessa época não havia traduções das obras de Shakespeare, mas mamãe discorria sôbre o escritor e seus principais livros. Fiquei sabendo o que aconteceu com Romeu e Julieta e mamãe dizia que êsse autor havia descrito as paixões humanas de todos os tempos, com tal fôrça poética que se tornara imortal. Descreveu o amor, o ciúme, a cobiça, a inveja, o ódio, a injustiça... "Otelo, o Mouro de Veneza" era o símbolo do ciúme. O silêncio pairava na sala. A lâmpada grande do centro da mesa, iluminava timidamente as costuras de mamãe. No terraço, a cachorra Foca se sacudia, enquanto pirilampos riscavam a escuridão. (DUPRÉ, Maria José, *Os caminhos*, p.154.)

> Papai não entendia e ficava intrigado com as contradições intelectuais da mulher. Como podia ela, pessoa de bom gosto literário, que ficava até altas horas da noite – para poder concentrar-se no silêncio – lendo livros de Victor Hugo, de Zola, de Kropotkin, de Eça de Queiroz, versos de Guerra Junqueiro, gostar também dos romances em fascículos? Quando a via reunida com outras mulheres, cada qual mais ignorante,

> ouvindo as filhas lerem as "idiotices" dos folhetins – ela que zelava tanto pela elevação cultural das filhas! –, algumas vezes ela mesmo lendo "Expulsa na Noite de Núpcias" ou "Morta na Noite de Núpcias", balançava a cabeça, repetia: 'Como é que Angelina pode gostar tanto dessas bobagens?'."
> (GATTAI, Zélia, *Anarquistas, graças a Deus*, p.110.)

À contramão das condições objetivas sofridas por algumas mulheres, no contexto do século XIX e início do século XX, encontrei depoimentos que reafirmam a figura da mãe-leitora, como mostra Maria de Lourdes Teixeira. Sua mãe, além de incentivar os filhos ao hábito e o prazer da leitura, foi, mais tarde, leitora dos escritos produzidos pela própria memorialista. Descrita como uma criatura dinâmica e cheia de vida, exímia pianista e grande leitora, a mãe de Lourdes realiza uma trajetória de vida, sempre ao lado dos livros, apesar das obrigações domésticas e dos preconceitos de sua época.

Como destaca a própria Maria de Lourdes, sua mãe nunca abandonou os livros e só deixa de ler pouco antes de morrer, quando a vista já não lhe permite fazê-lo.

> Jamais esquecerei minha emoção quando lhe levei o primeiro exemplar do meu ensaio *Gregório de Matos*. Tomando-o nas mãos engelhadas, abriu-o avidamente. E, a seguir, as lágrimas começaram a correr-lhe pelas faces. Verificara que a vista já não lhe permitira lê-lo. Confortei-a, prometendo que o leria em voz alta, o que fiz a partir do dia seguinte, um capítulo por dia.(TEIXEIRA, Maria de Lourdes, *A carruagem alada*, p.20.)

As mães atuaram na formação das filhas por meios os mais variados. Cito aqui algumas trocas entre as leitoras bastante interessantes, relembradas por Maria José Dupré e Zélia Gattai.

> Meus pais explicavam devagar, com paciência, citavam os nomes dos romances e contavam que o folhetim que vinha diàriamente num dos jornais da Capital era de Dumas: chamava-se "Vinte Anos Depois". Meu pai lembrava – "O Colar da Rainha", também fôra escrito por êle. Eu queria saber se era êsse que mamãe cortava todos os dias para mandar para Guiomar nas Três Barras. Era êsse mesmo. Eu queria saber se o romance era bonito e quem era a rainha. Com paciência

explicavam quem era a rainha do livro...(DUPRÉ, Maria José, *Os caminhos*, p.87.)

A rede informal entre mães e filhas favorecia a circularidade dos textos e diminuía os efeitos causados pela posição geográfica dos lugares onde moravam e a falta de recursos para a aquisição dos escritos.

No caso de D. Angelina, mãe de Zélia, a leitura alcança um público particular de leitoras. As vizinhas reuniam-se, à tarde, para escutar a leitura dos romances-folhetins. Entre linhas e agulhas, os fascículos do jornal eram lidos pelas filhas mais velhas de D. Angelina. Dali saíam os temas da conversação feminina, estimulada pelas proezas das personagens de capa-e-espada.

Nessa rede de trocas, as leitoras sabiam combinar a entonação, as pausas e toda a teatralização necessária à leitura do romance-folhetim ao gosto das ouvintes. Essas leituras eram, no entanto, censuradas pelo marido que vez por outra interrompia os melhores trechos, procurando desviar a atenção da mulher, já que considerava de segundo time aquela literatura tão admirada pela esposa.

Maria Negra, a empregada da casa, havia decidido aprender a ler e a escrever, envolvida como estava pelas comandos do coração. Nessa rede de leituras femininas ela se esforça para ler sozinha os romances fatiados que a patroa, D. Angelina, consumia semanalmente. É Zélia Gattai quem narra as expectativas de Maria Negra, em torno dos folhetins:

> [...] Havia de aprender, ah! um dia ainda leria sozinha aqueles romances em fascículos que a patroa comprava todas as semanas. O último, o que ainda acompanhavam, que beleza! Seu título era: "A Filha do Diretor do Circo". Leria também a "Scena Muda", cheia de novidades e de mexericos dos artistas – Wanda ganhava a revista do namorado e, se duvidassem, leria também "O Malho" repleto de caricaturas, que seu Ernesto trazia quando ia ao barbeiro. (GATTAI, Zélia, *Anarquistas, graças a Deus*, p.109.)

Se as mães das memorialistas introduziram suas filhas no mundo escrito, suscitaram o gosto e o hábito da leitura diária, e ainda improvisaram práticas de leitura próprias às suas condições de uso, suas preferências e interesses, é importante dizer que acabaram estabelecendo uma outra estratégia de troca ao longo do tempo. Suas filhas, à medida que atingem níveis de letramento mais altos, passam a ler (em português e em francês) para as mães, e trocam, assim, tanto leituras como suas impressões e críticas. Dessa leitura partilhada, em voz alta, a rede informal entre leitoras vai se tornando mais complexa.

Assim, é Anna quem possibilita à mãe o acesso a textos em língua estrangeira, uma vez que ela, quase sem nenhuma instrução escolar, desconhece o francês e as obras que circulavam, na época, no Brasil.

> Havia o Pedro Trindade, nos últimos dois anos de escola, dado-se um tanto à literatura. De quando em vez, mandava livros à minha mãe, o que não era de estranhar, porque todos sabiam quanto ela gostava de ler. Enviando um em francês, dizia: 'Sei que vosmecê não conhece esta língua, mas pode mandá-lo traduzir por sua filha'. Nunca tocava em meu nome, parece que com a idéia de que, se alguma dessas cartas caísse em mão de meu pai, suspeitasse ele que conservava alguma esperança de sua malfadada pretensão. Foi assim que pude ler *Eurico, o presbítero, O monge de Cister e a História de Portugal,* de Alexandre Herculano. Lembro haver dito, então, à minha mãe, ao ler o capítulo *Meditação sobre o promontório de Eurico, o presbítero:* – Isto saiu no *Panorama*. Guardava eu aquele capítulo de cor pelo muito que o havia apreciado. Como já disse, quando líamos aquela revista, comentava com minha mãe: – "Repare que os melhores escritos são os deste A. Herculano, que não sabia eu ser escritor notável". (BITTENCOURT, Anna Ribeiro de Goes. *Longos serões do campo*, v.II, p.206-7.)

Em outra ocasião, a mesma mãe-leitora interdita a freqüência das leituras da filha. Como Anna "tem a vista curta", a mãe sempre censura seu contato prolongado com os livros, como se quisesse poupá-la dos efeitos da moléstia nos olhos. Paradoxalmente, a mãe poupa a "vista curta" da filha impedindo-a de se exceder nos trabalhos com a agulha e o bordado, para ocupá-la com as obrigações dos estudos e os prazeres da leitura. Essa ambigüidade parece refletir a própria condição feminina na sociedade brasileira da época, já que mãe e filha fogem ao modelo tradicionalmente estabelecido para as mulheres de seu tempo, embora sem superá-lo ou transgredi-lo.

> A nossa existência corria tranqüila. Minha mãe, tendo menos afazeres domésticos, estava sempre comigo, mesmo

> quando eu estudava; fazia rendas, trabalho manual que ela preferia. As horas que me sobravam do estudo, eu lia em voz alta para ela ouvir ou cosia. Antes nunca pegara em uma agulha, ainda que para confeccionar roupas de boneca. Minha mãe proibia-o dizendo: – Tens a vista curta. Deves reservá-la só para o estudo, uma vez que começaste já tarde. Se Deus quiser que fiques de todo curada, não faltará tempo para aprenderes a coser, o que é facílimo. (BITTENCOURT, Anna Ribeiro de Goes. *Longos serões do campo*, v.II, p.175.)

As partilhas por meio das leituras atendiam aos interesses da mãe e da filha, coibidas pelas discriminações entre os sexos, não só em relação à escolarização como também à profissionalização e à participação efetiva na vida pública. D. Anna era uma leitora ávida por conhecimentos. Pouca instrução recebeu de seu pai[3] e seu universo intelectual foi ampliado por buscas individuais nos impressos a que teve acesso e adquiriu por meio de assinatura. Fazia questão de se diferenciar das mulheres "de conversas tolas", procurando para si e sua filha "entretenimentos" úteis que ocupassem seu "espírito".[4]

A filha Anna, como outras familiares de "vista curta", atrasou-se para a entrada na escola, para a iniciação na leitura, para a realização de cursos na área da Geografia e Pintura que tanto prezava. Esses dois cursos foram adiados, também, em função dos riscos provocados pela epidemia do *cholera-morbus*, ocorrida nos anos 1855-56, na Bahia.

Assim, não é difícil perceber a cumplicidade que se estabelece entre mãe e filha, reforçada, nesse caso, pela paixão comum – a leitura. Uma companhia que minimiza os efeitos do confinamento e os longos períodos de tranqüilidade, citados recorrentemente na narrativa, quando Anna faz referência à vida pacata do campo. Esses momentos de reclusão aparecem, na verdade, como uma queixa indireta à ociosidade e à inatividade femininas, embora não faltem afazeres domésticos e atividades do lar e o discurso não ultrapasse as fronteiras do que era considerado natural para as funções sociais desenvolvidas por homens e mulheres.

---

3   Seu pai durante anos serviu de mestre para ela. Com ele aprendeu a ler e a escrever, iniciou-se no latim, e com o casamento de sua irmã, seguido do seu, acabou interrompendo os estudos. Quando ele ficou cego era ela quem lia para ele.
4   BITTENCOURT, Anna Ribeiro de Goes. *Longos serões do campo*. Rio de Janeiro: Nova Fronteira, 1992. p.11.

> Quanto à leitura, fornecia-nos alguns livros o nosso parente Saturnino de Uzeda e Luna que, depois da temporada que passou no Catu com a família, vinha de vez em quando visitar-nos. Henriqueta falando-lhe da escassez de livros que havia em nossa terra, ele forneceu-lhe alguns, entre outros O conde de Monte-Cristo.[5] Ora, tive um desejo imenso de ler esse romance, que o Padre Uzeda dizia ser o melhor que ele conhecia. Não me animei a pedi-lo a Henriqueta, contando com a negativa. Nem ao menos me foi dado ouvi-lo sem parecer prestar atenção, como havia feito com outros; Henriqueta só o lia para si, à noite. Deixando a moça este, com outros livros à minha mãe para os remeter a Saturnino, pude cumprir o meu ardente desejo. Com que prazer li em voz alta e minha mãe ouviu aquele romance! (BITTENCOURT, Anna Ribeiro de Goes. *Longos serões do campo*, p.175.)

> Minha prima e sua mãe, então viúva, vieram em companhia da família de meu tio Pedro Ribeiro e permaneceram em nossa casa durante o maior incremento da epidemia. Ela gostava da leitura, e esta identidade de gosto mais estreitou as relações: lendo para comprazer-lhe, também satisfazia a mim mesma. [...] Pedia a meu pai para me levar à casa de minha prima, ou então para buscá-la. Tanto a mãe dela como a minha faziam questão de que não prolongássemos por muitos dias estas ausências de casa, visto que eu, filha única, era natural fazer companhia à minha mãe, e Janinha, pela ausência dos dois irmãos que estavam na Bahia estudando, tornara-se também a única companheira de sua mãe. (BITTENCOURT, Anna Ribeiro de Goes. *Longos serões do campo*, v.II, p.179.)

As memórias de Maria Eugênia parecem não deixar dúvidas sobre a divisão das tarefas de acordo com o sexo, na sociedade brasileira, e o que isso implicou nas relações sociais e nas práticas culturais entre homens e mulheres de seu tempo. De seu texto vazam queixas constantes

---

[5] Encontrei referência a respeito de algumas coleções, na época, adquiridas na França, com fins de instrução das moças. São coleções dirigidas à mocidade e que trazem histórias, viagens e biografias de personalidades célebres (normalmente homens). Entre os títulos citados, a *Revista Popular* e *L'Echo des Feuilletons* – uma publicação de novelas baseadas nas aventuras das personagens criadas por Alexandre Dumas e Mme. Cottin. (Cf. BARROS, Maria Paes de. *No tempo de dantes*, op. cit., p.14.)

motivadas pela inatividade e pela ociosidade às quais as mulheres estavam submetidas, na fazenda do pai, nas décadas finais do século XIX, o que não difere muito de outros contextos e situações da vida feminina naquele tempo.

> 2 de maio
> Meu Deus! Quando passarei por ter juízo? Tenho 15 anos e devo abafar toda a espontaneidade de minha jovem alma, devo ter a fronte sempre enrugada, pensar só nos materialismos que me cercam e, nem por um momento, deixar-me levar nas asas velozes do pensamento para as regiões etéreas. Se tento escrever para matar o tempo, chamam-me romântica, louca, dizendo ser mania do século os jovens terem pretensões a poetas e romancistas. Que fazer? Curvar a cabeça ao jugo do mundo, e procurar ser boa despenseira, boa costureira e ver se arranjo marido para ter casa a governar e quem pague as contas das modistas. Pobre e torpe realidade!!! (CASTRO, Maria Eugênia Torres Ribeiro de, *Reminiscências*, p.76-7.)

Hoje, nossa sociedade e cultura estão marcadas por condições sociais diferentes que levam à desigualdade, para além das identidades de gênero dos indivíduos. No século XIX, e mesmo antes, as relações de gênero caracterizam sobremaneira o perfil social e histórico da nação brasileira, aliado, evidentemente, a outras variantes como o pertencimento étnico, o status social e a posição econômica.

A leitura como atividade individual ou coletiva cumpre nesse contexto um papel relevante, pois "atende os espíritos desocupados", como escreve, nos idos de 1878, Maria Eugênia Torres Ribeiro de Castro. O diário, um de seus poucos objetos de leitura e releitura era, por vezes, interditado pela mãe, já que a escrita dele desviava a moça de suas ocupações domésticas. Essa censura não se devia à suposta "vista curta" da menina-moça, muito pelo contrário, devia-se à sua "vista cumprida" – num tempo que as mulheres deveriam ocupar-se, apenas, de afazeres prático-caseiros mais apropriados a um certo conjunto de valores e princípios.[6]

---

6   CASTRO, Maria Eugênia T. Ribeiro de. *Reminiscências*, Rio de Janeiro: Cátedra, 1975. p.74.

O retrato das mães-leitoras revela, no entanto, importantes contrastes. Ao mesmo tempo que elas estimulavam a leitura das filhas, regulavam a freqüência da leitura ou proibiam a leitura de certos impressos. Maria Helena Cardoso retrata-se em leituras furtivas, acontecidas no quarto fechado, trancado à chave e debaixo da cama; subterfúgios usados pela memorialista para evitar possíveis censuras às investidas prolongadas junto aos livros ou, quem sabe, ao que escolhia para ler.

> [...] Era um livro de tamanho bem maior do que o comum dos de estudo, capa dura, marrom. Metia dentro o romance que lia no momento e passava o dia com ele aberto ostensivamente, fingindo que preparava as lições para o dia seguinte. À noite, enquanto ela conversava com as irmãs, sentadas ao redor da mesa da sala de jantar, lá estava eu, absorta no estudo, pensava ela. De vez em quando, porém, reclamava: – Helena, não sei que estudo é esse seu, ouvindo conversa ao mesmo tempo, assim não pode aprender. Não respondia nada, mergulhada que estava na leitura apaixonante, de onde nem um tiro de canhão me arrancaria. Quando, porém as reclamações se amiudavam muito, abandonava a sala, indo para o meu quarto. Dias havia, entretanto, em que eu, receosa de que acabasse desconfiando da minha grande dedicação ao estudo de inglês, mudava de tática. Despedia-me dizendo que ia à casa de vovó, trancava a porta do meu quarto (cada um de nós tinha o seu naquele casarão), saindo pela porta da frente. Assim que transpunha o portão de ferro, parava uns passos adiante e, depois de alguns minutos de espera, voltava de manso, inspecionando o corredor da entrada para ver se tinha alguém e, se não, entrava rápida, pulava a janela do meu quarto, que deixara aberta de propósito. Metia-me debaixo da cama e ali passava o dia lendo romances, na maior felicidade, apesar dos sobressaltos e a despeito da posição incômoda, deitada de costas. [...] Libertei-me cedo da influência de mamãe e passei a ler por minha conta e risco. Não sei mais quem me emprestou *O Moço Louro*, de Joaquim Manuel de Macedo. Guardei-o muitos dias debaixo do meu colchão, até descobrir um refúgio onde pudesse lê-lo longe das vistas dela, que costumava confiscar os livros que apanhava em minhas mãos. Refugiava-me num dos quartos do quintal, depósito de objetos quebrados e madeiras velhas. Assentada sobre pilhas de traves empoeiradas, entrelaçadas de teias de aranha, desaparecia de casa por horas seguidas, entregue ao prazer da leitura, completamente indiferente ao perigo dos

> escorpiões, comuns em Curvelo. Adotei aquele quarto como meu gabinete de leitura. (CARDOSO, Maria Helena, *Por onde andou meu coração*, p.65, 99.)

A mãe de Maria Helena é lembrada como a pessoa da casa que mais se preocupa com a formação escolar dos filhos, mais do que, propriamente, com a formação intelectual e cultural num sentido mais amplo. No horizonte de suas expectativas vislumbra uma trajetória de sucesso para os filhos, o que significa a conquista de posição social e econômica de maior prestígio e menos conturbada que a sua.

> [...] O inverno em Belo Horizonte era rigoroso e passávamos praticamente sem agasalhos suficientes. Em manhãs de frio, nevoeiro cerrado, freqüentava as aulas de vestido leve, trazendo no máximo um velho paletó de malha. Saía às sete e trinta da manhã, sem enxergar nada diante do nariz, tamanha a cerração, tiritando de frio, mas não faltava nunca às aulas. À frente dessa pontualidade, desse entusiasmo, dessa esperança e coragem, estava sempre ela, com seu amor, sua vaidade, nos animando, nos dando conselhos, estimulando o amor-próprio de um e de outro, quando o sentia desanimado. Às refeições, ou à noite, quando nos reuníamos, era a hora de dar o balanço das aulas, a boa nota que tínhamos recebido, o elogio do professor, o que ela ouvia feliz, sorrindo e nos estimulando ainda mais. Vibrava de satisfação. Não se enganara com os filhos. Ainda seríamos grandes personagens e para isso não temia redobrar os sacrifícios. (CARDOSO, Maria Helena, *Por onde andou meu coração*, p.211.)

Ao passo que a mãe de Maria Helena utiliza a leitura como um recurso ou instrumento de acesso a outros bens culturais, Maria Helena concebe a leitura como uma prática individual por meio da qual sacia suas curiosidades, buscas e prazeres. Transcende, de certo modo, o projeto social de sua mãe para além dos investimentos que esta faz em função do sucesso escolar e profissional dos filhos.

> Mamãe, que não pensava em outra coisa senão em ter filhos instruídos, o que nunca conseguira obter para si própria, enquanto não podia nos mandar para os colégios que sonhava, ia se encarregando do nosso desenvolvimento intelectual. Todas as noites, antes de dormir, havia uma sessão de pelo

> menos uma meia hora de leitura. Cada noite, lia um capítulo e comentava conosco, continuando no dia seguinte, quando percebia que já não agüentávamos mais de sono. (CARDOSO, Maria Helena, *Por onde andou meu coração*, p.99.)

Assim, as leituras orientadas pelas mães cumprem, em muitos momentos, um papel propedêutico. Elas são selecionadas, lidas em voz alta e seguidas de perguntas; um ritual de leitura como os de fins escolares. Nesse sentido, "libertar-se" da mãe-leitora, como escreveu Maria Helena Cardoso, é criar "por conta e risco" outras formas de leitura que alcancem seus objetivos, desejos, curiosidades, interesses e devaneios pessoais sem, necessariamente, os ganhos de aprendizagem para a instrução.[7]

A vigilância da leitura aparece como tema em Maria da Glória Quartim de Moraes. Sua mãe prescreveu um currículo extenso para a sua formação: aulas no curso primário, aulas particulares de Francês, música e piano. Em contraposição, censurava as investidas pessoais da menina-moça que, furtivamente, refugiava-se em leituras que desviavam-se das prescrições escolares e religiosas aprovadas na época e para o sexo feminino.

De maneira geral, as biografias femininas apontam a atuação favorável das mães na formação das filhas como leitoras. Devo ressaltar, contudo, que numa sociedade de tipo patriarcal o investimento na educação das mulheres visava, prioritariamente, ao destino dessas mulheres como esposas e mães de família. Não dispensava, entretanto, a aprendizagem das boas maneiras necessárias à sociabilidade da época e a certos costumes e práticas em uso espelhados na vida da corte, nos hábitos franceses e imperialistas que aqui se afirmaram desde a colonização portuguesa.

Na pedagogia informal ocorrida no interior da casa as mães orientavam o uso da leitura pelas filhas, segundo suas experiências e concepções. Cada uma, com receituário e repertório próprios, selecionava tanto os objetos de leitura como os modos de leitura (em voz alta, silenciosa, seguida ou não de cópia), o tempo de estudo e o que estudar.

A mãe de Anna trazia sempre consigo a Bíblia Sagrada, repetia trechos do livro de Mistress Stowe: *A cabana do pai Tomás* e do livro *A educa-*

---

[7] CARDOSO, Maria Helena. *Por onde andou meu coração*. Rio de Janeiro: José Olympio, 1973. p.99.

ção de Cora. A mãe de Maria da Glória dividia o tempo da filha com as leituras de Telêmaco, em francês, os deveres de casa, as aulas no colégio e as horas de oração. É Adélia Pinto quem também recupera os tempos femininos divididos entre folguedos da infância e a educação escolar ministrada por professores particulares.

Maria Eugênia, ao descrever parte da rotina diária, lembra o estudo de piano, a hora da costura e do bordado, a leitura de romances do escritor José de Alencar, as aulas com o professor de Inglês e as lições de casa.

Poderia recapitular as leituras folhetinescas de D. Angelina, mãe de Zélia Gattai, e ao gosto também da mãe de Maria José Dupré e de suas filhas. Já a mãe de Maria Helena Cardoso procurava instruir os filhos por meio da literatura clássica, as noções de História e Geografia, assuntos cívicos e políticos.

D. Evelina cuidou pessoalmente do ensino da língua francesa à filha Carolina Nabuco, possibilitando-lhe as leituras de infância, entre elas os livros da Condessa de Sègur. Além dessa literatura francesa dirigida às crianças, Maria de Lourdes Teixeira relembra uma série de poesias e romances lidos pela mãe durante os serões diários à luz de vela e de lampião.

Os gêneros de maior acesso e de preferência das mães são o romance e a poesia. A seara romanesca e poética aparece como uma forte marca nas lembranças de leitura das mães das memorialistas e das próprias memorialistas.[8] Essa rede de leitura evidencia, supostamente, a censura ou a restrição a outras leituras para as mulheres.

Considerando que nem todas as mães tiveram oportunidade de instrução, quiçá de escolarização, é provável que suas trajetórias como leitoras tenham sido marcadas por obstruções e dificuldades, comparadas às dos homens de seu tempo e com outras mulheres em condições menos privilegiadas.

---

[8] Seguindo o percurso dos romances no Brasil, *A cabana do Pai Tomás* aparece como uma obra de grande impacto político-social, dada a força crescente da campanha abolicionista manifesta, entre outras formas, nos textos antiescravistas como *As vítimas-algozes* e *A moreninha*, de Joaquim de Macedo e *Escrava Isaura*, de Bernardo Guimarães. Outros romances citados são também *Senhora*, de José de Alencar, *Uma lágrima de mulher*, de Aluízio de Azevedo, *Helena*, de Machado de Assis, *Amor de Perdição*, de Camilo Castelo Branco, *A ceia dos cardeais*, de Júlio Dantas, *Os miseráveis*, *Os trabalhadores do mar* e *Os mistérios de Paris*, de Victor Hugo, *Paulo e Virgínia*, de Bernardim de Saint-Pierre, *O colar da rainha* e *Vinte anos depois*, de Alexandre Dumas.

Todavia, a rede de circulação dos textos é complexa e é sempre importante lembrar que as práticas de oralização, sobretudo no século XIX e no início do século XX, cumpriram um papel fundamental em relação à multiplicação da experiência feminina em torno dos escritos de diferentes tipos.

A sociedade brasileira daquele período era muito influenciada pelos hábitos franceses, de tal forma que a literatura francesa era muito lida. Editava-se no Brasil o *Jornal das Famílias*, periódico impresso em Paris, pela Editora Garnier. Foi um dos jornais de grande circulação entre as brasileiras, composto com gravuras francesas (em cores), contos machadianos, costumes franceses combinados à cultura local, moldes e riscos de bordados, romances franceses em música e outros atrativos que pudessem fisgar o público leitor feminino.[9]

O editor e livreiro Baptiste-Louis Garnier prestou grandes serviços ao desenvolvimento da circulação da leitura, sobretudo no Rio de Janeiro. Se de um lado o custo do livro e o número de tiragens exigiam manobras rápidas e eficientes para manter-se no mercado com resultados lucrativos, por outro lado o investimento em jornais, folhas, semanários e periódicos captava com maior rapidez e menor custo o público de leitores e leitoras, num mercado livreiro desafiador, até mesmo para "o bom ladrão Garnier", como era chamado por seus opositores. Assim, ele soube acompanhar, participar e investir em um mercado que se mostrou movimentado e prestigiado cada dia mais pelo público brasileiro.[10]

O *Jornal das Famílias* competiu com o *Belo Sexo* (1862), um periódico religioso, de instrução e recreio, noticioso e crítico moderado, redigido por várias mulheres. A redatora-chefe era D. Júlia de Albuquerque Sandy Aguiar. D. Júlia foi apoiada pelo marido e escritor J. B. da Costa Aguiar. Ele orientava a esposa na gramática portuguesa, nas literaturas nacional e estrangeira, ao mesmo tempo em que disponibilizou um novo espaço de leitura para outras leitoras. Ela logo soube colher frutos de seu trabalho e atingir sua maioridade como escritora.[11]

---

9   MORAIS, Maria Arisnete Câmara de. *Leituras femininas no século XIX (1850-1900)*. Campinas: Faculdade de Educação da Unicamp, 1996. p.119-26. (Tese de Doutorado.)
10   Idem, ibidem.
11   Idem, ibidem.

A partir de 1840, surgiu no Rio de Janeiro e nas demais províncias um número significativo de folhas e jornais críticos, informativos, científicos, religiosos, literários, médicos, de moda, de belas-artes, teatro, ilustrado, recreativo e de variedades, além de revistas de estudos, como a do Instituto Histórico e Geográfico, semanários, almanaques e periódicos que só em 1876, no Rio, ultrapassavam a casa dos cinqüenta.[12]

Todos eles empenhavam-se na constituição e ampliação do número de leitores e leitoras, buscando atender aos mais diversos interesses e às mais longínquas distâncias. Por isso, opunham-se aos empréstimos informais e práticas coletivas de leitura, uma vez que colocavam em risco o fluxo dos investimentos especulativos da imprensa recém-criada. Atentos a isso, ofereciam aos leitores e leitoras formas de subscrição e assinatura que pudessem multiplicar os modos de aquisição, distribuição e divulgação desses periódicos e jornais, ao mesmo tempo em que anunciavam e seduziam o público com lançamentos, traduções e reedições em livros nas livrarias locais.

Nesse movimentado comércio de livros e jornais (dos livros nos jornais e de livros por meio dos jornais) algumas folhas diárias, periódicos e revistas dedicaram-se exclusivamente ao público feminino e alcançaram reconhecimento e sucesso, como é o caso de O *Quinze de Novembro, A Violeta Fluminense, o Almanaque Luso-Brasileiro* e o *Almanach das Senhoras*,[13] *A Marmota da Corte, A Biblioteca das Senhoras, Eco das Damas, Recreio do Belo Sexo, A Semana, O Direito das Damas, A Mensageira, A Família, A Mulher* e tantos outros que indicam a participação mais efetiva das mulheres, sobretudo a partir de 1850, à contramão do que a história tradicional apontou acerca da condição letrada das mulheres no Brasil.[14]

---

12   Idem, p.52.
13   Apenas para citar: o *Almanach das Senhoras para o anno de 1875*, por Guiomar Torrezão (socia honoraria do retiro litterario portuguez do Rio de Janeiro), editado em Lisboa e comercializado no Império continha 229 artigos, entre eles indicações sobre a moda européia. O *Almanaque de Lembranças Luso-Brasileiro* alcançou grande circulação no país pelo interesse de colaboradoras, como Anna Ribeiro de Goes Bittencourt.
14   A esse respeito, um inventário precioso de fontes e de análise é o livro de Maria Thereza C. Crescenti Bernardes, intitulado *Mulheres de Ontem? Rio de Janeiro século XIX*. A pesquisadora detalha a trilha intelectual de mulheres brasileiras, desbancando as idéias tradicionalmente construídas sobre o alienamento feminino à "atmosfera rígida e autoritária do patriarcalismo" no século XIX.

Luiz Felipe de Alencastro,[15] referindo-se ao francesismo das elites brasileiras, menciona a indumentária, a moda, a decoração e os hábitos difundidos, as idéias e os ideais advindos do modelo francês. O francesismo manifestava-se pela importação de folhetins, operetas e romances, pelo positivismo ferrenho manifesto entre os escritores e os políticos que militaram em editais de jornais, na disputa que começa a se acirrar entre a homeopatia e a medicina tradicional (por meio de inúmeras orientações que se faziam circular em guias, dicionários práticos e manuais de medicina oficial e alternativa),[16] e nas leituras espíritas, particularmente as de Allan Kardec, o que causou impacto sobretudo entre os católicos.

Resta saber, no entanto, se os processos tanto de oralização como de publicação oportunizaram às mulheres o acesso a certos impressos considerados menos femininos.

Em busca de respostas que pudessem precisar os fios dessa rede, procurei informações a respeito de textos em circulação no Brasil, sobretudo nos períodos imperial e republicano.

Assim, busquei combinar as pistas e as informações dos depoimentos femininos àquelas da bibliografia básica. Entre os objetos escritos compartilhados no interior da família aparecem os contratos dos consórcios,[17] os testamentos e inventários,[18] os relatórios de fazenda,[19] as

---

15   ALENCASTRO, Luis Felipe de. (org.) *História da Vida Privada no Brasil – Império: a corte e a modernidade nacional.*v.II. São Paulo: Companhia das Letras, 1997. p.47.

16   Poderia citar o *Chernoviz* – um dicionário de Medicina Popular para uso das famílias (6.ed., 1890) que, em 1927, já atingia 19 edições refundidas e aumentadas; o *Tratado doméstico sobre as enfermidades dos negros...*; o *Manual da Escola de Homeopatia* (publicado em Paris e no Rio de Janeiro); o *Diccionario de Medicina e Therapeutica Homeopathica, ou a homeopathia posta ao alcance de todos*, pelo Dr. Mello Moraes, e outros guias de caráter prático, como *O médico e o cirurgião da roça: novo tratado completo de Medicina e Cirurgia domestica adaptado á intelligencia de todas as classes do povo*, de 1847; o *Diccionario de Medicina-domestica e popular*, com a segunda edição em 1872. Todos eles serviam, muitas vezes, como único auxílio no tratamento de moléstias simples, enfermidades não epidemiológicas e cuidados de prevenção sanitária tão necessários à época.

17   Citados por Anna Ribeiro de Goes Bittencourt, em *Longos serões do campo*, op. cit., v.II., p.260.

18   A esse respeito ver o trabalho de Tânia Maria T. B. da Cruz, *Bibliotecas de médicos e advogados do Rio de Janeiro: dever e lazer num só lugar*, apresentado no I Congresso de História do Livro e da Leitura no Brasil, em outubro de 1998, em Campinas, e publicado nos *Anais* do Congresso. Nessa perspectiva a autora elege os testamentos, inclusive de algumas mulheres, e inventaria as leituras e os livros relacionados nesses documentos. Outra menção a esse respeito é a de João José Reis, acerca dos testamentos, ao discutir *O cotidiano da morte no Brasil oitocentista*. (Cf. *História da Vida Privada no Brasil*, op, cit., v.II, p.102-8.)

19   Os relatórios de fazenda, cartas, brochuras, cartões de visita e outros impressos são citados também por Maria Paes de Barros, *No tempo de dantes*, op. cit., p.50, 52.

cartas entre familiares, os cartões de visita, as brochuras francesas, os borradores e livros de razão, os dicionários ou guias de Medicina preventiva, os sermões, os libretos, as subscrições de jornais, os próprios jornais (entre os mais citados, o *Jornal do Commercio*), os diários e gazetas locais, as cartas de alforria (de uso, também, pelas mulheres brancas, já que os escravos aparecem entre os bens de posse, de patrimônio ou de dote familiar),[20] os manuais de civilidade e de etiqueta, enciclopédias, compêndios e tratados e outros.

A existência de impressos aos quais as mulheres tinham acesso, além dos romances, não é suficiente para afirmar a relação de uso e a apropriação desses materiais por elas. A questão dos usos e das práticas de leitura por mulheres é muito complexa, apesar da divisão sexual na sociedade daquela época e seus efeitos sociais e culturais.

Assim como acontece com muitas das mães das memorialistas, a experiência de uso e prática da leitura está submetida às concessões masculinas, às obrigações de ordem doméstica, às ocupações com o casamento, à maternidade e aos sobressaltos econômicos vivenciados entre os períodos de bonança e de depressão financeira vividos por seus maridos.

Em algumas histórias de vida, as memorialistas narram os enfrentamentos vividos por elas e por suas mães para a matrícula num estabelecimento de ensino, a alfabetização, a continuidade da trajetória escolar e a profissionalização. Suas trajetórias são constituídas por estratégias de transgressão, luta e conquista, visto que apenas uma ou outra contou efetivamente com pais ou avós que defenderam, estimularam, contribuíram e permitiram o acesso à leitura e à escrita com fins de profissionalização ou escolarização em nível superior, diferentemente do que acontecia com os homens.

Mesmo no caso de Maria Helena Cardoso, que se formou no curso de Farmácia em Belo Horizonte, já que ela não atuou nesse campo. Por intermédio do apoio de um parente é que vem a trabalhar em escritório e, mais tarde, entra para o funcionalismo público.

---

20 MATTOSO, Kátia M. de Queirós. A opulência na província da Bahia. In: *História da Vida Privada no Brasil*, v. 2. São Paulo: Companhia das Letras, 1997. p.144-79.

Maria de Lourdes Teixeira e Carolina Nabuco não mencionam se tiveram ou não formação em nível superior, embora seu estilo e suas condições de vida estejam ligadas a diferentes oportunidades culturais, às rodas mais altas da sociedade e aos padrões de vida privilegiados, dentro e fora do Brasil.

Se pude reunir, agrupar e compor dados sobre as contribuições das avós e das mães nos processos de constituição das mulheres-leitoras, acredito ser necessário destacar que elas só o fizeram mediante certas condições e disposições favoráveis presentes nos contextos culturais familiares. Além disso, particularmente, pelas buscas pessoais e forte determinação com a qual se dispuseram a romper os preconceitos histórico-sociais de seu tempo.

As avós, as mães e as próprias memorialistas tiveram trajetórias de formação quase sempre interrompidas por obstáculos e imposições sociais. Isso já não ocorria com os homens, especialmente com aqueles de grupos e camadas altas e médias da sociedade.

O trabalho com as fontes acabou revelando brechas em relação à circulação dos impressos e seus usos por mulheres. Graças à eficiência da imprensa emergente e de seus investidores nacionais e estrangeiros,[21] e suas fórmulas de divulgação, duplicação e veiculação das idéias, é possível perceber alguns mecanismos de suplantação da censura e dos obstáculos políticos, as dificuldades materiais e geográficas para os custos de uma imprensa de feição nacional, e o crescimento do mercado livreiro e comercial nos quatro cantos do país.

Avós leitoras

Além das mães das memorialistas, as avós atuaram favoravelmente na formação das leitoras: eram ouvintes, leitoras e contadoras de histórias. Sobre a avó, Laura Oliveira Rodrigo Octávio escreve:

---

21 NEVES, Lúcia Maria Bastos P. das & FERREIRA, Bessone. Livreiros franceses no Rio de Janeiro (1808-1823). In: *História Hoje*. IV Encontro Regional da ANPUH, Rio de Janeiro, 1990. Rio de Janeiro: ANPUH/Taurus, outubro de 1990.

> Minha avó pouco havia de ter aprendido, jogada à vida como foi, desde tão cedo, mas tinha um desejo imenso de se instruir e está em minhas mãos um *Manual Encyclopédico*[22] que lhe pertenceu, prova de sua curiosidade em possuir mais conhecimentos. O francês, meu avô (seu Sabino, como ela dizia) ensinava a ela e a mamãe, pois conhecia bem, e como gostava de ler em voz alta, os serões eram atenuados pelas leituras que ele fazia. (OCTÁVIO, Laura Oliveira Rodrigo, *Elos de uma corrente: seguidos de outros elos*, p.21.)

A avó Mariquinhas narrava, entre os acontecimentos da família, a vida itinerante que levava ao lado de Ricardo Leão Sabino (avô de Laura), o que comprometia a escolarização dos filhos. Quando chegaram em São Paulo, depois de residirem em Santa Catarina e em Paranaguá, no Paraná, só não se mudaram pois ela "fez pé firme, e, custasse o que custasse, não sairia de São Paulo sem ver o filho formado".[23] Mariquinhas contava que fazia serões costurando para conseguir entregar as encomendas. Esse esforço permitiu arrecadar o dinheiro necessário para levar adiante o sonho de ver o filho Horácio estudando em escola superior, e ainda contribuir para o sustento da família.

Esses acontecimentos contados pela avó Mariquinhas somavam-se às histórias infantis, muito apreciadas pelas crianças e ouvidas repetidamente. Segundo Laura, essas histórias "refletem uma visão psicológica da vida",[24] naquele tempo.

> Chega uma visita inesperada à casa de uma família que possuía Quintal com criação. Diz o galo: "Tem visita em casa", voz forte e segura, altaneira; a galinha reflete: "Qual de nós será?" E o frango, consciente de sua carne macia, entra choroso e humilde: "Pobre de mim!"

A outra era de uma senhora que vivia só e antes de dormir dava três bocejos, depois dos quais ia se deitar. Uma noite três ladrões espreita-

---

[22] Esses manuais de gênero enciclopédico são comuns no século XIX, como mostram os apontamentos em PFROMM NETTO, Samuel et al. *O livro na educação*. Rio de Janeiro: Primor/MEC, 1974. p.186-8.
[23] OCTÁVIO, Laura Oliveira Rodrigo. *Elos de uma corrente: seguidos de outros elos*. Rio de Janeiro: Civilização Brasileira, 1994. p.18-21.
[24] Idem, p.22.

vam, esperando a hora de entrar na casa, quando a velha diz, ao primeiro bocejo: "Cá está o primeiro". Vem o segundo, e ela diz: "Cá está o segundo!" E ao terceiro, diz mais enfaticamente: "Cá está o terceiro, e vamos a ele!" Os ladrões deram o fora, pensando que a velha estava aparelhada para prendê-los e ela, inocentemente, foi para a cama...

> Outra, um pouco imprópria para menores talvez, mas na qual nossa inocência nem de leve penetrava: um padre tinha um menino a seu serviço, e lhe ensinava também; a palmatória, tão na ordem do dia, ele usava como divertimento. Dizia ao menino "Como me chamo?" O menino respondia: "Padre". "Não, sou o papa-santo", e lá vai bolo. O gato passava: "E esse bicho?" "Gato", respondia o menino. "Não, é papa-ratos; mais bolo. Mostrava o fogo: "Isto é clemência"; e a água: "Abundância". Onde moramos? "Numa casa" diz o menino. "Que disparate! Isto é traficância!". E tinha uma empregada o padre, que ele crismou de "Folgozona", e os braços dela de "gravetos". Aí chega a malícia que nós não entendíamos: o menino estava farto de maus tratos, de tanta pancada de palmatória. Um dia dá com o padre de abraços com a empregada: amarra um facho ao rabo do gato, acende-o, e o bichano sai aos saltos espadanando fogo pela casa. Então o menino grita: "Saia seu papa-santo dos gravetos da Folgazona que lá vai o papa-ratos com a clemência ao rabo. Acuda, acuda com a abundância, que lá se vai a traficância". O padre não entendeu aquele falatório e, quando percebeu, a casa estava pegando fogo. (OCTÁVIO, Laura Oliveira Rodrigo, *Elos de uma corrente: seguidos de outros elos*, p.23-4.)

Maria José Dupré não só faz referências às histórias narradas pela avó materna como rememora algumas delas.

> A comitiva deixava Sorocaba; os homens a cavalo e ela no bangüê, com as negras que a acompanhavam. Ela contava que nessa época havia índios e onças que atacavam as pessoas que viajavam através das matas; quase não havia caminhos, eram trilhas ou veredas no meio da floresta e atravessando os campos. Levavam muitos camaradas e quando faziam pouso, armavam barracas para dormir. Antes das quatro da tarde já se recolhiam; colocavam os animais cercados por cordas, acendiam fogo para o feijão virado e o café. Depois de dar ração aos cavalos, apagavam o fogo e se reco-

> lhiam. Sempre um homem ficava de guarda, no escuro da mata. Ela nunca conseguiu dormir, tinha muito mêdo. Era proibido acender mesmo um palito de fósforo nas barracas e certa vez um dos camaradas acendeu o cachimbo de barro; bastou aquela luz e a flecha veio certeira e matou o homem. Os índios deviam andar por perto, esperando uma oportunidade para matar os brancos odiados. Tentavam também roubar cavalos e meu avô passou muitas noites desperto, atirando com a carabina para afugentá-los". (DUPRÉ, Maria José, *Os caminhos*, p.121-2.)

Sobre a forte personalidade da avó, Maria José a descreve como uma mulher séria, áspera nos costumes, exigente e com expressões de permanente insatisfação. Apesar da imagem austera, sem traços de vaidade e sem manifestar muito carinho pelos netos, ela era a contadora de histórias. Assim, a memória de Maria José é povoada por um rico legado da cultura oral e letrada adquirida ouvindo as histórias de sua avó.

> Eu gostava de ouvir as histórias que narrava de suas viagens com meu avô, de Sorocaba até Goiás. Muito mais tarde, coloquei êsses fatos nos livros infantis que escrevi. (DUPRÉ, Maria José, *Os caminhos*, p.121.)

As avós, contadoras e leitoras de histórias, constituem, no imaginário de quase todas as memorialistas, peça fundamental em suas representações e arquétipos.[25] Elas são portadoras da ancestralidade do grupo, carregam os segredos da família, guardam na memória os fatos, os acontecimentos e as histórias – imaginárias ou sabidas de cor – aprendidas oralmente ou por meio de diferentes impressos a que tiveram acesso.

> Bem pequena ainda, adorava estórias: às noites, assentada nos degraus de tijolos da escada da cozinha da casa de vovó, ou deitada na caixa-frasqueira da sala de costura, à luz bruxuleante da lamparina de querosene, que deixava nos cantos um enorme espaço de sombra, ou à chama clara e fixa do lampião, ouvia da cozinheira, ou de vovó, estórias maravilhosas, que me enchiam a cabeça, me fazendo arregalar os

---

[25] Sobre esse assunto cf. ESTÉS, Clarissa Pinkola. *Mulheres que correm com os lobos*: mitos e histórias do arquétipo da mulher selvagem. 6.ed. Rio de Janeiro: Editora Rocco, 1995.

> olhos de admiração ou estremecer de pavor. Quando o medo era muito, me achegava a um dos meus irmãos, assentados próximos a mim. *O Pássaro Divino*, era um pássaro que todas as noites ia à casa de três moças solteiras e lavava as penas num jarro de prata junto à janela, desaparecendo ao alvorecer [...] *A Paleotroca*, a moça que gastava um par de sapatos de ferro por noite, intrigando os pais com suas saídas misteriosas que duravam até o amanhecer. Fazendo-a vigiar pelo seu amado, Quasímodo a seguiu numa noite de tempestade, por montes e vales, florestas de espinhos [...] *Aladino e a Lâmpada Maravilhosa* era a minha estória preferida. Sonhava com aqueles frutos coloridos e lindos, pendentes das árvores da terra do gênio, faiscando como pedras preciosas. *Ali Babá e os Quarenta ladrões, Riquete da Crista, Branca de Neve, Gata Borralheira, Joãozinho e Maria, A Moura – Torta* [...]. De tal modo gostava dos personagens das estórias que ouvia, que costumava conversar baixinho com eles, quando não cantava seus nomes em estribilho [...]. (CARDOSO, Maria Helena, *Por onde andou meu coração*, p.97.)

Mesmo a avó de Hermengarda Leme Leite Takeshita não sendo lembrada como uma leitora, é ela quem se responsabiliza pelo custo da educação escolar da neta, durante os primeiros anos de vida. Na escola, Hermengarda tem acesso ao aprendizado de algumas línguas como o francês, o inglês e o italiano. Esses conhecimentos, conforme narra a memorialista, foram fundamentais às novas descobertas do mundo escrito. A biblioteca escolar era espaço para as leituras, embora, muitas delas, fossem feitas às escondidas durante os períodos de fuga do recreio ou da própria sala de aula. Mulheres em fuga... lendo.

Outras figuras de avós-leitoras vão se mesclando nos depoimentos femininos. Essas memorialistas casaram-se muito cedo e assim saíram de cena as meninas-moças e apareceram as mulheres adultas, que mais tarde tornaram-se avós de outras crianças. Como avós, as memorialistas recuperam, pela memória, as leituras infantis deixadas por suas mães e avós e passam, elas próprias, a contar, criar e publicar textos dedicados aos seus netos e netas.

É assim, entre as lembranças do passado e do presente, que muitas memorialistas passam a participar da história de vida e de leitura de outros – seus filhos e netos. Maria Isabel Silveira, filha de Maria da Glória Quartim de Moraes, tem a mãe como um modelo de leitora. Por sua vez,

Maria da Glória é lembrada pela neta Yone Quartim como a avó contadora de histórias, uma espécie de memória-patrimônio do grupo familiar.

Anna Ribeiro de Goes Bittencourt, em torno dos oitenta anos de vida, transforma em herança simbólica e material as histórias da saga familiar, vividas na Bahia, contadas pela avó, pela mãe e depois por ela mesma, ao publicar suas memórias. Além disso, dedicou parte do que publicou – contos e romances – aos netos e netas.

Poderia desfiar dessa rede memorialística muitos nomes de avós-contadoras de estórias que ao publicarem suas autobiografias registraram novas histórias. Além do testemunho escrito que deram a ler – dedicados e dirigidos em sua maioria aos filhos e netos –, influenciaram na história de leitura de seus herdeiros, lendo e recontando histórias, criando ou publicando outros escritos.

Pais e filhas

Os pais representados nos depoimentos femininos são aqueles portadores da vontade, dos destinos e da autoridade do grupo familiar. Eles estabelecem e negociam a herança, escolhem os genros e acordam sobre os consórcios e dotes.

As mulheres não desempenham, por isso, um papel secundário. Elas são fundamentais à estrutura familiar, uma vez que cabe a elas apoiar ou contrariar[26] os interesses assumidos por meio dos arranjos matrimoniais oficializados nos contratos comerciais entre as famílias dos consorciados. Normalmente, os casamentos são acordados entre parentes próximos, estendendo-se os bens de patrimônio a um mesmo grupo.[27]

---

26 Sabe-se que já na Colônia, e sobretudo no final do Império, os "raptos" de moças tornaram-se cada vez mais freqüentes. Assim, as moças poderiam casar-se convenientemente com seus "raptores", contestando a decisão paterna ou materna para um outro pretendente.
Com relação à participação mais efetiva da mulher nos consórcios, localizei uma nota em Anna Ribeiro de Goes Bittencourt (1992: 209), apud *Ordenações e leis do Reino de Portugal...*, *Livro Quinto, Título XXIII*. Conforme a legislação portuguesa, aos homens casados só se permitiria vender ou alhear bens de raiz por meio de escritura pública que formaliza o consentimento da esposa. Essa legislação é uma forma de defender as mulheres de eventuais pressões por parte dos maridos, o que, de certo, lhe dá algum poder frente aos cônjuges.
27 A *Revista Brasileira de História* tematiza a constituição da família e dos grupos de convívio no século XIX e nas primeiras décadas do século XX (ANPUH, v.9, n.17, 1989).

Além disso, elas são responsáveis por perpetuar o grupo familiar pelo fato de transmitirem os valores, os comportamentos e a herança do grupo aos descendentes. Uma herança que partilha a cultura do grupo, as práticas, os hábitos, as concepções, os preconceitos, as moralidades e, portanto, a história social da genealogia familiar.

No entanto, se elas são essenciais ao projeto familiar, a figura do pai representa, como já afirmei, a vontade e a autoridade do grupo. Não apenas porque é o pai o detentor da economia familiar. É ele quem administra e capta os bens de fortuna, embora as mães desempenhem diferentes atividades de sustentação do patrimônio ou, em outros casos, da produção dos rendimentos básicos para a manutenção financeira do grupo. Essa relação sociofamiliar reforça os traços paternalistas que marcam as instituições sociais brasileiras, suas estruturas, ritos e costumes.

Nos depoimentos femininos esses traços aparecem na caracterização feita dos pais. As expressões utilizadas realçam a idoneidade moral, a capacidade intelectual, a austeridade na condução dos negócios e dos escravos e a chefia da família. Essas características são, por vezes, descritas como forma de compensar a exposição das atitudes retrógradas, antiquadas e autoritárias que definiam muitos comportamentos paternos.

Embora esse perfil seja comum entre os depoimentos do passado, surpreendi-me com a importância desses homens em cada história de vida e de leitura das memorialistas. Seus pais atuaram, ora na iniciação das filhas no mundo da leitura, ou seja, participando e colaborando no processo de alfabetização, ora como leitores, interlocutores e formadores do hábito, do gosto e da prática da leitura.

Pode parecer uma contradição apontar qualquer diferenciação em favor dos pais, depois das informações que procurei articular sobre as práticas de leitura entre mães e filhas. Todavia parece-me necessário destacar que a trajetória de leitura dos pais realiza-se de forma mais intermitente, ou seja, é constituída e marcada pela acumulação, variedade e continuidade, tanto dos objetos lidos quanto dos usos e práticas sociais que realizam em torno da escrita.

Com base nos depoimentos coligidos, a relação dos pais das memorialistas com a leitura estabelece-se a partir e para além das situações de convivência, de sociabilidade e de entretenimento, uma vez que suas experiências dizem respeito às suas trajetórias de escolarização (dos estudos primários ao superior); à ocupação profissional à e administração de bens;[28] à posse de uma biblioteca particular; à atuação na vida pública e política e, em alguns casos, à participação no mundo das letras.

Obviamente, esse perfil de pai não se aplica a todas as descrições das memorialistas. O pai de Zélia Gattai é retratado como exceção. É um homem com pouca instrução escolar e que se opõe à escolarização das filhas para além dos aprendizados mínimos, temeroso de elas transgredirem o itinerário tradicional para as moças tidas de boa índole e de boa família.

Essa visão de seu Ernesto parece ajustar-se a certos valores de imigrantes italianos, como sinaliza Zélia Gattai:

> Marieta, Tereza e Ripalda Andretta, moças bonitas e inteligentes, gostavam, como todos os vizinhos do quarteirão, de assistir à passagem dos enterros, um dos poucos divertimentos a que tinham direito. Criadas em regime de quase escravidão, jamais haviam ido à escola, não saíam de casa a não ser acompanhadas pela mãe. Lugar de mulher é em casa! Filha nostra tem que aprender a tomar conta do marido e da casa, isso sim! Nada de escola. Escola não serve pra mulher. Mulher precisa saber ler? Pra quê pra mandar carta pros namorados? – perguntava e afirmava dona Antonieta, a mãe da família, ela também uma escrava. A teoria de conservar as filhas no analfabetismo para evitar que tivessem correspondência com namorados não era exclusividade dos Andretta. Muitos outros moradores do bairro, principalmente famílias do Sul da Itália – os meridionais, como eram chamados pelos do Norte – também a utilizavam a fim de justificar a ausência das filhas à escola. (GATTAI, Zélia, *Anarquistas, graças a Deus*, p.45.)

Essa concepção, somada a outras, desestabilizava o anarquismo ferrenho de Ernesto Gattai. De acordo com Zélia, como guardião atento o pai não colocava restrições à liberdade dos meninos, mas mantinha vigilância acirrada sobre as meninas.

---

28 Basta lembrar que alguns deles exerciam uma determinada profissão e a conciliavam com outras atividades financeiras. É o caso, por exemplo, do pai de Anna Ribeiro de Goes Bittencourt, médico e fazendeiro.

> Me diga uma coisa, Pai. Como é que o senhor, um anarquista, fica prendendo as filhas, proibindo-as de participar do carnaval?
>
> Seu Ernesto não se apertou, disse que ele era anarquista mas que a maioria – ou a totalidade – dos carnavalescos não era. No dia em que o anarquismo triunfasse no Brasil, aí então ele soltaria as rédeas. Soltaria mesmo? Tínhamos nossas dúvidas. Nem por ser anarquista ele descuidava da virtude das filhas. Filha de seu Gattai devia casar virgem. Seu anarquismo tinha limitações, graças a Deus! (GATTAI, Zélia, *Anarquistas, graças a Deus*, p.185.)

As demonstrações de censura a certas práticas sociais pelas mulheres não se restringiam à escolarização mais prolongada e aos divertimentos. Seu Ernesto não consentia que as filhas pudessem trabalhar, embora os rendimentos da família nem sempre fossem suficientes para a manutenção do grupo. Assim, a expressão "lugar de mulher é em casa" ganha, nesse contexto, caráter de ordem. As filhas do Sr. Gattai deveriam contentar-se em "aprender o ponto do sal, a medida dos temperos"; requisitos, para ele, essenciais para contraírem seus matrimônios.[29]

Mas se esse não é o retrato comumente esboçado pelas memorialistas, há pistas de leitura que identificam a trajetória de vida dos pais, suas práticas como leitores e o que essas práticas influenciaram na história de leitura de cada memorialista.

Essas pistas recompõem algumas imagens de leitura relacionadas às rotinas e às práticas dos pais, em casa e fora dela. À medida que os depoimentos recuperam a vida dos pais, seus interesses, demandas e trabalhos, fica bastante evidente o que eles leram e menos como eles liam. Os objetos da leitura masculina sobrepõem-se às práticas e aos usos dos impressos privilegiados para a leitura. Isso talvez porque as lembranças em torno da figura paterna recuperem práticas de leitura mais arraigadas às atividades que envolvem a escolarização e as responsabilidades com o trabalho, a administração das fazendas, as atividades comerciais e de captação da renda patrimonial em detrimento de outras

---

[29] GATTAI, Zélia. *Anarquistas, graças a Deus*. Rio de Janeiro: Record, 1985. p.45.

lembranças que envolvam suas leituras em atividades de lazer, dos prazeres da leitura ou mesmo como ocupação do tempo livre.

Poderia começar recapitulando os relatórios enviados pelos administradores de fazendas, com fins de prestação de contas sobre os trabalho, realizados na ausência dos patrões. Essa ausência justifica-se pelo fato de alguns desses proprietários terem uma ou mais fazendas, fixarem residência na cidade ou lá permanecerem durante alguns períodos do ano. Nesses relatórios vinham relacionadas as atividades desempenhadas na fazenda, o comportamento de escravos e escravas, a atribuição de algum castigo, a prestação dos serviços realizados, as moléstias, as mortes ou os nascimentos entre os empregados, providências a serem tomadas e encomendas da cidade necessárias na fazenda: medicamentos, ferramentas e outras.

As missivas de caráter administrativo constituíam uma praxe comum naquela época e eram realizadas, muitas vezes, pelo próprio fazendeiro. Assim, entre cartas comerciais, o razão e o borrador, Maria Eugênia de Castro relembra a escrivaninha de trabalho do pai. Sentado junto à escrivaninha ele realizava os apontamentos sobre seu trabalho, lançava os débitos e os créditos em seus livros de conta gerados pelos produtos cultivados na fazenda, no interior de Piracicaba.

Ainda que Anna Bittencourt, Maria Eugênia e Adélia Pinto não se refiram, textualmente, à leitura de relatórios ou à subscrição de cartas comerciais, pelos pais, é possível inferir a existência desses papéis entre os escritos que circularam no interior da casa-grande. Naquela época usavam-se diários administrativos como um instrumento de controle contábil. Eles registravam os bens do patrimônio, e os lançamentos neles contidos eram de essencial relevância à manutenção e perpetuação da fortuna, à negociação de dívidas, à captação de empréstimos, ao estabelecimento de contratos e consórcios e outros compromissos.

Durante o processo desta investigação pude localizar depoimentos como o de Maria Paes de Barros, que confirmam e detalham a freqüência desses relatórios no interior da rotina doméstica. A memorialista detalha o uso das missivas enviadas pelo feitor da fazenda de Piracicaba ao pai – o Comendador Barros. Assim ela narra:

> [...] era sobretudo como fazendeiro que não lhe faltavam preocupações e trabalhos. Já o enorme maço de cartas, que

> recebia regularmente dos administradores de suas várias fazendas, o obrigava a grande e constante correspondência. Essas longas missivas, que recebia regularmente, não continham somente o relato de atividades, mas também um detalhado diário de todos os escravos e escravas, com seus nomes, o serviço que faziam e tinham feito, as doenças, mortes, nascimentos, e por fim as providências a tomar... A mamãe, como as boas senhoras de antanho, sentada diante de sua mesinha de costura, sempre de agulha na mão, ouvia atentamente a leitura desse longo e um tanto enfadonho relatório. Conhecia todos os escravos pelo nome, sabia que qualidades e defeitos tinham. Suas bondosas e sensatas observações, sempre acatadas, inspiravam-se no interesse que sentia por tudo que se passava tanto na cidade como na fazenda.[30]

Interessante em sua descrição é o emprego do adjetivo "enfadonho" para qualificar essas cartas-relatórios. O que, por hipótese, pressupõe que a leitura foi ouvida não apenas por sua mãe, como ela conta, mas também pela própria Maria. Tanto assim que sua *História do Brasil*, publicada em 1932, trata de aspectos da vida econômica e da utilização dessa documentação como instrumento fundamental do controle administrativo dos fazendeiros, principalmente aqueles que mantinham suas moradias fixas nas cidades- províncias.[31]

Os lançamentos de créditos e débitos constituíam-se uma praxe entre os registros da família. Os cadernos de anotações eram comuns nos estabelecimentos comerciais, entre eles as Casas de Correção citadas por Maria da Glória Quartim de Moraes, onde se encontravam os artigos mais diversos para os negros escravos. A caderneta de anotação aparece ainda na venda do bairro lembrada por Zélia Gattai, onde D. Angelina compra sortimentos variados para o consumo diário e, na lojinha local, aviamentos, linhas, brinquedos, bibelôs e toda sorte de variedades, comuns ao comércio da época como narra Maria José Dupré, Maria Helena Cardoso e Hermengarda Takeshita. Tudo isso anota-

---

30   BARROS, Maria Paes de. *No tempo de dantes*, op. cit., p.50-2.
31   Cf. MOURA. In: MARCONDES, Carlos Eugênio (org.). *Vida cotidiana em São Paulo no século XIX, memórias, depoimentos, evocações*. São Paulo: Ateliê Editorial/Unesp, 1988. p.83. A respeito das cartas comerciais entre fazendeiros e a documentação historiográfica registras em memórias poderia destacar também a farta documentação levantada e consultada por MALUF, Marina. *Ruídos da memória*. São Paulo: Siciliano, 1995. p.95-253.

do como parte da economia doméstica. Escritos do cotidiano que se perderam ou se tornaram incomuns entre as novas formas e linguagens do comércio, como a dos cartões de créditos largamente utilizados no final de século XX.

Outro tipo de documentação usado, sobretudo pelos pais das memorialistas, diz respeito aos inventários, peças judiciais e cartas. Na documentação anexa às memórias de Anna Bittencourt, arrolam-se certidões, requerimentos e cartas que fundamentam a carreira militar de seu avô materno – Pedro Ribeiro de Araújo –, sua participação no movimento de independência na Bahia e, entre outros documentos, o pedido e a concessão de pensão para seus filhos pelos serviços prestados ao Império, a correspondência familiar, inventários e outros.

Os apontamentos sobre a economia familiar nos depoimentos femininos também aparecem nas referências sobre os cadernos de assentos, os borradores, os papéis da coletoria, os relatórios ferroviários, os apontamentos taquigráficos e até mesmo a caderneta da venda. Todos esses textos estão presentes nas rotinas de trabalho dos pais de Maria Eugênia de Castro, Anna Bittencourt, Maria José Dupré, Zélia Gattai, Adélia Pinto e Laura Octávio. É por meio da descrição sobre o modo de vida e de trabalho dos pais que se revelam seus usos com o escrito e com a escrita.

Por trás desses papéis estruturam-se os modos de sobrevivência das famílias partilhados, muitas vezes, pelas mães, particularmente aquelas cujas rotinas eram marcadas por períodos de ausência dos maridos e que assumiam a liderança dos empregados e dos trabalhos dentro e fora da casa.

Um objeto de leitura muito presente na rotina doméstica é o jornal. Na hierarquia familiar, os pais são os primeiros leitores do jornal. As notas sobre a política e a economia norteiam decisões e dividem os debates entre monarquistas e republicanos – tema que não escapa à lembrança de boa parte das memorialistas. O jornal é o mais popular entre os materiais de escrita pela facilidade de sua aquisição e circulação. Ele cumpre uma função social importante naquela época: viabiliza a comunicação com públicos variados, em diferentes condições socioculturais e posições geográficas. Além disso, o jornal tem peso significativo na formação da intelectualidade brasileira, na produção literária feita por homens e mulheres, na própria consolidação da imprensa nacional, na formação de ideários fundamentais à identidade brasileira, na socialização de certas práticas culturais, na disseminação de valores, comportamentos, gostos e tantos outros aspectos constitutivos dos modos de vida que atravessaram o século XIX, que se transformaram e se incorporaram na vida cotidiana e se perderam no século XX.[32]

O jornal faz e traz história da vida de leitoras e leitores das pequenas vilas e das províncias maiores, entre os séculos XIX e XX. Em torno dele, reúnem-se homens e mulheres para as leituras literárias realizadas nos serões domésticos até altas horas da noite ou, ao contrário, em torno dele há censuras a certas leituras. Por causa dele, as subscrições e assinaturas de outros impressos podem ser veiculadas e/ou adquiridas, e também os negócios são estimados, anunciados, realizados. A contratação de professores, o comércio de livros, a assinatura de revistas ou do próprio jornal, a compra de equipamentos, o controle dos preços do café e do açúcar é possibilitado aos pais por via dos jornais.

Como narram muitas memorialistas, a monotonia da vida do campo quebrava-se com coisas simples como a chegada do correio, do circo, das missões, dos jornais do dia e do calendário religioso e popular com as comemorações do bumba-meu-boi, Folia de Reis, São João, Natal, procissão das Cinzas, da Ressurreição e outras. Era diversão para a criançada reunir-se em volta dos pais e ouvir as notícias que chegavam por meio das cartas de familiares e dos velhos papéis como o da *Gazeta da Bahia*, do *Correio Paulistano* (impresso em papel cor-de-rosa), do tão conceituado jornal carioca, o *Jornal do Commercio*, o *Jornal da Manhã* e as gazetas locais de Curvelo, Botucatu, Santos e Cabo, em Pernambuco.

> Todas as manhãs, depois do café, papai lia em primeira mão o "Estado de São Paulo", único diário comprado em casa. Fazia-o de pé, o jornal aberto sobre a mesa, as mãos apoiando o corpo, meio debruçado sobre as folhas. Ficava um tempão, mergulhado nos artigos políticos, inteirando-se dos acontecimentos do mundo através dos telegramas do noticiário matutino. Seu Ernesto lia corretamente, porém devagar, palavra por palavra. Escrevia também lentamente, mas sua caligrafia era boa, cheia de personalidade. Tivera apenas

---

32 RIZZINI, Carlos. *O livro, o jornal e a tipografia no Brasil* (1500-1822). São Paulo: Imprensa Oficial do Estado, 1988 (ed. fac-similar).

alguns meses de escola, o suficiente para aprender o alfabeto e as quatro operações. O resto, tudo o que sabia, resultara de esforço próprio da vontade de aprender. [...] Mamãe e as meninas esperavam pacientemente que o chefe da família concluísse sua leitura. Atiravam-se em seguida sobre o enorme jornal, iam diretas à coluna dos necrológios, nunca desejando encontrar o nome de um amigo, mas sempre procurando nomes conhecidos. Ficavam a par dos mortos e dos horários de enterros. Faziam cálculos: a tal hora passará em frente à nossa casa. No entanto, nem todos os enterros despertavam igual interesse. (GATTAI, Zélia, *Anarquistas, graças a Deus*, p.44-5.)

Naquele tempo era "deponente" para um homem, qualquer que fôsse a sua condição social, permitir que a s mulheres da casa trabalhassem, a não ser em bordados e costura, para o que minhas tias não tinham nem aptidão nem pendor. Papai teve, pois que se empregar no trabalho que achou, como caixeiro da livraria de um padre, ganhando muito pouco e trabalhando como um mouro. Foi assim, penso, que êle adquiriu o hábito de querer muita coisa da vida, exigindo de todo o mundo o que êle próprio dava, o máximo de honestidade, de escrúpulo e dedicação. Muito inteligente, triunfou da falta de tempo para estudar, instruindo-se nos livros que lia, e como gostava de ler. Mesmo os romances de Júlio Verne que sempre detestei e ainda detesto. Tôdas as noites o zelador da Biblioteca. Sr. Horácio, um homem muito manso, trazia-lhe os jornais que êle não podia obter no Cabo e que devorava, lendo até alta noite, para entregá-los na manhã seguinte. (PINTO, Adélia, *Um livro sem título*, p.19-20.)

Pouco tempo depois do casamento de meu pai, seu cunhado Horacio teve a proposta de contratar o serviço taquigráfico do Congresso Paulista. Tio Horacio, de uma inteligência invulgar, estudou o assunto, aperfeiçoou o sistema, exercitou-se e propôs ao cunhado fazerem a dois esse serviço, um ficaria na Câmara, outro no Senado. Assim fizeram pela vida fora, sempre solidários em seus negócios. Energia e força de vontade não lhes faltavam; arcaram com a responsabilidade e foram ensinar outros jovens que formariam as equipes de trabalho. Tinham de fazer o trabalho, levar aos deputados e senadores as cópias de seus discursos para serem revistas e levá-las ao *Correio Paulistano* que as publicava. No dia seguinte recortavam o jornal e colavam as tiras em folhas de papel branco onde eram corrigidos os erros de imprensa. Esse material seria levado a Lisboa para serem impressos os anais, no Largo do Conde Barão, numa casa editora dirigida por um senhor Zé de Melo. Como me lembro de ver meu pai cortar as tiras do jornal, colá-las e depois fazer a revisão! Desde cedo olhava-o atentamente e reparava no capricho que punha por fazer tudo com limpeza, as aparas na cesta de lixo, a tesoura afiada, os lápis apontados com perfeição, pontinha curta e fina. Tanta coisa que se vem fazer mais tarde teve início num aprendizado da infância. Verdade é que eu era muito agarrada a ele. (OCTÁVIO, Laura Oliveira Rodrigo, *Elos de uma corrente: seguidos de outros elos*, p.31-2.)

Mas aonde mais íamos era à loja de Siô Juquinha Soares. Ali se encontrava o sortimento mais fino da cidade: lãs, sedas lavradas, *moirées*, chamalotes, crepes, tudo da última moda. A loja vivia cheia do melhor elemento feminino da terra e lá se comentavam os acontecimentos diários. Era o ponto elegante, freqüentado pela melhor gente. Até mamãe passava lá diariamente para ler *O Correio da Manhã* e inteirar-se dos últimos acontecimentos, principalmente os políticos. (CARDOSO, Maria Helena, *Por onde andou meu coração*, p.17-8.)

Era um hábito do povo de Curvelo e ninguém que se prezasse deixava de observá-lo: às tardes, as famílias tomavam "a fresca", como diziam, sentadas nas calçadas das casas, em cadeira, tamboretes, ou bancos de madeira presos à terra, embaixo das janelas da gente mais humilde. Ali se conversava, recebiam-se as visitas dos vizinhos que se associavam muitas vezes à palestra da família. Discutiam-se naquelas rodas os casamentos, os batizados, os namoros, as modas e, principalmente, a política local, responsável pelos acontecimentos mais palpitantes da cidade, os artigos insultuosos dos dois jornaizinhos da terra, cujas facções de digladiavam por aquele meio, a luta durando por gerações e gerações das duas famílias dominantes. (CARDOSO, Maria Helena, *Por onde andou meu coração*, p.51-2.)

A circulação/socialização dos jornais e as formas que vão assumindo alcançam mudanças, inclusive, no público-leitor. Alguns títulos sucedem outros e alguns jornais passam a circular semanal ou diariamente. As mudanças de diagramação aceleram-se. Aparecem as ilustrações, as caricaturas e uma série de outros recursos gráficos, e também novas formas de disponibilização do próprio jornal ao público do campo e das cidades. Essas e outras mudanças passam, gradativamente, a interferir nos modos de ler e nas práticas de leitura, tanto do público masculino como do feminino, que se ajustam às novas linguagens e são cada vez mais atendidos em seus interesses e buscas, ou se vêem rendidos ao poder desse veículo de informação que circulou cada vez mais de mão em mão.

No caso dos folhetins de jornais – um dos mais citados objetos de leitura entre os familiares das memorialistas –, percebe-se como eles modificaram as formas de leitura dos leitores e como ganharam papel relevante na história social da imprensa brasileira.

Os números traduzidos dos romances, originalmente franceses, chegam via assinatura/subscrição; multiplicam-se pelos empréstimos e leitura em voz alta e atravessam distâncias nos recortes enviados dentro das correspondências.

Dos caminhos, prováveis e improváveis, os editores desdobram as formas de circulação dos folhetins: inicialmente fatiados em capítulos, eles acabam se sobrepondo, na forma de livro e de jornal. Surgem novas versões sobre o mesmo romance-folhetim, a fim de atingir até os leitores mais desavisados e romper seus limites como leitura exclusivamente feminina.[33]

É o que confessa José de Alencar em *Como e porque sou romancista*. "Possuído pelos romances" é a expressão que o escritor usa para dizer da paixão, desde menino, pelas novelas tidas como de segundo time. Alencar foi "ledor" de livros e folhetins para sua mãe e vizinhas. Mais tarde, reconhece a influência dessas leituras no seu ofício com a pena.

Em outro depoimento recolhido por Marlyse Meyer, é o memorialista Jacob Penteado quem evoca os serões domésticos e narra:

> Era hábito, naquele tempo, as famílias reunirem-se, à noite, para leitura de romances, principalmente os de folhetins. Obras de Michel Zevaco, como *A ponte dos suspiros*, de ambiente veneziano, *Fausta*, *Pardaillan*, de capa e espada, faziam furor. O mesmo acontecia com os volumosos romances de

---

[33] A esse respeito, ver MORAIS, Maria Arisnete. *Leituras femininas no século XIX (1850-1900)*, op. cit., p.55-62.

> Emílio Richebourg, Eugênio Sue e Ponson du Terrail. *Os mistérios de Paris*, do segundo, e os dramalhões, *A filha maldita* e *A entregadora de pão* eram os best-sellers da época. Emílio Gaboriau, o pioneiro do romance policial, foi outro ídolo. Várias vezes figurei como ledor, nessas reuniões. Quase todos esses livros eram editados pela velha casa Sonzogno, de Milão, em italiano, idioma comum dos ouvintes. Com isso, apurava meus conhecimentos dessa língua.[34]

Assim como Alencar, Jacob Penteado é também influenciado por essas leituras. As personagens vão povoando o imaginário de Penteado, como ele afirma, "influenciando tanto o espírito" a ponto de os protagonistas tornarem-se figuras dignas de respeito e admiração e, assim, passou a "amar o grande Victor Hugo, pode dizer-se, desde criança, devido ao seu aspecto humano e poder descritivo". A predileção torna cada leitor um adepto e "essa predileção jamais se extinguiu pelo resto da vida". Entre as despesas, o "magro ordenado" terá uma parte para a aquisição de livros que continham "resumos de óperas, de obras da literatura mundial, de história, geografia, biográficas, com o que adquiri o gosto, ou o vício da leitura". E como uma vez entregue ao vício, cada leitor elege as suas fontes: "passei a cultuar Dickens, Dumas, Balzac, Stendhal, Alencar, Zola e Lima Barreto".[35]

As evidências do romance como uma leitura também masculina são mais amplamente analisadas por Marlyse Meyer ao longo de sua reconstrução histórica sobre o romance-folhetim no Brasil. A pesquisadora aponta que essa "ficção feminina" ou "literatura de segundo time" encomendada, vendida ou alugada pelos gabinetes de leitura do século XVIII e início do século XIX, na França, tem, no Brasil, não só as fiéis adeptas, mas também adeptos e admiradores do gênero, como o Visconde de Taunay, "um dos pré-românticos franceses da Tijuca" e devorador de romances, desde os tempos de estudante, na década de 1850. Um gosto compartilhado por outros, como Joaquim Manuel de Macedo, Brito Broca e por gente que cursara a Faculdade de Direito de São Paulo.[36]

---

34 MEYER, Marlyse. *Folhetim: uma história*. São Paulo: Companhia das Letras, 1996. p.335.
35 Idem, ibidem.
36 Idem, p.271, 284, 286.

Uma leitura compartilhada por toda a família, como narra Maria de Lourdes Teixeira. A mãe reunia à noite o marido e os filhos para a leitura dos romances, seja em livros, seja em folhetins. A literatura francesa e o que dela se converteu ao formato folhetim rompia o silêncio das noites nas fazendas no interior de São Paulo, onde a família gozava os períodos de férias. Pai e mãe revezavam-se na leitura diária dessa literatura folhetinesca. A formação do gosto pela leitura, do hábito da leitura diária, da prática em torno dos prazeres da leitura, a escuta e a memorização dos textos veiculados nas folhas jornalísticas constituíram parte da herança familiar preservada pelos pais de Maria de Lourdes.

Para seu Ernesto esse tipo de texto era de gosto duvidoso, tanto em seu valor literário como em seu efeito moral. As brigas dele com a esposa, D. Angelina, faziam parte das rotinas do dia. Enquanto ele buscava, nos jornais, os assuntos políticos, as notícias anarquistas, os informes econômicos e automobilísticos para seu negócio no comércio de carros, D. Angelina aguardava, como toda a vizinhança, o horário reservado para as costuras e os bordados regado à leitura dos romances de capa-e-espada que a filha mais velha lia com entonação que valorizava a trama.

Maria José Dupré demonstra como a leitura, em particular a do romance-folhetim, atinge seus familiares. O gosto por essa leitura ultrapassa os preconceitos de que essa literatura "açucarada", dramática e supostamente duvidosa em seu teor literário seja de interesse exclusivo das mulheres. Na voz de seu pai essa literatura anima os serões noturnos e se alterna apenas com o som da máquina de costura de sua mãe. Esses impressos ultrapassam as diferenças sociais para a sua aquisição e admitem usos que se distinguem segundo a aventura de cada leitora/leitor desse mesmo impresso – um mesmo que se torna outro –, em função dos suportes que o veiculam, ora livro, ora folhetim, ora livro e folhetim, e das práticas individuais e coletivas de leitura que se realizam em torno deles.

> [...] Êle ficou pensativo algum tempo, depois começou a falar sôbre os parentes de Sorocaba. "– Fale do brasão dos Oliveiras...", eu pedia.
>
> [...] Meu pai começava a desenhar o brasão: "– A mão segura a espada, na espada estão as letras: I. H. S. – quer dizer Jesus

> Hominum Salvator. De um lado – sable e do outro lado – ouro. Há um ramo de oliveira espetado quase na base da espada e estas palavras: Non Commovebitur, em latim..." Eu seguia as explicações e êle perguntava a minha mãe: "– Está certo, rosinha?" Ela dizia que sim e explicava a significação das palavras em latim – "Non Commovebitur – não voltarás, não demoverás..."
>
> "– Quem lembrou de fazer o brasão?" eu perguntava. "– Um dos antepassados, os Lopes que moravam em Sorocaba..." Mamãe explicava que eram pessoas adiantadas para a época, possuíam biblioteca em casa. Os únicos na cidade que tinham livros, tinham tôda a coleção de Alexandre Dumas... "– Quem é mesmo Alexandre Dumas?", eu perguntava. Meus pais explicavam devagar, com paciência, citavam os nomes dos romances e contavam que o folhetim que vinha diàriamente num dos jornais da Capital era de Dumas. [...] Eu já estava cochilando, a cabeça encostada na cabeça de papai, queria saber mais e êles diziam: "Chega, vá dormir..." "Mas não tenho sono...". Eu me levantava, tomava a bênção dos dois e ia para o meu quartinho, sem vontade. Em minha cabeça misturavam-se os romances do Alexandre: a rainha Maria Antonieta, o colar, de quem era o colar? Da rainha...Os Lopes de Sorocaba tinham biblioteca com livros do Alexandre. Gente importante, tinham brasão. Muito bonito. Não voltarás atrás. Como é que eu não podia voltar atrás? Todos os dias eu voltava para trás, essa era a verdade. Não seguia o brasão dos Lopes de Oliveira. (DUPRÉ, Maria José, Os caminhos, p.85-7.)

Os folhetins saem de Sorocaba e alcançam as irmãs casadas de Maria José que residem em povoados mais distantes. As cartas levam notícias dos acontecimentos do dia e as tiras dos "rodapés-de-jornal" que vão, assim, conquistando leitoras e leitores e espaços mais privilegiados no corpo do jornal.

O pai de Maria José, como também os de Maria de Lourdes, de Adélia, de Maria da Glória, de Carolina, de Laura e de Zélia, são relembrados em outros passagens da memória como leitores que buscavam os escritos para além de usos práticos e cotidianos. Como narra Maria José Dupré, a herança deixada por seu avô ao seu pai traduz-se na literatura portuguesa que lia, relia e sabia de cor. Esse legado cultural encarnado nas recitações diárias de seu pai manteve-se vivo na memória da escritora por meio dos versos de Guerra Junqueiro, Raimundo Corrêa, Castro Alves e outros.

O encontro do pai de Adélia Pinto com os livros aconteceu de maneira fortuita. Quando ainda menino, por ocasião da morte de seu pai e a necessidade de sustento do grupo familiar, assumiu a função de guardador de livros numa pequena livraria na cidade do Cabo, em Pernambuco. Levava para a casa, à noite, os jornais que seriam distribuídos no dia seguinte. Esse empréstimo era facilitado por um amigo. Todo o conhecimento adquirido com os livros foi se acumulando no ofício de balcão e de depósito, onde seu pai se misturava com a poeira e os pacotes das encomendas e do estoque mantido na loja.

Já Laura Octávio, Zélia Gattai e Maria da Glória Quartim de Moraes relembram o gosto de seus pais pelas letras ao lado do gosto pelo teatro, pela música e pela vida cultural da velha São Paulo. No caso de Maria da Glória e de Laura os pais atuaram em favor da divulgação do teatro na cidade paulista. O velho Quartim, como sócio fundador do Cassino, espaço privilegiado pela elite da época, promovia bailes, saraus e apresentações diversas, além de conservar e promover o Teatro São José, uma antiga casa em São Paulo criada pelo avô de Maria da Glória e que sediou peças teatrais, óperas e números dançantes e musicais diversos. O pai de Laura, Numa de Oliveira, além de sócio fundador do Automóvel Clube e do Club Athletico Paulistano, foi diretor do Teatro Municipal e atuou em vários acontecimentos que favoreceram o crescimento social e cultural da capital paulista, como foi o da Semana de Arte Moderna, em 1922.

Numa, leitor assíduo, lia com a filha e lhe fornecia livros, recitavam juntos versos e trocavam impressões acerca da literatura machadiana que, tudo indica, fazia parte de suas preferências.

Quanto a Joaquim Nabuco, Carolina recupera reminiscências que privilegiam tanto a figura política de seu pai, herdeiro de uma trajetória que se destaca com o avô – o conselheiro José Tomás Nabuco de Araújo, senador e estadista do Império –, quanto o pai leitor, amante das letras, memorialista, biógrafo, historiador e intelectual que testemunha a sociedade patriarcal brasileira em que viveu, em páginas intituladas *Minha formação* – texto-monumento da historiografia social do país e que, hoje, se adensa com outros pensadores sociais.

Maridos e amores

Os afazeres domésticos interpõem-se na vida das mulheres e suas leituras. É fato, entre boa parte dos depoimentos femininos, as rupturas e as descontinuidades nas práticas de leitura da mocidade e da vida adulta, sobretudo após o casamento e a maternidade.

> Guiomar não dispunha de muito tempo para ler, com três filhos pequenos para cuidar e as encomendas para entregar; assim mesmo conversávamos e eu perguntava: 'Você acha que Dom Quixote é o símbolo de alguma coisa que não se consegue realizar apesar da luta? Ou é uma caricatura dos cavaleiros da idade Média, como aprendi na escola? Ela ficava com o ponto de tricô parado no ar, olhando-me... (DUPRÉ, Maria José, *Os caminhos*, p.215.)

Embora tenha encontrado alguns depoimentos que sinalizam a incompatibilidade entre casamento e leitura, em outros foi muito marcante a prática dos maridos-leitores e a troca que eles estabeleceram com suas esposas-leitoras.

O testemunho de Maria Isabel Silveira não foge às situações de descontinuidade nas práticas de leitura durante o cuidado com os filhos, nos primeiros anos de vida de casada, embora seja um dos depoimentos mais significativos para ilustrar os efeitos das práticas de leitura do marido, no cenário familiar, e como isso condicionou certas leituras da esposa e dos filhos.

Aliás, desde a infância, Valdomiro Silveira aparece como um ídolo para Isabel.

> Aquele entardecer de Junho, no qual um pacote de balas decidiria meu destino, decidiu também o nome pelo qual o Ganso passou a chamar-me: Júnia. Sob êsse nome tornei-me a musa do generoso doador de balas, balas que com o meu crescimento foram sendo acompanhadas de frutas, livros, e... versos. Fiquei satisfeitíssima quando Valdomiro me dedicou êste primeiro soneto, embora meus dez anos me permitissem mais admirá-lo que entendê-lo:
>
> A ânsia que tenho, vaga e penetrante,
> Nasceu não mais que de uma fantasia,

> Pois eu querendo amar alguém, queria
> Que êsse alguém fôsse amado e muito amante [...]
>
> No momento em que o poeta conheceu a celebrada musa, era ela analfabeta. De fato, fui à escola pela primeira vez sòmente alguns meses depois de ter conhecido Valdomiro... E quanto mais me instruia, mais crescia minha admiração por êle. Seus versos eram publicados nos jornais de São Paulo e valeram-lhe, mesmo, uma reprovação nos exames no primeiro ano de direito. (SILVEIRA, Maria Isabel, *Isabel quis Valdomiro*, p.14-5.)

A literatura perpassa as lembranças das situações as mais corriqueiras do dia-a-dia. Isabel recupera o círculo de amigos e amantes das letras, freqüentadores assíduos da casa: Claudio de Souza, Ricardo Gonçalves, Antero Bloem, Vicente de Carvalho e Martins Fontes, e o pintor Benedito Calixto.

Além disso, a literatura encarnou-se em livros, pilhas deles, jornais, revistas – nacionais e estrangeiras –, objetos de amor e de trabalho do marido, partilhados entre a esposa e os filhos; adquiridos por compra, empréstimo, encomenda, assinatura e presente.

Isabel narra em seu caderno o tempo da criação dos filhos. Seu registro destina-se a eles. Para educá-los, ela lança mão do gosto comum com o marido – a literatura. Ao referir-se às suas leituras indica as revistas femininas e de moda, os romances e a poesia. Ela elege a própria literatura como forma de autoperpetuação quando publica, anos mais tarde, sua autobiografia.

A presença do marido-leitor estreita uma relação, iniciada na infância. Antes dele ela contava com uma família de herdeiros que cultivam a ligação com a literatura, o teatro e a música.

Seu depoimento constitui-se de traços muito evidentes acerca da rotina feminina e de seus afazeres domésticos. Uma vida sem luxos, mas sem muitas oscilações, habitada, como ela mesmo diz, em meio aos livros, aos papéis de Valdomiro, escritos de toda ordem e em desordem – retratos de sua vida como advogado, jornalista e escritor. Do excesso de leitura, de livros, dicionários, enciclopédias e de revistas seu texto se ressente, sutilmente, de uma falta feminina. É essa falta que Isabel aborda em uma carta, entre muitas outras, escritas a seu pai. Diz da falta do marido, suas constantes viagens, seu vaivém entre os livros –

amigos íntimos, cotidianos, desde os tempos do curso de Direito na Faculdade de São Paulo, onde diplomou-se.

> [...] contava-lhe que ia ser novamente mãe, que Valdomiro lia desesperadamente em tôda parte e à noite ainda trazia pilhas de livros à cabeceira da cama, para aproveitar as horas, nas quais a asma tirava-lhe o sono, tomando sempre notas com imperceptíveis pontinhos nas páginas para não enfeiar os livros. Valdomiro, aliás, assinara lindas revistas para cada um de nós, e leitura é que não faltava. [...] Valdomiro era louco por seus livros e eu pelas minhas flores. (SILVEIRA, Maria Isabe, *Isabel quis Valdomiro*, p.91-2.)

As leituras parecem interpor-se na relação do casal. Os livros rivalizam, de certo modo, com o amor entre "Ganso" e "Gata Seca" – apelidos de Valdomiro e Isabel. Alguns trechos de Isabel tratam das ausências do marido, suas viagens a São Paulo, seus compromissos na Academia Paulista e outros.

Já na experiência de Maria de Lourdes Teixeira o escrito é, claramente, um obstáculo entre marido e esposa. Como escreve a própria memorialista, os "ardis do destino" começaram pela "linha reta traçada sobre um trilho de livros", uma experiência que durou vinte anos, num casamento estabelecido sob muitas restrições e imposições.[37]

> Foi em minha vida um longuíssimo sofrer que não conseguiu anular-me, porque a literatura me amparou, foi meu arrimo, o meu pão de cada dia. Por imposição de meu marido, nunca mais publiquei uma linha sequer. [...] O máximo que consegui sem desarmonia foi conviver com os livros. E foi o que me salvou, sem saber que assim me preparava para o exercício de uma carreira futura. [...] Através dos anos, fomos reunindo uma grande e selecionada biblioteca, incluindo excelente brasiliana onde não eram raras as edições princeps, encomendadas a livreiros do Rio de Janeiro. Em São Paulo muitas obras raras foram sendo adquiridas na Livraria Brasil, de Carlos Mourão, nosso fornecedor durante anos, com loja na rua Benjamim Constant (TEIXEIRA, Maria de Lourdes, *A carruagem alada*, p.53.)

---

37 TEIXEIRA, Maria de Lourdes. *A carruagem alada*. São Paulo: Pioneira, 1986. p.51.

O nascimento do filho, as leituras e as anotações em cadernos íntimos parecem ter sido os poucos prazeres de Maria de Lourdes durante esse período da vida conjugal. Ao contrário do que Válery Larbaud afirma – a leitura é um vício impune –, no caso de Maria de Lourdes o preço de sua transgressão foi o de não poder publicar. Como um músico que não compõe, uma artista que não se apresenta, a leitura sem a escritura ficou aprisionada durante vinte anos. Tempo demais para um casamento compensado apenas, de acordo com Lourdes, pelo estoque de livros nesse tempo de clausura e pelo sucesso que posteriormente conseguiu obter.

O divórcio e depois a união com José Geraldo Vieira, também escritor, foi uma das liberdades usufruídas por Maria de Lourdes. Desse relacionamento, a memorialista narra algumas trocas em torno dos livros, o gosto e a profissão comuns aos do romancista, além das afinidades e cumplicidades estabelecidas, paralelamente, à consumação da separação judicial nos anos 1940: uma segunda transgressão (feminina) numa sociedade de muitos preconceitos.

Recém-saída da clausura matrimonial, Lourdes retoma a vida entre jornalistas, escritores e artistas plásticos, exercitando as atividades de tradução, revisão, publicação e participação em jornais e revistas que levaram-na a ocupar seu lugar, por direito e conquista, na Academia de Letras.

No pólo oposto, Maria José Dupré realça a participação positiva do marido em sua trajetória como leitora e, particularmente, na carreira como escritora. Entre muitas lembranças, os trechos selecionados ilustram a relação estabelecida entre Leandro e Maria José.

> Leandro tocava violino numa orquestra de amadores, na qual se tornou o primeiro violino. Ensinou-me a apreciar os grandes músicos e compositores. Um dia eu disse: "– Sabe? Gosto de Alberniz, de Brahms, de Mozart, de Debussy, mas nunca pude entender Wagner, acho tão longe, longe demais para meu entendimento, está muito alto..." "– Você vai adorar a música de Wagner, vai ouvi-la até compreendê-la". Isso aconteceu anos mais tarde, quando viajamos pelos Estados Unidos. (DUPRÉ, Maria José, *Os caminhos*, p.237.)

> Continuei com minha leituras e como não podia comprar livros, fiquei sócia de uma livraria na cidade que os alugava,

> até um por dia se quisesse, o que me deixou equilibrada com
> a fome de leituras que sentia. Leandro também gostava de
> ler; muitas vêzes lia em voz alta os livros deSinclair Lewis no
> original e também 'Forsyte Saga', de John Galsworthy. Havia
> dois proveitos nessas leituras: aperfeiçoávamos, ou melhor
> acostumávamos com a língua inglêsa e ficávamos a par dos
> bons romancistas norte-americanos e inglêses. (DUPRÉ,
> Maria José, *Os caminhos*, p.280.)

Entre as partilhas do casal, Leandro estimula a produção do primeiro conto que acabou sendo publicado no Suplemento do jornal *O Estado de S. Paulo*. Assim começaria a trajetória de Mary Joseph – pseudônimo usado pela escritora na época –, uma carreira acompanhada pelo marido e sócio da Editora e Livraria Brasiliense, fundada, inicialmente, nas dependências da residência do casal em São Paulo,[38] com a participação de Monteiro Lobato, Caio Prado Jr. e Artur Neves e dela mesma.[39]

Além dos maridos, fossem amados ou não, poucas memorialistas narram seus casos de amor – os nem sequer vividos ou os interrompidos. Refiro-me a alguns pretendentes que o "destino" desviou, embora entre as lembranças tenham ficado livros e leituras que marcaram parte desse percurso.

Anna Ribeiro de Goes Bittencourt narra os desencontros com seu primeiro amor e pretendente. As objeções do pai à união com Pedro Trindade logo não mais se justificaram, já que ele, ainda jovem, contraiu forte tuberculose. As conversas de amor restringiram-se a poucos encontros e algumas remessas de livros, endereçadas sempre à mãe de Anna, a fim de evitar suspeitas e censuras severas por parte dos familiares.

Pedro interessava-se por literatura e ofereceu à sua pretendente alguns títulos, como *Eurico, o presbítero*, *O monge de Cister* e *A história de Portugal*, todos de Alexandre Herculano. De Alexandre guardava e recitava de cor trechos e trechos. Anna considerava-o o melhor colaborador da *Panorama*, uma revista que lia junto de sua mãe.

> De quando em vez, mandava livros à minha mãe, o que não
> era de estranhar, porque todos sabiam quanto ela gostava de

---

[38] DUPRÉ, Maria José. *Os caminhos*. São Paulo: Saraiva, 1969. p.306.
[39] PAIXÃO, Fernando (coord.). *Momentos do livro no Brasil*. São Paulo: Ática, 1996. p.52.

ler. Enviando um em francês, dizia: "Sei que vosmecê não conhece esta língua, mas pode mandá-lo traduzir por sua filha". (BITTENCOURT, Anna Ribeiro de Goes, *Longos serões do campo*, v.II, p.206.)

Essa e outras estratégias constituíram-se as poucas formas de encontro entre os dois jovens.

> Nunca tocava em meu nome, parece que com a idéia de que, se alguma dessas cartas caísse em mão de meu pai, suspeitasse ele que conservava alguma esperança de sua malfadada pretensão. [...] Pedro da Trindade enviou-nos *Le monde marche*, de Eugene Pelletan, que estava muito em voga, e *De la longevité de la vie humaine*, de Flourens. Este era científico, mas dizia Pedro da Trindade que nós o compreenderíamos. Outros mais nos eram assim enviados. Um dia recebemos um embrulho de músicas: uma valsa e algumas modinhas e não em voga. No invólucro, lia-se "Manoel Saturnino oferece a Santinha". Minha mãe suspeitou que era oferecido pelo outro sobrinho, e, algum tempo depois, perguntando-o a Pedro da Trindade, este negou, porém de modo a aumentar a suspeita. (BITTENCOURT, Anna Ribeiro de Goes, *Longos serões do campo*, v.II, p.207.)

Seguindo a trilha dos amores platônicos, Maria Helena Cardoso é outra memorialista que descreve algumas experiências de leitura motivada por uma amizade apaixonada. Sua baixa-estima, sem dúvida, impediu-a de estreitar os laços com Joviano. Helena sempre se considerou feia e sem atrativos para um homem, e assim procurava compensar com suas tendências literárias e intelectuais as faltas que julgava ter como mulher.

> O hábito de ser feia me valera para alguma cousa. Percebendo muito cedo que a Natureza não tinha sido pródiga para comigo em dotes físicos, desenvolvi em mim tendências que compensavam essa falta. Gostava de ler e me entreguei apaixonadamente à leitura, dispondo para a minha idade de uma cultura literária bem superior à que possuíam as minhas companheiras. Criei para mim um mundo que prescendia daquilo que não possuía. Tinha uma vida minha e um mundo que me dava muito. E Joviano o tinha descoberto, apreciando exatamente aquelas qualidades desa

percebidas de outros menos sensíveis. Sentia-me feliz em poder partilhar com alguém tudo aquilo que sabia e que gostava, eu que até então vivera de surpresa e admiração. A nossa amizade, aos poucos, criava raízes. Fora da praia, ia à minha casa e muitas vezes saíamos juntos. Numa noite de baile, minha felicidade foi completa. Não me deixou, dançou comigo o tempo todo, preferindo a mim, a feia, a todas as mulheres belas que o cobiçavam. Mas, apesar da atração que sentia, Joviano era apenas um amigo. Demasiado bonito e reqüestado para que o amasse, pensava eu. Não confiava na duração, entre nós, de afeto outro que não a amizade. (CARDOSO, Maria Helena, *Por onde andou meu coração*, p.112-3.)

A sublimação fortalece a intimidade entre Helena e os livros. Só não a impede de experimentar outro amor, ainda que sem vivê-lo inteiramente. Um caso de intensa amizade estreitada pela música e a leitura, objetos de afinidade comuns partilhados com Vito.

AMIZADE, AMOR; o limite entre uma e outro é tão frágil que não se consegue nunca parar na linha que os separa. Por mim, quero sempre dar tudo, não importa se amor, se amizade. Vito foi meu amigo toda a vida, uma vida de cinco anos. Fomos amigos, eu o amei e ele a mim. Vivemos tudo que constituiu nossa vida, nesse pequeno espaço de tempo, na maior harmonia. Não o conhecia, mas meu coração logo advinhou sua irremediável vocação de gostar, para a vida e para a morte. A primeira vez que eu o vi foi num começo de noite de verão. Gostei do seu sorriso, mas naquele momento não pressenti a amizade que nos ligaria até a morte. Alguns dias se passaram e não pensei mais nele. Julgava-o demasiado intelectual para mim. Nunca poderia ser sua amiga, não estava à sua altura. Não saberia como conversar com ele. Não pensava que, para ele, bastava conversar com o coração. Começou a me procurar, a fazer minha conquista. Se a campainha tocava e eu ia abrir a porta, via primeiro as braçadas de flores raras que trazia, para depois distinguir o seu sorriso, o olhar iluminado com que me olhava. Sentávamos no sofá e esperava que ele começasse: falava de tudo, principalmente de artes plásticas, que era o seu forte, de literatura, procurando acertar com o que eu preferia. A princípio tímida, acabei por ganhar confiança me abrindo inteiramente: a Pintura, que não entendia e que ele

> procurava me ensinar, os livros que amávamos juntos, e
> depois a Música, música, sempre música. (CARDOSO,
> Maria Helena, *Por onde andou meu coração*, p.161.)

Os livros continuaram, na vida de Maria Helena, a ser casa, abrigo, conforto e amparo, inclusive em sua desilusão amorosa com Hans, e, mais tarde, durante a doença de seu irmão e grande amigo Lúcio.

Quanto aos maridos, nem sempre é possível saber se eles, de fato, foram amados pelas mulheres. Casamento é uma palavra de efeito social para as memorialistas que nasceram entre 1843 e 1916, embora seja necessário marcar que para cada uma delas os significados vão se diferenciando em frente de novos contextos, disposições e mudanças histórico-culturais. Ainda assim, sob a palavra casamento camuflam-se ou enterram-se esperanças de amor, já que os consórcios ou enlaces matrimoniais, quando não eram arranjados, eram concebidos como meios de segurança e de afirmação social para a mulher. A concepção que subjaz ao casamento governa, orienta e constitui parte importante da construção da identidade feminina.

Assim, casamento e amor não são, necessariamente, parte da aliança, e se há amor antes ou fora do casamento, o tempo silenciou essas experiências em labirintos da memória que não chegaram a ser percorridos voluntária ou involuntariamente durante os registros. As lacunas e as omissões sobre os amores são tão significativas no conjunto dos depoimentos que arriscaria dizer que foram propositais.

Irmãs e irmãos

As manas mais velhas encarregavam-se, em muitas famílias, dos cuidados higiênicos, de alimentação e de educação dos pequenos. Laura Octávio cita a irmã Marietta como a mestra que

> [...] ensinou "os rudimentos de música, francês, além das
> primeiras letras no colégio. Ademais, como gostava de ler
> alto e encontrava uma atenta admiradora na irmã menor, tudo
> quanto ela achava que eu podia ouvir, me lia em voz alta".
> (OCTÁVIO, Laura Oliveira Rodrigo, *Elos de uma corrente:
> seguidos de outros elos*, p.41.)

Marietta e Laura partilharam La Fontaine, Fradique, Madame de Ségur, Eça de Queiroz e textos de teatro. Estes recontados após as apresentações que a irmã freqüentava. Marietta gostava de versos, de lê-los e de criá-los; gostava ainda de canto e piano. Esses atributos tornavam-na ainda maior perante os olhos de Laura. Mais tarde, Marietta assumiu aulas na Escola-Modelo Maria José, no bairro do Bexiga, em São Paulo, e lá foi professora de Laura por dois anos.

Das lembranças escolares com a irmã Marietta, Laura refere-se ao Método João de Deus – cartilha de uso para o então moderno ensino da leitura e da escrita. Marietta estava com 16 anos e ocupava, pela primeira vez, a cadeira no curso primário. Recém-formada pela Escola Complementar, contou com D. Elisa Rachel de Macedo, diretora da escola, para auxiliá-la no uso da cartilha. Marietta iniciou Laura nos estudos de piano e, nesse percurso, Laura também completa mais tarde os estudos no curso Normal, pela Escola Complementar de São Paulo.

Maria José relembra, já na vida adulta, as disputas com o irmão Renato em torno dos versos. O gosto por eles chegou desde os tempos de infância, ao sabor das recitações que os pais exibiam diante dos filhos.

> [Antes da morte do irmão]
> Renato e eu apostávamos para ver quem lembrava melhor dos versos que gostávamos mais; êle sempre ganhava as apostas. Enquanto êle recitava Baudelaire, Leandro e eu escutávamos; minha cunhada vinha lá de dentro com broinhas ainda quentes e servia o café no terraço. (DUPRÉ, Maria José, *Os caminhos*, p.267.)

> [Após a notícia da morte]
> Encostei meu rosto no ombro de Leandro e choramos durante muito tempo. Lembramos que Renato lera tantos livros sôbre a Grécia e conhecia a Grécia pelo que lera Raimundo Correia, Alberto de Oliveira, Guerra Junqueiro e outros e tantos outros... de cor.. e Olavo Bilac "– Ora, direis, ouvir estrêlas...", meu coração doía em pensar que nunca mais diria versos nem veria aquêle mar azul do Mediterrâneo, o *Mare Nostrum* dos livros. (DUPRÉ, Maria José, *Os caminhos*, p.277.)

Atravessam as memórias femininas várias personagens. Lúcio, o irmão de Maria Helena Cardoso, é citado em alguns trechos e ganha destaque em uma outra publicação autobiográfica. *Vida-vida*, título da narrativa memorialista em que Helena descreve os momentos difíceis vividos por Lúcio durante sua doença e falecimento.

Lúcio era bem mais jovem que Helena. Como ela, gostava de ler. Isso permitiu que se tornassem ainda mais companheiros:

> Apesar de garoto e eu, moça de dezenove para vinte anos, nos dávamos muito bem. Como gostava de ler, tomei a peito orientá-lo, tendo começado com livros de Dickens, *Crime e Castigo, Recordações da Casa dos Mortos*, de Dostoiévski, de mistura com romances de folhetim, que seguíamos ansiosos. (CARDOSO, Maria Helena, *Por onde andou meu coração*, p.265.)

A troca de interesses e gostos não se restringe à leitura:

> Tinha paixão pelo cinema, conhecendo toda a sua história, acompanhando os grandes filmes que se lançavam na época. Apenas com onze para doze anos, já falava sobre Cecil B. de Mille e filmes como *O Gavião do Mar*, atrizes como Alma Rubens, Ala Nazimova. Insistia para que fôssemos ver um determinado filme que sabia ser bom por ter seguido a filmagem através das revistas de cinema, estando a par da vida dos intérpretes, do diretor, dos vários incidentes por ocasião da filmagem. (CARDOSO, Maria Helena, *Por onde andou meu coração*, p.265.)

Da convivência entre irmãos, a memória resgata cenas, pessoas, saudade e circunstâncias íntimas:

> Acompanhava-nos nas noites frias de inverno, com uma pelerine azul. Sentava-se à nossa frente e durante os intervalos voltava para nós o rosto ansioso, os olhos inquietos e brilhantes, como a indagar a nossa impressão. Se não gostávamos e lhe dizíamos, ficava desapontado e triste, como se fosse ele o diretor. Apesar de criança ainda, [Lúcio] tinha o gosto apurado, conhecendo cinema como gente grande. Não poucas foram as vezes em que o desapontei, discordando de sua opinião que, naquela época, para mim era opinião de criança. Mas quem tinha razão era ele, apesar da idade. Foi o primeiro a me falar de Greta Garbo, que acabava de aparecer no filme Laranjais em Flor. Com sua insistência, fomos juntos

ao Cinema Odeon, vê-la em A Carne e o Diabo. Saiu de lá no maior entusiasmo e a sua satisfação cresceu quando percebeu que também eu tinha gostado. (CARDOSO, Maria Helena, *Por onde andou meu coração*, p.265.)

Nesse clima de amizade e troca, Maria Helena conclui:

Não me deixava perder um só filme das irmãs Talmadge, que ele adorava, especialmente Norma, da qual vimos juntos A Duquesa de Langeais. O dia todo passávamos conversando do seu mundo: o cinema, os livros que líamos, os dramas da vizinhança. (CARDOSO, Maria Helena, *Por onde andou meu coração*, p.265-6.)

Maria Helena não apenas recupera como literaliza o ambiente familiar. Seu depoimento ressignifica as pelejas cotidianas vividas entre livros e irmãos.

[...] A nossa juventude, porém, triunfava sobre toda essa pobreza. Apesar de mal alimentados, passando privações, as perspectivas de futuro nada animadoras, vivíamos alegres. Ao nosso coração nunca faltava esperança e a vida nos parecia boa. Tínhamos fé em que tudo se resolveria, apenas não sabíamos como. Passávamos conversando, fazendo planos para quando tivéssemos dinheiro: mobiliaria a casa com os móveis que sonhava; Nonô compraria cristais, louças lindas e as paredes se encheriam de quadros. Quando falávamos disto, ele costuma colocar-se em frente às paredes nuas e dispor os quadros imaginários: deste lado um Gauguin, embaixo um Renoir, do lado de lá um Van Gogh e, assim por diante. Terminávamos sempre rindo loucamente e enquanto esperávamos pela riqueza que um dia chegaria às nossas mãos, ouvíamos música na velha vitrola que Fausto tinha deixado guardada conosco por falta de espaço na casa do sogro. Possuíamos poucos discos: *Pássaro de fogo*, de Stravinsky, uma sonata de Christian Bach, que eu adorava, *Dança Ritual do Fogo*, de Manuel de Falla, um disco de canto, *Le Coq d'Or*, cantado por uma cantora russa, Maria Kourenko e uma série de óperas de Wagner, também de Fausto e que estava emprestada conosco. Já tínhamos passado por óperas, fantasias, mas agora começava um período novo, era uma música que não conhecíamos ainda, um mundo completamente nova para nós. *Tristão e Isolda*, como nos arrebatava a morte de Isolda,

> que repetíamos duas e três vezes sem cansar, a maior expressão do Amor, no terreno musical, achávamos nós. O prelúdio do Lohengrin me trazia lágrimas aos olhos, me dando a sensação de estar sendo levada aos Céus. (CARDOSO, Maria Helena, *Por onde andou meu coração*, p.116.)

Esse trecho, como tantos outros narrados na primeira pessoa do plural, rememoram a história pessoal e familiar de Maria Helena. São obras que se sobrepõem, e porque são sucessivas e repetitivas sobre certos aspectos, é possível reconstituir algumas leituras, gostos e práticas.

É assim que Helena sinaliza sobre seu modo intensivo de certas leituras, isto é, como alguns textos e escritores são recorrentes em sua história e lidos mais de uma vez. Uma experiência marcada pelo que o grupo comunga – ler, sonhar, desejar, aspirar.

Entre irmãos, um mundo de descobertas nos mais diferentes campos das artes. Cinema, livros, teatros, óperas, músicas, pinturas – gostos comuns e diferentes que se trocam, se misturam, e por que se experimentam, formam gostos, identidades, preferências e pontos de vista. Assim, Dostoievsky, Tolstoi, Geoge Elliot, Joseph Conrad e outros aparecem e reaparecem como parte da prática de ler intensivamente e, mais que isso, ler-trocar-falar-formar a si mesmo e aos outros, com os quais partilha.

Nonô, um outro irmão de Maria Helena, desperta, na juventude, para a escrita literária. Uma prática que se estende ao longo da vida e depois na vida da própria Leleninha. Os textos – contos e peças de teatro – escritos por Nonô passam a ser objeto de partilha entre os irmãos. Cada texto traz outro texto. Suas tendências esquerdistas levam os irmãos Cardoso a entregar-se às leituras que alcançam tal curiosidade e paixão.

Assim, lembra Helena:

> [...] líamos tudo que nos caía às mãos, comentando juntos de encantamento em encantamento. Não sabíamos do que gostávamos mais. Ah, que mundo maravilhoso se abria aos nossos olhos. Como a vida era bela. (CARDOSO, Maria Helena, *Por onde andou meu coração*, p.116-7.)

Carolina Nabuco e Adélia Pinto, ao contrário das demais memorialistas, pouco narram da convivência que tiveram com seus irmãos e irmãs. Adélia confessa-se com predileções aos livros, sua irmã preferia as bonecas e seu irmão, as brincadeiras de guerra e outros passatempos que criava a seu gosto. Carolina busca companhia com outros colegas dos clubes que freqüentou, conviveu e estreitou relações, como Santos Dumont. A diferença de idade entre eles e a vida em colégios internos, na França, podem ter sido, também, motivos para o distanciamento, aparente em sua narrativa.

Outras personagens, outros leitores

Pretendo nesta última parte deste terceiro capítulo enfocar diferentes agentes sociais que atuaram favoravelmente na formação das mulheres como leitoras. Embora muitos deles não apareçam como protagonistas nas histórias de leitura das memorialistas investigadas, mas como praticantes da leitura, esses diferentes agentes sociais são sujeitos que trocam e partilham impressos e colaboram na formação das preferências e gostos das memorialistas.

Procurei desvelar outras personagens que de alguma forma atuaram em favor da formação das leitoras-escritoras e que não fazem parte do núcleo familiar: os vizinhos, colegas de colégio, primas, professores e parentes. São nomes que saltam da memória das memorialistas, aliados dos livros e fornecedores de muitos deles durante os tempos de infância e de mocidade.

Em relação à participação de professores, preceptoras e mestres particulares, os depoimentos os tratam de forma secundária e, não raro, apenas para citar alguns poucos títulos e obras lidos durante a aprendizagem da leitura e a realização de tarefas disciplinares.

Isso permitiu inferir que no campo da escola ou das práticas ligadas ao que, hoje, denominamos práticas escolares, as referências sobre a leitura limitam-se, basicamente, à formação do leitor em sentido restrito, isto é, a decifrar, correta e correntemente, os códigos da escrita. Ler seria portanto saber bem dizer o texto segundo a herança da tradição retórica.

Assim, as lembranças, ou não, sobre as práticas de leitura e de literatura nas situações de instrução em instâncias escolares avançam pouco, ou quase nada, em direção à consolidação do gosto, do hábito e da prática da leitura pela leitura. A leitura era vista como meio instrumental à formação da ledora e, particularmente, à boa instrução das meninas-moças.

As lembranças relacionadas à instrução e escolarização realçam mais os imperativos disciplinares do corpo e da mente do que lembranças positivas descobertas sobre os livros e liberdades no uso da leitura. Salvo o que Zélia Gattai conta sobre sua professora na escola primária, o que se percebe é que a escola ou em torno da escola as memorialistas não puderam exercitar sua cidadania como leitoras, muito ao contrário, as leituras estão sob a tutela do(a) professor(a) que escolhe o que vai ser lido, como e para quê se lê esse ou aquele texto.

> Tipo minhom, magra, dona Carolina não era feia nem bonita mas tinha certo encanto. Os cabelos, louro-avermelhados, sedosos e abundantes mereciam de sua dona cuidados especiais. Ela os penteava de maneira ousada, deixando que madeixas finas e soltas caíssem naturalmente sobre o rosto; grande coque na nuca, preso por pentes e enormes grampos de tartaruga. Apesar de muito vaidosa, nem assim fazia uso do negro pó de rolha queimada, utilizado por jovens mais atrevidas, com o objetivo de acentuar as olheiras ao estilo de Francesa Bertini, Theda Bara e outras atrizes famosas. Não posso fazer um cálculo exato de sua idade mas, certamente, ela devia beirar os trinta anos – considerada já por todos uma solteirona, sem perspectivas de amor ou casamento. [...] Pessoa alegre, mesmo na sala de aula dona Carolina não mudava de humor; gostava de conversar, contar anedotas e casos. Comentava conosco todos os crimes e assassinatos que lia nos jornais, tomava partido, se inflamava. (GATTAI, Zélia, *Anarquistas, graças a Deus*, p.188-9.)

Dona Carolina não se parece com o protótipo de professora esperado; talvez faltassem a ela conhecimentos básicos para conduzir a classe, como deixam suspeitar as anotações de Zélia: "[...] o tempo tornava-se escasso para o estudo propriamente dito". As aulas, vez por outra, eram interrompidas com músicas: *Marcha turca*, *Sonata ao luar*, *Sobre as ondas*, todas muito apreciadas pela professora e tocadas por uma vizinha de janela da sala de aula que, diariamente, treinava as lições de piano.[40]

---

40 GATTAI, Zélia. *Anarquistas, graças a Deus*, op. cit., p.188-9.

As lembranças da leitura, na escola, estão mais ligadas às práticas de fins preparatórios, *stricto sensu*, ligadas ao ensino, aprendizagem e preparação da mulher nos rudimentos da leitura, da escritura, da costura, do bordado, o ensino da segunda língua – entenda-se o francês –, e noções genéricas sobre áreas de conhecimento geral (História e Geografia), artes, dança e música.

Descrever professores, sejam eles contratados ou do ensino público, é infalivelmente pôr em revista a indumentária usada, os traços físicos, os modos de ser e de agir de cada um deles no interior das salas de aula.

> Nossas professoras de Francês e Inglês
> *Madame* Lacourcière e *Miss* Gray, que contraste! Três vezes na semana surgia *Miss* Gray impreterivelmente, às 7 horas da manhã: *"How do you do?" "Do you thik it will rain today?"*. Vinha limpinha, saia de lã, blusa de cambraia irrepreensível, chapéu e luva. Tirava esses dois, punha o relógio na mesa. Trazia-o preso a uma corrente que, por sua vez, era suspensa a um broche com os três emblemas da inglaterra: a rosa de Irlanda, o cardo da Escócia, o trevo do País de Gales. Começa então a lição, método Berlitz, conversa meio sem graça. [...] *Mme.* Lacourcière, francesa cento por cento, preocupada com as *toilettes*, atrasada, espantada de estar atrasada, mas uma professora excelente; fiquei conhecendo bastante bem o francês pelos seus ensinamentos. O compêndio da literatura francesa de René Doumic, as fábulas, verbos de trás para diante, de diante para trás, frases com tempos difíceis, foram uma base segura. (OCTÁVIO, Laura Oliveira Rodrigo, *Elos de uma corrente: seguidos de outros elos*, p.76-7.)

Considerando o paradigma que atravessa do Oitocentos para o Novecentos com relação à formação feminina, não é mesmo menos relevante que as memorialistas, todas elas, descrevam suas professoras pelos atributos disciplinares e físicos. Os modos de ser, de viver e de vestir faziam parte do perfil profissional, imprescindíveis, portanto, à conduta moral para os que cuidavam da educação das meninas-moças.

> Estive no colégio de Da. Maria Amaral 9 meses. Passei para o de Da. RITA LEOPOLDINA DA SILVA (alta, magra, cabelos pretos e lisos e olhos zuis. Severa e frenética), que residia

> na outra extemidade da ura, feio sobrado, com grades de pau preto (hoje Drogaria Baruel). Lá passei a decorar a GRAMÁTICA CORUJA e, como nesse tempo da Monarquia a *Religião era do Estado*, o estudo da Cartilha era obrigatório, cousa que deve fazer uma falta sensível para os srs. Padres, evitando-lhes o trabalho do Catecismo Paroquial. A incumbida desse ensino era a estimável professora Da. ANINHA ABRANCHES. Além do tempo que se levava a decorar a tal cartilha, que, creio, era do PADRE IGNÁCIO, todos os dias pela manhã as que já tinham decorado davam lição de repassar, isto é, a metade num dia e a outra metada em outro. Depois seguia-se a lição de tabuada de somar e multiplicar e tinham grande prestígio as que decoravam as patacas e cruzados! Cada menina levava a sua cadeirinha e eu tinha a minha, pequena, cômoda, feita de encomenda, cadeira que nunca eu ocupava, pois era cobiçada pelas grandes. Sentava-me sempre em cadeiras furadas, que tinham em baixo alguma lata amassada. Era costume todas as meninas terem uma lata ou baú de folha de Flandres. Da. RITA que tinha fama de *braba* (e foi por isso que fui para lá, por mamãe especialmente recomendada, visto ser *mal inclinada*). Da. Rita que era severa, exigente, áspera e dada a enxaquecas periódicas, tomou a sério a incumbência. (MORAES, Maria da Glória Quartim de, *Reminiscências de uma velha*, p.13-4.)

Quanto à participação de personagens como tios, primos, vizinhos e outros, relembrados esporadicamente, eles associam-se, nessa rede informal de leitura, mais como praticantes do que propriamente como formadores do interesse pela leitura. Eles experimentam e exercitam sua cidadania de leitores e como leitores na medida em que atuaram como parte das condições de possibilidade de acesso da leitura, emprestando impressos e intercambiando preferências literárias acerca de leituras de livre acesso ou censuradas.

> [...] vali-me dos vendeiros, Siô Chico e Siô Mané, que costumavam emprestar romances aos meus irmãos. Tinham uma coleção completa em fascículos dos *Dramas do Novo Mundo*, de Gustavo Aymard, que não se acabava nunca, alguns romances de Perez Escrich, uns poucos romances de José de Alencar. Com que avidez me atirava à leitura do que encontrava. Tudo era pouco para mim. Adorava os livros compridos, que não tinham mais fim, em que as heroínas percor-

> riam o mundo, passando incólumes através das maiores calamidades, epidemias, pragas, ciladas, tudo. Como vibrei com *O Judeu Errante*, de Eugênio Sue. A disputa foi tão grande para ver quem seria o primeiro a ler, que resolvermos tirar a sorte. Fausto, não se conformando com o lugar que lhe coubera, o último, resolveu ler o livro do fim para o princípio; assim, dizia, não esperaria por ninguém, leria ao mesmo tempo que o primeiro leitor.
>
> Mas não só os vendeiros me forneciam livros. Através do muro que separava nossa casa, fazia um intercâmbio dos mais intensos com a filha do vizinho. Marieta chegava à janela do quarto e gritava: – Helena, Helena! Deixava a leitura, o estudo, tudo que estivesse fazendo no momento para atendê-la. Respondia alegre e quando a via descendo a escadaria da cozinha, ia até o muro, onde permanecíamos horas, conversando, fazendo comentários sobre o livro que vinha me devolver ou me recomendando algum que trazia para me emprestar. – Qual, Helena, não posso com esse Coronel Bambley, é um herói velho e antipático. – Ou: *Ivanhoé* é lindo. Adorei *Rebeca*. Durante muito tempo trocamos livros sobre o muro, até que ela se casou e mudou de casa. Não vinha mais ao muro, mas continuava lendo, completamente mergulhada naquele mundo que adorava. (CARDOSO, Maria Helena, *Por onde andou meu coração*, p.205-6.)

A rede informal em torno dos livros é ainda recuperada por Maria Helena em uma outra lembrança. Uma passagem que é recorrente em relação à dinâmica e à movimentação dela e de seus irmãos na busca de leituras:

> [...] e o vendeiro vizinho nos emprestava alguns: *O Judeu Errante*, de Eugênio Sue e vários fascículos dos *Dramas do Novo Mundo*, de Gustavo Aymard, além de alguns de Escrich. Siô Mané e Siô Chico, além de nossos fornecedores de gêneros, contribuíram também para o nosso desenvolvimento intelectual. Quando não havia outra fonte onde buscar, lá ia atrás deles, que sempre desencavavam algum velho romance de Escrich ou façanhas de índios americanos. Outro meio de arranjar os amigos de Dauto, sendo necessário, porém, que lhe pagasse quatrocentos réis para comprar cocada baiana na venda de Zé Miliano, botequineiro da esquina da rua. Como o pagamento era sempre adiantado, passava antes pela

> venda, comprava as cocadas e depois então ia em busca de
> Caio Líbano ou outro que tivesse livros. (CARDOSO, Maria
> Helena, *Por onde andou meu coração*, p.66.)

Entre o que salta da memória, Maria Helena descreve com detalhes as fugas após o período de aulas. Atrás do sortimento de revistas e fascículos, guardados numa espécie de porão, entre armários e outros utensílios e mobílias na casa de sua amiga Stela ela revirava e lia, às escondidas, os velhos manuais abandonados pelos irmãos de sua companheira de colégio. Essa leitura de menino, deixada ao azar do tempo e da poeira do porão, passou a ser predileta para as mocinhas que separavam, um a um, os fascículos, sentadas em cadeiras improvisadas em caixotes e outros objetos ali guardados.

Outro refúgio de leitura muito apreciado por Maria Helena e seus irmãos era o quarto de dormir de seu tio. Mantido sempre fechado, ficavam no armário segredos que ele se incumbia de esconder. Não por muito tempo, pois os irmãos de Maria Helena encontraram os meios para descobri-lo. A seguir, foi a própria Maria Helena que, mais de uma vez, ocupou-se dos fascículos de romances policiais, uma leitura masculina apreciada pelo tio, que conservava dezenas desses manuais amontoados uns sobre os outros. Mas se os fascículos entretiveram Maria Helena por muito tempo, foram as cartas amorosas que lhe roubaram a atenção definitiva. Assim, o tio, sem saber, alimentava os sobrinhos em suas insaciáveis buscas por leituras.

Entre as trocas, empréstimos e leituras furtivas, Maria da Glória relembra a figura do Brigadeiro Oliveira, amigo da família e parente distante, que fornecia, às escondidas, as leituras que encantavam a menina-moça. Maria de Lourdes recupera as colegas do colégio confessional onde estudou, em Campinas, e o tráfico em torno dos romances proibidos, escondidos dentro de outros livros permitidos pelas freiras. Já Zélia conta das colegas de vizinhança que iam fazer previsões amorosas com base em um livro integralmente copiado, por sua irmã, em um caderno de anotações. Além de outros da vizinhança que recebiam agrados de Zélia em troca das revistas *Tico-Tico* e *Fon-Fon!*, compradas só por quem as podia pagar e assinar. Nas lembranças de Adélia, figuram os mestres particulares e os livros que eles lhe presentearam, e ainda seu padrinho, que lhe repassava peças musicadas francesas para o treino de piano e lhe ensinou a língua francesa. Nessa rede de encontros em torno dos prazeres da leitura, Anna recupera alguns dos sortilégios usados por Saturnino para fazer chegar às mãos da mocinha as leituras enviadas por seu admirador proibido. Às vezes era ele mesmo quem as fornecia. Eram títulos de romance, leituras filosóficas e textos de Medicina de estudantes na Bahia e outros, de uso corrente, com base nas idéias de Augusto Comte, muito em voga naquela época.

Assim, esses praticantes de leitura emprestavam, presenteavam, liam e contavam às memorialistas seus achados entre os romances, os almanaques, as revistas, e todo tipo de literatura a que tiveram acesso. A ausência de livros em casa, no caso de Maria José, era compensada pela biblioteca de seu cunhado, um leitor com que pode trocar pontos de vista acerca de alguns autores e escritos. Ali devorou, em leituras furtivas, fatiadas dia-a-dia, se não toda, boa leva de obras assinadas por Eça de Queiroz – escritor interditado por seus pais e irmãos mais velhos. No caso de Hermengarda, suas colegas de colégio lhe forneciam toda a literatura proibida, já que o que era permitido encontrava-se ao seu dispor na biblioteca escolar – espaço freqüentado assiduamente durante os recreios e intervalos de aula. Quanto à Laura, ela lembra-se de um amigo dos tempos de infância e mocidade. Leven mantinha com a memorialista convivência próxima em meio aos livros e que se fixou, em sua memória, em títulos como o *Wether* de Goethe, o *Crime de Sylvestre Bonnard* de Anatole France, *Pêcheur d'Islande* e *Désert* de Loti, além de muitos outros, lidos intensivamente – Montaigne, Voltaire, Rabelais e Machado de Assis.

Entre os fios da memória, Maria de Lourdes também relembra personagens que figuravam em suas reminiscências desde a infância e mocidade. Tia Gabriela e sua filha Gegé eram mulheres com trajetórias incomuns às moças tidas de boa família e formação. Significa dizer que elas não seguiram os preceitos e os preconceitos preconizados na época para moças e virgens. A aproximação de Maria de Lourdes com a prima Gegé era desaprovada pela mãe. Ela temia a afinidade e a extensão dessa afinidade para além dos livros. Por isso, de acordo com Lourdes, essa aproximação nunca atravessou os limites da troca de livros e ocorria às vistas de sua mãe:

> Vestidos, chapéus e perfumes franceses, joias. Nas temporadas líricas ou de companhias teatrais estrangeiras no Muni-

> cipal [por volta de 1918], tomava [Gegé] assinatura para toda a temporada, uma frisa ou camarote para o qual convidava amigas e parentes, antes tendo adquirido uma toilette para acada noite. Foi sempre uma grande compradora de livros, franceses e nacionais. Adorava Anatole France, principalmente Le Lys Rouge e Thais. Quanto a mim, desde que ainda menina adquiri o hábito da leitura (o vício impune, segundo o conhecido conceito de Valéry Larbaud), a minha maior fornecedora de livros foi essa prima por mim então considerada um paradigma de perfeição. Não contaria eu mais de dez para onze anos quando ela me presenteou com quase todos os romances de Macedo, alguns de Alencar e Inocência de Taunay. (TEIXEIRA, Maria de Lourdes, *A carruagem alada*, p.28.)

Pensar quais os leitores e leitoras influenciaram as histórias de vida das meninas-moças é pensar numa rede complexa que envolve, além de pessoas, condições e situações sempre muito diferenciadas, tanto quanto as práticas de leitura realizadas na rua, em casa, no quarto, na escola, debaixo das camas e às escondidas como tentou, tantas vezes, a memorialista Clotilde do Carmo em cima do telhado de sua casa no interior de São Paulo.

Acredito que do tecido dessa rede furta-cor fazem parte, também, as próprias memorialistas. Elas se afirmaram como leitoras e buscaram, por conta e risco, formas de conhecimento para si mesmas, o que mais tarde, para algumas delas, permitiu a participação nos espaços da literatura, do jornalismo, das revisões e das traduções.

Assim, e para finalizar este capítulo, parece-me importante destacar do roteiro de vida de cada memorialista, detalhado no capítulo anterior, algumas nuances que marcaram a atuação individual em busca de suas próprias leituras. Procurei então retomar algumas imagens ou representações de leitura identificadas ao longo dos depoimentos femininos. Essas imagens reiteram o gosto particular das mulheres pela leitura, suas procuras, nada eventuais, em torno dos prazeres da leitura, e também as formas de interação e aproximação das memorialistas com o mundo escrito. Retrato, desse modo, com pequenos trechos selecionados, alguns modos de ver, de conceber e de se relacionar com a escrita, e que marcaram minha memória sobre a forma com que cada mulher foi se fazendo/tornando leitora:

[...] cega paixão é a escrita – mania do século – como se os jovens tivessem pretensões a poetas e romancistas. (CASTRO, Maria Eugênia Torres Ribeiro de, *Reminiscências*, p.75.)

[...] Fui para "Pilões". Nem sequer lia. Os jornais vinham do Recife para Primavera. Era preciso apanhá-los ali, o que nem sempre se fazia. Livros não havia. Romances, mesmo os mais inocentes, não deviam ser lidos para que as cabeças não se enchessem de caraminholas. Eu é que aproveitava tôdas as oportunidades para lêr com interêsse e cuidado as revistas e jornais franceses que meu padrinho assinava, aceitando e agradecendo suas correções. (PINTO, Adélia, *Um livro sem título: memórias de uma provinciana*, p.32, 60)

[...] Algumas tardes, acabando as aulas, subia a Rua Timbiras com Stela. Aquelas escapadas, sem que mamãe soubesse, me deliciavam e meu coração batia ao juntar-me à companheira no portão do colégio. Eram tardes em que, inteiramente livre e alegre, partia em busca de romances policiais.(CARDOSO, Maria Helena, *Por onde andou meu coração*, p.202.)

[...] Por duas vezes me deu (o pai) para ler trechos de Machado de Assis e só mais tarde percebi revelarem sua maneira de encarar as coisas. Mais tarde tendo eu que escrever num livro de pensamentos, deu-me este, das páginas de *Helena*: "o melhor modo de viver em paz é nutrir o amor próprio dos outros com pedaços do nosso". Tanta coisa que se vem fazer mais tarde teve início num aprendizado da infância. Verdade é que eu era muito agarrada a ele. (OCTÁVIO, Laura Oliveira Rodrigo. *Elos de uma corrente: seguidos de outros elos*, p.32, 205.)

[...] Citarei ainda um trecho de Sílvio Pellico, por achá-lo muito persuasivo: "Ah! infeliz quem ignora a sublimidade da confissão! Infeliz quem, para não parecer vulgar, se considera obrigado a olhá-la com escárnio! É um erro julgar que a alguém, sabendo já que necessita ser bom, seja inútil ouvi-lo dizer por outrem; que bastam a própria reflexão e oportunas leituras! Não! A fala viva de um homem tem um poder que nem a leitura, nem as próprias reflexões podem conter. Existem uma vida e uma oportunidade que muitas vezes debalde procuramos nos livros e em nossos próprios pensamentos". (BITTENCOURT, Anna Ribeiro de Goes, *Longos serões do campo*, p.242.)

[...] Era muito jovem e, na educação católica nesse tempo, não encontrava senão dúvida e esterilidade! Tornei-me revoltada, descrente e ímpia e, conquanto os bons livros me inspirassem o sentimento do dever, do qual fiz a minha religião, dizia-me muitas vezes: farei o bem **de graça**! Ajudada fui, e muito, pelas tendências intelectuais, um tanto eu muito idealista e, tendo pelo **belo**, em todas as manifestações, um refúgio – a sede do infinito! (MORAES, Maria da Glória Quartim de, *Reminiscências de uma velha*, p.11.)

[...] Aqui estou, pois, na minha solidão povoada. Tranqüila, sempre às voltas com leituras, papéis e minha máquina de escrever, velha companheira; ouvidos e olhos abertos a todos os ruídos que se insinuam no silêncio (TEIXEIRA, Maria de Lourdes, *A carruagem alada*, p.279.)

[...] A leitura de Paul Claudel (então Ministro de França) causou-me, em língua francesa, um abalo semelhante ao que, em língua inglesa, eu havia sofrido com Dickens, uma impressão que se poderia denominar choque de descoberta, coisa sempre muito pessoal. Em mim foi como estar atravessando um momento de eternidade ou a distância entre dois mares. Face a esta claridade, muitas das minhas antigas admirações revalaram para o lado do passado, que é o lado escuro (NABUCO, Carolina, *Oito décadas*, p.68.)

[...] Chovesse ou fizesse sol, morta de sono, no meio dos maiores cansaços ou aborrecimentos, não deixei de ir anotando os acontecimentos dia a dia, semana a semana, ano a ano, e porisso êles não perderam seu sabor do momento nem ficaram falseados pela imaginação ou pela saudade. (SILVEIRA, Maria Isabel, *Isabel quis Valdomiro*, p.8.)

[...] Parece que por essa época eu procurava ansiosamente o caminho que ainda não havia encontrado. Lia tudo o que podia, estudava música e pensei em tomar aulas de pintura, como fiz mais tarde. A arte me fascinava simplesmente; tôda a manifestação de arte era como um feitiço que me envolvia, me arrastava, me encantava. (DUPRÉ, Maria José, *Os caminhos*, p.191.)

[...] Sr. Amarinho, professor, deveria estar radiante, pois eu o atormentara sempre, fazendo-lhe perguntas sobre história universal, perguntas que ele não podia responder, pois suas aulas eram baseadas num só compêndio e eu estudava em diversas histórias da biblioteca do dr. Otaviano. Queria saber muito e ele pouco ensinava, baseando-se, talvez por comodismo, no seu único compêndio. (TAKESHITA, Hermengarda Leme Leite, *Grito de liberdade: uma família paulista no fim da belle-èpoque*, p.109.)

[...] Eu tinha muita vontade de aprender a ler, pensavo no "O Tico-Tico"; como seria bom me envolver nas aventuras de Chiquinho; Jagunço e Benjamim, sem a ajuda de ninguém... E aquele livro lindo que mamãe guardava trancado a sete chaves em seu guarda roupa? Aquele me interessava muito. (GATTAI, Zélia, *Anarquistas, graças a Deus*, p.109.)

4

Elos de uma corrente: seguidos de outros elos

[Meados de 1924 – 13 anos]
[...] Eram duas cousas com que mamãe não consentia, ela, Geni, chegar na janela durante o dia, só a tarde e eu de ler romances. Eu era fanática com os romances de M. Delly. Lia muito escondido da mamãe. Lembro-me de um dia, mamãe me pegou de surprêsa lendo "Entre duas almas". Pegou o livro de arranco, me deu uns bons tapas e jogou no fogo. O pior era que o mesmo era de Elza minha prima. Chorei muito e tive que confessar para minha prima o sucedido, pois não tinha dinheiro para comprar outro. Mesmo assim continuei lendo escondido, mas tomei minha cautela. (p.9)
[Meados de 1926]
[...] Fugi para o meu quarto, fui desfrutar dos meus romances, que eu continuava lendo escondido. Li tôda a coleção de "M. Delly", Magali – João Amaral Junior – Lois Derthal – Leo Dartey – Francoise Roland, enfim quase tôda a coleção para môças. Meu irmão José já estava com 19 anos. Trabalhava na loja do Carmo Gifoni. (p.12)
[Meados de 1930]
No dia 10 de janeiro, dia em que fiz 19 anos, Prudente chegou cêdo à minha casa, com um delicadíssimo presente: um livro de missa, com capa de madrepérola, dentro de um lindo estôjo, forrado de cetim. Ofereceu-me também seu retrato com esta dedicatório: "À minha querida noiva, com os meus comprimentos por êste dia tão significativo".
[Meados de 1934]
Foi a primeira vez que nos separamos. Apesar de estar rodeada

> por tanta gente eu me sentia sòzinha. Resolvi me distrair com um livro. *Alma Negra* de Xavier Montepin; êste foi o primeiro livro que li depois de casada, livro êste que mamàe nunca me deixaria ler em solteira. Já estava desconfiada do meu estado de saúde, mas tinha mêdo de estar enganada. Seria muita felicidade para eu acreditar que ia ser mãe. (p.42-3)
> Começamos o plantio de milho em novembro; depois veio a plantação do arroz. Nesta ocasião, os serviços apertaram, chovia demais; as crianças ficavam inquietas dentro de casa e eu nem tinha tempo de ler nestes dias, só a noite depois que todos dormiam, eu acendia uma lamparina e lia até meia noite. Mamãe sempre me dizia que muito cêdo eu sofreria da vista, devido à luz do querosene. (p.63)
>
> BERNARDES, Áurea Custódio.
Ecos de minha existência. Goiânia: [s.n.], 1970.

As apropriações em torno da leitura retomam cenários do passado e, por meio deles, um elenco variado de textos e impressos, além de situações e circunstâncias de uso da leitura. Nesse contexto, saber o que as mulheres leram é apenas uma entre outras questões mais complexas relacionadas às condições de possibilidade da leitura, seus processos de formação e os modos de recepção, transmissão e representação da leitura, como já problematizou Roger Chartier.[1]

As perguntas relacionadas às suas formas de leitura são: leram solitária ou coletivamente? Por que leram? Sob quais circunstâncias leram? Quais os espaços destinados à leitura? E quais os modos ou modalidades utilizados para ler? São perguntas cujas respostas elucidam aspectos que ressignificam as condições gerais da formação das mulheres como leitoras-escritoras.

Entre textos e impressos a escrita da memória reconstrói imagens sobre situações, pessoas, lugares e práticas, por meio das quais o escrito circulou e foi incorporado como parte da história de leitura das memo-

---

[1] CHARTIER, Roger. Crítica textual e história cultural. In: *Leitura: teoria & prática*, n.30, 1997, p.67-75.

rialistas. Nos escaninhos da memória, os retratos deixados pelas leitoras aqui investigadas revelam condições de acesso e uso da leitura os quais procurei reunir, recompor e articular num todo que desse sentido às perguntas que definiram este trabalho.

Junto aos depoimentos femininos procurei conciliar outras leituras e vozes localizadas durante o processo de construção da investigação, e particularmente durante o mapeamento bibliográfico que me serviu de apoio. Portanto, a alusão a alguns outros textos pretende, quando realizada, ampliar o discurso memorialístico, colocando-o em diálogo com outros discursos inventariados neste estudo.

O diário como objeto de leitura

O trabalho da/com a memória descreve aspectos ligados à vida do campo e da cidade por meio de situações que reconstroem as rotinas desses dois espaços geográficos e sociais. A cartografia rural e urbana esboçada nos depoimentos femininos apóia-se, sobremaneira, nas atividades de trabalho, como também nos hábitos de vida, nas formas de sociabilidade e nas práticas culturais nesses dois contextos.

A imagem da cidade é descrita como o espaço de possibilidades sociais em contraposição à vida pacata, monótona e repetitiva do campo. A cidade é barulho, o campo é silêncio. A cidade é movimento, o campo é mesmice. A cidade é gente, o campo é bicho. A cidade é burburinho, o campo é o batido da cana e café. A cidade é novidade, o campo é coisa de todo dia.

Uma das surpresas encontradas nos textos memoriais foi a representação do campo como um lugar de menor prestígio socioeconômico e cultural que as províncias. Quando, ao contrário, o campo teve um papel significativo como pólo gestor da economia brasileira, por meio dos produtos agrícolas e da rede de negócios estabelecida em torno deles. A supremacia das províncias sustenta-se, por um longo período da história social brasileira, a partir da economia agrícola. Além disso, migraram das vilas e províncias muitas práticas sociais que se desenvolvem nas cidades, como os serões, os saraus, os recitativos, as práticas de visitação. Esses modos de vida e de sociabilidade se apóiam nos modelos aristocráticos franceses do mundo agrário e foram importados e incorporados como parte da rotina de hábitos e práticas brasileiros.

Entre os 12 itinerários biográficos que privilegiei, o de Maria Eugênia Torres Ribeiro de Castro – *Reminiscências* – e o de Anna Ribeiro de Goes Bittencourt – *Longos serões do campo* – recuperam lembranças de reclusão e confinamento. Quando essas mulheres não escrevem sobre o próprio confinamento, elas reconstroem cenas da clausura parcial vivida em meio à mesmice, à rotina e à escravidão de costumes e hábitos peculiares ao mundo feminino, sobretudo na vida do campo.

Encontrei diferentes trechos que narram o confinamento feminino na imensidão dos latifúndios agrários de que os pais das memorialistas foram proprietários.

> Papai dividia o ano em duas estações, compreendendo 7 meses, de maio a novembro, que passava com a família na fazenda, ocupada com a moagem e mais trabalhos da lavoura, os outros 5 na cidade, distante 9 léguas, em que assistíamos às festas de Natal, Ano-Bom e Semana Santa. Ninguém pode imaginar a incomensurável alegria que sentíamos ao aproximarem-se as últimas semanas da nossa reclusão. Reclusão, digo: embora pareça acrimônia de minha parte o emprego desta palavra, exprime ela, no entanto perfeitamente o meu pensamento. (CASTRO, Maria Eugênia Torres Ribeiro de, *Reminiscências*, p.65-6.)

Por que atribuir ao campo o espaço de confinamento feminino, se na vida da cidade também há traços e marcas de clausura e reclusão? Marcas, por exemplo, que se fixaram através das gelosias[2] presentes nas arquiteturas das casas do fim do século e que permitiam o olhar de dentro para fora, mas impossibilitavam o olhar estrangeiro vindo das ruas para o interno do domicílio.

---

2 "Em inglês *gelisies*, em espanhol *celosías*, ambas com a mesma raiz da palavra 'ciúme'. As gelosias eram também chamadas de rótulas. No Rio de Janeiro a expressão 'mulher da rótula', de uso vulgar, significa meretriz, tendo o mesmo sentido de 'mulher da rua', 'do mundo', 'perdida' e 'vadia', aquela que não fica sossegada em casa". (Cf. QUINTANEIRO, Tânia. *Retratos de mulher*: o cotidiano feminino no Brasil sob o olhar de viajeiros do século XIX. Petrópolis, RJ: Vozes, 1996. p.66-7.)

Dessas marcas e formas de aprisionamento, Tânia Quintaneiro descreve a monotonia da mulher na cidade, o que contrapõe, pelo menos nesse sentido, ao que poderia ser considerado superioridade ou privilégio da vida feminina na província em relação à vida rural.

> Como na alegoria da caverna, essas prisioneiras preenchiam seu descolorido tempo ocioso embriagadas com a visão das sombras dos que realmente viviam e se moviam do lado de fora. Seus únicos canais de acesso ao mundo exterior pareciam ser as frestas das portas, os balcões das casas ou as janelas "fechadas com barras como as dos turcos, com treliças ou cerradas grades cruzadas, que admitiam escassa iluminação e através das quais é impossível ver e ser visto". Suspensas do alto por uma dobradiça e abertas para baixo, as rótulas permitiam que "quando algumas das moradoras desejem ver você, elas apóiem suas cabeças contra elas e as empurrem para a frente". O transeunte podia surpreender, à sua passagem, pequenas transparências se abrindo nas vidraças cobertas de poeira ou um vidro roto transformando-se subitamente em "valioso posto de observação". E os parapeitos... este, sim, polidos pelo uso.[3]

A memorialista e escritora Maria Paes de Barros (1851) comenta como no tempo e sociedade de suas avós o retraimento era grande. Um retraimento um pouco menor vivido por sua mãe e depois por ela mesma, mas ainda muito marcado por diferenciações sociais, étnicas, culturais e sexuais. Impunha-se às mulheres uma vida quase exclusivamente nos arredores do domicílio. Quase não se retiravam dos interiores das casas, e quando o faziam eram acompanhadas de mucamas ou da presença de seus maridos. Freqüentar as poucas livrarias, gabinetes, cafés e outros espaços sociais da velha São Paulo colocava em risco a credibilidade moral de jovens mocinhas e mães de família. Isso significa que desempenhar qualquer atividade que evidenciasse socialmente as mulheres implicava a contraversão do código da moralidade instituída na época. Impunha-se o silêncio feminino sob muitas formas.

---

3 QUINTANEIRO, Tânia. *Retratos de mulher*, op. sit., p.68-9.

> A parte feminina da família, sobretudo, levava vida quase unicamente restrita ao lar. A senhor só saía à rua pelo braço do marido, as meninas unicamente com os pais ou parentes idosos. O pretexto único eram as visitas, pois as compras eram feitas pelos pajens, visto que uma senhora nunca entrava numa loja. O uso das elegantes cadeirinhas, levadas por dois escravos de libré (porém descalços), tão freqüente nas cidades ricas, tais como Bahia e Rio de Janeiro, era raríssimo em São Paulo.[4]

Contando com uma instrução muito elementar, notadamente pela carência de colégios para o sexo feminino, muitas mães e avós reservavam-se às ocupações da vida doméstica.

> Raramente lhes chegava ao alcance algum livro, exceto o de missa ou uma dessas narrativas de fama universal, como o *Paulo e Virgínia* de Bernardin de St. Pierre, que liam, então, com ávido interesse. Pode-se dizer que este livro, do qual algumas de nossas avós citavam de cor algumas páginas inteiras, foi as suas delícias, o motivo de suas conversações e de lágrimas enternecidas. Mas cresceste, São Paulo, e uma nova era surgiu com a criação da Faculdade de Direito e a abertura de uma boa livraria. De toda a parte afluíram para cá inúmeros estrangeiros, entre os quais professores de línguas, ciências, música etc. Então já estudavas, pensavas, conversavas. E, ao mesmo tempo, ias abandonando teus rudes hábitos campesinos, pelos mais apurados, de uma cidade progressista.[5]

Maria da Glória Quartim de Moraes, quando lembra os períodos da infância na cidade de São Paulo, sinaliza para a vida segregada das meninas e das mulheres. Os tempos femininos dividiam-se entre as tarefas da casa, de costura e bordado, das rezas diárias, de farmacêutica ou de médica da família e da instrução mínima. Todos eles, quase única e exclusivamente desenvolvidos no interior das casas. Ela mesma pouco freqüentava outros espaços como as casas de seus parentes. Isso só ocorria em visitas, que se faziam conforme o costume, mas sempre acompanha-

---

4 BARROS, Maria Paes de. *No tempo de dantes*. 2.ed. Rio de Janeiro: Paz e Terra, 1998. p.5.
5 Idem, ibidem.

das de sua mucama ou de seus pais. Sua rotina estabelece-se entre o espaço da casa, o da escola e o da igreja. As aulas pelas manhãs, nas casas de educação para a instrução pública que freqüentou, estendiam-se em aulas particulares contratadas pelos pais, no período da tarde, e no fim da semana freqüentava as missas dominicais.

Adélia Pinto (1879), por sua vez, lamenta o "exílio absoluto" no engenho do pai em Pilões, no interior de Pernambuco, onde morou entre os 15 e 21 anos. Um período que, segundo ela, levou-a ao "mais rigoroso ostracismo".

> [...] Nem sequer lia. Os jornais vinham do Recife para Primavera. Era preciso apanhá-los ali, o que nem sempre se fazia. Livros não havia. Romances, mesmo os mais inocentes, não deviam ser lidos para que as cabeças não se enchessem de caraminholas... Quanto a outros livros quaisquer, havia-se estabelecido a teoria de que comprá-los era jogar dinheiro fora, teoria essa que pertencia mais à Mamãe. (PINTO, Adélia, *Um livro sem título: memórias de uma provinciana*, p.32-3.)

Em oposição à descrição da vida reclusa nos domicílios na cidade, Anna Ribeiro de Goes Bittencourt recupera outras formas de sociabilidade e de ocupação das moradias no campo que, sem dúvida, lhes confere maior liberdade e trânsito entre os moradores, agregados, vizinhos e viajantes. Entre suas descrições destaca-se a que narra como era comum o hábito de tomar hospedagem em ranchos, casas, fazendas ou taperas encontradas durante os itinerários de viagem. Narra, também, ser bastante comum em serões ou encontros festivos os hóspedes ocuparem, sem restrição, diferentes cômodos da casa e os pais cederem suas melhores acomodações para o pernoite, ou seja, os quartos de dormir do casal e dos filhos. Esses apontamentos de Anna recuperam formas de convivência entre as famílias, o que significa a tutela masculina, do pai e chefe da família. Nesse sentido, se de um lado parecem atenuar o excessivo rigor presente na estrutura patriarcal brasileira, de outro arrefecem seus efeitos em relação aos papéis e relações diferenciadas para homens e mulheres, nos espaços extra-domésticos e no uso de suas liberdades.

Os contrastes entre campo-cidade são expressos nos depoimentos do fim do século XIX, como um prenúncio do que nos anos 1950, e mais vigorosamente nos anos 1970, acaba por se conceber, ou seja, a idéia de que a vida na cidade supera a do campo, embora a nova economia e política industrial brasileira tenha se constituído sob raízes e práticas político-sociais predominantemente rurais.

Sujeitas ao confinamento no campo ou na cidade, Maria Eugênia e Anna indicam uma possível relação entre a prática da escrita diária e a vida reclusa das mulheres.

Maria Eugênia, ao tocar na questão do confinamento feminino, situa a escrita do diário como uma tentativa de compensação contra os longos períodos de ociosidade e inatividade.

> [...] Eu, não tendo o que fazer, escrevo e, não tendo mais o que dizer, deixo a pena para ganhar ou perder alguns tentos no jogo do solo. (CASTRO, Maria Eugênia Torres Ribeiro de, *Reminiscências*, p.75.)

A queixa lamuriosa ao longo do texto explicita a dimensão desse confinamento à medida que indica os anseios, os desejos e os projetos que ela não realiza ou não pode realizar, já que nasceu num tempo em que as condições de existência entre homens e mulheres eram desiguais. Seu texto registra essas ambigüidades sociais, sobretudo quando conta sobre sua escrita diária e sobre as interdições dos pais para que não se ocupasse dela durante tantas horas do dia, nem a substituísse pelas obrigações domésticas mais necessárias, segundo eles, à sua formação como mulher.

A escrita de Anna Bittencourt permitiu preencher de história e histórias 28 pequenos cadernos escolares, nos quais ela descreve o cotidiano baiano em meio à monotonia e à mesmice da vida no campo, tal como está expresso em trechos como estes: "continuamos a vida monótona e usual daquele tempo", "a vida em nossa casa seguiu o seu curso habitual", "minhas aspirações não iam além de possuir muitas bonecas e brinquedos", "a nossa vida correu monótona e tranqüila, como acontece no campo", "a nossa existência corria tranqüila".[6]

O diário, que é refúgio e ocupação, é também objeto de leitura. Ele é lido e relido e assume quase o lugar de interlocutor – para quem se escreve e com quem se dialoga:

---

[6] BITTENCOURT, Anna Ribeiro de Goes. *Longos serões do campo*. Rio de Janeiro: Nova Fronteira, 1992, v.II, passim.

> Por não ter mais o que escrever acabo dizendo que está uma sensaboria atroz. [...] Na sala estão reunidos diversos membros da família. Uma das minhas irmãs executa ao piano uma fantasia do maestro Pinzarrone. Minha mãe, meu irmão, moço de 27 anos, engenheiro, chegado há poucos meses da Inglaterra, e outra minha irmã também solteira, estão à janela apreciando a agradável noite, que convida à poesia e à cisma. [...] Hoje não se tem dado nada de notável, que mereça registro. Eu é que deixei o meu trabalho de costura para vir rabiscar estas linhas; sempre predomina em mim a cega paixão pela escrita, que me faz parecer romântica; parecer, digo, porque não desejava que os demais dessem por isso. Porém a ti, meu querido livrinho, mudo confidente de minhas penas e alegrias, a ti direi que sou, e muito. (CASTRO, Maria Eugênia Torres Ribeiro de, *Reminiscências*, p.74-5.)

Em diferentes trechos da obra, Maria Eugênia recupera os poucos espaços de convivência. A restrição social, segundo a memorialista, diminui as possibilidades para muitas vivências, experiências e desejos.

> Outras vezes marcávamos um 'rendez-vous' a uma família vizinha com quem entretínhamos mais estreitas relações; quase sempre a entrevista tinha lugar num ponto determinado onde se confinavam as suas terras com as nossas. [...] Estes passeios vinham quebrar um pouco a monotonia da nossa vida quando, no fundo, não satisfizessem 'in totum' as naturais aspirações do nosso espírito; em primeiro lugar não podia variar muito o tema das conversações, pois o meio em que vivíamos era o mesmo; além disso, pouco se tratava de literatura, música, belas-artes ou outro qualquer destes assuntos que só por si constituem a mais salutar distração que possa ambicionar um espírito desocupado." (CASTRO, Maria Eugênia Torres Ribeiro de, *Reminiscências*, p.18-9.)

Num contexto em que, como afirma Maria da Glória Quartim de Moraes, salvo as leituras religiosas, "o mais era arriscado ler",[7] o diário acaba assumindo um papel importante como objeto de leitura.

---

[7] MORAES, Maria da Glória Quartim de. *Reminiscências de uma velha*, [s.l]: [s.n.], 1981. p.9.

> [...] o meu leito de menina e moça era de vez em quando varejado por minha mãe, que não raro, lá encontrava contrabando em baixo do colchão e... coisa horrorosa! Muitas vezes fornecido por um Voltariano, o BRIGADEIRO OLIVEIRA, que muito me queria, dizendo-se meu parente por ser primo irmão de minha bisavó materna, distinta e heróica senhora paulista, ilustrada para aquela época, pois ensinou a ler e a escrever a minha mãe e minhas tias e que, ao contrário de mim, possuíam uma letra litográfica. (MORAES, Maria da Glória Quartim de, *Reminiscências de uma velha*, p.9.)

Os diários foram companheiros também de Carolina Nabuco, Maria Helena Cardoso, Maria Isabel Silveira, Maria Thereza Marcondes, Hermengarda Takeshita e Ana Maria Goes Bittencourt. Já na contemporaneidade, Maria Carolina de Jesus, Maura Lopes Cançado, Ruth Bueno, Odete Lara, Márcia Moura e Dinah Sfat dialogaram com seus diários. Na vida adulta de muitas destas mulheres, os diários acompanharam a vida e foram material de leitura e, mais tarde, de consulta para a escrita de suas autobiografias.

Os diários são objetos que quase todas as mocinhas possuíam e, até certo modo, ainda possuem. Era, e ainda é, comum presentear uma menina com um diário ou caderno de notas. Assim fez Carlos Drummond de Andrade com a filha Maria Julieta, fez o pai de Helena Morley e também o de Cecília de Assis Brasil.

Talvez, mais do que um objeto de leitura, a escrita dos diários acabou se transformando em um refúgio para os desejos de transgressão à rigidez moral e religiosa da época, ainda que não fosse tomada como tal.

Essa hipótese parece-me possível, já que nesses cadernos guardavam-se pensamentos secretos, desejos contidos, curiosidades e descobertas, suspiros de amor e tudo do cotidiano que merecesse papel e tinta. Apesar do rigor dos preceitos sociais, permitia-se que tais cadernos circulassem pelo interior da casa e que as moças sonhadoras se desgovernassem pelas linhas de suas anotações pessoais. Muitos diários, sendo suspeitos, terminavam queimados ou eram, após o casamento, abandonados em função dos afazeres domésticos e da maternidade.

Os serões domésticos, a recitação e as visitações

O trabalho com a memória traz lembranças tanto das experiências pessoais vividas e evocadas por cada memorialista como das experiências de seu grupo – mães, avós, pais, escravos, irmãs, tias, que participa de suas vivências e histórias e ajuda na formação de sua identidade.

Com relação às histórias de leitura o mesmo acontece. As lembranças sobre o escrito pertencem ao universo individual, ou seja, são resultado de investimentos pessoais de cada memorialista, mas também são resultado das experiências partilhadas com sujeitos de sua convivência.

> Mamãe nos incentivava e procurava incutir em nós – em mim e meus irmãos – o hábito e o prazer da leitura. Em Santa Maria e na fazenda, quando não havia hóspedes, todas as noites, à luz do lampião belga (pois não dispúnhamos de eletricidade), lia alto para nós, inclusive meu pai, sentados ao redor dela, romances de Alexandre Dumas, Vitor Hugo, Ponson du Terrail, Eugène Sue e outros autores que empolgavam o grupo inteiro, como as telenovelas de hoje. (TEIXEIRA, Maria de Lourdes, *A carruagem alada*, p.20.)

> Teria de nove para dez anos quando nos mudamos para a Rua da Estação. Mamãe, que não pensava em outra coisa senão em ter filhos instruídos, o que nunca conseguira obter para si própria, enquanto não podia nos mandar para os colégios que sonhava, ia-se encarregando do nosso desenvolvimento intelectual. Assim que nos julgou com idade suficiente, começou a ler em voz alta para nós, livros que arranjava para esse fim. Todas as noites, antes de dormir, havia uma sessão de pelo menos uma meia hora de leitura. Começou com o romance *Graziela* de Lamartine. Cada noite, lia um capítulo e comentava conosco, continuando no dia seguinte, quando percebia que já não agüentávamos mais de sono. (CARDOSO, Maria Helena, *Por onde andou meu coração*, p.99.)

Entre os momentos de troca encontrei referências sobre as partilhas com as visitas. As visitações acabaram ganhando características específicas e tão variadas quanto os costumes de uma ou de outra região. Em alguns casos, eram quase festas ou reuniões, preparadas e realizadas em mais de um dia. Nessas ocasiões, algumas práticas cotidianas compunham parte das celebrações. É o caso, por exemplo, das recitações de versos, sonetos e poemas, dos saraus musicados, em voz e piano, de pequenas apresentações teatrais preparadas com ou sem a presença de crianças – situações oportunas para a troca dos bilhetes amorosos e dos *carnets*[8] –, a circulação de textos musicados e literários.

> [...] comecei a receber pessoas amigas em casa. Depois, as recepções se foram ampliando e, assim, em nossa casa estiveram quase tôdas as personalidades ilustres que transitaram pelo Recife. Recebemos Alice Ribeiro, cantora conhecida e aplaudida em todo o país e no estrangeiro. Arnaldo Rebêlo, pianista de talento que nos procurava sempre que ia ao Recife. Margarida Lopes de Almeida, a diseuse incomparável, visitou por diversas vêzes nossa casa. De outra ocasião, Margarida se fêz acompanhar da sua genitora, D. Julia, a famosa escritora, seu irmão Albano e a espôsa dêste, Nadine. Todos deixaram em meu álbum verdadeiras jóias de poesia e pensamento, capazes de ferir a minha modéstia. (PINTO, Adélia, *Um livro sem título: reminiscências de uma provinciana*, p.133-4.)

Na narrativa de Anna Bittencourt, as lembranças sobre os serões trazem um tempo que não volta mais, com gosto e cheiro de passado, de saudade...

> Como disse, a nossa casa era o ponto chic da localidade, devo explicar que isto sucedeu principalmente depois da volta de Emilia do Rio de Janeiro. Com sua presença, os serões eram ali mais aprazíveis do que nas outras vivendas: era essa a opinião dos parentes e vizinhos. [...] Era um pedaço da Sonâmbula, e Emilia cantou-o com sua voz pouco extensa porém harmoniosa. E pediu a Emilia para cantar uma romança que começava assim:
>
> J'ai peur de croire en toi,
> Pourtant, malgré moi-même,
> Oh! Je le sens, je t'aime,
> Toi, le seul bien pour moi!

---

[8] Papéis que continham os nomes para pares durante as danças nos saraus.

> Os versos haviam sido escritos por uma mulher. Oh! Com que prazer eu ouviria ainda hoje cantar aquela romança! [...] Quando as moças tocavam, colocavam ainda ao lado do piano uma vela. O piano era de mesa, hoje pouco conhecido. Nas noites chuvosas em que não havia visitas, as horas não corriam aborrecidas para mim. Minha mãe e as moças, sentadas ao redor da mesa, liam qualquer coisa. [...] Se era um conto, romance ou coisa que me interessasse, não dormia e ainda hoje recordo alguns que assim ouvi melhor do que os que ouço hoje. Podia pedir para ler aquele pedaço do livro; não ousei, porém, aquelas jovens, principalmente Henriqueta, não o consentiriam e talvez me proibissem de continuar ouvindo a leitura. Vi depois que elas tinham razão: os romances, embora de princípios morais, não deixam de exaltar a imaginação das pessoas de pouca idade. (BITTENCOURT, Anna Ribeiro de Goes, *Longos serões do campo*, v.II, p.153-6.)

Do depoimento de Maria Isabel Silveira (1880), recolhi alguns trechos que exemplificam como essa prática está inserida nos modos da família brasileira, nas formas de sociabilidade e na construção dos tempos, espaços e relações entre os indivíduos.

> Sempre que o "velho Silveira" chegava em casa era uma festa. Animadíssimo, além de conversar inesgotàvelmente, ensinando mil coisas 'sem lágrimas' para os ouvintes, improvisava "shows" para a criançada, cantando composições suas, dançando alguma dança caipira, recitando versos. Naquele dia, pegou do violão e cantou uma "modinha" que acabara de "tirar" e que nos pareceu linda. Depois dessas reuniões festivas, as crianças punham-se a repetir tudo quanto tinham aprendido sem que nós percebêssemos. [...] Júnia, por exemplo, apareceu-me certa manhã para tomar a bênção, como fazia todos os dias, e saudou-me com esta expressão: – Mãezinha, aceite os meus voluptuosos cumprimentos! Intrigada, fiz uma rápida investigação para localizar a fonte do insólito vocábulo. Não era fonte, era Fontes, o Martins Fontes que na véspera estivera em casa recitando versos inflamados. Ela ouvira a palavra, gostara, e carinhosamente a repetia para agradar-me. [...] Valdomiro estava de viagem. Nós o esperávamos ansiosos, temendo que não chegasse para o seu aniversário, a 11 de Novembro. Evandro tinha decorado o discurso em Francês. Todos à força de ouví-lo memorizar em voz alta, já o sabiam de cor. (SILVEIRA, Maria Isabel, *Isabel quis Valdomiro*, p.125-6, 131.)

São abundantes as imagens sobre a prática de recitação, tanto no ambiente doméstico como no escolar.

> Passei naquele tempo por uma crise poética, sob a fascinação de Lamartine, Musset e outros astros do Romantismo. Eu e uma amiguinha chilena (não imagino as meninas americanas de minha idade se interessando por essas coisas líricas) líamos em voz alta ou recitávamos versos desses poetas, enquanto nossas mãos (dela ou minhas) corriam muito de leve sobre o piano à guisa de um acompanhamento distante. (NABUCO, Carolina, *Oito décadas*, p.41.)

> Semanalmente tínhamos de recitar, e me lembro que uma vez não tive tempo de estudar nada novo e me safei da empresa dizendo a Primeira travessura do Juca e Chico. Esse livro (Max und Moritz em alemão), fez as delícias da nossa infância e tanto lemos e relemos que decoramos seus versos, aliás excuses du peu, traduzidos por Bilac com pseudônimo de Fantásio. (OCTÁVIO, Laura Oliveira Rodrigo, *Elos de uma corrente: seguidos de outros elos*, p.115.)

As narrativas recuperam práticas obliteradas no tempo atual, entre elas ler e saber-de-cor, ler e decorar, ler e recitar, ler e rezar.

> Gustavo Teixeira, o poeta do Ementário, dos Poemas Líricos, do Último Evangelho, era-me familiar desde a infância. [...] Lembro-me do carinho com que toda a família se referia ao poeta, que já havia publicado o Ementário, livro consagrado pela crítica e principalmente pelo prefácio de Vicente de Carvalho, então no apogeu de sua glória. Menina, eu lia e decorava os poemas daquele livro bem como outros aparecidos todos os domingos no jornal local, nessa época redigido por meu irmão mais velho, Augusto Teixeira, inseparável amigo do poeta. (TEIXEIRA, Maria de Lourdes, *A carruagem alada*, p.34.)

Foi também no depoimento de Humberto de Campos[9] que encontrei trechos que se referem à recitação como prática comum aos círculos sociais freqüentados por sua família.

---

9 CAMPOS, Humberto de. *Memórias: 1886-1900*. t.I. Rio de Janeiro: Editora Marisa, 1933.

> Há particularidades da minha infância que me fazem compreender o sentimento literário, o gôsto quási instintivo das letras, de que meus pais eram dotados. Eu já disse, em outro capítulo, que meu pai fazia versos para seu contentamento íntimo, e quanto eram do agrado de minha mãe as modinhas sentimentais, que ela cantava baixinho, para o seu proprio coração. [...] Gonçalves Dias e Casimiro de Abreu eram os seus poetas prediletos, como o eram, aliás, das moças e das mães do seu tempo. Minha mãe levava, porém, a gráu mais alto a sua paixão pelos que sofriam e cantavam: ensinava-nos, a minha irmã e a mim, poesias longas e diálogos em verso, que recitavamos com certa desenvoltura. (p.102)
>
> [...] E, cada noite, punham-me em cima de uma cadeira para dizer uns versos que verifiquei, mais tarde, serem do poeta bolonhês Panzacchi, de que há uma tradução de Luís Guimarães Junior. Eram êstes, que têm, nos Sonetos e Rimas, do tradutor, o título Triste volta. (p.103)
>
> As palmas que mais nos animavam não eram, todavia, as que conquistávamos com essas declamações isoladas, mas as que recebíamos com um diálogo que minha mãe nos fizera decorar, e que era travado por nós do alto de duas cadeiras, no centro do salão. Eu ia completar séte anos. Minha irmã, cinco. Mas vinhamos da roça, do mato, e daí a surprêsa causada pelo nosso desembaraço. (p.104-5)
>
> Foi êsse o primeiro resultado prático da minha capacidade literária, ou, melhor, de intérprete da inspiração alheia. [...] (p.106)[10]

A recitação é parte do cotidiano e uma das formas de sociabilidade comuns tanto no século XIX quanto no início do século XX:

> Para a viagem de Mariana a Caratinga, em bons animais e com cavaleiros bem treinados, viajamos horas inteiras, emparelhados e em boa palestra. [...] Embora Caratinga fôsse uma cidade relativamente nova, pequena, de costumes simples, já contava um bom número de famílias distintas, com

---

10 Idem.

rapazes e moças alegres. Eram freqüentes as reuniões, com danças, recitativos, cantorias e jogos de prendas.[11]

Entre diferentes formas de sociabilidade, é interessante rever aquelas destinadas à religiosidade.

> [...] Terminada a ladainha, recitava minha Mãe o oferecimento, oração final em que procurava encaminhar os nossos espíritos para o fim que tínhamos em vista: algumas vezes era em atenção ao santo do dia, outras implorando a sua valiosa proteção para nos livrar dessa ou daquela epidemia que sabíamos grassar pelos arredores.
>
> Esta prática era tão admiravelmente observada, reinava tal respeito e verdadeira unção entre todos nós, senhores e escravos, que a pessoa mais indiferente se sentia impelida a respeitá-la. (CASTRO, Maria Eugênia Torre Ribeiro de, *Reminiscências*, p.34.)

Entre os atos de fé, saber-de-cor e recitar faziam parte das práticas religiosas nas famílias e nas escolas. Na voz de Maria da Glória Quartim de Moraes recupera-se tanto o ritual quanto o assujeitamento a que ela esteve exposta:

> Fui obrigada a confessar-me, comungar frequentemente e ler livros piedosos, onde as que andavam em **cheiro de santidade** aspiravam, imitando os santos, a ter visões, comunicações, profetizar e fazer milagres. Mesmo sem compreender repetia as rezas e maçantes Ave-Marias. No dia seguinte, lá fui à missa das 9, no Seminário, acompanhando-a no livro de missa... 'Sanctus, sanctus, sanctus: Dominus Deus Sabaoth – Santo, santo, santo é o Senhor Deus dos Exércitos!' Deus dos Exércitos? Pois há um Deus, para tais horrores? Havia! Não era o Deus barbudo, de camisolão, carrancudo, feroz, cheio de pequenez, o deus de Israel, sempre de cara enfarruscada, ameaçador e vingativo, que conhecera da Bíblia? Não submergira no Dilúvio Universal a humanidade inteira? Não destruira Sodoma e Gomorra e, mais tarde, Herculano e Pompéia? Mas, onde o meu raciocínio em-

---

11 ARREGUY, Maria da Glória D'Ávila. *Antes que toque a meia-noite: memórias de uma professora* 2.ed. Belo Horizonte: Fundação Cultural de Belo Horizonte, 1996. p.45.

> perrava e murchava as orelhas era quando se tratava do Mistério da Santíssima Trindade. (P. O Pai é Deus? O Filho é Deus? O Espírito Santo é Deus? R. sim. P. São 3 Deuses? R. não). Eu não me refugiava no beco sem saída do Mistério... pois a Igreja usa de muitos mistérios nestes casos. [...] Era muito jovem e, na educação católica nesse tempo, não encontrava senão dúvida e esterilidade. (MORAES, Maria da Glória Quartim de, *Reminiscências de uma velha*, p.10-1.)

A prática de recitação compõe, entre outras, uma das formas de circulação dos textos, dos títulos e escritores. À medida que as memorialistas informam sobre o que leram, partilham também suas experiências no mundo da escrita.

> Mamãe tinha conhecimentos gerais de tudo o que aprendera em casa de tia Genebra de Aguiar Barros que fôra casada com um irmão de vovó. Eu mal soletrava e já conhecia as fábulas de La Fontaine; gostava de recitar "A Cigarra e a Formiga", imitando a pronúnica de mamãe, mas no íntimo achava a formiga antipática. Minha mãe falava sôbre o autor e o quanto êle conhecera os homens e suas fraquezas. Explicava a significação de cada história e dizia que as criaturas humanas representam as mesmas histórias. "O Moleiro, o Burro e o Filho"...Ela recitava em alemão os versos de Schiller, de Heine e de Goethe; contava que aprendera com a mesma professôra que ensinara prima Rosa Antônia, filha de tia Genebra. Haviam aprendido juntas os clássicos alemães e franceses. Eu pedia: "– Mamãe, recite aquêles versos de Heine..." Ela recitava enquanto costurava. (DUPRÉ, Maria José, *Os caminhos*, p.62.)

Assim, tanto os textos como os impressos fazem parte do repertório de recitativos, sabidos de cor (o que vale dizer, de coração). Na escola, Maria da Glória relembra o catecismo lido e decorado. A cartilha religiosa não só servia como manual para a educação religiosa, como também era material disponível a todas as meninas para a leitura. A partilha oral é, nesse contexto, um modo de disponibilização da cultura letrada, literária e cultural da maior importância, o que do ponto de vista desta pesquisa implicou, muitas vezes, lidar com o inapreensível sobre um universo desconhecido de leituras apreendidas pelas palavras, fixadas pela memória, perdidas pelo tempo.

Traços da tradição oral

Traços da tradição oral brasileira manifestam-se com tanta expressividade nos textos das memorialistas, especialmente daquelas do final da *belle-époque*, a ponto de, muitas vezes, ver-me embaraçada como pesquisadora.

O embaraço não foi nem será resolvido neste texto, uma vez que é difícil demarcar posições muito precisas entre o mundo do oral e o mundo do escrito. A complexidade de suas interseções está no fato de que a cultura do oral está imbricada na cultura do escrito e vice-versa. As recitações se guiavam por impressos divulgados, e também pelo que deles ficou na memória e foi repassado de uma geração a outra. As orações em casa, na igreja e na escola, incorporadas pela memória, foram apreendidas de um impresso que o pároco utiliza em seus sermões. As histórias contadas ou imaginadas por pretos velhos e mães negras habitam as memórias de crianças e adultos e se incorporam no papel como parte da cultura popular conhecida.

Além disso, a fonte do tipo memorialística merece ser complementada por outras documentações sobre a história social brasileira. Isso se torna necessário, já que traços de nossa identidade estão profundamente marcados pela nossa disposição e exposição, no passado e no presente, às condições de uso da oralidade e dos atravessamentos da cultura oral de norte a sul do país. As marcas dessas condições de uso do oral formam uma rede tão complexa de produtos, mercado, práticas e público que acabou determinando traços de singularidade musical, lingüística, literária e cultural no território nacional.

Nesse sentido, as autobiografias femininas falam, contam e cantam. São modinhas, versos populares, linguagens regionais, máximas e provérbios incorporados como parte da cultura do oral no Brasil, ao mesmo tempo em que narram as apropriações em relação aos hábitos franceses, portugueses e ingleses, sobretudo em relação às músicas, indumentárias e danças de salão.

> [...] E principiava, acompanhado por todos, uma dessas canções usada aos jantares, sendo as mais usuais as seguintes:
> Como canta o papagaio?
> O papagaio canta assim:
> Papagaio verdadeiro

Até na cor é brasileiro
Donde é toda esta gente?
É do Brasil independente.
Amigos bebamos
Sem esmorecer
Que a glória dos bravos
É sempre vencer.
Que livre nasceu,
Que livre será;
E jamais escravo
Se tornará!
Mas, quando a chamada
Tocar o Tambor
Corramos à glória
Deixemos o amor

E outras muitas que seria longo transcrever. Às vezes pediam a uma das senhoras para cantar alguma modinha. Nesse jantar, minha tia Carolina e Rachel foram, como na véspera, as cantoras. (BITTENCOURT, Anna Ribeiro de Goes, *Longos serões do campo*, v.II, p.44.)

Findo o breve descanso, devia recomeçar o *samba*. Desta vez, porém não foi assim. Todos ardiam na impaciência de ver as danças altas – assim eram chamadas – que iam ser executadas pelos sobrinhos de minha mãe. Estas danças eram de bem poucos ali conhecidas, e foi tal a aglomeração de espectadores, que com dificuldade deixaram o espaço, no centro da sala, para a execução das mesmas. Vi, pela primeira vez, a *gavota*, a *cachucha*, o *minueto*, o *fandango* e o *solo inglês*, que foi o mais apreciado em razão das múltiplas figuras ou modos de dançar. O rapaz mais moço, Manoel Paulino, de treze anos, era muito vivo e engraçado, sendo por isso muito aplaudido. Depois houve a repetição do *samba*, a que não assisti. Minha mãe nessas ocasiões tratava de arranjar um cômodo para agasalhar-me: o sofrimento dos olhos, que foi o constante martírio de minha vida, não me permitia perder as noites, e ela, pouco apreciadora do *samba*, não voltava à sala. (BITTENCOURT, Anna Ribeiro de Goes, *Longos serões do campo*, v.II, p.54.)

As festas tradicionais de comemoração do plantio e da colheita das culturas agrícolas, os festejos que marcam o calendário religioso e as mudanças no cenário agrário são, também, circunstâncias favoráveis às manifestações populares como a Folia de Reis, o Boi Bumbá, o Dia de Todos os Santos, a fogueira de São João e outras. Nelas circulam versos, músicas, danças do universo cultural e oral que constituem parte da história sociocultural brasileira.

Em minha busca identifiquei diferentes registros que retratam a figura de negros, mulheres e homens como contadores de histórias. Entre os textos ou situações de narração oral mencionados nos depoimentos femininos, alguns se referem a histórias lendárias, destinadas à distração infantil ou aos "causos" de acontecimento local e que, na verdade, configuram-se como textos orais recontados entre as gerações.

A familiaridade com o escrito fica secundarizada em favor da supremacia do mundo oral, este habitado por sacis, lobisomens, mulas-sem-cabeça, por perseguições entre brancos e negros, por lundus, rezas para mau-olhado, cantigas de trabalho, pagodes,[12] contação de histórias, de fatos corriqueiros ou aventuras dos antepassados que ilustram a vida e ensinam maneiras de ser, modos de viver.

No caso das histórias narradas na voz dos pretos velhos e das mães pretas das fazendas, são muitas as narrativas que discorrem sobre as formas de sociabilidade em torno desse hábito tão corriqueiro nos costumes oitocentistas e que se estendem para o Novecentos.

> Minha pena detém-se aqui subjugada por um terno sentimento para com esta escrava, a mais antiga de todas as mucamas e nossa incansável engomadeira; era também a rezadeira de olhado e contadeira de histórias (tipo especial que existia em quase todas as fazendas naquele bom tempo em que as crianças educadas ainda na invejável simplicidade da vida da roça, contentavam-se com tão inocente passatempo). (CASTRO, Maria Eugênia Torres Ribeiro de, *Reminiscências*, p.57.)

No depoimento de Nelly Alves de Almeida sobre o interior de Goiás, as lembranças da prática oral de contar/ouvir histórias mobilizam

---

[12] Encontrei referência em uma das muitas obras memorialísticas acerca do *pagode*, ou seja, uma reunião muito comum no campo realizada em função de alguma atividade coletiva de trabalho. Na ordem da divisão dos sexos, os homens executam suas tarefas, as mulheres fiam ou realizam outras atividades de sustento, ao som de músicas que entoam durante o tempo da lida.

grande parte do conteúdo de suas memórias. De acordo com a memorialista, "a lembrança do negro velho ficou arraigada em nossa memória feito raiz profunda em terra fértil".[13]

Sobre o negro Malaquias, Nelly escreve:

> Sua imagem recordava a do Contador de estórias que povoou as imaginações dos dias de ontem, recoberta do prestígio que conservou pelo tempo afora, ilustrando as páginas coloridas de então. Como, ainda hoje, escuto sua voz! Às vezes forte, às vezes melancólica, invocava melodias de lembranças, como que trazendo recados insistentes do passado. (ALMEIDA, Nelly Alves de, *Tempo de ontem*, p.25.)

A trajetória dos negros durante o período escravista e, muito provavelmente, durante muitos anos após a abolição, é citada por Nelly como extremamente rica para a história brasileira. Os deslocamentos dos escravos vendidos, em fuga e, mais tarde, alforriados permitiram a eles um conhecimento sobre as terras e suas diferentes manifestações culturais.

> E lá ia ele descrevendo coisas fantásticas, duras demais, às vezes, para nossa sensibilidade infantil... nossos pedidos eram tão insistentes que ele nos atendia, lisonjeado, e ia ampliando seus relatos, retratando-nos, muitas vezes, no norte de nosso Estado. Dali trazia casos pitorescos, ouvidos de outrem, sem dúvida e que nos deixavam pensativos, mas atraídos. Mais tarde, descobrimos em tudo grande valor: o que revelava a face do sertão agreste de nossa terra, revestindo-se de curiosidade e ineditismo, através dos casos de bruxarias e malefícios executados pelos negros vindos de longe, através da ousadia ou da tristeza dos índios, donos da terra, ou ainda da ambição dos violadores dos sertões e das maldades dos senhores poderosos. (ALMEIDA, Nelly Alves de, *Tempo de ontem*, p.26.)

Na narrativa de Nelly, o negro Malaquias entretém as crianças com suas histórias, mas para além disso ele parece re-contar, a si mesmo, como se exercitasse sua memória-história – as desventuras trazidas

---

[13] ALMEIDA, Nelly Alves de. *Tempo de ontem*. Goiânia: Oriente, 1977. p.25.

pela escravidão, a ausência de raízes, a privação da liberdade desde o nascedouro, a amargura pela condição de escravo. Tudo isso reconstituído em uma "fala espontânea, cadenciada, clara". Malaquias possuía uma memória prodigiosa, narra Nelly, "ele exibia, às vezes, palavras que acreditávamos ouvidas de gente letrada com quem convivera e cujo sentido guardara".[14]

> Seus relatos não tinham o cunho, o enredo próprio à infância, com o propósito de diverti-la e instrui-la ao mesmo tempo. Não traziam o doce encanto dos clássicos da infância, cheios de suavidade, de leveza... eram reais, fortes, vazados em cunho mais apropriado a adultos. Agradavam-nos, entretanto, e muito, embora não se mesclassem com a doçura angélica dos contos de fadas, que magicamente, sabem lidar com os fios da vida, mostrando-se, muitas vezes, como figuras cheias de poder ora santo, ora malévolo. (ALMEIDA, Nelly Alves de, *Tempo de ontem*, p.25.)

A influência do letramento na vida de Malaquias parece ter-se dado por uma aprendizagem indireta pela convivência próxima com certos hábitos, costumes e práticas das casas-grandes, na convivência com os brancos.

> Eram termos, que, quase sempre, deturpava em pronúncia, mas que, com certeza, não aprendera sòzinho, pois sua condição de nascimento e de meio jamais lhe teria facultado isso. Era maravilhoso quando, em suas narrações, esnobava sapiência, esbanjando simpatia e, ao sentir que sua fala nos impressionava, sustentava-a valentemente, graças ao poder de expressão e à facilidade de narrar. (ALMEIDA, Nelly Alves de, *Tempo de ontem*, p.26.)

Desse relicário de lembranças é importante destacar que as histórias orais fazem parte de uma tradição que envolve os contadores negros ou negras, mas também mulheres e homens brancos. É freqüente a rememoração de cenas em que as mulheres trabalham, cantam e contam modinhas, fatos e ditos, "causos", histórias de família e da carochinha.

---

14 Idem, ibidem.

> [...] Todos os domingos ia com titia à igreja. Eu já conhecia Jesus, amava-o muito, principalmente depois que papai sarou. Dona Herculana era alegre e boa. Agradava-me muito. Eu gostava da comida de sua casa. Deixava-me comer como gente grande, as conservas apimentadas e à noite para eu dormir, contava-me lindas histórias da Carochinha, uma que muito me impressionou e que eu tomei mais tarde como exemplo para a orientação da mocidade: "O Príncipe Encantado". (TAKESHITA, Hermengarda Leme Leite, *Um grito de liberdade*, p.39.)

> Muitas noites meu pai e eu ficávamos sentados um ao lado do outro no sofá num canto da sala de jantar; a sala era comprida e escura. Um braço sob o outro, conversávamos. Um dia êle me perguntou qualquer coisa sôbre lendas e se eu conhecia alguma. Respondi que não. "– Como não?", perguntou. "– Você não acredita na lenda do Chapèuzinho Vermelho e o Lôbo Mau?" Disse a êle que isso não era lenda, eram histórias para crianças. Êle continuou a descrever várias espécies de lendas e eu disse: "– Sei tudo isso, papai". (DUPRÉ, Maria José, *Os caminhos*, p.85-6.)

Muitos fatos são contados e recontados com o auxílio de quadrinhas, trovas, modinhas e versos que ilustram os fatos e as passagens do dia-a-dia. Algumas dessas "rimas" são inventadas a pretexto de compor o cenário narrado. Outras tantas fazem parte da cultura popular, passam de boca em boca e são guardadas e conservadas pelas tradições da memória oral.

Assim, Hermengarda Takeshita lembra os versos deixados por sua mãe na ocasião de uma forte geada, na cidade de Franca. Os versos marcam a derrocada financeira do pai e o período que antecede seu nascimento.

> Uma terrível geada em agosto de 1903 queimou o nosso lindo cafezal. A quebra do banco, onde depositamos nossas economias, deixou-nos sem nada. Todo sacrifício perdido!
> "Geada sudário da morte
> matou todo o meu café.
> Eu sou um homem sem sorte
> Sem esperança e sem fé."
> Nessa fase espinhosa de minha vida, nasceu Hermengarda.
> Nos pequenos intervalos de assados e costuras, lia Eurico,

> de Herculano. Impressionada com o livro dei o nome à minha filha, de Hermengarda, heroína do romance. Foi um consolo para mim. Senti novas forças e esperança. (TAKESHITA, Hermegarda Leme Leite, *Um grito de liberdade: uma família paulista no fim da belle-époque*, p.16.)[15]

Em outras passagens, a memória vasculha outras trovas e versos que contam o cotidiano da vida simples:

> Gostava muito do colégio. [...] Havia um jornalzinho organizado por Orígenes Lessa, filho mais velho do tio Vicente e Antoninho Alvarenga. Certa vez eu colaborei com a Festa de São João, um conto que escrevi na fazenda. [...] Terminei o conto com uma quadrinha do desafio dos caboclos:
>
> "A viola chora e geme
> debaixo da minha mão.
> Debaixo das minhas penas,
> Chora e geme meu coração."
>
> O autor era um caboclo analfabeto, mas sensível e poeta de nascimento. (TAKESHITA, Hermegarda Leme Leite, *Um grito de liberdade: uma família paulista no fim da belle-époque*, p.74.)

Entre as figuras femininas, a "avó Mariquinhas sempre nos contava umas histórias e nós, como todas as crianças, gostávamos de ouvir repetidamente".[16] Dessa memória oral cultivada em muitos depoimentos femininos, Laura Oliveira Rodrigo Octávio recupera uma parlenda popular ensinada pela avó:

> Outra historinha: No alto daquele morro há um ninho de mafagafa com sete mafagafinhos. Quando a mafagafa gafa, fagam os sete mafagafinhos.
> Essa história era meio cantada:
> Era uma velha que tinha nove filhas que não sabiam fazer biscoito; deu o tanglomango numa delas, das nove firacram oito. Dessas oito, meu bem, que ficaram, uma comeu espermace-

---

15 Trechos das anotações do diário da mãe de Hermengarda.
16 OCTÁVIO, Laura Oliveira Rodrigo. *Elos de uma corrente: seguidos de outros elos*. 2.ed. Rio de Janeiro: Civilização Brasileira, 1994. p.23.

> te; deu o tanglomango nessa uma, das oito ficaram sete.
> Dessas sete, meu bem, que ficaram, uma era devota das Mercês; deu o tanglomango nessa uma, das sete ficaram seis.
> Dessas seis, meu bem, que ficaram, uma ficou no telhado de zinco; deu o tanglomango nessa uma, das seis ficaram cinco.
> Dessas cinco, meu bem, que ficaram, uma foi para o teatro; deu o tanglomango nessa uma, das cinco ficaram quatro.
> Dessas quatro, meu bem, que ficaram, uma casou com o inglês; de o tanglomango nessa uma, das quatro ficaram três.
> Dessas três, meu, bem, que ficaram, uma foi correr as ruas; deu o tanglomango nessa uma, das três ficaram duas.
> Dessas duas, meu bem, que ficaram, uma foi para Inhaúma; deu o tanglomango nessa uma das duas ficou só uma".
> (OCTÁVIO, Laura Oliveira Rodrigo, *Elos de uma corrente: seguidos de outros elos*, p.24-5.)

Helena Morley (1880), por sua vez, lembra de Reginalda, uma velha negra da casa que sabia contar histórias muito bem. De acordo com Helena, "conversa de velhos é sempre a mesma coisa. São sempre os mesmos toda a vida".

> Meu pai, quando não está falando no serviço que está fazendo, que dá sempre muita esperança, conta os casos de Seu Laje, de Seu Agostinho Machado, dois inglêses que vinham visitar meu avô. São sempre os mesmos tôda a vida. Tio Conrado tem o caso do lenheiro que achou uma pedra na Mata dos Crioulos. [...] Quando não é isso e outros casos que a gente já sabe, êle fica falando na idade de meu pai e minhas tias. [...] Quando eu ajudava na farmácia de meu pai, êle já era capangueiro,[17] viajava pelas lavras comprando diamantes para o cunhado dêle, João da Mata. [...] Na Semana Santa, como não há escola para nós, a família tôda aproveita para ficarmos reunidos na Chácara. Ontem, Quarta-Feira de Trevas, Iaiá Henriqueta leu em voz alga a Paixão de Cristo para nós todos ouvirmos. Como era dia de bacalhau, vovó mandou abrir três garrafas de vinho-do-pôrto para o jantar. Todos comera e bebêram a fartar. Depois do jantar fomos tôdas para o Palácio confessar.[18]

---

[17] Capangueiro: comprador ambulante de diamantes.
[18] MORLEY, Helena. *Minha vida de menina: cadernos de uma menina provinciana nos fins do século XIX*. 16.ed. Rio de Janeiro: José Olympio, 1979. p.22-3.

E sendo os mesmos, eles constroem parte das memórias femininas e ensinam, em suas histórias, as tradições, os valores, os comportamentos, as identidades e as práticas que são aprendidos nessa repetição necessária.[19]

Vovó é a criatura melhor do mundo. Não sei se no caso dela eu agüentaria Fifina como ela agüenta. Mamãe conta que Fifina teve dinheiro, mas inventou casar com um rapaz mais moço do que ela dez anos e ele pôs fora tudo quanto ela tinha e sumiu, deixando-a só com um conto de réis. Ela pôs o dinheiro na mão de Senhor Bispo a juros e ia vivendo com trabalhinhos que fazia, cerzindo meias, remendando roupas na casa de uns e de outros. Dia de chuva nossas tias nos prendem contando histórias. De pequenas as negras contavam histórias da carochinha. Hoje gosto mais das histórias do tempo antigo, principalmente do casamento de minhas tias, que era tão diferente. [...] Hoje Iaiá esteve lendo Gil Blas e nos contou histórias dele. Depois eu lhe pedi para contar a história do casamento e como ela se arranjou para gostar do marido que não conhecia.[20]

Através das narrativas reconstituídas por Maria José Dupré, as histórias de tradição oral têm forte relação com a construção de sua identidade. Narrar o passado é importante como forma de compreensão dos fatos de ontem e de hoje e, tudo isso, é re-memorado quase como um ritual acerca das experiências vividas, os modos de vida, as trocas e os valores. A figura materna reavivada por Maria José permanece em grande parte da obra como a voz narradora. As lembranças infantis e as histórias sobre as lembranças do grupo familiar – contadas e recontadas pela mãe – reconstituem os primeiros anos de casamento dos pais; a saga pelo sertão; as aventuras no Paraná às margens do Rio Paranapanema e o retorno, anos depois, para o interior de São Paulo, em Botucatu, em função do nascimento de Maria José e da busca de uma vida melhor e mais segura.

Os pais contam a própria vida e a ilustram com trechos de livros, com metáforas oportunas de fábulas conhecidas, com passagens bíblicas e versos de poetas a que tiveram acesso.

---

19   Idem, p.22.
20   Idem, p.39-40, 149-50.

Nas histórias relembradas, as figuras femininas estão envolvidas em muitas atividades de trabalho, seja ao lado dos maridos, seja na ausência deles.[21] Uma ausência muito comum na rotina das fazendas e que exigia que elas assumissem diferentes responsabilidades na sobrevivência da família, dessem ordens aos empregados e participassem no orçamento das despesas. Mais uma vez a cultura oral manifesta-se ancorada na cultura letrada.

> [...] Com paciência, mamãe repetiu a história inúmeras vêzes. Gumercindo deixou fama de bandido, andava com um bando armado, saqueando fazendas, roubando, dizem que até matando. [...] Sei que eu estava na fazenda de sua avó com suas irmãs que teriam oito, nove e dez anos. Seu tio estava em S. Paulo, ficava pouco na fazenda. Então chegaram os boatos de que o bando do Gumercindo vinha vindo em direção às terras de sua avó. [...] O vizinho partiu a galope, o pavor estampado no rosto. [...] Com mamãe ao lado, vovó deu as ordens; que todos trouxessem as armas que tinham em casa, que trouxessem também as famílias e os animais de estimação. [...] Mamãe contava que minha avó demonstrava muita coragem e que tanta gente não caberia na casa grande. [...] Minha mãe contava que a calma de vovó era tão grande que a transmitia às outras mulheres. Mas tanto ela como mamãe estavam assustadas e tremiam de mêdo, apesar de não aparentarem. [...] No terceiro dia, vieram os colonos dizer que o bando tomara rumo diverso e se dirigia para o sul a fim de passar a outro Estado. Quando mamãe lembra êsses fatos, vovó se agigantava aos meus olhos. Crescia... Minha mãe tomava conta da casa grande, dirigia com mãos firmes os empregados e nunca deixou de atender aos doentes grandes ou pequenos da colônia. Se vinham chamá-la, porque uma criança ia nascer ou alguém estava com febre, mamãe tomava entre as mãos o **Chernoviz** para consultar se fôsse preciso e, acompanhada por Mã que foi nossa mãe de criação, levava uma caixa de madeira com tôda a espécie de remédios para tôdas as ocasiões." (DUPRÉ, Maria José, *Os caminhos*, p.4, 55-7.)

---

21   A esse respeito, ver SAMARA, Eni Mesquita. Chefiar famílias e trabalhar: trajetória de vida das mulheres brasileiras do séc. XIX. In: *Caderno Espaço Feminino*, 1997.

De voz em voz, de texto em texto, os impressos misturam-se com as histórias orais, pintando um retrato cultural no qual voz e letras se complementam.

Leituras lidas, leituras ouvidas

Na documentação garimpada por Leila Algranti a respeito dos inventários paulistas, cariocas e mineiros no período colonial, a leitura em voz alta ou silenciosa denota, já naquela época, "uma outra forma de se desfrutar a intimidade e o convívio familiar".[22] Atesta ainda a posse de livros entre a relação de bens dos grupos e o uso que se fazia deles.

O século XIX marca-se, portanto, como período da literatura no mundo, e no Brasil não é diferente. "A literatura exercia como nunca sua função social: os escritores eram respeitados, as conferências literárias, um acontecimento social".[23] No interior dos domicílios constitui-se como prática comum do dia-a-dia. Constrói com outras práticas a rotina, os modos de vida, a forma de lazer e de cultura da qual as mulheres não estavam excluídas, seja como leitoras, seja como ouvintes.

Retomando cenas domésticas comuns, retratadas por quase todas as obras do século XIX e do início do século XX, uma das primeiras imagens de familiaridade com os impressos dá-se pela apropriação de textos escritos, lidos, ou contados oralmente, nos serões domésticos, nas horas de cismas, ou mesmo nas práticas de recitação.

A leitura oral/oralizada manifesta-se como outra modalidade particular na partilha de textos/impressos, o que não pode, portanto, ser compreendida como atividade meramente de decodificação, por parte de quem lê, e meramente passiva, por parte de quem ouve. José de Alencar, em seu livro *Como e porque sou romancista*, refere-se aos autores de alto e baixo escalão literário a que teve acesso antes mesmo de sua entrada no curso de Direito, em São Paulo. Para ele a experiência prévia com romances e novelas, durante os serões domésticos, permitiu esta-

---

22 ALGRANTI, Leila Mezan. Famílias e vida doméstica. In: *História da vida privada no Brasil*. v.I. 1997. p.115.
23 MUZART, Zahidé L. *Escritoras brasileiras do século XIX*: antologia. Florianópolis: Editora das Mulheres; Santa Cruz do Sul: EDUNISC, 1999. p.24.

belecer com os autores da literatura francesa – Chateaubriand, Vigny, Balzac, Dumas e Victor Hugo – uma relação mais próxima, já que o aprendizado do idioma francês exigia dele um grande esforço.[24]

> A escola francesa que eu então estudava nesses mestres da moderna literatura, achava-me preparado para ela. O molde do romance, qual mo havia revelado por mera casualidade aquele arrojo de criança a tecer uma novela com os fios de uma ventura real, fui encontrá-lo fundido com a elegância e beleza que jamais lhe poderia dar. Mas não tivera eu herdado de minha santa mãe a imaginação de que o mundo apenas vê flores, desbotadas embora, e de que eu sinto a chama incessante, que essa leitura de novelas mal teria feito de mim um mecânico literário, desses que escrevem presepes em vez de romances.[25]

Ler em público é uma das formas de sociabilidade na época, concretizada nos serões de leitura. A leitura, conta Alencar, realiza-se tanto pelo conteúdo do texto como pelos ritos que o público se encarrega de praticar:

> Lia-se até a hora do chá, e tópicos havia tão interessantes que eu era obrigado à repetição. Compensavam esse excesso, as pausas pra dar lugar às expansões do auditório, o qual desfazia-se em recriminações contra algum mau personagem, ou acompanhava de seus votos e simpatias o herói perseguido. Uma noite, daquelas em que eu estava mais possuído do livro, lia com expressão uma das páginas mais comoventes da nossa biblioteca. As senhoras, de cabeça baixa, levam o lenço ao rosto, e poucos momentos depois não puderam conter os soluços que rompiam-lhes o seio. [...] eu também cerrando ao peito o livro aberto, disparei em pranto e respondia com palavras de consolo às lamentações de minha mãe e suas amigas. Foi essa leitura contínua e repetida de novelas e romances que primeiro imprimiu em meu espírito a tendência para essa forma literária que é entre todas as de minha predileção?[26]

---

24 ALENCAR, José de. *Como e porque sou romancista*. São Paulo: Pontes, 1990. p.40.
25 Idem, p.7.
26 Idem, p.27-8.

Esses modos de partilha dizem respeito não só às formas de sociabilidade da época de Alencar, mas também às condições de produção e socialização dos escritos. De acordo com o escritor, naquele tempo o comércio livreiro era precário; embora as obras literárias fossem mais baratas, tinham menor circulação em função "da escassez das comunicações com a Europa, e da maior raridade de livrarias e gabinetes de leitura".[27]

A riqueza desses momentos de intimidade com a leitura desfila nas lembranças de títulos e de escritos rememorados e na descrição dos encontros com o escrito.

Assim, escreve Maria de Lourdes Teixeira:

> [...] Todos recalcitravam no momento de interromper-se a leitura e ir para a cama, ficando para a noite seguinte o prosseguimento das aventuras dos mosqueteiros, de Pardaillan, de rocambole, do Judeu errante, do Conde de Monte-Cristo ou as desditas de Esmeralda e do dedicado Quasímodo. Quo Vadis e o Mártir do Gólgota nos emocionavam até às lágrimas. Tais sessões não se limitavam, porém a romances. Com geral agrado, ela (a mãe) nos lia também poesia. Lembro-me, entre outros, do poema de Guerra Junqueiro, O Melro: O melro eu conheci-o. Era negro, vibrante, luzidio, madrugador, jovial... (cito de memória). E o suicídio coletivo do pássaro e dos filhotes após um inflamado discurso retórico sobre o valor da liberdade:
>
> "E mais sublime do que o Cristo,
> maior do que Catão,
> matou os quatro filhos,
> transpassando quatro vezes o próprio coração"
>
> Comovia-nos e acirrava a nossa revolta contra o 'padre-cura'. Outro sucesso era um poema de Gonçalves Crespo baseado (se não me falha a memória) num conto de Daudet, que assim começava:
>
> "O implacável carlista, o cura de Santa Cruz,
> que em nome do seu rei e em nome de Jesus
> levava de sul a norte
> o ódio, a perseguição, o incêncio, o estrago, a morte..."

---

27 Idem, p.38.

> O drama em versos de Tomás Ribeiro, D. Jaime; O Navio Negreiro e Vozes d'África, de Castro Alves; o Cântico do Calvário, de Varela; O Y-Juca-Pirama, de Gonçalves Dias; O Estudante Alsaciano, de que não me lembro o autor, e tantos ouros eram-nos familiares através daqueles serões. Naquele tempo a escola era risonha e franca... (TEIXEIRA, Maria de Lourdes, *A carruagem alada*, p.20-1.)

Na lembrança de Zélia Gattai, as leituras de folhetins eram compartilhadas por leitoras e ouvintes:

> À tarde, não havendo outros compromissos, dona Angelina reunia em sua casa algumas vizinhas interessadas em romances de folhetim. Aproveitavam a ocasião para fazer tricô e crochê, enquanto ouviam a leitura dos fascículos novos. Encarregadas da leitura, as filhas mais velhas de dona Angelina sabiam como ninguém dar ênfase às frases no momento preciso. Quatro fascículos eram comprados por semana e as duas jovens se revezavam: dois para cada uma. (GATTAI, Zélia, *Anarquistas, graças a Deus*, p.109.)

São muitos os exemplos que reincidem sobre a força da leitura oral modalizada por entonações e também por gestos, interrupções e comentários. Os folhetins, almanaques e folhetos associados à leitura em voz alta são exemplares como receitas de grande sucesso, uma vez que se ajustam a certos modos de leitura usuais à época.

Essas experiências aparecem também no depoimento de Humberto de Campos (1866). O escritor, em *Memórias*, narra as lembranças sobre a avó materna:

> O seu maior encanto era escutar a leitura de romances, feita pelas pessôas da casa. Interessava-se pelos personagens dos dramas, como de fossem gente do seu conhecimento e da sua amizadde. E assim era que, á custa dos olhos alheios, conhecia quási toda a obra, até então editada, e traduzida, de Jules Verne, de Ponson, de Perez Escrich, de Alexandre Dumas, de Richebourg, de Adolphe Belot. O seu quarto era, por isso mesmo, um pequeno centro literário, povoado de sombras felizes ou desgraçadas, saídas de romances líricos ou tormentosos, e cuja existência era ali comentada e discutida. Isso atraía as netas já moças, ou pouco mais que meninas,

que se alternavam na leitura, transmitindo umas ás outras o assunto do capítulo porventura lido na sua ausência.[28]

Uma outra partilha entre leitores e ouvintes pode ser reconstituída por Anna Bittencourt:

> – É tempo de acabares com este acanhamento com tuas tias; vem ler e conversar aqui.
>
> Eu, que não desejava outra coisa, fui radiante buscar o meu Livro de Bonna[29] e tomei lugar um pouco afastado. Embora já lesse quase correntemente, costumava fazê-lo para mim e depois para minha mãe, que corrigia os defeitos de pronúncia ou pontuação. Terminada a leitura, ficava ouvindo a conversação com um interesse impróprio em minha idade.
>
> Henriqueta pouco costurava, levando quase todo o tempo a ler o Flos Sactorum e outros livros religiosos. Quando a história de um santo mais a interessava, lia em voz alta para minha mãe ouvir, e então ficava eu encantada. Quando terminei os quatro tomos do Tesouro das adultas, tive imenso desejo de ler o Flos Sactorum; não ousei, porém, pedi-lo à noviça.
>
> [...] Já compreendia tudo o que lia, e minha mãe só se preocupava em evitar leituras contrárias aos princípios de moral que não cessava de incutir-me. Também ouvia com prazer a leitura, feita por Emilia, de uma gazeta enviada do Rio pelo Monsenhor, "A Tribuna Católica". (BITTENCOURT, Anna Riberio de Goes, *Longos serões do campo*, v.II, p.70-1, 73-4.)

As imagens de leituras vão recompondo as figuras leitoras: homens, mulheres, crianças. As confissões espalhadas entre os depoimentos fazem referência às redes de empréstimo e de troca extra-oficialmente.

---

28 CAMPOS, Humberto de. *Memórias*, op. cit., p.23.
29 O título original é *Le magasin des enfants* ou *Dialogue entre une sage gouvernante et ses élèves*, de 1757, em quatro volumes, cujo sucesso permitiu sua tradução em todas as línguas européias. Em língua portuguesa, Anna Bittencourt faz referência ao título: *Tesouro das Meninas*, da mesma escritora, Mme. Leprince de Beaumont. (Cf. *Longos serões do campo*, v.II, p.70, 267.)

1914 – Primeira Guerra Mundial. Apesar da distância do teatro dos acontecimentos, em Curvelo se falava muito na guerra. Ouvia os comentários em casa sobre os aliados e os boches, verdadeiros demônios. A simpatia era toda para os aliados, ou antes, para os franceses, cuja influência cultural era grande. Não havia cidade do interior de Minas onde à tardinha não se reunisse, à porta da farmácia principal, a elite da terra, para discutir ali todos os problemas, desde a política até a literatura. Curvelo não escapava a essa regra e a farmácia de Zé Varela funcionava como o ponto de reunião dos intelectuais da cidade. Ao cair da noite apareciam ali, o juiz de direito, o promotor, o delegado, o médico e os literatos que discutiam tudo, os casos políticos, os escândalos amorosos, ao lado dos romances de Balzac, Zola, Flauber. A guerra, assim que deflagrada, passou a constituir o tema inesgotável do grupo, embora as opiniões não divergissem quanto às simpatias. Muito amiga lá de casa (Babita), uma vez por semana vinha nos visitar e, por ocasião da guerra, trazia, para ler pra mamãe, os jornais franceses que Siô Béranger recebia, narrando as atrocidades praticadas pelos alemães no território francês conquistado pela invasão. Ouvíamos a leitura, horrorizados, tremendo de espanto ante a perversidade daquele povo. Na escola, onde o eco dos acontecimentos também chegava, participávamos do conflito. Discutíamos o que ouvíamos em casa, exaltando-nos quando alguém se referia aos boches. (CARDOSO, Maria Helena, *Por onde andou meu coração*, p.67.)

A nossa juventude, porém, triunfava sobre toda essa pobreza. Apesar de mal alimentados, passando privações, as perspectivas de futuro eram animadoras, vivíamos alegres. Ao nosso coração nunca faltava esperança e a vida nos parecia boa. Tínhamos fé em que tudo se resolveria, apenas não sabíamos como. Passávamos conversando, fazendo planos para quando tivéssemos dinheiro: mobiliaria a casa com móveis que sonhava; Nonô compraria cristais, louças lindas e as paredes se encheriam de quadros. Quando falávamos disto, ele costumava colocar-se em frente às paredes nuas e dispor os quadros imaginários: deste lado um Gauguin, aqui embaixo um Renoir, do lado de lá um Van Gogh e, assim por diante. [...] Foi um período das grandes descobertas no mundo das artes. Líamos muito, comentando tudo com o maior entusiasmo. Até então só conhecia a literatura francesa. Coube a Nonô, ainda adolescente, me iniciar nou-

> tros mundos, ainda não percorridos: ampliei os meus conhecimentos na literatura russa, lendo de Dostoiévski, outros romances além de Crime e Castigo e Recordações da Casa dos Mortos que já conhecia. Li também Tolstói, Tchecof, Gogol, Tourguenef. Fizemos mais uma aquisição: os grandes romancistas inglese, sobre os quais não tinha a menor idéia, Galsworthy; Thomas Hardy. George Elliot, Mrs. Gaskell, as irmãs Brontë, além de outros da língua inglesa como Moore e Joseph Conrad. A inclinação literária de Nonô nessa época já se manifestara: tinha escrito vários contos e peças de teatro, com tendências esquerdistas, entregando-se à leitura com a maior curiosidade e paixão. Líamos tudo que nos caía às mãos, comentando juntos, de encantamento em encantamento. (CARDOSO, Maria Helena, *Por onde andou meu coração*, p.116.)

Além das redes oficiais de aquisição, como as livrarias, as bibliotecas e os alfarrábios,[30] outras redes de interação e troca entre as leitoras são estabelecidas. Os empréstimos, as aquisições e as trocas de livros, revistas e gazetas percorrem caminhos tão diversificados quanto as condições de possibilidade de cada memorialista ter acesso aos impressos por causa da localização geográfica de sua moradia e sua condição sociocultural.

> Meu tio Pedro Ribeiro, que também sentira muito a morte do sobrinho, a quem prezava como filho, pensou que a melhor diversão para meu espírito seria a leitura. Indo à Capital, falaram-lhe dos romances de Camilo Castelo Branco, então muito em voga. Pouco dado à literatura, não os conhecia; comprou porém, alguns volumes que me ofereceu. Pessoas de nossas relações emprestavam-nos de quando em vez alguns livros. Foi então que li *Os miseráveis*, de Victor Hugo, *Raphaël*, de Lamartine, e outros de autores hoje menos considerados. (BITTENCOURT, Anna Ribeiro de Goes, *Longos serões do campo*, v.II, p.217.)

---

30 Sobre alfarrábios encontrei referência, também, em ALENCAR, José de. *Como e porque sou romancista*, op. cit., p.62. Anterior ao ano de 1852, esse comércio de livros usados é apontado, várias vezes, na obra de MORAES, Rubens Borba de & CAMARGO, Ana Maria de Almeida. *Bibliografia da Impressão Régia do Rio de Janeiro*. São Paulo/Rio de Janeiro: Edusp/Kosmos, 1993, p.41, 43, 49, 59, 75.

> Se tinha livros para ler, se alguém estava disposto a me contar estórias, pronto, ficava completamente feliz. Quanto mais cheia de fantasias e mistérios, mais atraente, mais eu gostava. A dificuldade era arranjar livros emprestados, encontrar pessoas que estivessem dispostas a me fazer viver aquele mundo fabuloso que tanto amava. Naquele tempo, quem possuía uma assinatura do *Tico-Tico*, único jornal infantil com penetração pelo Interior, era um ser privilegiado aos meus olhos. Ficava imaginando como pedir emprestado, como seduzir o felizardo, dono de tesouro assim inestimável. Gustavo, menino feioso, amarelo, raquítico, de orelhas acabanadas e voz fanhosa, se tornara para mim numa criança bonita e simpática, apenas porque possuía uma assinatura d'*O Tico-Tico*, recebendo no fim do ano, um almanaque grande cheio de estórias, cada qual mais linda. (CARDOSO, Maria Helena, *Por onde andou meu coração*, p.98.)

Num pequeno vilarejo em Goiânia, Áurea Custódio Bernardes[31] lembra as precárias condições de seu povoado e algumas estratégias para remediar o isolamento geográfico daqueles poucos moradores. Naquele tempo, o encarregado pela distribuição das correspondências e encomendas, provavelmente um dos poucos alfabetizados da região, lia, para os moradores de pé e no meio da rua, as notícias de um jornal da capital. Estes aguardavam, no parapeito das janelas e no horário costumeiro, as novidades da Província.

A materialidade e as formas de circulação dos impressos

A leitura tem ritos próprios condicionados, entre outros fatores, pelas circunstâncias de sua própria materialidade (a existência, por exemplo, de materiais de leitura e de condições para a sua realização) e de condições necessárias à sua produção, recepção e objetivação (os significados da leitura, suas finalidades, as experiências prévias das leitoras com outros textos, os gostos, as censuras etc.).

---

31 Memorialista de *Ecos de minha existência*, Goiânia: [s.n.], 1970.

As condições socioeconômicas e culturais das autoras pesquisadas são diferenciadas. Apesar disso, o relato sobre o cotidiano tem interseções em muitos aspectos que permitiram articular o acesso e o uso de alguns títulos mediante suas condições objetivas de sobrevivência.

> A fazenda, além de não possuir recursos de espécie alguma, era muito distante de qualquer centro adiantado. Quando alguém adoecia era papai o médico, pois, o mais instruído, aconselhava, receitava, assumia a direção de tudo. Não fora por gosto que assumira essas funções, mas pela necessidade de acudir àqueles infelizes. Quando se tratava de uma doença com sintomas desconhecidos para ele, recorria a um *Chernoviz*, que mandara vir de Curvelo para esse fim. (CARDOSO, Maria Helena Cardoso, *Por onde andou meu coração*, p.31.)

> Minha mãe tomava conta da casa grande, dirigia com mãos firmes os empregados e nunca deixou de atender aos doentes grandes ou pequenos da colônia. Se vinham chamá-la porque uma criança ia nascer ou alguém estava com febre, mamãe tomava entre as mãos o *Chernoviz* para consultar se fosse preciso, e acompanhada por Mã que foi nossa mãe de criação, levava uma caixa de madeira com tôda a espécie de remédios para tôdas as ocasiões. (DUPRÉ, Maria José, *Os caminhos*, p.4.)

> [...] Segundo a praxe nas fazendas, a dona da casa, além das muitas obrigações a seu cargo, tinha de reunir ainda a de médico e farmacêutico – quase sempre com coração oprimido pela grande responsabilidade que lhe pesava sobre os ombros". (CASTRO, Maria Eugênia Torre Ribeiro de, *Reminiscências*, p.30.)

Essa praxe de que fala Maria Eugênia está inserida num contexto sócio-histórico muito particular. As grandes províncias contam com parcos recursos para minimizar os altos índices de mortalidade, sobretudo infantil e entre as mulheres após o casamento e o nascimento dos primeiros filhos. Nos pequenos vilarejos e zonas rurais o quadro é agravado, muitas vezes, pelas dificuldades de acesso a centros mais organizados e pela ausência de boticas ou de uma infra-estrutura mínima de apoio aos pequenos sitiantes e fazendeiros.

O *Chernoviz*,[32] um dicionário de Medicina Popular para uso das famílias, continha descrições sobre causas, sintomas e tratamentos de moléstias, além de receitas, plantas medicinais e alimentícias. Portanto, de fácil manuseio, foi útil para aqueles que viveram em um quadro social adverso em suas condições materiais de existência.

Esse dicionário, conhecido como o médico da família, talvez tenha se configurado como um dos mais populares e mais importantes impressos de uso doméstico das famílias. Em 1927, contava com 19 edições e era comumente identificado como formulário ou guia médico do Brasil. Naquela época, além desse dicionário, jornais, guias e almanaques veiculavam, com freqüência, notícias em torno da saúde pública e outros temas de interesse das famílias, particularmente em função do crescimento das cidades, da precária situação sanitária e dos cuidados necessários com a higiene.

O *Chernoviz* ou *Medicina Popular*, relembrado também por outras memorialistas como Anna Bittencourt e Maria de Lourdes Teixeira, é descrito no depoimento de Maria Paes de Barros ao lado de uma grande caixa homeopática na qual a família tinha à disposição um sortimento variado de drogas tais como "o sal amargo, maná, sene, ruibarbo, linhaça, vidros de Opodeldock, vermífugos, láudano, bálsamo tranqüilo, óleo de meimendro".[33] Além dessas drogas, outras eram ministradas pela experiência da farmacêutica e médica da família, sua mãe, que aprontava as garrafadas de purgante, xaropes e outros preparados. Produtos estes improvisados na cozinha, por quase todas as mães das memorialistas, como as velas de sebo essenciais à vida, às leituras e às emergências freqüentes.

Entre os dicionários ou guias, almanaques e manuais de uso familiar, atravessaram do século XIX para o século XX diferentes materiais de

---

32 A edição consultada do *Chernoviz* é de 1890, data da sexta edição da obra. A primeira publicação ocorreu em 1842. Trata-se uma edição "consideravelmente augmentada, posta a par da sciencia, e acompanhada de 913 figuras intercaladas no texto". Sabe-se de outras obras, de semelhante caráter e destinação, publicadas no século XIX, e quase todas escritas por médicos-cirurgiões, como é o caso dos títulos *O médico e o cirurgião da roça: novo tratado completo de Medicina e Cirurgia domestica adaptado á intelligencia de todas as classes do povo*, de 1847, por L. F. Bonjean de Chambéry; o *Diccionario de Medicina-domestica e popular*, por Theodoro J. H. Langgaard, com a segunda edição em 1872 e, no mesmo ano, o *Diccionario de Medicina e Therapeutica Homeopathica, ou a Homeopathia posta ao alcance de todos*, pelo Dr. Mello Moraes, de Alagoas, e outras. (Acervo disponível na Biblioteca José E. Mindlin, em São Paulo.)
33 BARROS, Maria Paes de. *No tempo de dantes*, op. cit., p.66.

leitura, e um deles arrebanhou uma legião de leitores mirins e fiéis. Trata-se de *O Tico-Tico* - almanaque veiculado anualmente, de 1905 a 1958, dedicado ao público infantil – citado por quase todas as memorialistas.

> Ainda daquele período tão remoto de minha infância, transcorrida entre São Pedro, Santa Maria e as fazendas da família, recordo que meu avô Estevão de vez em quando mandava para Mamãe caixotinhos contendo coleções de brochuras francesas, romances escolhidos que ela adorava. Quanto a mim, alfabetizada desde os cinco anos por Mamãe, recebia semanalmente pelo correio a revista infantil **O Tico Tico**, que durante toda a minha meninice Vovô assinava para mim.
> (TEIXEIRA, Maria de Lourdes, *A carruagem alada*, p.20.)

> Eu tinha muita vontade de aprender a ler, pensava no "O Tico-Tico"; como seria bom me envolver nas aventuras de Chiquinho, Jagunó e Benjamim, sem a ajuda de ninguém... E aquele livro lindo que mamãe guardava trancado a sete chaves em seu guarda-roupa? Aquele também me interessava muito. (GATTAI, Zélia, *Anarquistas, graças a Deus*, p.109.)

À história dos almanaques segue a de outros periódicos que criaram modos de realização e de recepção da leitura pelas práticas coletivas e individuais, da representação teatral de um texto lido, do reconto oral, da recitação de trechos e de outras modalidades de ler, de ouvir e de se apropriar de um texto, transformadas ao longo do tempo.

Em relação à materialidade dos textos é preciso registrar a dificuldade no alcance de informações sobre a forma assumida por eles – folhetos, manuscritos, jornais, livros, revistas, almanaques, compêndios, cartilhas, cartas e outros. Os depoimentos femininos nem sempre relatam sob quais suportes os textos estão dados a ler.

> Marietta foi, para mim, mais que uma irmã mais velha: foi minha mestra, ensinou-me os rudimentos de música, francês, além das primeiras letras no colégio. Ademais, como gostava de ler alto e encontrava uma atenta admiradora na irmã menor, tudo quanto ela achava que eu podia ouvir, me lia em voz alta. Assim leu-me a Ceia dos Cardeais, uns contos de Eça, umas cartas de Fradique, as fábulas de La Fontaine; contava-me as peças de teatro, e aos poucos a meninazinha foi se preparando para ouvir mais e mais cousas. Antes

> já havia esgotado a Bibliothèque Rose, Madame de Ségur e seus deliciosos livros, As Meninas Exemplares e As Férias. (OCTÁVIO, Laura Oliveira Rodrigo, *Elos de uma corrente; seguidos de outros elos*, p.41.)

> Pareceu-me um verdadeiro milagre receber de uma só vez quatro livros (incrivelmente quatro!) da pena de minha querida Condessa de Ségur. Devorava qualquer coisa que me caísse nas mãos, em francês ou em inglês. Em português não lia nada.[...] Certa vez, um rapaz de minha roda anunciou-me que ia me oferecer um livro do qual eu não poderia deixar de gostar. Se o livro for em português não vale a pena mandar porque eu não leio português. [...] Era A Ceia dos Cardeais, de Júlio Dantas. Foi a leitura de Eça de Queirós, sorvida com encantamento, que iniciou minha transição para a língua portuguesa. Os Contos, e creio que A Cidade e as Serras, me vieram das mão do cônsul de Portugal, Alberto d'Oliveira, homem de letras e do mundo de quem me lembro com saudade.(NABUCO, Carolina, *Oito décadas*, p.9, 52.)

A lista de títulos e escritores relembrados pelas memorialistas remete, algumas vezes, a informações incompletas e incorretas quanto à autoria e aos títulos de livros, revistas e outros periódicos. Por esse motivo, pude recuperar apenas parte das informações sobre esses textos, durante a consulta de alguns catálogos e bibliografias especializadas sobre a literatura do período.

O interesse pelas formas de circulação dos textos ou de seus suportes está identificado entre as preocupações atuais de muitos estudiosos no campo da história da leitura e do impresso. Para as memorialistas essa questão é periférica no conjunto das lembranças. Sobre a leitura, os vestígios deixados pela memória recuperam imagens que traduzem seu uso em práticas familiares e sociais, a indicação de obras e escritores lidos e ainda gostos, preferências e críticas a certos textos e literatos.

Assim, entre os nomes mais apontados nas autobiografias eleitas poderia destacar: Miguel Zevacco, Victor Hugo, Ponson du Terrail, Balzac, Eugène Sue, Alexandre Dumas, Perez Escrich, Condessa de Ségur, M. Delly, Tostoi, Dostoievsky, Flaubert, Eça de Queiroz, Felipe de Oliveira, Castro Alves, Edmundo de Amicis, Lamartine, Shakespeare, Dante, Joaquim Manuel de Macedo, Machado de Assis, José de Alencar, Júlia Lopes de Almeida.

Sobre as obras dos autores estrangeiros, o que foi possível saber é que elas foram, em sua maior parte, lidas no original, sobretudo em língua francesa, embora as memorialistas façam menção a algumas traduções e reedições para o português, sob a forma de jornais, revistas e fascículos.

> Recebiamos habitualmente *Vie Heureuse, Feminina, História* e *Heures Litteraires. Lisez-moi* já a liamos havia muito tempo e estava sendo colecionada com amor. Para as crianças as revistas *Fillette, Cri-cri, Diabolo Journal*. A da Alda era italiana: *Corriere dei Piccoli*. (SILVEIRA, Maria Isabel, *Isabel quis Valdomiro*, p.92.)

> Havia o Pedro da Trindade, nos últimos dois anos de escola, dado-se um tanto à literatura. De quando em vez, mandava livros à minha mãe, o que não era de estranhar, porque todos sabiam quanto ela gostava de ler. Enviando um em francês, dizia: 'Sei que vosmecê não conhece esta língua, mas pode mandá-lo traduzir por sua filha.' Foi assim que pude ler *Eurico, o presbítero, O monge de Cister* e *A história de Portugal*, de Alexandre Herculano. (BITTENCOURT, Anna Ribeiro de Goes, *Longos serões do campo*, v.II, p.206.)

Os títulos citados por Anna Bittencourt são mais esclarecedores em relação às formas de circulação dos impressos quando apoiados nas nota explicativas apresentadas ao final de cada volume. Em uma delas registra-se:

> Na Segunda metade do século XIX, além de uma importante Biblioteca Pública, fundada pelo Conde dos Arcos em 1811, e da Biblioteca da Faculdade de Medicina, Salvador dispunha de três livrarias comerciais: duas na Cidade Baixa e uma na Cidade Alta. Ofereciam essas livrarias, em anúncios na imprensa e em catálogos distribuídos pelo correio, livros de autores portugueses, traduções da literatura inglesa e francesa e textos originais nessas duas línguas.[cf. Pierre Verger, *Notícias...*, p. 171-3]. Entre as obras de Alexandre Herculano, Eurico, o presbítero e O monge de Cister, romances históricos, foram publicados em 1843 e 1848; A História de Portugal, em três volumes, entre 1846 e 1853. [cf. *Dictionnaire des auteurs*, v.II, p.493.) (BITTENCOURT, Anna Ribeiro de Goes, *Longos serões do campo*, v.II, p. 301.)

Quanto às escritas de circulação periódica, as memorialistas referem-se, sobretudo, aos títulos *O Tico-Tico*, a revista *Fon-Fon!* e a *L'Illustration*. Encontram-se ainda algumas poucas referências aos almanaques e jornais femininos, como *O Jornal das Senhoras* e *A Família*.

Os meios de veiculação aparecem, portanto, de forma bastante secundarizada em grande parte dos depoimentos. São também pouco evidenciados os espaços destinados à leitura e à participação feminina no mundo das letras, promovida, mais amplamente, por meio da imprensa diária – jornais e periódicos – de longa e pequena duração.

Textura e costura

A imagem de leitura freqüentemente descrita como aliada a alguns afazeres domésticos elucida uma circunstância particular de uso e de circulação da leitura – as horas de costura e bordado.

> Mamãe gostava de falar sôbre os romances que lera em sua juventude; dizia não ter mais tempo para ler. Reproduzia todos os fatos que Vitor Hugo escrevera sôbre "Os Miseráveis". Eu perguntava: "– Tudo por causa de um pão?" "– Por causa de um pão, Jean Valjan estava com fome...". Nessa época não havia traduções das obras de Shakespeare, mas mamãe discorria sôbre o escritor e seus principais livros. Fiquei sabendo o que aconteceu com Romeu e Julieta e mamãe dizia que êsse autor havia descrito as paixões humanas de todos os tempos, com tal fôrça poética que se tornara imortal. Descreveu o amor, o ciúme, a cobiça, a inveja, o ódio, a injustiça... "Otelo, o Mouro de Veneza" era o símbolo do ciúme.
> O silêncio pairava na sala. A lâmpada grande do centro da mesa, iluminava tìmidamente as costuras de mamãe. No terraço, a cachorra Foca se sacudia, enquanto pirilampos riscavam a escuridão. (DUPRÉ, Maria José, *Os caminhos*, p.153-4.)

O tripé – costura-bordado-leitura – não é ocasional e mereceu análise de Maria Helena Werneck, por meio da investigação intitulada *Mestra entre agulhas e amores – a leitora do século XIX na literatura de Ma-*

chado e Alencar.[34] A rede de leituras, clandestina ou não, formada em torno das horas de costura e de bordado, permitia a circulação de textos os mais diversos e, mais que isso, constituía-se como um espaço de sociabilidade e de troca femininas por meio dos comentários críticos sobre os personagens, as trocas de intimidade entre um "causo" e outro e as aprendizagens partilhadas a pretexto das lições de moral e de vida encenadas nos enredos ficcionais.

Anna Bittencourt lembra as horas de conversa e de leitura governadas pela mãe e acompanhadas pelas escravas durante as tarefas de costura e bordado. Uma influência branca sobre as negras.

Se converso com minhas escravas, se lhes conto histórias, é para lhes dar conselhos e exemplos de moral e de virtude. (BITTENCOURT, Anna Ribeiro de Goes, *Longos serões do campo*, v.II, p.33.)

A textura mistura-se às linhas do bordado...

> Recordo com prazer ver minha mãe sentada em uma cadeira baixa, em frente de uma almofada de renda, pousada em um estrado onde as escravas trabalhavam. O estrado era um móvel indispensável na sala de jantar, que ao mesmo tempo era de costura. As escravas, ali sentadas, faziam renda ou coziam, tendo ao lado o balaio com os utensílios de costura ou pedaços de fazenda com que confeccionavam as peças de vestuários. Minha mãe falava-lhes benevolamente, muitas vezes contando-lhes histórias, quase sempre tiradas da Bíblia, em que era muito versada. (BITTENCOURT, Anna Ribeiro de Goes, *Longos serões do campo*, v.II, p.33.)

Em torno da cesta de linhas e de agulhas a trama da leitura reconstitui os cenários saídos dos romances, lidos em voz alta. A avó de Maria Helena Cardoso, por exemplo, atenta à leitura de folhetins, apreciava as fugas das mocinhas, debandadas da casa de seus pais, por seus comportamentos frívolos e admiradores secretos. Essas e outras imagens, retomadas dos livros e dos folhetins, são lembradas como parte dos impressos lidos e de seus vestígios no imaginário social feminino.

---

34 WERNECK, Maria Helena. *Mestre entre agulhas e amores – a leitora do século XIX na literatura de Machado e Alencar*. Rio de Janeiro: PUC, 1985. (Dissertação de Mestrado.)

Com a chegada das máquinas de costura as leituras continuavam a atenuar o cansaço durante os serões noturnos, já que para muitas mulheres essa era uma atividade fundamental à economia familiar. O barulho das máquinas não ultrapassava a voz feminina ou masculina vinda da sala. Até as máquinas rendiam-se aos enredos propostos pelos velhos manuais românticos ou os livros de poesias. Nos momentos dramáticos ou de suspense parava-se a costura para que a leitora pudesse apreciar cada palavra e trecho de seu romance predileto.

Espaços de leitura

À medida que a cidade cresce, novos espaços vão sendo definidos em função de novas tecnologias e mudanças econômico-sociais. A narrativa de Laura Octávio sobre a história da formação da capital paulista recupera não somente as mudanças na sua cartografia, mas também as transformações no perfil sociocultural da cidade comprometidas, cada vez mais, com a apropriação de um novo ponto de vista sobre a concepção do espaço urbano.

> Desde o início, teve a cidade como pontos principais os lugares onde se estabeleceram as ordens religiosas do Carmo, São Bento e São Francisco, o que lhe deu, em sua topografia, a forma triangular. Tudo que vinha para a cidade era carregado por tropas de burros e, certamente, a limpeza deixava a desejar. As únicas distrações daquela gente eram as cerimônias religiosas, procissões, Semana Santa; então os moradores de chácaras próximas da cidade ocupavam suas casas no centro, iluminavam as lanternas e nas janelas dependuravam colchas de damasco. Até 1827 – instalação dos cursos jurídicos em São Paulo –, a cidade devia ser triste, fria, com a garoa de que tanto se falava, proveniente dos rios que a cercavam – Tamanduateí e Anhangabaú. Os estudantes foram introduzindo novidades, brincadeiras, vida boêmia e até deram início ao gosto pelo teatro. Crescia devagar aquele pequenino burgo de tropeiros, até que veio a primeira estrada de ferro (1867), facilitando as trocas e movimentando naturalmente a cidade. Os moradores de chácaras (futuros bairros) eram em geral pessoas abastadas; algumas conservaram suas casas residenciais no centro da cidade e assim conheci a

da viúva Nicolau Rodrigues dos Santos França e Leite (ele, tio-avô de Rodrigo Octávio Filho), engenheiro que, em 1871 assinava contrato com o governo para uma linha de "diligências por meio de trilhos de ferro tiradas por animais. No ano seguinte, as diligências de burros começaram a ligar mais bairros. Apesar das dificuldades inerentes a uma cidade com ladeiras íngremes, esse foi o meio de que se serviam os paulistas até os primeiros anos do século XX, transporte que conheci pessoalmente – os bondes de burro. [...] Em 1901 inaugurava-se a primeira linha de bondes elétricos, para a Barra Funda; depois vieram os automóveis. Com a cidade se ampliando, as grandes chácaras (Nothman e Glette) foram sendo cortadas por ruas, praças, avenidas. Dentre essas se destaca a Avenida Paulista, no alto do Caaguassu (do tupi, "mato grande"), no espigão divisório das águas dos rios Tietê e Pinheiros, oferecida à cidade por Joaquim Eugênio de Lima: '"erá Paulista em homenagem aos paulistanos"(8-XII-1891). E, em 1894, edificavam na praça da República o imponente prédio onde se instalou a Escola Normal, centro de estudos de grande projeção para o preparo de professores. [Criada em 1846 a escola funcionava numa dependência da Sé, com um só professor, curso de dois anos, diplomando na primeira fase (1846-1867) 18 professores do sexo masculino. Fechada com o falecimento desse professor – Manuel José Chaves –, só reabriu em 1875.] A grande expansão do cultivo do café determinou o desenvolvimento do centro urbano, que se foi enchendo de ricas moradias, em geral construídas por italianos e alemães vindos com a imigração, sobressaindo pelo aspecto monumental as obras do engenheiro paulista Francisco Ramos de Azevedo [construiu o Teatro Municipal (1911) e deu grande desenvolvimento ao Liceu de Artes e Ofícios que passou a formar pessoal competente para suprir as necessidades complementares da arquitetura]. A vinda do imigrante deu a São Paulo uma feição bem diferente da que tinha até cerca de 1880. O Bexiga, por exemplo, bairro próximo ao Piques, de onde partiam as tropas, lugar de muitos negócios, deve seu nome ao primeiro estalajadeiro ali instalado. Fizeram também um salão de chá muito concorrido e elegante, e as compras terminavam sempre nessa reunião. Pouco adiante estava a "Casa Kosmos", só para homens; tudo finíssimo e bem sortido. Ainda do mesmo lado, perto do largo da Misericórida, a "Casa Espíndola", especialista em coisas de escritório, papelaria, encadernador. Meus álbuns de Chopin lá foram encadernados. Na rua 15 encon-

> trávamos logo "Calçados Rocha", onde também creio que se calçava toda a sociedade classe média. Quase em frente, a "Garraux", livraria magnífica, escola onde se fez José Olympio. Temos na nossa biblioteca livros que pertenceram ao avô de rodrigo, com a etiqueta "Garraux de Lailhacar & Cia", Largo da Sé nº 1, em que relaciona os artigos encontrados na loja além de livros, músicas, fazendas atacado e a varejo... Em geral funcionava o teatro como "variedade", "café-concerto", e aos domingos havia matinée familiar: cômicos ingleses, cachorrinhos ensinados, bailarinas, mágicos, acrobatas, ciclistas e as cançonetistas. Na rua Xavier Toledo, em frente ao atual Mappin, era o teatro S. José, para onde iam as companhias de operetas. Na rua 11 de Junho era o Salão Germânia, muito maior, onde foram os primeiros saraus da "Cultura Artística", e os grandes bailes do Concórdia, que não foram do meu tempo (primeiro baile em 1905). Com o aparecimento do cinema, tornou-se este o divertimento mais difundido...(OCTÁVIO, Laura Oliveira Rodrigo, *Elos de uma corrente: seguidos de outros elos*, p.228-32.)

A presença de associações literárias mais diferenciadas no campo e, sobretudo, nas cidades, parece marcar outros/novos espaços de mediação, de acesso e de socialização de textos e impressos. São espaços, antes de tudo, de encontro e de reunião e que por isso servem tanto a pretextos políticos da localidade como a fins religiosos, de diversão, de comemoração e de instrução.

Esses espaços, quando relembrados, ajudam a recompor o quadro da leitura no Brasil – as formas de acesso, de uso e de circulação –, porque constituem instâncias favoráveis à apropriação dos impressos e, além disso, dão pistas sobre as formas de ler, suas práticas e partilhas, à contramão das denúncias com relação ao iletrismo brasileiro, à inexistência de livros e de espaços destinados à leitura.

> Continuei com minhas leituras e como não podia comprar livros, fiquei sócia de uma livraria na cidade que os alugava, até um por dia se quisesse, o que me deixou equilibrada com a fome de leituras que sentia. Leandro também gostava de ler; muitas vêzes lia em voz alta os livros de Sinclair Lewis no original e também 'Forsyte Saga', de John Galsworthy. Havia dois proveitos nessas leituras: aperfeiçoávamos, ou melhor, acostumávamos com a língua inglêsa e ficávamos a

> par dos bons romancistas norte-americanos e inglêses. (DUPRÉ, Maria José, *Os caminhos*, p.280.)

> [...] Quando recitava o Círculo Vicioso dava entonação forte, vibrante, ao verso: "Mísera! Tivesse eu aquela enorme claridade...", num louvor exagerado ao talento de Machado de Assis. Sentia que o autor, de onde estivesse, viria me escutar, me bater palmas, considerando-me sua intérprete ideal dos versos e dos sentimentos.
> Busco-a na recordação do Gabinete Literário organizado e mantido por Eliezer Pinheiro, alma alegre, comunicativa, amante das coisas da inteligência e que, por isso, nos proporcionava ambiente propício à firmeza da mente e à segurança do espírito.[35]

Junto aos gabinetes de leitura, outros espaços destinados às práticas em torno do escrito eram freqüentados pela sociedade brasileira, em particular as livrarias, como a *Garraux*, fundada no ano de 1860, pelo pai de René Thiollier:

> [...] ponto de encontro de poetas e escritores, era muito freqüentada por meu avô, que aí adquiria livros, inclusive os romances franceses que, anos depois costuma enviar a Mamãe. (TEIXEIRA, Maria de Lourdes, *A carruagem alada*, p.15.)

Além dos espaços-livrarias as memórias recuperam outros circuitos públicos em torno da leitura e de suas práticas na capital e no interior paulistas. Os aluguéis dos livros por meio dos gabinetes literários associam-se a outras formas de disponibilização do escrito, como narra Maria de Lourdes Teixeira:

> A primeira vez que vi Gustavo Teixeira foi em Santos, à porta de um café. Mas já o conhecia há muito através de seus escritos. Ele era, então, um rapaz magro, pálido, o bigode descido nos cantos da boca. Vestia com despreocupação. Ao vê-lo, não se diria tratar-se do autor do Ementário, dos Poemas Líricos, recitados pelos cafés literários e salões elegantes de São Paulo. (TEIXEIRA, Maria de Lourdes, *A carruagem alada*, p.37.)

---

35 ALMEIDA, Nelly Alves de. *Tempo de ontem*, op. cit., p.251.

Para Hermengarda Takeshita e Maria José Dupré os gabinetes atendiam a seus interesses por custos módicos. Esses gabinetes serviam tanto como espaços de leitura quanto como espaços para a leitura, uma vez que se podia ler ou levar para casa os títulos de interesse. Como era comum os gabinetes serviam também de espaços de convivência, como conta Hermengarda:

> Em Botucatu, de novo, nossa vidinha. Meu reffúgio sempre a roça do Bispo. Já a olhava com lágrimas de saudades. O Altino continuava a passar por nossa rua e no "Gabinete" dançava muito comigo. Íamos todas as tardes para o ensaio do nosso grande baile de despedida. (TAKESHITA, Hermengarda Leme Leite, *Um grito de liberdade: uma família paulista no fim da belle-époque*, p.109)

Em Botucatu, cidade em que Maria José residiu com seus pais, os clubes e gabinetes recreativos e literários presidiam, também, o espaço político da cidade, disputado, nesse caso, por dois grupos distintos: os cardosistas e os amandistas.

> Nessa ocasião a política começou a ficar ativa e o partido dos Cardoso estava dominando. No largo onde morávamos, havia um edifício como se fôsse teatro, pintado de amarelo e coberto de pó vermelho. Era o Gabinete Recreativo freqüentado pelos cardosistas. Havia jôgo e bailes de quando em quando. Minha irmã Guiomar vinha com o marido assistir aos bailes; dançavam quadrilha, mazurca, polcas saltitantes. [...] Havia outro partido político que começou a brigar com os cardosistas. Era chefiado por Amando de Barros, na ocasião, o homem mais importante de Botucatu. [...] Os amandistas fundaram outro clube de danças e jogos: o 24 de Maio. Assim vivia a cidade, dividida pela política. No Gabinete Literário e Recreativo, dos Cardoso, realizavam-se vários bailes por ano. Minha irmã Euthymia era a rainha porque era casada com o político mais eminente e quando aparecia no clube, bonita e muito elegante, dominava tudo e todos. (DUPRÉ, Maria José, *Os caminhos*, p.89, 90, 92.)

Depois de casada, Maria José narra seus investimentos de leitura. Como ela mesma diz:

> "[...] como não podia comprar livros, fiquei sócia de uma livraria na cidade que os alugava, até um por dia se quisesse, o que me deixou equilibrada com a fome de leituras que sentia". (DUPRÉ, Maria José, Os caminhos, p.280.)

O *Almanaque da Província de São Paulo* para os anos de 1873, 1887 e 1891 relaciona várias associações ou agremiações em 39 cidades do total de 42 pertencentes à província paulista. Seguramente elas se distinguem pela natureza de suas atividades, tamanho de suas dependências, acervo de livros e número de associados ou participantes.[36]

Esses espaços relembrados pelas memorialistas ajudam a recompor o quadro social da leitura no Brasil – sua produção, circulação e socialização –, uma vez que constituem instâncias favoráveis de acesso aos impressos e formas diferenciadas de partilha desses impressos.

> [...] Quando recitava o **"Círculo Vicioso"** dava entonação forte, vibrante, ao verso: "Mísera! Tivesse eu aquela enorme claridade...", num louvor exagerado ao talento de Machado de Assis. Sentia que o autor, de onde estivesse, viria me escutar, me bater palmas, considerando-me sua intérprete ideal dos versos e dos sentimentos. Busco-a na recordação do **"Gabinete Literário"** organizado e mantido por Eliezer Pinheiro, alma alegre, comunicativa, amante das coisas da inteligência e que, por isso, nos proporcionava ambiente propício à firmeza da mente e à segurança do espírito.[37]

No rastro que deixam os inventários femininos é possível reconstituir condições por meio das quais as leitoras, espectadoras e ouvintes dão sentido e põem em prática suas atividades em torno de textos e impressos. Por meio do relato sobre a teatralização de histórias, a leitura individual e em voz alta, os aluguéis e os usos de livros, revistas, jornais e almanaques, em espaços públicos e domésticos, as escritoras desvelam parte do quadro sociocultural da leitura no Brasil.

---

36   A esse respeito trata a Dissertação de Mestrado de MARTINS, Ana Luiza. *Gabinetes de leitura na província de São Paulo: a pluralidade de um espaço esquecido (1847-1890)*. São Paulo: USP, 1990.
37   ALMEIDA, Nelly Alves de. *Tempo de ontem*, op. cit., p.251.

Entre os espaços de uso e de cultivo da leitura é necessário fazer alguns apontamentos em relação às bibliotecas[38] pessoais e às bibliotecas escolares. É importante dizer que esse termo diz respeito tanto às bibliotecas dos pais ou de parentes próximos como às bibliotecas das próprias memorialistas, nesse caso consolidadas durante a vida adulta. A questão da posse e da conservação de materiais de leitura no espaço do domicílio não foi sempre evidenciada pelas escritoras. As descrições sobre a casa ora trazem, ora não trazem as informações sobre a existência de espaços reservados à leitura ou de espaços destinados à conservação do material de leitura.

Nos vestígios da memória "a leitura é feminina enquanto o livro é masculino".[39] As bibliotecas pessoais, quando citadas, são de propriedade masculina: os pais, os avós, os tios, os maridos ou os irmãos que estudaram em curso superior. O que indica um arbítrio de gênero, já que a posse da biblioteca não implica apenas a propriedade de um certo bem cultural, mas de um bem material que se adquire por compra direta ou indireta.

Maria Eugênia Torres Ribeiro de Castro, ao encenar, pela primeira vez, as imagens de leitura e de escrita no contexto familiar, traz para o centro de sua descrição a figura paterna, sua escrivaninha, seus cadernos de contabilidade e a leitura de jornal. Contracena a essa descrição a figura da mãe, envolvida no mister resignado dos afazeres domésticos, das obrigações como médica e farmacêutica improvisada e de liderança na prática religiosa:

> Sobre o pai
> A nossa casa era de sobrado, construção antiga como todas as daquele tempo, porém cômoda e bastante espaçosa: contavam-se 21 janelas de frente e 3 portas, uma delas – a do centro – dando para a escada principal de entrada, construída de tijolo e de forma arrendonda, bastante larga na base, estreitando-se um pouco no meio e alargando de novo no topo, onde se erguia um pequeno alpendre sus-

---

38 O termo biblioteca está sendo tomado no sentido apontado por Caudas Aulete (1958: 674), ou seja, uma coleção de livros, ordenados em armários ou estantes.
39 Incorporei neste trabalho a expressão utilizada por Marisa Lajolo, por ocasião da defesa de Dissertação de Mestrado em Educação de Márcia Cristina Delgado, realizada em fevereiro de 1999 e intitulada Belo Horizonte: uma cartografia sentimental de sebos e livros.

tentado por duas colunas de madeira, pintadas cor de cinza com frisos azuis. Era decorada com o clássico papel branco de ramagens cor de cinza; simples mobília de jacarandá; em frente à porta o nosso Pleyel; na mesma direção deste, a alguns passos de distância, a escrivaninha de meu Pai, onde se destacavam, sobrepostos uns aos outros, o caixa, o borrador e o razão, três inseparáveis sustentáculos da nossa fortuna. Aquela mesa de trabalho, como tudo o que lhe pertencia, a nossos olhos – desde o filho mais velho, homem já formado, filhas todas moças, muitas casadas, até eu, última vergontea da nossa árvore genealógica, todos enfim – era objeto de veneração, duma espécie de culto. Podia ele deixar, como muitas vezes fazia, uma carta comercial, ou mesmo particular, em começo sobre a mesa sem receio de que a mínima curiosidade nos impelisse a prescrutar-lhe os segredos.

Sobre a mãe
As outras duas portas, prosseguindo na minha descrição, ficavam nas extremidades da casa, uma dava ingresso à larga escada de serviço interno, por onde subiam os escravos ocupados nos misteres domésticos, os carregadores dágua, encarregados de abastecer a cozinha, a velha Carolina todos os domingos, com um grande cesto repleto de hortaliças, e os doentes que se entendiam mais diretamente com minha mãe, pois segundo a praxe nas fazendas, a dona da casa, além das muitas obrigações a seu cargo, tinha de reunir ainda a de médico e farmacêutico – quase sempre coração opresso pela grande responsabilidade que lhe pesava sobre os ombros! Sendo minha boa Mãe dotada de atividade invejável, aliando a isso resignação e abnegação levadas ao heroísmo, todos os que sofriam a ela se chegavam. A terceira porta ficava na outra extremidade da casa; era aí situada a Sala do Oratório, onde se reuniam no Domingo à noite os escravos para a ladainha. Depois de lida a cartilha, trabalho a que se entregava algumas vezes meu Pai ou alguma das minhas irmãs, seguia-se o Senhor Deus, oração que todos recitavam com verdadeira devoção. Terminada a ladainha, recitava minha Mãe o oferecimento, oração final em que procurava encaminhar os espíritos para o fim que tínhamos em vista. E, para nossos ouvidos, sua voz sonora produzia-nos o mais doce efeito que se possa imaginar.
(CASTRO, Maria Eugênia Torres Ribeiro de, *Reminiscências*, p.29-31, 34.)

Existem, no entanto, outras configurações ou arranjos espaciais que revelam também a posse, a manutenção e a conservação de livros por homens, e também por mulheres, mas que não se referem, especificamente, aos espaços-bibliotecas como usualmente denominados. Refiro-me aos livros de gaveta e de armário, aos livros de oratório e aos livros de biblioteca arrolados em meio à descrição da mobília e arquitetura das casas e das fazendas.

Os livros de gaveta e de armário poderiam ser cotejados, como também livros de estantes e de prateleira. São livros de uso comum, como o dicionário médico *Chernoviz*, de uso corrente, além de outros materiais de leitura como almanaques, revistas e jornais, álbuns musicais adquiridos por assinatura, subscrição ou empréstimos temporários. Aparecem entre os vestígios do dia, espalhados pela casa, citados na da reconstituição da rotina em meio às necessidades e práticas cotidianas. São livros de livre acesso aos familiares, por se tratar de leituras amenas ligadas às demandas usuais de instrução, de uso musical, de recitação. E há também os livros guardados "a sete chaves". No caso destes, são pouco recomendados aos olhos das meninas e das mocinhas, como fazia D. Angelina com seus livros de romance e as leituras anarquistas. Tudo isso guardado num baú, junto com a documentação da família por ocasião da mudança da Itália para o Brasil, certidões de nascimento, de casamento e outros pertences.

Na relação dos livros de gaveta, de prateleira ou de armários, poderia citar os romances permitidos, lidos durante as horas de costura e bordado, os manuais de ABC, livros de poesia, manuais para o ensino da língua francesa e os próprios diários íntimos. É dessa forma que aparecem livros e objetos das mães de Maria de Lourdes Teixeira, de Maria José Dupré, de Anna Ribeiro de Goes Bittencourt, de Hermengarda Leme Leite Takeshita e de Maria Isabel Silveira.

Os livros de oratório estão a serviço das práticas diárias de oração. São cartilhas, sermões, missais e orações avulsas. Maria Eugênia Ribeiro de Castro relembra as horas de ladainha diária e as rezas aos domingos, cultivadas pela mãe junto à família e aos escravos. Os oratórios aparecem em diferentes depoimentos como peça importante na decoração do ambiente doméstico e, em muitos deles, ocupam espaços próprios para as práticas religiosas, tão comuns na sociedade do passado. Junto aos livros, o oratório servia-se de uma bancada própria, com velas de sebo acesas ao lado do santo ou da santa de proteção familiar, escolhido(a) ou herdado(a) pela mãe.

Por sua vez, os livros de biblioteca estão guardados em escritórios ou bibliotecas particulares. Compreendem as enciclopédias, Histórias do Brasil, toda a literatura de profissão, já que os pais ou os irmãos das memorialistas formaram-se médicos ou advogados. De acordo com as memorialistas, há também materiais literários diversos, tanto em relação à literatura francesa como portuguesa, inglesa, italiana e brasileira. São citados também os objetos de escrituração diária – relatórios comerciais, cadernos de contabilidade, documentos de bens de propriedade e outros.

Entre as memorialistas investigadas encontrei declarações sobre a posse de biblioteca por personagens como o pai de Carolina Nabuco, o avô de Maria de Lourdes Teixeira, o marido de Maria Isabel Silveira, o padrinho de Adélia Pinto, os tios, o cunhado e o marido de Maria José Dupré e o tio de Maria Helena Cardoso.

Sobre o tio de Maria Helena Cardoso faço um parêntese. Trata-se de uma biblioteca incomum entre as demais, mantida trancada a sete chaves: espaço para leituras furtivas...

> Muito mais tarde, comecei a interessar-me pela biblioteca do meu tio, que apenas entrevia quando ele abria a porta do quarto de tabique da varanda, onde morava. Trazia-o sempre trancado a chave, para evitar que os meninos bulissem nas cousas dele, dizia às visitas. Havia livros numa estante, sobre a mesa, além dos fascículos de Miguel Zevacco, empilhados num canto do quarto. Quanta cousa boa devia haver ali. Se pudesse entrar... Mas meu tio não se esquecia de trancar a porta, e toda a minha vigilância para apanhá-lo numa distração era inútil. Um dia, descobri que Fausto e Dauto eram freqüentadores assíduos do quarto. Não me perceberam atrás da janela do quarto de vovó, que dava para a varanda e saltaram o tabique, utilizando-se da mesa de engomar. Ah, estava desfeita a dificuldade. Esperaria uma hora boa, em que ninguém estivesse na varanda e então também saltaria o tabique, como vira fazer meus irmãos. À tardinh, aproveitando uma ausência de mamãe, realizei o meu intento. [...] Eram meus todos aqueles livros, os fascículos de Miguel Zevacco, todo o mistério daquele quarto tão fascinante, eternamente fechado e com o qual há tanto sonhava. (CARDOSO, Maria Helena, *Por onde andou meu coração*, p.204-5.)

Quanto às figuras femininas, as memorialistas Zélia, Maria de Lourdes, Maria José, Hermengarda, Maria da Glória, Anna, Carolina, Laura, Maria Helena e Adélia indicam a posse de impressos, desde os tempos de menina-moça, e também a aquisição e a conservação de materiais de leitura em bibliotecas pessoais. Não são explícitas, no entanto, as informações sobre o número de títulos, os tipos de publicação, a organização material das obras e outras informações que poderiam elucidar, ainda mais, o perfil dessas mulheres-leitoras ao longo de suas vidas.

O levantamento de todos esses aspectos ajuda a problematizar a leitura sob dois aspectos. O primeiro deles, e o mais óbvio, é que a existência, em casa, de um escritório ou biblioteca serviu objetivamente como condição favorável à entrada no mundo da leitura, dada a facilidade de acesso a determinadas obras. O segundo aspecto, em contraste ao anterior, é que a posse do livro em casa não assegura, por si só, o acesso e a possibilidade efetiva de leituras, pelas mulheres, visto que os depoimentos denunciam a censura em torno de algumas obras.

> Meus pais e irmãos nunca permitiram que eu lesse certos livros como alguns do Eça. "O Crime do Padre Amaro" me era interditado. Esqueceram que eu residira em casa de Guiomar e o marido possuía biblioteca com coleção completa de Eça de Queiroz, assim li o que pude, incluídos êsse e "O Primo Basílio". (DUPRÉ, Maria José, *Os caminhos*, p.214.)

A censura não diz respeito apenas à possível ameaça que os romances e folhetins causariam à formação feminina. Tentava-se impedir o acesso das mulheres à literatura científica, aos temas políticos e a outros assuntos ditos graves e que não eram considerados de competência das mulheres. Essas interdições à leitura evidenciam o papel preestabelecido para a mulher na sociedade daquele tempo.

Nesse sentido, poderia tomar o papel das bibliotecas escolares como uma outra instância de trânsito de leituras – censuradas e autorizadas. Os depoimentos femininos exploram pouco as práticas escolares com relação às condições de leitura. Entretanto há menção a títulos lidos, às modalidades de leitura, à utilização da literatura pela escola e às práticas de disciplinamento do corpo e da mente no processo de aprendizagem: repetir – decorar – repetir – decorar.

Todavia, a escola favorece o intercâmbio de impressos, dado o convívio escolar e a possibilidade dos empréstimos na biblioteca. Maria Helena Cardoso confessa: "[...] como não tinha dinheiro para comprar, recorria às colegas do colégio, lia escondidos os do meu tio".[40] Apesar da vigilância permanente e o rigor da disciplina, particularmente nos colégios confessionais, a escola sedia as negociações clandestinas entre as internas e funciona como espaço possibilitador de leituras, sobretudo para as meninas-moças de menor prestígio socioeconômico.

> Enquanto as colegas faziam rodinhas, contando piadas ou num bate-papo amistoso, eu deixava Myrthes e Vera, fundo para a biblioteca. Devorei-a toda em doses homeopáticas, pois os intervalos eram curtos. Li até a "Divina Comédia" de Dante em italiano, língua que apredera no colégio. Era pouco conhecida das colegas, pois entrava na classe em cima da hora. (TAKESHITA, Hermengarda Leme Leite, *Um grito de liberdade: uma família paulista no fim da belle-époque*, p.86.)

> Aluna interna (pois meus pais haviam transferido sua residência para São Paulo e eu devia terminar o ano letivo antes de acompanhá-los), saía nos fins de semana para a casa de uma família muito amiga da nossa, em que havia uma colega minha e duas moças. Certo Sábado fui com elas fazer compras. E, ao passarmos pela livraria Casa Genoud, vi na vitrina uma coleção de romances em brochura. Entre eles, *Tristezas à Beira-Mar*, cujo título romântico me atraiu. Comprei-o. E no colégio passei a lê-lo à hora do recreio, escondido das freiras, recoberto por um caderno de estudo, conforme a estratégia habitual. Adorei o romance. (TEIXEIRA, Maria de Lourdes, *A carruagem alada*, p.45.)

> Guiomar não dispunha de muito tempo para ler, com três filhos pequenos para cuidar e as encomendas para entregar; assim mesmo conversávamos e eu perguntava: "Você acha que Dom Quixote é o símbolo de alguma coisa que não se consegue realizar apesar da luta? Ou é uma caricatura dos cavaleiros da Idade Média, como aprendi na escola?" Ela ficava com o ponto de tricô parado no ar, olhando-me, depois respondia: "– Acho que êle representa tudo aquilo por que

---

40 CARDOSO, Maria Helena. *Por onde andou meu coração*. Rio de Janeiro: José Olympio, 1973. p.66.

lutamos, para o qual lutamos e acabamos derrotados, perdendo. Representa a vida fracassada de tanta gente, há fracassos por tôda a parte... Papai fracassou, Zico fracassou, apesar de lutarem para vencer"... "– E você?" eu perguntava. "– Você se considera fracassada?" "– Também não venci, não venci em nada. Nunca pude subir na vida, fiquei no mesmo plano, talvez tivesse descido um degrau ou dois..." Fazia uma pausa e perguntava: "– Ensinam Dom Quixote na escola?" "– Não é bem assim; alguma colega fala de um livro que leu, a gente corre e vai ler também. Se não entendemos, perguntamos ao professor e êle explica. Êle disse que Dom Quixote é um símbolo". (DUPRÉ, Maria José, *Os caminhos*, p.215.)

A música, o teatro, o cinema

Na tentativa de destacar um pouco mais outras imagens de leitura presentes nas memórias femininas, gostaria de levantar alguns aspectos em torno das experiências com a música, o teatro e o cinema.

Adélia Pinto é uma das memorialistas que escreve sobre o papel da educação musical como parte da formação das moças. Pelas aulas de piano retoma uma outra forma de apropriação da cultura letrada:

> Os nossos móveis foram espalhados pelas casas dos parentes e levamos conosco apenas o estritamente necessário. O piano, entretanto, acompanhou-nos, porque naquêle tempo, tocar piano mesmo pèssimamente valsas choronas, era parte integrante da educação. Tanto quanto saber ler. (PINTO, Adélia, *Um livro sem título: memórias de uma provinciana*, p.29.)

As descrições de viajeiros pelo Brasil, trechos em que Maria Graham registra traços do modelo de educação feminina da época, demonstram bem a prática das músicas, o trato com o piano e outros aspectos da cultura brasileira desde antes do século XIX. Ao descrever as mulheres, Maria Graham documenta:

> A filha do casal, D. Carlota, distingue-se aqui pelo talento e cultura acima de suas companheiras. Fala e escreve francês bem e fez progressos não pequenos em inglês. Conhece a literatura de sua terra, desenha corretamente, canta com gosto

> e dança graciosamente. Várias de suas primas e tias falam francês correntemente, de modo que tive o prazer de conversar livremente com elas e receber boa cópia de informações sobre assuntos que só interessam a mulheres.[41]

Terminada a cerimônia do chá a viajante continua...

> Passamos então, à sala de música, onde o mestre de música se prestou a acompanhar as senhoras, muitas das quais cantaram extremamente bem.[42]

A esse respeito, as descrições feitas pelas memorialistas guardam semelhanças entre si, mas também revelam singularidades específicas às condições socioculturais e geográficas de que faziam parte. O depoimento de Anna Bittencourt sobre o traço da música em sua vida e formação resguarda o perfil regional do Recôncavo Baiano que, nesse caso, contrasta com os demais depoimentos da Região Sudeste.

> Como era usual, reuniam-se todos na fazenda mais próxima da morada daquele a quem iam *tirar os reis*. O ponto de reunião foi a Marmota, fazenda de meu tio Pedro Ribeiro. Reunidas as famílias na Marmota, partiu o imenso terno às oito ou nove horas da noite. Cada família levava alguns de seus agregados que tinham filhas que dançassem bem o *lundu*, única dança então conhecida em nossa terra, à exceção de uma valsa de que depois falarei. Os instrumentos musicais eram ordinariamente flauta, rabeca e violão. Chegando a certa distância apeavam-se os que iam nos carros, cujo chiado estridente podia ser ouvido na vivenda.
> As mais peritas *cantadeiras* entoavam as alegres cançonetas chamadas *chulas*, acompanhadas dos instrumentos e palmas dos assistentes. Algumas dessas *chulas* não deixavam de Ter o sainete da graça e espírito popular. Depois, o que dirigia o *samba*, logo que terminava a última copla, saía na roda dançando, acompanhado dos instrumentos. Os homens não tinham em grande apreço o *lundu* baiano, executado pelo sexo masculino. Portanto, só saíam dançando para Ter lugar de

---

41 GRAHAM, Maria. *Diário de uma viagem ao Brasil.* Belo Horizonte: Itatiaia; São Paulo: USP, 1990. p.270-1.
42 Idem, ibidem.

tirar as belas raparigas. Davam algumas pernadas, sempre em ar de galhofa, e iam *topar* – era o termo – em uma das dançadeiras. Vi, pela primeira vez, a gavota, a cachucha, o minueto, o fandango e o solo inglês. (BITTENCOURT, Anna Ribeiro de Goes, *Longos serões do campo*, v.II, p.54-5.)

Do contato e familiaridade com a música, o piano aparece como peça fundamental para as noites de sarau, os bailes, os recitativos, as festividades, os serões à luz de velas. Os textos musicados aparecem entre diferentes citações, como é o caso de Anna Bittencourt, Maria Eugênia Ribeiro de Castro e Laura Oliveira Rodrigo Octávio:

> Reclusas, sim! Ainda quando gozássemos a liberdade dos longos passeios, não encontrávamos neles mais do que céu, águas, prados e montes; se estudávamos com gosto alguma composição de Gottschalk, Gounod, Chopin, este se esmorecia face à nossa única personalidade, faltando para incitamento o estímulo de outras apreciações. (CASTRO, Maria Eugênia Torres Ribeiro de, *Reminiscências*, p.75.)

> Lá pelos fins de 1800, o Sr. Paulo Tagliaferro veio para São Paulo ensinar canto: era franco-italiano, nascido na riviera, ali por Villefranche e, tendo vivido no Chile, onde aprendeu espanhol, fazia uma salada de três línguas. Mme. Tagliaferro, diseuse excelente, tomou a si a dicção das alunas. Eu era sempre carregada para os lugares e cedo assisti àquelas aulas, decorei aqueles Concone, conheci as músicas de Massenet, Chaminade, Gounod e travei amizade com a meninazinha Magdalena [a pianista Magdalena Tagliaferro], um ano mais velha do que eu. [...] Tinham os Capote um bom salão comunicando com a saleta de Edith; nas noites de receber, a porta se abria (ou sumia na parede) e ficava uma grande sala para se ouvir piano, declamação, canto. Depois de mocinhas, viemos a aprender canto com Mlle. Bouron por indicação de Edith e, já se sabe, nos saraus, as Numa de Oliveira figuravam sempre no programa. (OCTÁVIO, Laura Oliveira Rodrigo, *Elos de uma corrente: seguidos de outros elos*, p.67, 73.)

> Escolhi do meu repertório a que julguei mais adequada e cantei uns versos do Visconde da Pedra Branca. Como era um poeta muito apreciado, transcrevo-os aqui:

> A virtude
>
> | | |
> |---|---|
> | Brilha a virtude | Tudo perece, |
> | Na vida pura | Murcha a beleza, |
> | Qual na espessura | Foge a riqueza |
> | Do lírio a cor. | Esfria o amor |
> | Cultiva atenta, | Mas a virtude |
> | Filha mimosa, | Zomba da sorte, |
> | Sempre viçosa | E até da morte |
> | Tão linda flor. | Disfarça o horror. |
> | Honrosos cargos, | Põe na virtude, |
> | Títulos, nobreza, | Filha querida, |
> | É tudo presa | De tua vida |
> | Da parca dura; | Todo o primor. |
> | Porém não finda, | Não dês à sorte, |
> | Do virtuoso, | Que tanto ilude |
> | O nome honroso | Sem a virtude, |
> | Na sepultura. | Algum valor. |
>
> Achei em uma revista estes versos; faltava um que, conservando eu de memória escrevi aqui. A música era Bonita. Choveram os aplausos. (BITTENCOURT, Anna Ribeiro de Goes, *Longos serões do campo*, v.II, p.166.)

Além da música, a ópera e o teatro aparecem como dois elementos fundamentais às praticas de sociabilidade entre o final do Oitocentos e início do Novecentos. Nas lembranças de Carolina Nabuco, teatro e impressos se misturam:

> Até no drama *L'Otage* respira-se, nos diálogos e na ação, a força e agrandiosidade da Bíblia. Já em *L'Annonce faite à Marie*, afasta-se da antiguidade hebraica em favor da suavidade mística dos tempos medievais. Esta é obra diáfana, doce, como o milagre que apareceu nela. Tem força, mas de outra espécie. Seu enredo tem a firmeza de um destino de santo. Antes de conhecer essas peças de teatro, com as quais (sobretudo com *L'Annonce faite à Marie*). Claudel atingiu um público maior, familiarizei-me com o livro Corona Benignitatis Anni Dei, que acompanha as festas do ano litúrgico como uma guirlanda de flores tecida por um cristão rude. (NABUCO, Carolina, *Oito décadas*, p.69.)

Ir ao teatro, assistir à apresentação de orquestras, acompanhar uma companhia de ópera faz parte do cotidiano familiar e social para além do cumprimento da agenda cultural da alta sociedade. São práticas que pertencem às formas de sociabilidade e educação da época.

Zélia Gattai reconstitui, na tela de sua memorialística, alguns *flashes* de experiências que retratam como as famílias se relacionavam com a música e o teatro.

> – Hoje vamos fazer de novo aquele concurso: quero ver quem descobre primeiro o nome da ópera e da ária do disco que vou colocar no gramofone; não vale espiar. Vamos começar? Esse era um dos testes educativos que papai gostava de aplicar aos filhos, maneira prática de despertar-lhes o gosto pela ópera.
> Sua proposta naquela noite, no entanto, não encontrou a repercussão desejada. Ninguém se animou, a brincadeira já estava batida demais, não achávamos mais graça nela. Sabíamos de cor e salteado os trechos das óperas italianas, pois elas eram tocadas freqüentemente em casa. Possuíamos grande coleção de discos de óperas, todas elas interpretadas por Enrico Caruso. (GATTAI, Zélia, *Anarquistas, graças a Deus*, p.116.)

Esses momentos eram depois mais saboreados junto ao Teatro Municipal, onde se podia assistir aos cantores de renome, vindos da Itália, como na ocasião da interpretação de *Aída* de Verdi. O acesso ao teatro ficou ainda mais facilitado para Laura Oliveira Rodrigo Octávio, uma vez inaugurado o Teatro Municipal de São Paulo, já que seu pai fazia parte da comissão diretora. O gosto e a assiduidade dos pais a quase todos os espetáculos ali oferecidos possibilitava aos filhos o acesso a certos bens e práticas culturais.

Durante minhas leituras pude perceber quanto se investia na veiculação de óperas, operetas, peças teatrais e outros textos desde o período colonial.[43] Se de alguma forma a publicação de um certo impresso pode indicar a presença de leitores/leitoras em torno de certas preferências textuais, é possível, talvez, afirmar a importância e o impacto que esses tipos literários tiveram na formação literária de muitos brasileiros/brasileiras.

---

43 MORAES, Rubens Borba de. *Bibliografia brasileira do período colonial*. São Paulo, Instituto de estudos brasileiros, *1969*. p. 44, 47, 50, 178-81, 353, 381.

Eu poderia dizer que do mesmo modo que já tivemos no Brasil a existência do panfleto, do opúsculo e do próprio livro – etapas técnicas da impressão que transcorreram simultaneamente em solo nacional –, coexistiram ouvintes e leitores sob a forma de público presente nos teatros, saraus, cafés, gabinetes, bibliotecas e livrarias. Isso determinou um perfil multiforme de leitores/leitoras tão diversificado quanto os próprios materiais escritos – o pasquim, o almanaque, o folhetim, o livro, o jornal, a revista e outros.

Parece-me possível afirmar que a rede de circulação de textos, de impressos e de leitores foi sendo estabelecida mediante as condições do meio, do tempo e dos agentes de leitura. Nesse sentido, o teatro constituiu-se como um dos espaços mais privilegiados desse momento, uma vez que ele contribuiu para a sociedade entre público e escritores. Basta dizer que as peças encenadas no século XIX são quase todas, se não todas, produzidas por escritores que iniciavam suas carreiras ou que se dedicaram, em algum momento, à produção de peças teatrais.

As peças produzidas e encenadas por escritores são, por eles mesmos, retomadas nos jornais, uma vez que são eles que trabalham para a imprensa escrita, ocupam alguns cargos políticos, de maior ou menor evidência, escrevem versos, lecionam, discursam e até editam.

De acordo com Nelson Werneck Sodré,[44] é no domínio da oratória sagrada e profana que o jornalismo e a literatura assinam sua sociedade e, assim, o romantismo brasileiro ganha público e espaço cativo nos palcos de encenação pública das casas de teatro.

O "gosto generalizado pelo teatro incita a literatura do gênero, pululam comediógrafos e dramaturgos",[45] assim como a própria literatura incita também a vida do palco, exercendo, nesse caso, atração sobre os escritores e escritoras[46] e abrindo portas para a criação de companhias

---

44 SODRÉ, Nelson Werneck. *História da literatura brasileira*. Rio de Janeiro: Civilização Brasileira, 1964. p.121, 244.
45 São muitos os catálogos, como os da *Biblioteca das Folhinhas Laemmert* e da *Livraria Universal de Laemmert & C.*, além de *Miscellaneas*, em que se encontram textos de comédia, drama e novelas, reunidos em um volume e dirigidas para homens e mulheres.
46 Contam-se, no *Índice de dramaturgas brasileiras do século XIX*, 54 mulheres, das quais 38 nasceram entre 1829 e 1895; sobre três delas, as informações referem-se somente ao local de nascimento e aos dados bibliográficos; quatro ainda mais desconhecidas, pois delas só se sabe o nome e o pseudônimo, e três dramaturgas do século XVIII, nascidas entre 1775 e 1779.

de teatros, conservatórios dramáticos, empresas dramatúrgicas em várias províncias brasileiras que, no conjunto, consomem a atenção social e artística da jovem sociedade luso-brasileira.

Nessa corrente, um outro elo importante é o cinema. De maneira geral ele é descrito pelas memorialistas como uma outra prática de grande alcance social e de importância na vida das pessoas.

> Também nesse princípio de 1900 surgiu em São Paulo a maravilha do século: o cinematógrafo, com a Viagem da Terra à Lua, de Louis Lumière. Devo Ter visto esta fita várias vezes, pois me lembro muito bem. E, em 1957, em Buenos Aires, assisti a um filme sobre '50 anos de Cinema', e lá apareceu a minha fita. Às vezes as coisas do passado nos parecem invenções do tempo, mas minha memória e atenção eram boas. (OCTÁVIO, Laura Oliveira Rodrigo, *Elos de uma corrente: seguidos de outro elos*, p.54.)

> Nas noites em que havia cinema, o que acontecia uma vez por semana, no máximo, cedo se acendiam as luzes de fora do prédio e a campainha da porta tocava uma hora antes, avisando o freqüentadores que ia haver sessão. [...] Era no tempo das famosas fitas da **Nordisk**, Waldemar Psylander, Max Linder. O cinema italiano estava no auge e já'se morria de amores por Francesca Bertini, Pina Menichelli e outras mais de que não me lembro os nomes. [...] Vovó adorava cinema. Quanto mais enredo, mais ela delirava. Quando levaram **Os quatro diabos**, vovó por muito tempo não falou noutra coisa, e anos depois ainda se recordava daquela fita que tanto a emocionava. Repetiu o enredo para as alunas de costura de Tidoce, para os parentes que apareciam lá em casa, para as visitas; ninguém escapou de viver com ela a dramaticidade daquela história. (CARDOSO, Maria Helena, *Por onde andou meu coração*, p.32-3.)

Quem talvez melhor reconstruiu as memórias sobre o cinema e o que isso significou no dia-a-dia da vida feminina foi Zélia Gattai. Seu depoimento, e nele a imagem de D. Angelina – a leitora de legendas –, emociona pelo que há de simplicidade e, por isso, de significados em uma prática, hoje tão corriqueira, mas que já fora antes constitutiva do imaginário individual e social.

A magia do cinema parece ser a magia dos romances. Se a leitura de folhetins, recortada em capítulos diários, rouba suspiros, tempo e devaneios com as surpresas (im)prováveis dos heróis de capa-e-espada, agora, Angelina e sua pequena legião de leitoras-ouvintes assistem a imagens, consomem roteiros, despejam lágrimas e economizam tostões semanais para assistir às fitas do cinema mudo e falado, do início do século XX.

> O cinema representava o ponto alto da nossa programação semanal. Próximo à nossa casa, único do bairro, o "Cinema América" oferecia todas as quintas-feiras uma "soirée das moças, cobrando às senhoras e senhoritas apenas meia-entrada. Os meninos não perdiam as matinês aos domingos.
>
> O conjunto musical que acompanhava a exibição dos filmes compunha-se de três figuras: piano, violino e flauta. Ano entra, ano sai, o repertório dos músicos era sempre o mesmo. Os primeiros acordes do piano, do violino ou da flauta anunciavam ao público o gênero da fita a começar. Ninguém se enganava. As sessões eram iniciadas com um documentário ou o "natural" como era chamado por todos, que mostrava os acontecimentos relevantes da semana.
>
> Os filmes de Carlitos fascinavam a meninada; torcíamos por ele quando, dono de artimanhas incríveis, derrotava seu rival, o imenso vilão. Chico Bóia, com toda a sua gordura, fazia misérias, era a glória! Harry Langdon, o meigo cômico, conseguia arranjar gargalhadas da platéia e me transportar em suas asas de ternura.
>
> A quantos seriados assisti? Nem sei, perdi a conta. Lembro-me de vários, interpretados por Elmo Lincoln, Maciste, Eddie Polo, e outros igualmente famosos. Recordo-me de Pearl Assenta Praça, com a maravilhosa Pearl White (a preferida de mamãe). Por fim, O Braço Amarelo – história de Julio Baín e do detetive Vu-fung, interpretado, se não me engano, por Sessue Hayakawa.
>
> Acompanhávamos os seriados durante meses a fio, um pedacinho por semana parando sempre na hora do maior suspense é claro. As luzes se acendiam, os comentários no intervalo, enquanto todo mundo se ajeitava e se refazia da emoção sofrida, eram sempre os mesmos.

Eu não era das mais amarradas em fitas de cowboys. Ia muito pela opinião de minhas irmãs, pouco entusiastas de Tom Mix. Elas preferiam William S. Hart, o cowboy de olhos azuis, herói dos westerns, cuja especialidade era enfrentar, numa roda de baralho, o adversário.

Eu cheguei a aconselhar à Carmela que parasse de tocar durante os filmes cômicos e nos outros dois da preferência das crianças: bangue-bangue e seriado, pois ninguém ouvia patavina da música. Até mamãe, que costumava ler os letreiros em voz alta para uma pequena audiência que a circundava, fazia uma pausa, economizava a goela. Impossível, nesses momentos, se entender fosse lá o que fosse. Esperava o intervalo para explicar a seqüência do enredo às interessadas: dona Ursuréia e suas filhas (que jamais haviam freqüentado uma sala de aula e a outras nas mesmas condições que as "Ursuriéias"). Somente assim elas podiam ficar a par das coisas, graças à solicitude da boa dona Angelina. Na verdade, para mamãe, o fato de ler em voz alta no cinema não representava nenhum trabalho, nenhum ato de bondade, apenas sentia prazer nisso. Acostumara-se de tal forma a fazê-lo que muitos anos mais tarde, em platéias mais letradas, era preciso cutucá-la mil vezes para que não incomodasse os vizinhos com suas leituras.

O barulho diminuía sensivelmente, chegando quase ao silêncio, durante o desenrolar dos filmes românticos, dos dramas de amor, o último da sessão, quando, exaustas, as crianças adormeciam. As mulheres ajeitavam-se nas duras e incômodas cadeiras de pau: por fim, era chegada sua hora de chorar.

Muitos dramas de amor fizeram dona Angelina chorar: Honrarás tua Mãe!, "de arrancar lágrimas das pedras..." – dizia. O Preço do Silêncio, com Long Chaney e Dorothy Philips; Altares do Desejo' com Mae Murray; A Pequena Annie Rooney, com Mary Pickford; O Âmago do Romance, com June Caprice; Lábios de Carmim, com Viola Dana; A Mulher Disputada, com Norma Talmadge e Gilbert Roland; Cleópatra, com Theda Bara; A Letra Escarlate, com Lilian Gish. (GATTAI, Zélia. *Anarquistas, graças a Deus*, p.24-8.)

O contexto socioescolar

No século XIX coexistiram, no Brasil, diferentes modelos de instrução e de formação, o que equivale a dizer modelos de educação dentro e fora da família. É um período que precede a implantação de equipamentos educativos institucionais em todo o território nacional, extensivos à maioria da população. Isso só se consolida, de fato, após a Proclamação da República.

Esses modelos, em alguns contextos, sobrepunham-se, embora a legislação de 1827[47] apontasse para a consolidação do ensino público no Brasil, o que significa a institucionalização de aparatos mínimos à regulamentação e ao funcionamento de estabelecimentos de educação formal. Nesse cenário, os padres opunham-se aos modelos de educação estrangeira; acirrava-se o debate em favor de uma educação que preservasse os valores morais e católicos.[48] Esse quadro diversificado revela certas condições da história educacional brasileira, em particular os sistemas de ensino público e privado, seus desafios e dilemas.

Naquele momento os modelos de formação distinguiam-se segundo a clientela a que se destinavam: meninos ou meninas, a natureza dos cursos (Direito, Medicina, Engenharia, Odontologia e Magistério), o nível de instrução (da educação primária à superior) e o tipo de sistema (público, particular, confessional).

O que se pode perceber por meio da literatura memorialística e também da documentação historiográfica é a existência de diferentes práticas sociais-escolares, de caráter extra-oficial, como por exemplo as aulas avulsas e particulares, ao mesmo tempo em que funcionavam edu-

---

[47] Anterior a 1827, observa-se na Constituição, outorgada pela Coroa em 25 de março de 1824, a preocupação em assegurar um destino seguro à instrução. Na carta monárquica encontram-se os rudimentos em direção à instrução primária e gratuita a todos os cidadãos. Porém, naquele momento, a Educação submete-se às decisões do Ministério do Império, ou seja, às decisões de uma pasta eminentemente política e frágil em relação à direção dos assuntos específicos da educação. Portanto, a primeira definição oficial sobre o assunto só aparece cinco anos depois da Independência do Brasil e, para tanto, prevê a fundação de estabelecimentos primários em todas as cidades, vilas e lugares populosos da Nação. (Cf. RENAULT, Delso. *O Rio antigo nos anúncios de jornais (1808-1950)*. Rio de Janeiro: José Olympio, 1969. p.67)

[48] Outras formas de educação da época eram aquelas assumidas por padres ou irmãs de caridade. Havia os colégios confessionais, masculinos e femininos, voltados para o público interessado na vida religiosa, além de orfanatos destinados às camadas sociais mais desprestigiadas.

candários, colégios, escolas superiores e pensionatos masculinos e femininos de tempo integral.

Parte significativa da formação das filhas estava a cargo da família. Era muito comum, além da entrada na escola ou no colégio, a contratação de preceptoras ou de professores particulares para as aulas de dança, canto, piano, pintura, bordado e desenho. Essas preceptoras, no caso das famílias mais abastadas, cuidavam da alfabetização das crianças, do ensino de outras línguas e das noções elementares de matemática. Não raro, as preceptoras, quase sempre de origem alemã, francesa ou inglesa, residiam na própria casa e assumiam a educação de todos os filhos – o que incluía a educação religiosa e os castigos corporais. No caso das meninas, essa formação intradoméstica substituiu, muitas vezes, a matrícula em um estabelecimento escolar, o que significa dizer uma oportunidade de educação formal.

Maria Paes de Barros, uma memorialista paulista, embora não pertença ao elenco das 12 memorialistas eleitas neste trabalho, detalha a importância de tais preceptoras na formação dos filhos de brasileiros. Segundo ela, seu pai – o Comendador Barros – enviava os filhos para colégios internos da Europa, e as meninas ficavam sob a responsabilidade de *Mademoiselle* – "bonita, inteligente, culta e hábil em trabalhos manuais e misteres de cozinha, falava diversas línguas, tocava, cantava e desenhava bem".[49]

As aulas ministradas por *Mademoiselle* eram todas em francês e alemão, e "enquanto a gramática francesa era decorada a fundo, limitava-se o ensino de português a minguados estudos no pequeno volume da Enciclopédia".[50] Com essas aulas eram conciliados os trabalhos de agulha, a leitura em voz alta, a aprendizagem das regras da boa convivência e etiqueta social. Para tanto, contava-se com manuais de etiqueta, em circulação desde o século XVIII na Europa.

---

49   BARROS, Maria Paes de. *No tempo de dantes*, op. cit., p.14.
50   Sobre livros enciclopédicos que circularam no Brasil, no século XIX, são muitos os de origem portuguesa e, posteriormente, brasileira, destinados ao ensino primário. Entre eles identifico a *Enciclopédia das Escolas* (de José Maria L. Coelho, Lisboa, 1857), a *Enciclopédia Popular* (de João José de S. Telles, Lisboa, 1857), o *Manual Enciclopédico para Uso das Escolas d'Instrução Primária* (de Emílio A. Monteverde, com edições de 1865 e 1893 – trata-se de uma obra com várias reedições e freqüentemente citada por memorialistas), a *Enciclopédia da Infância* (do italiano G. Bruno, traduzido por Vitória Colona), a *Enciclopédia Primária* (de Joaquim Maria de Lacerda) e outros. (Cf. PFROMM NETTO, Samuel et al. *O livro na educação*. Rio de Janeiro: Primor/MEC, 1974. p.186-8.)

A liberdade que as preceptoras tinham na educação dos filhos, conforme depõe Maria Paes de Barros, era tanta que obscurecia as figuras materna e paterna. Nesse *curriculum* escolar desenvolvido estritamente nos limites da casa, não faltavam os castigos corporais e morais a fim de corrigir as infrações disciplinares, castigos absolutamente permitidos pelos pais que a tudo assistiam e a nada se opunham.

Obras de destinação escolar

Os processos de formação das leitoras, nos contextos das aprendizagens informais e formais, são reconstituídos pelas memorialistas levando-se em conta as lembranças do que leram. Lembram-se, ainda, dos estabelecimentos de ensino, das matérias escolares, das características dos professores, do material de uso didático e, em alguns casos, dos métodos de ensino, das condutas disciplinares e das práticas de aquisição da leitura e da escrita.

Embora não seja alvo central nesta pesquisa a relação leitura e escola, e sim o que esta relação, entre outras, contribuiu na formação de um grupo de leitoras, busquei informações sobre a literatura com destinação escolar, já que das lembranças de instrução e de escolarização esse aspecto revelou-se predominante.

Considerando que o material de uso e aquisição da leitura, seja na escola, seja em outros modelos de instrução, revela apenas uma parte dos processos de formação e constituição das mulheres como leitoras, procurei, aqui, inventariar alguns títulos destinados à instrução escolar, contrapondo-os e complementando-os, sempre que possível, com os títulos lidos pelas memorialistas.

Procurei, desse modo, situar parte das condições da leitura destinada à escola com base no levantamento de alguns títulos significativos em circulação no Brasil apurados nas biografias pessoais das memorialistas e também nas fontes bibliográficas inventariadas.

O resultado dessa opção permite reunir algumas referências acerca da leitura de fim escolar e promover a ampliação de pistas acerca da escola como espaço de disponibilização de impressos.

Na consulta realizada identifiquei "uma colleção de livros de leitura destinados ás escolas primarias do grande imperio sul-americano", coligidas por F. Adolpho Coelho, em edição ilustrada, cujo título é *Leituras Escolares Brazileiras* (1ª. série), editada por Teixeira & Irmão, em 1889, na cidade de São Paulo.

Na obra de F. Adolpho Coelho – *Leituras Escolares Brazileiras* – encontrei uma "Advertência" dirigida aos leitores, pela qual o autor situa seu projeto editorial em comparação, nesse caso, com a Inglaterra e a Alemanha. De acordo com o autor, esses países contam com escritores que dirigem seus textos à infância e, por isso, não têm dificuldades para a escolha de trechos para as leituras escolares. Assim, continua o autor, sem essa tradição no Brasil, e com poetas pouco acessíveis às crianças, o projeto dessa primeira série – *Leituras Escolares Brazileiras* – compôs-se pela análise de vários livros, como os trabalhos dos brasileiros Hilario Ribeiro, João Köple, Dr. Cesar Borges, Pereira de Carvalho; os portugueses Achilles Monteverde, Cardoso de Figueiredo, Simões Raposo, Simões Lopes, João de Deus, João Diniz, Amaral Cirne, Peixoto do Amaral, Alfredo Leão, Vilhena Barbosa, Caldas Aulete, Padre Amado, Moreira de Sá; os ingleses da Colleção Chamber e Laurie; os franceses de Pope-Carpentier, Parent, Lebrun, Jost, Saffray; os alemães de Bock, Techner, Gottlob, Auras e Gnerlich e o de A. Vogel.

Esse livro chamou minha atenção pelo conjunto de textos eleitos por Adolpho Coelho para essa publicação de fins escolares. Trata-se de uma antologia infantil cujos tipos textuais foram recorrentemente mencionados durante as lembranças das memorialistas. A obra reúne várias tipologias literárias, entre as quais pude identificar 22 fábulas, 16 contos infantis, 13 textos de descrição, cinco poesias, três ditados, dois apólogos, dois jogos infantis, duas rimas, um conto em verso, um conto da cultura tupi e quatro outros tipos de textos que não me foi possível precisar.

Entre os textos selecionados por Adolpho Coelho encontrei autores como Henrique O' Neill (*O avestruz, O velho e seus filhos, O cavallo e o toiro, A lebre, A aranha e a andorinha, O pavão, os perus e o gato*); Christoph von Schmid (*As aves de canto, O menino envergonhado, As espigas de trigo, Os peixes caros, Os grãos de trigo e os grãos d'oiro*); Goethe (*As rãs cantoras*); Lokmann (*O homem descalço*); Irmãos Grimm (*O velho avô e o neto, O cravo da ferradura*); Bocage (*Os cães domesticos e o cão montanhez, O tigre e a doninha*); Pimentel Maldonado (*A rã e o boi, O cisne e os dois gansos, O macaco, O maribondo e a abelha, O lobo e o milagre, Gentil papagaio, Atado vivia*);

Fagundes Varella (*O domingo*), Padre Manoel Bernardes (*As cotovias*); Joaquim Serra (*O rastro de sangue*); Gonçalves Dias (*A mangueira, Canção do exílio*); J. G. Magalhães (*A vida humana*), Couto de Magalhães (*Selvagem*) etc.

A localização dessa publicação escolar não assegura que as memorialistas leram ou tiveram acesso a esse tipo específico de impresso, mas sem dúvida contribui para alargar algumas respostas acerca dos suportes disponibilizados para a escola por meio do mercado editorial e livreiro da época. Permite confirmar a existência material de algumas tipologias textuais com destinação escolar para o público infantil, como relembram as memorialistas.

Além disso, a garimpagem e a consulta dos textos na obra de Adolpho Coelho confirma a menção feita pelas memorialistas em relação a certos nomes de escritores e, mais especificamente, em relação a alguns textos destinados à infância, como fábulas, contos, versos e rimas.

Da lista apresentada por Adolpho Coelho foi recorrente, entre as memórias femininas, as indicações de escritores como Christoph von Schmid, Goethe, Irmãos Grimm, Bocage, Fagundes Varella, Padre Manoel Bernardes e Gonçalves Dias. A menção a esses autores não garante que as mulheres tenham tido acesso a esses textos já indicados, mas demarca algumas possibilidades em torno de, pelo menos, um universo possível de obras em circulação.

Nesse universo possível de impressos em circulação no Brasil, e levando-se em conta alguns escritores bastante citados pelas memorialistas, identifiquei uma edição de 1896, dos *Contos da carochinha*, cuja obra inaugural abre a primeira coletânea de literatura infantil brasileira publicada pela Biblioteca Infantil da Livraria Quaresma, no Rio de Janeiro. A coletânea traz 61 contos populares, morais e proveitosos de vários países, traduzidos e recolhidos como nos modelos da tradição local e oral. Os contos de Renault, dos Grimm e de Andersen somam-se às fábulas, apólogos, alegorias, lendas, parábolas, provérbios, contos jocosos e outros gêneros populares e literários voltados para a infância. Essa obra possivelmente foi utilizada por muitas memorialistas, pois as recorrências são tanto para as tipologias como para os escritores.

Nessa arqueologia sobre a literatura escolar identifiquei uma outra publicação, também de caráter didático. Trata-se da obra *Brasileiras cele-*

bres, de J. Norberto, editada no Rio de Janeiro em 1862. Nela, a nota de advertência é escrita pelo próprio editor: B. L Garnier.

> [...] A presente edição é destinada ao povo e adaptada ás escolas, aos mimos e aos premios que se offerecem ás senhoras ou se distribuem nas aulas, caso mereça a approvação das respectivas auctoridades.
> Os Brasileiros celebres, devido a penna não menos illustre do senhor conego douctor J. B. Fernandes Pinheiro, digno primeiro secretario do Instituto Histórico Brasileiro, formarão a segunda parte déste trabalho e complectarão a galeria dos homens e mulheres celebres do Brasil".[51]

Entre as mulheres célebres não encontrei nenhuma aproximação com as mulheres que elegi neste trabalho. Consta ali apenas uma seleta biografia de mulheres que escreviam também para os estabelecimentos de ensino.

Introdução histórica
- A colônia
- O reino
- O império

I. Amor e Fé – Paraguaçu ou Catharina Alves – Maria Barbara – Damiana da Cunha e os Cayapós

II. Armas e Virtudes. – A guerra brasilica – As senhoras Pernambucas em Tejucupapo – Dona Clara Camarão – Dona Maria de Souza – Dona Rosa de Siqueira – Dona Maria Ursula

III. Religião e Vocação – Josepha de San José. – A beata Joanna de Gusmão – A Irmã Germana

IV. Genio e Gloria – Dona Rita Joanna de Souza. – Dona Angela do Amaral, a musa cega. – Dona Grata Hermelinda, a philosophina. – Dona Delphina da Cunha, a poetiza

V. Poesia e Amor. – A conjuração mineira. – Os poetas de Villa Rica. – Dona Maria Dorothéa ou a Marilia de Dirceu. – Dona Barbara Heliodora

VI. Patria e independencia. – As senhoras Bahianas durante a guerra. – Joanna Angelica, a freira martyr – Dona Maria de Jesus, a guerreira. – As sénhoras Paulistanas

---

51 NORBERTO, J. *Brasileiras celebres*. Rio de Janeiro: Livraria de B. L. Garnier, 1862.

> Epilogo. – Louvor e critica. – As senhoras Brasileiras, e os viajantes estrangeiros – Douctor Valdez y Pallacios. – Max Radiguet. – Eugène Dlessert. – Arsène Isabel.

No mapeamento de Regina Zilberman,[52] os passos em favor de "uma pedagogia nacional" elucidam publicações de referência acerca dos primeiros livros em circulação desde o início do século XIX. De sua lista constam os seguintes títulos: o *Tesouro dos meninos*[53] – livro francês traduzido por Mateus José da Rocha; a *Leitura para meninos* – uma coleção de histórias morais publicada pela Impressão Régia[54] em 1818, 1821, 1822 e depois em 1824; o *Terceiro livro de leitura* – um livro didático, de Abílio César Borges, com edição de 1890.

Apesar de ser evidente o esvaziamento de obras destinadas ao consumo feminino, mais tarde comparei essas obras com títulos similares, agora destinados à instrução feminina e, mais especificamente, para o ensino formal da leitura. Refiro-me basicamente ao *Livro de Bonna* – nome atribuído à obra *O tesouro das meninas* –, composto de histórias e de diálogos da mestra com suas supostas discípulas/leitoras. O conteúdo dessas histórias e diálogos era aprendido e repetido, conforme conta Anna Bittencourt, pelo tradicional saber-de-cor. A essa leitura seguia-se outra, também relembrada por Anna, cujo título já demarca a progressão de um texto ao outro – *O tesouro das adultas* –, da mesma autora, Mme. Leprince de Beaumont.

Os apontamentos de Anna Bittencourt referem-se ainda à semelhança desses títulos com as obras da tão conhecida Condessa de Ségur – escritora bastante citada pelas memorialistas e apreciada pelas crianças e mocinhas

---

52 ZILBERMAN, Regina. O leitor e o livro. In: *Dossiê: memória social da leitura*. Bragança Paulista: IPPEX/EDUSF, 1997. p.23-4.

53 Obra semelhante a essa foi o *Tratado da educação fysica e moral* (para crianças de ambos os sexos), traduzido do francês para a língua portuguesa em 1787, de autor anônimo e com a licença da Real Mesa Censória. Segundo nos informa Rubens Borba de Moraes na *Bibliografia brasileira do período colonial*, em 1790 um outro *Tratado da educação fysica dos meninos* foi publicado por um brasileiro como o primeiro livro de puericultura. Rubens Borba de Moraes e Ana Maria de Almeida Camargo, na *Bibliografia da Impressão Régia do Rio de Janeiro* (1993, p.202), fazem menção ao primeiro livro para crianças publicado no Brasil, e cujo título reúne uma *Collecção de Historias Moraes relativas aos defeitos ordinarios ás idades tenras, e hum dialogo sobre a Geografia, Chronologia, Historia de Portugal, e Historia Natural*. Essa obra data de 1818 e foi reeditada pela Imprensa Nacional do Rio de Janeiro em 1821, 1822 e 1824.

54 De acordo com Laurence Hallewell, autor de *O Livro no Brasil: sua história*, os primeiros livros escolares brasileiros foram impressos pela Imprensa Régia. (São Paulo: T. A. Queiroz/Edusp, 1985, p.37-9.)

do século XIX e das primeiras décadas do século XX. As memorialistas consumiram toda essa coleção composta de alguns títulos como *As meninas exemplares* (1858), *Os desastres de Sofia* (1864), *As férias* (1860), *A casa do anjo da guarda*, *A fortuna de Gaspar*, *Um bom diabrete*, *O general Dourakine* (1866), *Que amor de criança!*, *João que ri – João que chora* (1865), *A irmã de Simplício e Braz e a Primeira comunhão*.[55] Livros lidos, todos ou quase todos, em língua francesa, conforme afirmam as memorialistas.

Seguindo pistas acerca de outras leituras com fins escolares, identifiquei as cartas de ABC e os livros de leitura (complementares à alfabetização) citados pelos testemunhos femininos e também coligidos por estudiosos, como Laurence Hallewell,[56] Samuel Pfromm[57] e Marisa Lajolo.[58] É o caso dos títulos *A cartilha Castilho* (método português editado em 1846, em Lisboa, e publicado no Brasil a partir de 1850); o *Novo alfabeto pitoresco*, anunciado pelo *Almanaque de Laemmert* (de 1866); *A cartilha maternal ou arte da leitura* (de 1876), do poeta português João de Deus Ramos; A *cartilha Savenne* (s.d.); os *contos infantis*,[59] de Júlia e Adelina Lopes de Almeida (em meados de 1900); a *Gramática Coruja*, de Antonio Alvares Pereira Coruja (s.d.)[60] e a *Cartilha da doutrina católica*[61] –

---

55 A Editora do Brasil S/A reeditou a obra completa da Condessa de Ségur, traduzida para o Brasil. Junto à coleção para a infância, além dos títulos da Condessa seguem títulos de escritores estrangeiros, como Lewis Carroll (*Alice no país das maravilhas* e *Alice no fundo do espelho*), Gautier (*As aventuras do Barão de Munchausen*), Cônego Schmid (*Ema de Taneburgo*) e Collodi (*As aventuras de Pinochio*). Trata-se de uma coleção ilustrada, editada em São Paulo, mas no exemplar consultado – *A casa do anjo da guarda* – não consta a data de publicação, apenas a edição: 4.ed.
56 HALLEWELL, Laurence. *O livro no Brasil: sua história*, op. cit., p.143-6.
57 PFROMM NETTO, Samuel et al. *O livro na educação*, op. cit., p.154-204.
58 LAJOLO, Marisa & ZILBERMAN, Regina. *A formação da leitura no Brasil*. São Paulo: Ática, 1996. p.183-93.
59 Conforme o depoimento de Laura Oliveira Rodrigo Octávio, memorialista de *Elos de uma corrente: seguidos de outros elos*, o livro *Contos infantis* era usado como texto escolar, logo após a etapa de alfabetização.
60 Na obra de Samuel Pfromm Netto et al., *O livro na educação* (p.159), e também no *Dicionário literário brasileiro*, de Raimundo de Menezes (p.206), *O compêndio da gramática nacional*, utilizado no ensino da leitura como complemento para o estudo da disciplina gramatical, é conhecido por *Gramática Coruja*.
61 Essa cartilha, e os dados sobre ela, foram inicialmente identificados por Maria da Glória Quartim de Moraes. Mais tarde localizei suas referências no *Grande Diccionario Portuguez ou Thesouro da Lingua Portuguesa*, do Dr. Fr. Domingos Vieira. Porto, 1873, p.127 (vol. II), e também em *Lello Universal: dicionário enciclopédico luso-brasileiro*. Porto, s.d., p.482 (vol. I). Porém, essa cartilha escolar de uso para leitura não é a mesma *Cartilha da doutrina cristã*, ou *Cartilha nova da doutrina cristã*, do Abbade de Salomonde. Vol. I. Cart. (A .L.G.) localizada no Catálogo da Livraria Academica da Casa Garraux [...]. São Paulo, s.d., p.4.

de estudo obrigatório e diário nas escolas entre 1850 a 1868 –, do Padre Ignacio Martins, da Companhia de Jesus.

Entre os manuais dedicados à formação masculina também aparecem títulos comuns. Esses títulos estiveram em circulação nas escolas tanto para o sexo feminino como para o sexo masculino.

> Foi em 1875 que eu, tendo pouco mais de 6 annos, me matriculei na escola do Professor Pires.
> Correram os mezes. Em seguida á carta de A B C, veio o b-a-bá, que servia de inicio á série bastante longa das cartas de syllabas. Depois destas vieram as cartas de nomes e por ultimo as cartas de fóra, que serviam de remate á aprendizagem da leitura. O methodo adoptado era o da **solletração**.
> A leitura estava no primeiro plano. Começava pela letra manuscripta, mas a partir das cartas de fóra, a letra de fôrma vinha alternar com a **letra de mão**. Entravam então em scena os livros escolares. O primeiro que me cahiu nas mãos foi um syllabario portuguez.[62] Agradou-me em extremo por causa das estampas, e de tanto manuseal-o acabei por estragal-o.
> Após o syllabario, veio a Cartilha de Doutrina Christã, tambem illustrada.
> Nas escolas do Imperio, ou pelo menos naquella que frequentei, a aprendizagem desta disciplina era morosa e muito incompleta. Servia-lhe de remate o estudo da disciplina grammatical, o qual consistia apenas em decorar o compendio do Coruja.[63]

Esse depoimento complementa-se ao relato oral cedido por Waldemar Martins Ferreira, nascido em São Paulo em 1885, estudante pobre e copista de cartório:

> Tinha seis anos quando se matriculou no Colégio mineiro, que era internato e externato de meninas, dirigido por D. Mariana de Campos Aires, ainda viva, graças a Deus. Acede-

---

[62] Segundo a indicação localizada na *Bibliografia da Impressão Régia do Rio de Janeiro*, de Rubens Borba de Moraes e Ana Maria de Almeida Camargo (1993, p.427), foi publicada em 1822 a obra *Syllabraio Portuguez; ou Arte completa de ensinar*, organizada como um novo método de leitura composto por sílabas "mais necessárias", palavras, lições de palavras e divisão silábica.

[63] Depoimento registrado em Um retrospecto: alguns subsídios para a história pragmática do ensino público em São Paulo. São Paulo: Instituto D. Anna Rosa, 1930.

> ra ela em receber uma turma de meninos, o que não deixou
> de constituir revolução nos costumes. Não havia recreio em
> que brincassem meninos e meninas. As aulas tinham um
> período só, que começava às 11 horas e terminava às 16 ho-
> ras. Aprendia-se a ler e a escrever. Escrevia-se cobrindo de-
> buxos a lápis e completando os espaços em branco. Depois
> copiavam-se traslados dos manuscritos. Liam-se cartas. Liam-
> se livros impressos em tipos manuscritos, que se chamavam
> – paleógrafos. Aprendia-se pela cartilha de João de Deus.
> Estudava-se a gramática portuguêsa do Coruja e, concomi-
> tantemente, se lia o Primeiro Livro de leitura, de Abílio Cé-
> sar Borges, Barão de Macaúbas. Tudo era lido e decorado.[64]

Maria da Glória Quartim de Moraes, uma entre as poucas memorialistas que reconstrói alguns traços da vida escolar, suas práticas, livros e disciplinas, refere-se à *Gramática Savenne*, título consumido escolarmente, mas sobre o qual não localizei nenhuma outra indicação mais precisa.

> Estudei muito e com ardor. Também, não era poupada! Como
> tinha má caligrafia, tinha de perder imenso tempo a passar a
> limpo tudo que escrevia, não obstante ter de corrigir erros
> das outras que tinham bela caligrafia. A professora pôs na
> minha gramática SAVENNE a data de 1º de agosto de 1860.
> Tinha eu, portanto 10 anos incompletos.
> Tinha-se de decorar a Gramática Savenne e escrever verbos.
> Nunca encontrei a mínima dificuldade nos estudos, porém
> definhava a olhos vistos. (MORAES, Maria da Glória Quar-
> tim de, *Reminiscências de uma velha*, p.15.)

O termo cartilha está associado ao ensino das letras, mas também ao ensino do catecismo, afirma Maria da Glória Quartim de Moraes. As relações entre educação e religião são muito próximas. Seus desdobramentos atingiam, inclusive, o processo de consolidação de uma política em favor do livro escolar nacional, o qual não se constitui sem a égide católica.

Quanto à produção de cartilhas e de livros de leitura escolar de longa duração no circuito escolar, destacam-se as obras de Hilário Ri-

---

64 MAGNANI, Maria do Rosário. O método João de Deus para o ensino da leitura. In: *Leitura: teoria & prática*. Campinas: Unicamp, n.17, p.31-2, 1996.

beiro e Felisberto de Carvalho – uma série que se inicia com *Cartilha Nacional* (primeira edição em 1880 e, em 1936, chega à 228ª. edição), seguida pelo o *Primeiro Livro de Leitura* (a primeira edição é de 1892 e a 129ª. edição é de 1945), além do segundo, terceiro e quarto livros adotados e rapidamente difundidos nos estados de Minas Gerais, Rio Grande do Sul, Rio de Janeiro, São Paulo, Pernambuco, Ceará e outros. Destaca-se também a obra de Thomaz Paulo do Bom Sucesso Galhado – a *Cartilha da Infância* (data do início da década de 1880 e, em 1979, conta com sua 225ª. edição),[65] a de João Köple – o *Methodo Racional e Rapido para Aprender a Ler sem Soletrar* (a primeira edição é de 1874 e a segunda é de 1879). O método de Köple para uso dos alunos da Escola America, em São Paulo, onde Köple era educador, foi adotado em substituição aos silabários tradicionais.[66]

O depoimento de Maria da Glória D'Ávila Arreguy, uma memorialista nascida em 1895 no interior de Minas Gerais, contribui com os depoimentos sobre os séculos XIX eXX quando, na reconstituição de seu percurso escolar, aponta alguns manuais de leitura adotados nos estabelecimentos de ensino público no Brasil. Entre as referências apontadas ela destaca *A Cartilha Nacional* (1880) e o primeiro livro de leitura, também de Felisberto de Carvalho, *Silabário*. O segundo livro de Abílio César Borges[67] e outros livros ligados ao ensino de História e Geografia, e que provavelmente referem-se à série de F. de Carvalho e Hilário Ribeiro conhecida como *Na Terra, no Mar e no Espaço* (trata-se do terceiro livro de leitura), e *Pátria e Dever, Elementos de Educação Moral e Cívica* (o quarto livro da série escolar), também foram mencionados.

> Em janeiro de 1902 matriculei-me na escola primária de Abre Campo. Já sabia contar até 100 e conhecia o alfabeto, tinha verdadeiro encantamento pela professora, pelas colegas, pela escola. As aulas funcionavam num grande salão, no pavimento térreo de um dos melhores sobrados locais. A mobília

---

65 Cf. HALLEWELL, Laurence. *O livro no Brasil: sua história*, op. cit., 1985.
66 MAGNANI, Maria do Rosário. O método João de Deus para o ensino da leitura, op. cit., p.33.
67 Os livros de Abílio César Borges começaram a ser produzidos nos anos 1860 e, conforme afirma Regina Zilberman, ultrapassaram o ano de 1888. Cf. ZILBERMAN, Regina. *O leitor e o livro*, op. cit., p.24.

> compunha-se de vinte ou trinta bancos, com altas carteiras, quase da largura da sala, onde se acomodavam as alunas. À frente, a mesa da professora. Os quatro anos do curso ali se reuniam. As lições de Leitura, Geografia e História eram estudadas em voz alta. A tabuada era cantada. À hora da escrita, cobríamos debuxos ou copiávamos um traslado caprichosamente feito pela mestra, em papel almaço azul claro. Para a época, a nossa escola era uma das melhores. Lembro-me bem da carícia que D. fina me fez. Ela era educada e carinhosa, embora enérgica. Aos conhecimentos necessários para lecionar as primeiras letras, reunia grande habilidade para trabalhos manuais e desenho. Exímia costureira, conhecia bem música e tinha uma tendência especial para organizar e ensaiar teatrinhos infantis. Com ela aprendi a ler, venci as primeiras dificuldades da Cartilha Nacional, passei ao primeiro livro de Felisberto de Carvalho e cheguei ao segundo livro de Abílio.[68]

Além dos livros destinados ao ensino das primeiras letras é necessário dizer dos compêndios e enciclopédias citados recorrentemente. São tratados, gramáticas e livros de conhecimentos gerais. São citados pelas memorialistas: *Compêndio de Geografia física e política*, *História grega e romana*, *História Sagrada e do Brasil*, reunidas em um único volume, *História Geral do Brasil* e *Episódios da história pátria*, todos eles dirigidos à infância e à escola. Esses livros de biblioteca eram utilizados pelos meninos, irmãos ou primos das memorialistas, ou mesmo pelos pais delas. São declarados nas lembranças que recuperam acerca da escolarização destinada aos meninos e aos homens nos cursos de Direito e de Medicina, salvo em alguns casos, quando eles figuram entre as lembranças das memorialistas que tiveram oportunidade de instrução e de escolarização e, portanto, aparecem como material de uso didático recomendado pelas preceptoras, professores particulares ou mesmo professoras do ensino público.

Marisa Lajolo e Regina Zilberman indicam, entre outros, o *Manual de ortografia para meninos*, de 1829, e do mesmo ano as *Lições elementares de eloqüência nacional*, de Francisco Freire de Carvalho. Do mesmo autor,

---

[68] ARREGUY, Maria da Glória D'Ávila. *Antes que toque a meia-noite: memórias de uma professora*, op. cit., p.16.

em 1840, circula outro livro – *Lições elementares de poética nacional, seguidas de um breve ensaio sobre crítica literária*.[69]

Na trilha das leituras recuperadas pelas memorialistas conjugam-se textos escolares e religiosos, uma combinação essencial às formas de instrução e modelos de formação da época. Essa combinação aparece também na autoria dos textos, muitos deles escritos por religiosos, e portanto de grande aceitação em escolas, colégios e nas próprias famílias. Entre os títulos mais comuns aparecem o *Método Castilho*, que data de 1846, *Apostilas de retórica e poética*, do Cônego Joaquim Caetano Fernandes Pinheiro, que teve também publicada e destinada à escola uma outra obra cujo título é *Meandro Poético*, de 1864. Nessa mesma vertente é citado um compêndio de título *Corografia brasílica*, de 1817, de autoria do padre Manuel Aires de Casal.

No trânsito desorganizado da memória os títulos, escritores e publicações destinados à instrução vão aparecendo, sobrepondo-se e complementando os depoimentos femininos. Por meio dos títulos e de suas referências é possível perceber algumas concepções que prevalecem no século XIX, e que se estendem ao século XX. A cultura enciclopedista e clássica é, sem dúvida, uma das marcas expressivas desse *continuum*, nas primeiras décadas do Novecentos. A ela segue-se uma tradição literária abastecida de outros gêneros textuais comuns para a época, e que contracenaram também no mundo escolar. Refiro-me particularmente às antologias poéticas, aos ensaios literários, às seletas e miscelâneas, presentes tanto nos espaços de instrução como nos da casa e da rua.

Nessa categoria sabe-se da primeira obra de Prisciliana Duarte de Almeida dirigida à escola. Intitula-se *Páginas infantis*, de 1898, seguida de *O livro das aves* – uma antologia poética também de uso escolar. Ambas tiveram grande êxito de reedições e o apoio de educadores renomados da época. Outras seletas de grande sucesso escolar foram *O livro da infância* (de 1899) e *Alma infantil*, de autoria de Francisca Júlia, aprovados pelo governo do estado de São Paulo e pela diretoria da Instrução do Distrito Federal. Ambas são compostas de séries de recitativos, monólogos, diálogos, cenas escolares, brinquedos infantis e hinos. Uma espécie de material didático ou paradidático ao sabor das práticas de memo-

---

[69] LAJOLO, Marisa & ZILBERMAN, Regina. *A formação da leitura no Brasil*, op. cit., p.183.

rização, recitação e oralização, muito presentes como atividades escolares da época e, até certo ponto, ainda hoje.

Esses impressos são tão lidos e consumidos quanto os romances e folhetins franceses com ou sem tradução no Brasil. Muitas vezes foi inclusive difícil perceber se os autores e seus escritos são lidos em um livro, em um jornal ou em outro suporte textual. Ou, ainda, se são lidos em anotações pessoais, retiradas de um impresso escolar, por meio de empréstimos informais ou dos aluguéis em gabinetes literários. O gosto por poesias, contos, trechos literários diversos revela-se, inclusive, na prática de cópias, em papéis avulsos, para uso das memorialistas. Algumas delas mantinham esses escritos em um caderno especial ou álbum presenteados pelos pais ou parentes e destinados aos guardados pessoais: versos, rimas, músicas, recortes de jornais e outros.

Algumas práticas escolares de leitura

Como já escrevi no começo deste capítulo, conhecer o que as mulheres leram numa determinada época só faz sentido, neste estudo, se for possível contrapor esse dado ao conjunto de suas leituras.

Portanto, a eleição e a apresentação de alguns títulos de uso escolar foram definidas com base em algumas pistas que pude levantar nos depoimentos femininos e que podem ser contrapostas e complementadas à luz da bibliografia especializada com que contei como apoio.

Saber, por exemplo, que as mulheres tiveram contato com tipologias como fábulas, contos de fada, rimas, poesias e contos só contribui, neste trabalho, na medida em que essas informações elucidam aspectos acerca das condições de acesso e de uso desses textos. Nesse caso, os testemunhos sobre a infância revelam a existência material de livros voltados para as crianças e são marcadamente expressivos quando apontam as práticas orais como mediadoras no contato com esses gêneros literários durante os serões domésticos e as rodas de leitura.

Além disso, a idéia de escola como a concebemos hoje é muito recente. As crianças brasileiras serviam-se das iniciações concedidas pelo capelão local, o mestre-escola ou professor particular contratado para ministrar o aprendizado das primeiras letras e os rudimentos da matemática. Às vezes eram os próprios pais que assumiam o posto de mestre e ensinavam seus filhos a ler.

Se a história sobre a literatura permite rever alguns textos e impressos em circulação no Brasil, há outros que passam quase despercebidos, embora tenham concorrido junto aos gêneros literários para a infância. Refiro-me às leituras religiosas, sobretudo a Bíblia, que assume papel significativo na formação do imaginário infantil e feminino, tanto quanto àquelas que se destinavam ao público mirim.

> Enquanto ela [referindo-se à mãe] figura em minha lembrança daqueles tempos como o centro de minha vida, não associo meu Pai a nenhum passeio, a nenhuma determinação que me alterasse a conduta, a nenhuma lição, apenas às histórias que nos contava de noite, no silêncio e na escuridão da sala de visitas. Algumas eram contos de fadas inventados por ele, outras eram da História Sagrada. Ao contar alguma destas, permitia-nos olhar para seu exemplar da Bíblia, com ilustrações de Gustavo Doré.
> Sempre fui dada à leitura, mas os livros para crianças que existiam nas livrarias do Brasil eram só os que nos vinham da França. Entre esses, agradavam-me sobremodo os da Condessa de Ségur, de quem já falei. Vim a conhecer muitos deles de cor. Ambicionava chegar a lê-los todos. Isto demorou bastante porque são mais de vinte volumes. Trazem dedicatórias aos diferentes netos. Razão teve o grande crítico francês Émile Faguet dizendo que ela nasceu avó. Iniciei aos oito anos a tradução de um dos seus livros, creio que Diloy le Chemineau. Comecei-o com as melhores intenções de proporcionar alegria às minhas coleguinhas que não entendiam o francês. Cheguei, creio, até à página 10. (NABUCO, Carolina, *Oito décadas*, p.169, 173.)

Com relação às cartilhas e manuais de leitura, a reconstituição de alguns títulos são esclarecedores para a afirmação de certas práticas sociais que transcorriam, tanto no espaço escolar como fora dele. Estou me referindo aos livros de leitura de Abílio César Borges, de Felisberto de Carvalho, do Cônego Fernandes Pinheiro e do Padre Ignacio, citados em contextos de sala de aula, na prática da leitura em voz alta, seguida da cópia e do treino caligráfico em debuxos.

Essas obras, como outras, atendiam a uma concepção vigente de leitura. A leitura era concebida como uma atividade de saber bem dizer o texto e, nesse sentido, precisava ser modalizada em sua entonação e pontuação pelo exercício em voz alta, que servia tanto para o controle do mestre como para a imitação dos colegas.

Assim, dizer o texto oralmente ou, de outro modo, ler um texto é uma atividade a ser ensinada/aprendida pela ênfase na "natureza oral da leitura", na afirmação do gosto literário, na ampliação do vocabulário e na repetição/reprodução do que é lido. Esses procedimentos se afinam com as práticas de oralização das leituras, de recitação e de memorização tão freqüentes no século XIX.[70]

Nessa perspectiva, a literatura assume valor imprescindível para o sucesso dessa pedagogia de leitura, uma vez que os escritores fornecem, por meio de suas obras, o elenco das leituras exemplares de uso escolar. Constitui-se uma sociedade tácita que beneficia e movimenta o mercado da leitura, dentro e fora do âmbito escolar.

Esse primeiro ensaio da pedagogia nacional em favor da leitura e da escolarização movimentou diferentes instâncias ligadas à instrução pública e particular, o mercado livreiro e editorial, a sociedade literária e a participação feminina no magistério.[71]

Como afirma Maria de Lourdes Eleutério:

> Considerado gênero menor, a literatura escolar no Brasil da primeira República tem, contudo, outras dimensões além de educar. Seguramente é prestígio e dinheiro para o homem, mas para a mulher, escrever textos de literatura escolar significava uma extensão intelectual da vocação de ser mãe, com a vantagem de poder ingressar no universo literário, até então um privilégio masculino. Tarefa difícil, como é fácil prever, pois se a demanda aumentava, a oferta de livros para uso escolar também se avolumava, atraindo para si os autores consagrados da república das letras.[72]

---

[70] ZILBERMAN, Regina. O leitor e o livro, op. cit., p.21-40.
[71] O período imperial em relação às escolas pode ser caracterizado como um momento marcadamente descontínuo em relação às regras educacionais. Os poucos estabelecimentos têm vida própria e isolada uns dos outros, e atendem, em sua maioria, apenas a elite branca brasileira e padecem de um sistema regular que desse a eles uma feição mais unificada e democrática. O advento da República possibilita à escola a construção de um sistema mais padronizado em função dos ideais republicanos e as novas exigências com a urbanização e a industrialização.
[72] ELEUTÉRIO, Maria de Lourdes. De esfinges e heroínas: a condição da mulher letrada na transição do fim do século. São Paulo: USP, 1990. p.90. (Tese de Doutorado.)

Outros estudos[73] também apontam o crescimento da demanda por textos e por escritores-didáticos em um momento em que o imaginário social borbulhava construindo representações em torno da edificação da pátria, da República e da formação do cidadão.

Assim, o mercado que contava com nomes consagrados como Olavo Bilac, Coelho Neto, Raimundo Correia, Afonso Celso, Alberto Pimentel, Sílvio Romero, Afrânio Peixoto e outros, passou a acolher escritoras como Júlia Lopes de Almeida, Presciliana Duarte e Francisca Júlia. Essas escritoras tiveram, entre outras publicações, a divulgação de obras para o público infantil aprovadas pela Instrução Pública da capital da República e de outros estados, com tiragens significativas e aceitação entre o público infantil, estimulado por professores e educadores da época.

As leituras literárias orientam-se pelas práticas pedagógicas, religiosas e sociais com as quais a escola tem afinidade e se apóia. Há arbitrariedade na escolha dos textos e impressos. Como narra Laura Oliveira Rodrigo Octávio, as leituras são previamente escolhidas, seguem preceitos metodológicos claros e são consideradas uma atividade de aquisição do código escrito, apropriação de preceitos morais e religiosos.

> D. Elisa tinha verdadeira intuição do ensino moderno, e adotou o Método João de Deus,[74] para aprendizagem de leitura, autêntica inovação na época. Tudo se ensinava conversando, e Marietta se revelou extraordinária, metendo naquelas cabeças xucras de italianinhas não só as primeiras letras, como cantos, lindas músicas de autoria do Maestro Elias Lobo. Nunca iniciamos um período de aulas sem uma canção. Depois foram as aulas de trabalhos manuais nas quais Marietta conseguiu de suas alunas uma exposição de camisas, peça de roupa que agora se ignora, e que era, no tempo, a primeira peça do vestuário feminino. Havia aulas com tornos, tecelagens, e a geografia física era ensinada em grandes tabuleiros

---

73 Apenas para citar alguns: TELLES, Norma (1987); HOLLANDA, Heloísa B. (1992); QUADROS, Jussara (1993); LAJOLO, Marisa & ZILBERMAN, Regina (1996); entre outros.

74 Segue-se a seguinte observação de Laura Octávio em nota de rodapé: "Acabo de ler (setembro de 1961) na **Antologia para a Infância** de Henriqueta Lisboa a poesia Hino de amor... que fechava a nossa cartilha de João de Deus". (*Elos de uma corrente: seguidos de outros elos*, p.39.)

de areia! Como era divertido. (OCTÁVIO, Laura Oliveira Rodrigo, *Elos de uma corrente: seguidos de outros elos*, p.39.)

Segundo Laura Octávio, à *Cartilha de João de Deus*, utilizada para a alfabetização, seguiam-se os livros *Contos infantis*, de Júlia Lopes de Almeida e Adelina Lopes Vieira, e *Coração*, de Edmundo Amicis. Essas obras são citadas recorrentemente entre vários depoimentos de leitura, e *Contos infantis* (1886), obra aprovada pela Instrução Pública da Capital da República, logo de saída alcançou três edições subseqüentes, cada uma delas com uma tiragem de cinco mil exemplares, chegando ao total de 17 edições.[75]

Quanto ao *Cuore*, ele atingiu numerosas cifras de exemplares e de traduções no Brasil. Conhecido como livro de leitura escolar e também um clássico da literatura infantil, a influência sobre as crianças redundou em influência até sobre alguns escritores brasileiros como Romão Puiggari, Arnaldo Barreto, Olavo Bilac, Júlia Lopes e outros.[76] O uso desses livros passa pelos internos da casa e pelos bancos escolares como parte das práticas usuais na época: a recitação, a declamação o saber-de-cor. São leituras de acesso na família ou na escola, lidos intensivamente, associados em atividades de cópias não só dos textos poéticos, versos e trechos em rimas, como também dados biográficos sobre os autores estudados.

Num momento de liberdades tuteladas, ler não é atividade livre entre quem escreve (o escritor) e quem busca (o leitor). O sentido está dado, os modos de ler, de antemão, asseguram as finalidades da leitura e a censura alerta impugna os desviantes. É assim que o modelo de leitura em voz alta e intensiva combina articuladamente com o a concepção de leitura presente no fim do século XIX. A escola retratada pelas imagens femininas não oferece como possibilidade de leitura para as leitoras muito mais que o letramento mínimo necessário para a época, ou seja, ler e escrever corretamente.

À contra-regra intensifica-se um outro modelo de leitura – silenciosa e extensiva –, cujas possibilidades de descobertas são sempre pessoais, sem intermediários ou intérpretes. Sob essas condições a autori-

---

75 Ver a esse respeito ELEUTÉRIO, Maria de Lourdes. *De esfinges e heroínas*, op. cit., p. 93.
76 PFROMM NETTO, Samuel et al. *O livro na educação*, op. cit., p.174.

dade escolar não estende suas balizas metodológicas e avaliativas. As leitoras vão estabelecendo seus gostos e exercitando suas preferências das maneiras mais diversas: a portas fechadas, debaixo da cama, pulando janelas, abrindo tabiques, violando os segredos dos armários fechados, escondendo livros dentro de outros, por meio das trocas com vendeiros, vizinhos, colegas de colégio, por meio de encomendas e presentes, empréstimos e contrabando guardado debaixo do colchão.

5

Os caminhos

As minhas idéias variavam de minuto a minuto iguais às nuvens no espaço que formam belíssimos cenários, porque se o céu fosse sempre azul não seria gracioso.
– Mamãe... eu quero virar homem. Não gosto de ser mulher! Vamos, mamãe! Faça eu virar homem! Quando eu queria algo, era capaz de chorar horas e horas.
– Vai deitar-se. Amanhã, quando despertar, você já virou homem.
– Que bom! Que bom! – exclamei sorrindo.

Quando eu virar homem vou comprar um machado para derrubar uma árvore. Sorrindo e transbordando de alegria, pensei que precisava comprar uma navalha para fazer a barba, uma correia para amarrar as calças. Comprar um cavalo, arreios, chapéu de aba largas e um chicote. Pretendia ser um homem correto. Não ia beber pinga. Não ia roubar, porque não gosto de ladrão. (p.11)

Quando percebi que nem são Benedito, nem o arco-íris, nem as cruzes não faziam eu virar homem, fui me resignando e conformando: eu deveria ser sempre mulher. Mas mesmo semiconformada, eu invejava o meu irmão que era homem. E o meu irmão me invejava por eu ser mulher. Dizia que a vida das mulheres é menos sacrificada. Não necessita levantar cedo para ir trabalhar. Mulher ganha dinheiro deitada na cama. Eu ia correndo deitar na cama de minha mãe, pensando no dinheiro que ia ganhar para comprar pé-de-moleque.

> Depois levantava, desfazia a cama com ansiedade, procurando o dinheiro. (p.15)
>
> JESUS, Carolina Maria de. *Diário de Bitita*.
> Rio de Janeiro: Nova Fronteira, 1986.

Procurei, neste capítulo conclusivo, reconstituir os retratos de meninas, moças e mulheres e o que eles indicam a respeito da leitura e suas práticas em cada um desses ciclos de vida. Não tenho, contudo, a pretensão de verticalizar minha análise e dirigi-la para aspectos relativos à feminilidade ou, mais especificamente, à construção das identidades femininas. O que me proponho é analisar a leitura tomando como foco suas práticas de uso, representadas em cada período de vida, segundo os limites, as possibilidades, os interesses e as condições de existência de cada memorialista.

Como os ciclos de vida abrigam diferentes fases que vão da infância à velhice, este é um capítulo que recupera aspectos ligados às imagens femininas reveladas ou camufladas nas biografias dessas escritoras. Ou seja, procurei desvelar a cultura do feminino, apreender valores, práticas, comportamentos e pontos de vista que transformam as meninas em mulheres.

Trata-se de um capítulo dos mais difíceis. Em primeiro lugar, porque mesmo sem pretender aprofundar questões ligadas ao gênero feminino e às relações de gênero, essa categoria revelou-se muito presente na matéria memorialística. As memórias das escritoras foram produzidas a partir de conteúdos selecionados, organizados e registrados sob um prisma feminino marcado pelas relações de poder existentes entre homens e mulheres. As proibições e permissões, censuras e liberdades, regras, formas de sociabilidade e práticas culturais retratam limites e possibilidades estabelecidos entre a linha que divide as concepções de masculino e feminino em contextos e tempos específicos. Lidar com essas questões não é tarefa fácil, dadas as construções sociais, culturais e históricas que as constituem – terreno sempre movediço.

Em segundo lugar, porque o universo das escritoras aparece nos depoimentos marcado pelo que há de feminino no mundo ordeiro dos afazeres domésticos, das rotinas das casas e das fazendas, dos trabalhos escolares e de agulhas, dos folguedos infantis, da maternidade, das conquistas e lutas no campo das letras etc. Entretanto, o extra-ordinário, ou seja, as lembranças íntimas ligadas aos rituais de passagem, às relações amorosas e sexuais, às mudanças físicas e emocionais, aos desejos, sonhos, fantasias e frustrações está mais obscurecido, escondido na costura do texto.

Como escreve Maria da Glória Quartim de Moraes, paulista, nascida em 1850: mulher é uma "entidade destinada em todos os tempos a caminhar... em corda bamba!".[1] Essa descrição é significativa, pois as meninas e mulheres, nesses depoimentos, aparecem menos como personagens de carne e osso e mais como entidades desprovidas de certos direitos sociais, alijadas em suas condições femininas e sexuais e reprimidas em seus desejos e destinos.

Vidas de meninas, imagens de infância

Carolina Nabuco, carioca nascida em 1890, lembra, em seu mundo de papel, as personagens recortadas de jornais, que cria e com quem brinca. Desse mundo fazem parte os romances, as poesias, os contos e outros gêneros literários com os quais conviveu desde a infância, em sua experiência como leitora. Os roteiros para a brincadeira com bonecas saem de seu imaginário infantil e ganham vida com base no teatro preparado para as brincadeiras e apresentado sob a influência da vida feminina e masculina que partilha na infância.

> Nunca me interessei por bonecas. Faltava-me paciência para vesti-las, afagá-las, brincar maternalmente com elas. Maiorzinha, porém, já pelos onze ou doze anos, comecei a recortar crianças nos jornais de modas. Entre as figurinhas eu criava parentescos e amizades; dava-lhes nome e voz, e distraía-me incansavelmente em romancear ou dramatizar-lhes a vida. Falava por cada uma, estabelecendo brigas ou simpatias, amizades ou aversões. Às vezes recortava também uma bonita figura de moça para exercer o papel de mãe. Juntando a estampa às das meninas, eu podia alargar os diálogos introduzindo pitos e conselhos maternos. Esse mundo de papel

---

1 MORAES, Maria da Glória Quartim de. *Reminiscências de uma velha*. [s. l.]: [s. n.], 1981. p.8.

(que entrementes morava em caixa de sapatos) era rigorosamente feminino, pois as revistas de modas não ofereciam naquele tempo estampas que pudessem figurar de Papai ou maninhos. (NABUCO, Carolina, *Oito décadas*, p.8-9.)

O desinteresse de Carolina pelas bonecas é justificado pela falta de "paciência para vesti-las, afagá-las, brincar maternalmente com elas". Isso parece indicar a sua dificuldade em brincar com outras e como outras meninas de sua idade, segundo os modelos femininos a que esteve exposta no convívio familiar e social.

Carolina sinaliza para o que está por detrás das brincadeiras de bonecas: uma aprendizagem sobre o feminino ou um exercício de feminilidade marcado pelo "afago, a paciência e o maternal". Aparentemente, ela nega, rejeita esse modelo, mas é influenciada por ele à medida que reproduz condutas e comportamentos de sua mãe e propõe para as brincadeiras situações em que estão ausentes personagens masculinos. No mundo de papel experimentam-se, como num jogo, os papéis, as representações e as relações femininas. Desse mundo em miniatura fazem parte os "pitos e conselhos maternos", os textos lidos e ouvidos que, a propósito, servem para "romancear ou dramatizar a vida": uma brincadeira "rigorosamente feminina".[2]

Carolina nem sempre contou com a presença do pai, já que seus compromissos da vida pública e da política exigiam viagens dentro e fora do Brasil. Ela menciona muito pouco os irmãos e irmãs, talvez pela diferença de idade entre eles, como indica uma das fotos do álbum de família reproduzida em seu livro.[3]

A mesma Carolina-menina não esconde o apreço, o respeito e o afeto especial pelo pai – Joaquim Nabuco –, a quem dedica voz e posição privilegiada no palco de suas memórias. A figura paterna é enaltecida no texto memorialístico em detrimento da figura materna, citada poucas vezes. As referências que constituem sua identidade de menina, moça e mulher também são esparsas. Namoro, casamento e maternidade são experiências que não aparecem como parte constitutiva de sua vida e da narrativa de suas memórias, embora tenha

---

2   NABUCO, Carolina. *Oito décadas*. Rio de Janeiro: José Olympio, 1973. p.8-9.
3   Idem, ibidem.

nascido num tempo em que esses aspectos eram valorizados como fundamentais à formação feminina.

Carolina escapa desse destino. Desde pequena vai revelando sua dificuldade com certas práticas culturais destinadas ao feminino e constitutivas, pelo que se estabelece no código social da época, como feminilidade. Essas práticas diversas e corriqueiras fazem parte do mundo de convivência e conveniência em que ela e todas as mulheres e homens estão inseridos. Paulatinamente, ela vai incorporando algumas dessas práticas durante o processo de socialização familiar a que esteve exposta.

> Em menina, eu dava relativamente pouca importância aos vestidos que me chegavam de Paris e, em geral, à roupa que usava. Lembro-me, porém, da alegria com que, no meu sétimo aniversário, usei o primeiro vestido cor-de-rosa. Terminara nessa idade a promessa de minha Mãe, seguindo uma devoção bem francesa e muito usada naquele tempo, pela qual, em honra das cores da Virgem Maria, as meninas eram *vouées au bleu et blanc* até determinada idade. Daí os sapatinhos azuis que me chegavam de Paris, por não existirem aqui. Entre os presentes de bonecas não posso deixar de incluir uma que veio acompanhada de maleta, trazendo enxoval completo, feito por minha prima Nenê, esposa do juiz (depois desembargador) Pedro Nabuco de Abreu (ela nascida Nabuco de Gouvêa), cujos dedos de fada Majô, sua filha, herdou. (NABUCO, Carolina, *Oito décadas*, p.6-7.)

Sobre o período de infância, Carolina ainda lembra:

> De todos os presentes que recebi na infância o que maior alegria me causou foi trazido por meu pai, inesperadamente, uma tarde ao voltar da cidade. Pareceu-me um verdadeiro milagre receber de uma só vez quatro livros (incrivelmente quatro!) da pena de minha querida Condessa de Ségur. Meu pai deve ter tido, naquele dia, um inesperado reforço às suas finanças, que eu bem percebia não serem boas. (NABUCO, Carolina, *Oito décadas*, p.9-10.)

A infância de Carolina é povoada de lembranças sobre as mudanças ocorridas no Brasil, em função do fim da Monarquia, dos primeiros anos da República e da forte "desorganização econômico-financeira resultante da desordem na lavoura, com o regime do trabalho livre".[4] Não só as atividades realizadas pelo pai – sua rotina como liderança política e a convivência dos amigos – eram fonte de informação dos acontecimentos para a menina, como os jornais da época noticiavam o quadro de insegurança com a transição da República.

> A crise aumentou com o Decreto 164, de Rui Barbosa, baixado a 17 de janeiro de 1890, permitindo que companhias ou sociedades anônimas se estabelecessem sem autorização do Governo. Iniciou-se, assim, um período de jogatina desenfreada na Bolsa, com projetos de riqueza imediata sem base de produção, período que se chamou encilhamento, e que durou vários anos, nos quais se criaram e se destruíram fortunas inteiras. [...] Tudo isso ficou marcado em minha infância apenas pelo vocábulo **encilhamento**. As palavras que não entendemos são, às vezes, as que mais nos fascinam. Através desta década de agitações, eu havia ouvido constantemente, entre a conversa de gente grande, o juízo de meu Pai sobre os erros do Governo e o descalabro das suas finanças, juízo muito severo a princípio, mas que depois melhorou. Pelas conversas que eu ouvia, ganhei conhecimento dos fatos principais.
>
> [...] A notícia da morte de Moreira César, no comando da mais desastrada das três expedições militares lançadas contra as inacessíveis forças dos jagunços, deu motivo a prisões arbitrárias entre os defensores do princípio de governo monárquico. Num ímpeto de furor e pânico foram destruídas as redações dos jornais que não fossem ardentemente republicanos e, em especial, o órgão monarquista **Liberdade**. Seu principal diretor, Gentil de Castro, foi assassinado na estação São Francisco Xavier, quando ia tomar o trem para Petrópolis. O governo preferiu não descobrir o culpado, porque não ousaria castigá-lo. Apenas rompeu a notícia do desastre de Moreira César, o ministro do Chile, Joaquín Walker Martínez, veio à nossa casa, oferecendo-se a acolher meu pai se ele pensasse em asilar-se numa legação. Papai recusou agradecido e tudo não tardou em se acalmar.
> (NABUCO, Carolina, *Oito décadas*, p.12-3.)

---

4   Idem, p.16.

A experiência de Carolina é incomum, no entanto, às outras histórias. Ao passo que as leituras francesas não saíram do papel para muitas escritoras, Carolina viaja para a França, aos nove anos de idade, e admira-se com o mundo que se abria para ela – materializado em cores vivas e reais –, conhecido, antes, apenas em livros.

> Pisando o solo da França, parecia-me chegar a uma terra tão minha quanto o Brasil. Num estado de verdadeira embriaguez, eu gritava em português para os meus o que ia ouvindo em francês. E parecia-me reconhecer tudo o que via: a blusa azul do carregadores, o uniforme de um gendarme impassível, os cocheiros dos fiacres a caminho do hotel, e até os nomes das ruas afixados nas esquinas. Era como se os livros da Condessa de Ségur se estivessem materializando aos meus olhos. (NABUCO, Carolina, *Oito décadas*, p.15-6.)

Sobre as vivências previstas para as moças e as mulheres, Carolina não informa, não critica e não expõe suas idéias, opções e posições. A mocidade transcorre em torno de livros e da amizade com um grupo seleto de pessoas, entre elas Santos Dumont, parceiro no jogo de tênis. A vida adulta é reapresentada por meio de acontecimentos em sua carreira como biógrafa, ensaísta e escritora de literatura infantil e juvenil. Os demais aspectos ou acontecimentos do dia-a-dia ilustram e contribuem, direta e indiretamente, para reconstruir sua trajetória entre livros e a atuação no campo das letras.

Na obra de Maria de Lourdes Teixeira, paulista nascida em 1907, a memória resgata alguns momentos da infância. As brincadeiras e os fatos cotidianos transcorrem em um entorno marcado pelas práticas orais, pela presença dos livros nas práticas sociais da família e pela rigidez dos costumes e dos valores, ainda do século XIX, que a menina guarda na memória pelos relatos sobre o rigor na educação das mulheres.

> Duas mulheres de minha família – tia Gabriela e sua filha Gegé – por muito tempo fizeram parte do plano de um romance que eu pretendia escrever e de que teriam sido as principais personagens. Cheguei mesmo a dar ao livro o título de *Duas Vidas*, e foi pena que não houvesse chegado a realizá-lo solicitada por outros assuntos, pois creio que o tema daria um bom romance abrangendo três gerações. [...]

> Na juventude fora heroína da seguinte estória contada pela família e confirmada por ela mesma, de um tempo em que eu ainda não existia: bonita, muito loura e de olhos azuis, alta, esguia, devia parecer uma jovem francesa. Nessa época chegou a São Pedro um rapaz de boa aparência – Laurindo Rebouças – educado, simpático, mas, principalmente, grande tocador de violão, além de cantar com boa voz todo um repertório de modinhas imperiais e lundus. Dentro em pouco estavam apaixonados. Ao chegar a novidade aos ouvidos de meu avô, armou-se a tempestade. Como? Tinha a audácia de pretender casar-se com sua filha aquele desconhecido sem eira nem beira, de que ninguém sabia a família nem o que fazia e de onde viera? [...] Ora, chega a ser o pior dos lugares-comuns afirmar-se que o amor faz milagres.
> Mas nesse caso fez mesmo. Não se ficou sabendo como, nem com a ajuda de quem, um belo dia a jovem bateu as asas da casa paterna e, com o feliz seresteiro, prosseguiu o vôo até São Paulo, onde se casaram. O fato consumado, foi baixada a ordem cominatória: ninguém se arriscasse sequer a pronunciar o nome da fugitiva e do abominável capadócio. Para os pais a moça Gabriela estava morta e enterrada. "Orai por ela". [...] Menos de um ano decorreu, sem notícias. Só os suspiros e as orações de minha avó e das filhas lembravam a ausente. Eis, porém, que certo dia um portador traz do correio, na cidade, uma carta. É, nem mais nem menos da fugitiva, dirigida aos pais. Pede-lhes perdão pela loucura praticada e comunica-lhes que se encontra viúva e grávida. Laurindo Rebouças acabara de morrer tuberculoso, deixando-a completamente desamparada. De cara fechada, meu severo avô reúne a família, chama um dos filhos, dá-lhe dinheiro para as despesas da viagem e para mais o que fosse necessário, e manda-o seguir imediatamente para São Paulo a fim de trazer a irmã de volta à fazenda. E mais ainda: proíbe terminantemente à família inteira que, após a chegada de Gabriela, se faça a mínima alusão ao que lhe acontecera, nenhuma recriminação, ou se pronuncie o nome do defunto trovador, que deve ser esquecido.
> (TEIXEIRA, Maria de Lourdes, *A carruagem alada*, p.24-5.)

O auto-retrato de Maria de Lourdes, na infância, detalha:

> Fui uma criança solitária, calada e imaginativa. Não gostava de brincadeiras coletivas, barulhentas e animadas das garotas da minha idade. Preferia brincar sozinha, umas vezes com minhas

> bonecas humanizadas por minha fantasia e, na maioria das vezes, com personagens imaginários cujos nomes e feições eram conforme os meus desejos e preferências. Ao crescer, continuei a mesma menina calada e imaginativa. Tão calada e retraída que preocupava minha mãe. Cada vez mais me agarrava aos livro. (TEIXEIRA, Maria de Lourdes, *A carruagem alada*, p.22.)

O imaginário infantil é reconstituído pela influência das leituras, lidas e ouvidas, que circulavam no interior da casa. Embora Maria de Lourdes não deixe de romancear a vida e suas expectativas futuras, ela confessa sua oposição aos interesses comuns das meninas de sua idade. Maria de Lourdes prefere um mundo solitário, particular, habitado apenas pelos livros e construído com pontos de vista que aprendeu neles e que orientam suas escolhas de menina e, mais tarde, de moça, como a escolha do primeiro namorado e marido.

> E se já não brincava com bonecas ou companheiras imaginárias, em compensação começava a sonhar romances de um lirismo puro. Mas, com uma diferença. Enquanto as outras meninas já se preocupavam com os garotos e os primeiros namorados, eu criava para mim mesma, moldados por minha inocente fantasia, não príncipes encantados, mas personagens que correspondiam às minhas intuições, às minhas esperanças, à minha admiração. Meus heróis eram sempre escritores, ou melhor ainda, poetas. Sem rosto, sem nome, porém criaturas diferentes das outras pelo espírito, pelas palavras, pela inteligência, pela compreensão infinita. E assim navegava feliz pelo oceano plácido da adolescência, mal sabendo que estava intuindo e delineando o futuro. (TEIXEIRA, Maria de Lourdes, *A carruagem alada*, p.22.)

Entre as lembranças de menina, Maria de Lourdes conta da cumplicidade entre ela e seu único irmão (por parte de pai e mãe), Breno Caramurú Teixeira. Com ele, Maria de Lourdes recupera as lembranças dos serões de leitura, ocorridos, desde a infância, nas fazendas de São Pedro e Santa Maria, no interior de São Paulo, de propriedade dos pais.

> O primeiro rosto que se materializou para mim e o meu maior amor de então foi Olegário Mariano, o chamado "poeta das cigarras", cujo retrato publicado por uma revista – com seus

> cabelos meio revoltos, e a gravata, um grande laço escuro com bolinhas brancas – me encantou. Recortei-o cuidadosamente e o escondi dentro de um livro por muito tempo. Depois, outros vieram e se foram. A idade de ouro ia passando, dando lugar à idade da razão. Aos dez para onze anos, em companhia de meu irmão pequeno e de Mamãe, fui passar o mês de dezembro em casa de tia Ricardina, na cidadezinha mineira de Jacutinga. E dessas férias me ficou indelével recordação.
> Enquanto minhas primas mais ou menos da minha idade brincavam ou passeavam, eu levei aquele mês inteiro numa contínua leitura. Pois tivera a sorte de lá encontrar num armário pilhas e pilhas de velhos fascículos, publicados pela editora da revista *Fon-Fon* do Rio de Janeiro. Segundo soube, haviam sido adquiridos por um genro de meus tios que, para grande desgosto da esposa e dos sogros, gostava mais de ler aventuras estirado na rede do que de trabalhar. E ao mudar-se vencido pela insistência da família, ali abandonara aquele tesouro que me caiu nas mãos. Eram duas séries. Uma de aventuras policiais de Sherlock Holmes. Todos estranhavam a minha obsessiva leitura. No entanto, como poderia eu trocar tudo isso pela companhia e pelas frioleiras das primas?
> (TEIXEIRA, Maria de Lourdes, *A carruagem alada*, p.23.)

As séries lidas por Maria de Lourdes referem-se às "aventuras policiais de Sherlock Holmes" e a uma "coleção enorme de romances de capa-e-espada", cujos títulos citados são "O pátio dos milagres, Triboulet, Fausta, Fausta vencia, Os amantes de Veneza" e outros que, como ela afirma, "já se evaporaram de minha memória".[5]

Nessa época, início da mocidade, ela consagra a Gustavo Teixeira o mérito de poeta predileto, visto que estava familiarizada com suas publicações: *Ementário*, *Poemas Líricos* e *Último Evangelho*. Todas elas lidas intensivamente. Lia também alguns sonetos e poemas divulgados pelos jornais paulistas, como o *Correio Paulistano* e a *Folha Nova*, e pelas revistas de arte e literatura: *Vida Moderna*, *A Musa*.[6]

---

5 Cf. TEIXEIRA, Maria de Lourdes. *A carruagem alada*. São Paulo: Pioneira, 1986. p.23.
6 De propriedade de René Thiollier e Júlio Prestes, *A Musa* era impressa na tipografia Garraux do pai de Thiollier, onde colaboravam Batista Cepelos, Júlio César da Silva, Veiga Miranda, Múcio Teixeira. Do poeta Gustavo Teixeira, a memorialista indica outras revistas em que colaborou, assiduamente, tanto em São Paulo como no Rio de Janeiro. Além disso, publicou em Portugal e em outros idiomas como o francês, o sueco, o italiano e o espanhol (Cf. TEIXEIRA, Maria de Lourdes. *A carruagem alada*, op. cit., p.37-8.).

A idade entre os 12 e os 14 anos é recuperada por Maria de Lourdes como o tempo em que, "obcecada por literatura", levava para a fazenda de São Pedro meia dúzia de livros, recém-aparecidos, da fase da grande efervescência modernista. Entre os autores eleitos pela menina-moça estavam nomes como os de Guilherme de Almeida (com o *Livro de horas de Sóror Dolorosa*), Menotti Del Picchia (autor de *Juca Mulato*) e Mário de Andrade (com *Paulicéia desvairada*).[7]

O poeta Gustavo, nesse tempo, reunia-se com a jovem prima e mostrava seus versos inéditos, entre os quais o "longo poema em alexandrinos O Sonho de Marina". Trocavam empréstimos, inclusive livros de autores modernistas escolhidos por Maria de Lourdes para a temporada de férias na fazenda de São Pedro. Partilhavam recortes colecionados por Gustavo em um caderno de grande formato, onde ele conservava um sem-número de poemas veiculados em jornais e revistas e artigos críticos acerca de seus escritos.[8]

Essa amizade, cultivada em torno de algumas preferências literárias acabou, mais tarde, influenciando a carreira de Maria de Lourdes. Quando era redatora da *Folha da Manhã*, contribuiu para que a Editora Anhembi lançasse as *Poesias completas* de Gustavo Teixeira, editadas em 1959, incluindo as produções inéditas do poeta de 1909 a 1937. A primeira edição contou com o prefácio de Vicente de Carvalho, e, em 1981, data da segunda edição, Maria de Lourdes foi convidada a prefaciar o livro.[9]

Ainda sobre sua vida de menina, Maria de Lourdes narra sua estada no Colégio Sagrado Coração de Jesus. Narra ainda o convívio com as irmãs francesas de Notre Dame du Calvaire, em Campinas. Nesse tempo, as poucas lembranças referem-se ao uso obrigatório do francês como a língua oficial no colégio, inclusive nos momentos de orações coletivas, em voz alta. Além disso, Maria de Lourdes lembra as leituras feitas às escondidas, camufladas em um caderno de estudo, "conforme a estratégia habitual"[10] usada pelas internas. Assim leu o livro *Tristeza à beira-*

---
7   TEIXEIRA, Maria de Lourdes. *A carruagem alada*, op. cit., p.41-2.
8   De acordo com Maria de Lourdes, "muitos estudantes, moços e moças, possuíam álbuns ou simples cadernos onde haviam copiado poemas do autor do Ementário [Gustavo Teixeira] já que a esse tempo não existiam novas edições de sua obra, as antigas se constituindo raridades bibliográficas". (Cf. *A carruagem alada*, op. cit., p.43.)
9   TEIXEIRA, Maria de Lourdes. *A carruagem alada*, op. cit., p.43.
10   Idem, p.45.

mar, um dos títulos românticos de sua preferência, censurado na época como obra imprópria para as mocinhas.

Já a relação de títulos mencionados por Maria da Glória Quartim de Moraes na fase de menina-moça surpreende não tanto pelo gênero textual – em sua maior parte religioso, além de compêndios e tratados de uso escolar –, mas por serem textos densos para uma leitora ainda jovem. Ela não os lia por preferência, mas porque tudo o mais era arriscado de ler!

Dessa literatura de oratório e escolar a memorialista cita os livros "Flos Sanctorum publicados em dois grossos volumes, Ano Cristão, doze volumosos volumes" e, também "Vida de Santa Teresa, Gritos das Almas, Combate Espiritual, Introdução à vida devota de São Francisco de Salles", "A Virgem da Polônia (um tratado de política social)", o livro de missa[11] e a obra de *Telêmaco,* lida em francês.[12]

No tempo da escola primária, freqüentada até os 11 anos de idade, Maria da Glória aponta como leitura escolar apenas a *Gramática Coruja* (de Antonio Alvares Pereira Coruja) e a cartilha do Padre Ignacio, "de uso obrigatório nas escolas",[13] o que isentava os padres do catecismo paroquial.

---

11   Algumas obras do inventário de leituras do século XIX permaneceram no início do século XX. Uma delas refere-se ao título *Missão abreviada,* publicada pelo Padre Manoel Jose Gonçalves Couto, no Porto, em 1884, em casa do editor Sebastião José Pereira. É um livro que objetiva "despertar os descuidados, converter os peccadores e sustentar o fructo das missões". Trata-se de uma obra dirigida aos párocos, capelães e sacerdotes, com edições que chegaram a atingir 12 mil exemplares, mas presente em muitos oratórios das fazendas. Uma segunda publicação dirigida ao povo refere-se ao livro *Adoremus*, composto pelo missionário e franciscano alemão Frei Eduardo Herberhold. Um livro também presente em oratórios residenciais e que teve por finalidade suprir a dificuldade dos fiéis de acompanhar a liturgia, rezada em latim, como era o costume; suprir as lacunas na formação religiosa, a precariedade do nível intelectual e a presença esporádica de ministros católicos no Brasil e tentar, com esse tipo de literatura, desviar a atenção de práticas religiosas de caráter popular e pouco ortodoxas. O livro *Adoremus* assemelha-se ao livro citado por Maria da Glória Quartim de Moraes, uma vez que se caracteriza como um "manual de orações e exercícios piedosos, composto por orações diárias, modos de acompanhar os sacramentos da Santa Missa, Santa Confissão, Sagrada Comunhão, Devoções aos Santos, um modo de participar da missa com respostas em latim, o Ofício da Imaculada Conceição da Virgem Maria, também chamado de Officium Parvum", rezado e cantado em versos e, logo depois, publicado em separata em muitas edições independentes. (Cf. FARIA, Oswaldo L. & MEDEIROS FILHO, João. *Seridó – Século XIX* (fazendas e livros). Rio de Janeiro: Fomape Ed., 1987. p.79-81.)

12   MORAES, Maria da Glória Quartim de. *Reminiscências de uma velha.* op. cit., 1981. p.9.

13   Idem, ibidem.

No percurso autobiográfico de Maria da Glória não encontrei outras informações a respeito de suas leituras e práticas de leitura na infância, a não ser quando se refere à vigilância acirrada da mãe contra o "contrabando de leitura",[14] mantido debaixo do colchão. O responsável pelo sortimento clandestino era o Brigadeiro Oliveira, um voltariano ilustrado, anfitrião de um grupo seleto de intelectuais paulistas e proprietário das obras mais recentes que se publicavam em Paris. Desse contrabando literário, Maria da Glória não fornece pistas seguras sobre os títulos e a natureza das obras censuradas. Sabe-se, no entanto, que na época prescreviam-se as leituras amenas, ou seja, aquelas que não ameaçassem os valores e princípios disseminados tanto pela Igreja como pela Monarquia.

A vigilância sobre Maria da Glória não se restringia, no entanto, às suas preferências de leitura. As horas do dia eram preenchidas com muitas atividades, a maioria delas monitorada por algum adulto, como ocorria durante as aulas de francês, os deveres escolares, as aulas no curso primário, as práticas religiosas e outras.

As preocupações de sua mãe circunscrevem-se ao comportamento disciplinar, à instrução primária, e à formação moral e religiosa de Maria da Glória. Os cuidados, porém, eram sempre assumidos pela ama-de-leite, pelas escravas da casa, pelos professores da escola ou pelos professores contratados. O contato entre mãe e filha era escasso e, ainda assim, a mãe é lembrada pelo tratamento ríspido, severo. A mãe a admoestava utilizando-se de castigos físicos, já que considerava a menina como mal inclinada. Desse modo, no depoimento de Maria da Glória prevalece um tom amargurado. Ela narra, nesse período da infância, momentos de sua solidão infantil, oprimida pela rigidez dos costumes dos ensinamentos católicos e seus dogmas e inquietada pela revolução das idéias que acontecia em sua cabeça de menina.

> Fui criada sempre com a maior severidade e rispidez, além do mais sendo analisada por minha mãe como mal inclinada!... Um dia desejei ir ao JARDIM PÚBLICO e, tanto insisti com a pagem, que, não obstante ter ela esse dia de refinar açúcar, como era costume geral, levou-me resmungando.

---

14 Idem, ibidem.

> Como estava autorizada a dar passeios todas as manhãs, lá fui, pensando não fazer mal não querendo voltar. Por castigo, mamãe não me mandou buscar e tive de dormir na casa da família do FEITOR. Como era muito querida por essa família, passei um dia feliz. À tarde, porém, meu coração de criança entenebreceu. O fato de não me mandarem buscar encheu-me de angústia! Alguma coisa esperava da rispidez de mamãe. O dia seguinte era domingo e nada! Passei o domingo inquieta. Pus-me a rogar que me levassem para a cidade. Fui atendida. Muito apreensiva e assustada, cheguei à casa. Havia nela tempestade e trovões. Mamãe excitou meu pai contra mim e, como de costume, ela declinava para ele os castigos físicos. Muito pálido, ele armou-se da palmatória (instrumento indispensável, então, nas casas de família e escolas). Em casa havia duas: uma grande e pesada para os escravos e uma pequena para a criançada. Papai assentou-me meia dúzia de bolos. Fiquei na alcova escura a chorar e eles foram todos ao teatro! (MORAES, Maria da Glória Quartim de, *Reminiscências de uma velha*, p.16.)

Os pais não se preocupavam com os desejos, com os medos e com a forma peculiar das crianças de se relacionarem com as coisas do mundo. A solidão infantil aparece em alguns depoimentos em decorrência da liberdade restrita das meninas para brincar, para dirigir a palavra aos pais e manifestar suas preferências, curiosidades, sentimentos e opiniões. Muitas meninas nem sequer transgrediam as ordens dos pais e a rotina dos hábitos que vigoravam nos modos de vida social e familiar daquela época. Mesmo nos depoimentos do início do século XX, percebe-se um distanciamento grande entre pais e filhos e a manutenção de valores e padrões de comportamento da *belle époque*. Como bem lembrou Maria Paes de Barros, o verbo "querer" não existia na gramática infantil.[15]

Quando arriscavam palpites, idéias ou comportamentos mais autônomos, as meninas eram logo repreendidas pelo olhar vigilante das mães, das preceptoras, das pajens, dos irmãos mais velhos ou dos professores que, nesses casos, aplicavam o castigo físico e moral ou recomendavam que os pais o fizessem. Como lembra Maria de Lourdes,

---

15 BARROS, Maria Paes de. *No tempo de dantes*. 2.ed. Rio de Janeiro: Paz e Terra, 1998. p.39.

citando o prefácio de Capistrano de Abreu: *"Pai soturno, mulher submissa, filhos aterrados"*.[16]

Segundo as obras memorialísticas femininas, os costumes oitocentistas previam outras formas de segregação e submissão. Às portas da igreja, homens e mulheres, meninos e meninas separavam-se em dois grupos e sentavam-se separadamente durante toda a liturgia. Essas práticas sociais distinguem papéis e relações para os mundos masculino e feminino sem explicitar, entretanto, as relações que diferenciavam a vida entre brancos e negros, ricos e pobres.

> Aos domingos, toda a família (escravos inclusive) ia regularmente à missa. Dispensava-se o carro e seguiam todos a pé – os pais e as manas rigorosamente vestidos de preto, sem chapéu, as pequenas trajando saia escocesa e "basquine" de tafetá preto. Triste e nu era então o aspecto do Largo de São Bento. As ervas daninhas vicejavam em plena liberdade, e tanto que, às vezes, o Comendador mandava um escravo capinar um trecho, para que suas calças não se manchassem do orvalho matutino. À porta da igreja a família separava-se: os homens iam para as naves laterais e as senhoras penetravam no corpo do edifício, sentando-se no chão. Em algumas cidades do Brasil as escravas levavam tapetes que estendiam para suas senhoras, porém tal uso não prevalecia em São Paulo.[17]

Adélia Pinto, a menina de engenho de Pernambuco, nascida em 1879, recupera uma entre poucas vivências infantis. Nela também pude identificar essa solidão de criança:

> Fui criada sem ter amigas, sem uma menina com quem brincasse, porque Mamãe não o consentia. Sentava-me, pois à varanda, por trás de uma grade que a cercava, acenando às meninas vizinhas que iam para a escola ou de lá vinham para que se aproximassem. E lhes dava uma bala, uma flor ou uma fruta, acompanhando essas dádivas com as perguntas mais tôlas: "Tinham sabido a lição?" "Iam à missa no domingo próximo?" Tôlas mesmo... (PINTO, Adélia, *Um livro sem título: memórias de uma provinciana*, p.17.)

---

16 TEIXEIRA, Maria de Lourdes. *A carruagem alada*, op. cit., p.25, referindo-se à obra *Denunciações da Bahia*.
17 BARROS, Maria Paes de. *No tempo de dantes*, op. cit., p.39.

A escola de Adélia era um cômodo interno de sua casa, onde ensinavam diariamente os professores particulares. Acostumada a "uma boneca de pano, muito mal feita e ordinária, vestia-a e perfumava-a".[18] Assistia com ela às aulas e dedicava-se aos estudos. Em troca obtinha elogios, dedicatórias e livros.

Entende-se por escola tanto o espaço destinado à instrução formal como as diferentes formas de educação realizadas extra-institucionalmente. Entre estas coexistem a educação doméstica exercida por preceptoras, a iniciação escolar feita pelos pais, tias ou irmãos mais velhos (algumas vezes acabavam sendo a única experiência de instrução) e a educação feita por meio de aulas avulsas e particulares por professores contratados para o serviço.

Assim, a vida das meninas transcorre entre algumas atividades desenvolvidas nessas situações de formação-instrução. Os impressos e textos citados referem-se, comumente, às cartas de ABC, às cartilhas religiosas, aos livros de literatura, aos álbuns musicados para piano, aos versos e modinhas, às fábulas, lendas e histórias da carochinha. Além dos livros já citados em capítulos anteriores, aparecem outros como *A coleção da Bibliotèque Bleu*, a *Bíblia Sagrada*, a *Cartas sobre a educação de Cora*, de José Lino dos Santos Coutinho,[19] e predominantemente poesias de Olavo Bilac, Raimundo Correia, Felipe de Oliveira, Castro Alves e outros. Aparecem também textos orais: as lendas, os provérbios ou ditos populares, parlendas etc.

Outro retrato de solidão está no depoimento de Hermengarda Leme Leite Takeshita, paulista nascida em 1903 na cidade de Franca. Uma criança que nasce na fase espinhosa da vida da mãe, conforme o registro do caderno pessoal da mãe da escritora. O nascimento de Hermengarda é anunciado como uma esperança para D. Clotilde, uma mulher simples

---

18   PINTO, Adélia. *Um livro sem título: memórias de uma provinciana*. Rio de Janeiro: Pongetti, 1962. p.17.

19   Trata-se de uma publicação de caráter religioso escrita por um médico e deputado no Primeiro Império. *As cartas sobre a educação de Cora* contêm um catecismo moral, político e religioso destinado às preceptoras na educação das crianças. Essa obra foi publicada, em livro, em 1849, e difunde os preceitos divulgados por Jean-Jacques Rousseau, segundo informam as memórias de Anna Ribeiro de Goes Bittencourt (cf. *Longos serões do campo*, v.II, p.261-2). Não consegui identificar, contudo, outras fontes acerca dessas *cartas de educação* e se elas foram socializadas antes da publicação em livro, como parecem sugerir as notas no livro de Anna Bittencourt.

e dona de uma sabedoria que punha à prova durante a luta diária, partilhada com a filha e assim apreendida pela memorialista:

> Amargo foi o que entendi. O amargo vira doce. Sábia lição na vida; compreendi mais tarde que o amargo pode transformar-se em doce, se a gente puser açúcar. (TAKESHITA, Hermengarda Leme Leite, *Um grito de liberdade: uma família paulista no fim da belle-époque*, p.23.)

As anotações retiradas do diário da mãe e reproduzidas no depoimento de Hermengarda ajudam a recompor a memória de sua infância. A saga da família pelas fazendas no interior de São Paulo é parte do roteiro de sobrevivência do grupo, após a derrocada financeira em 1903.

Os olhos de menina registraram os períodos mais difíceis, na infância, até o reequilíbrio do grupo familiar. O incidente de sua mãe na hora do banho, ao que tudo indica premeditado, quase teve um desfecho trágico, e para Hermengarda foi o suficiente para torná-la intranqüila. Insegurança reforçada, nesse caso, pelas brigas entre os pais durante os momentos de arrocho financeiro. A solidão da menina intimidada e silenciosa cresce e é minimizada apenas pela companhia dos anjos que, de acordo com Hermengarda, eram amigos que vinham sempre em seu amparo e faziam-lhe companhia, já que o nascimento do irmão mais novo favoreceu sua maior liberdade para brincar mas também aumentava seu sentimento de abandono.

Há no entanto outros retratos de menina, cujas lembranças revivem as horas felizes de histórias ouvidas de suas mães e avós que, além dos afazeres domésticos e do cuidado com filhos e netos, passavam o dia recontando histórias ilustrativas da literatura oral e popular. Entre a louça da cozinha e as linhas de bordado cultivavam a memória do que sabiam de cor, ensinando e repassando "causos" de fim moral e educativo. Esses "causos" iam desde os tradicionais contos de fada até acontecimentos vividos pelos escravos, as histórias relacionadas ao desbravamento dos sertões brasileiros, as lutas políticas e fatos heróicos.

> Para uma criança do começo do século, os feitos de meus conterrâneos Fernão Dias Paes Leme, Borba Gato, Braz Cubas, Amador Bueno, eram uma espécie de contos mirabolantes, que nos enchiam de vaidade e encantamento. E realmente

> são de admirar, tal a intrepidez com que enfrentavam aquelas selvas, rios encachoeirados, feras, entregando ao Brasil terras que estavam pra lá do meridiano de Tordesilhas, e a Portugal o ouro com que viveu nababescamente. (OCTÁVIO, Laura Oliveira Rodrigo. *Elos de uma corrente: seguidos de outros elos*, p.22.)

> [...] Lá ia eu de volta para casa, as pernas compridas e magras, os cabelos puxados com tanta fôrça que até fazia doer o couro cabeludo; presos com fitas que minha mãe cortava dos vestidos, desapontada por não ter visto a árvore. Mas na tarde seguinte, lá estava outra vez em casa dos padrinhos. Ficava vendo minha madrinha bordar, depois perguntava: "– Como foi que a árvore entrou na sala? Ou está plantada lá dentro de um barril?" "– Menina, menina, deixe de ser curiosa assim... Lembre-se da história que contei outro dia, do Barba Azul..." "– O que tem ser curiosa? E você não é Barba Azul, então não se pode perguntar?" "– Eu disse que esperasse, não disse? Já estamos na semana do Natal". (DUPRÉ, Maria José, *Os caminhos*, p.72.)

Os momentos de oralização são muitos e ricos para a reconstituição das práticas culturais brasileiras, no passado. Posso destacar entre eles as situações de rezas e ladainhas realizadas em torno da sala do oratório – espaço composto com o oratório ou apenas com os objetos de oração (a imagem de santo em mesa ou num pequeno altar, velas, bíblia, livros de reza) –, freqüentemente citada nas descrições dos domicílios, como era o costume em casas de boa formação. Essas práticas tomavam parte do dia, às vezes eram realizadas às seis horas da manhã, e à tardinha, às 18 horas. Destinavam-se à entrega dos pedidos, ao cumprimento de promessas ou à realização de outras, às rezas para o santo do dia, aos momentos de celebração, festividades sacras de acordo com os calendários religiosos, ação de graças ou, também, de oferecimento em caso de óbito.

> Depois de lida a cartilha, trabalho a que se entrega algumas vezes meu Pai ou alguma de minhas irmãs, seguia-se o Senhor Deus, oração que todos recitavam com verdadeira devoção, aproveitando as pretinhas da ocasião para exibirem num desafinado crescente as suas atormentadoras vozes. Terminada a ladainha, recitava minha Mãe o oferecimento,

> oração final em que procurava encaminhar os nossos espíritos para o fim que tínhamos em vista: algumas vezes era em atenção ao santo do dia, outras implorando a sua valiosa proteção para nos livrar dessa ou daquela epidemia que sabíamos grassar pelos arredores. Depois disso, ajoelhava-se o Anacleto e, tendo entre as mãos o quadro com a imagem de Cristo, rezava a seguinte copla, acompanhado por todos os outros: *Louvado sejais, Bendito Jesus, Remistes o mundo, Cravado na cruz!* Depois, um a um, ajoelhavam beijando a imagem... (CASTRO, Maria Eugênia Torres Ribeiro de Castro, *Reminiscências*, p.34-5.)

Outras meninas, no entanto, mal chegaram a aproveitar o período de infância. Talvez por isso seja adequado o emprego do termo menina-moça. O casamento precoce apareceu para algumas delas como o horizonte (máximo) de suas expectativas (e as de seus pais), embora continuassem carregando as bonecas e preferissem balas e brincadeiras.

Assim aconteceu com Maria Isabel Silveira, nascida em 1880 na cidade de São Paulo, filha da memorialista Maria da Glória Quartim de Moraes. Valdomiro, o primeiro pretendente, cortejou a menina com balas e versos. Como ela diz, é difícil localizar o motivo exato da atração que surge entre duas pessoas. Ela confessa que, de sua parte, em relação a Valdomiro a origem era evidente: as balas.[20]

O período entre os ciclos de menina e moça é descrito de forma contínua, como se sucedessem um ao outro linearmente no tempo a despeito das mudanças físicas, emocionais e sexuais. Aliás, essas mudanças estão esquecidas pela memória e por isso não é improvável supor que foram, de certa forma, apagadas ao longo da vida.

Desse modo, a transposição de um ciclo a outro aparece, implicitamente, por meio de referências como a presença em saraus e bailes, a mudança nos penteados e na indumentária, a permissão para a dança, a entrada no colégio (no caso de algumas memorialistas) e o período de noivado. Essas são as evidências de que a menina tornou-se moça. Entretanto, as alterações mais visíveis e invisíveis do corpo, como o crescimento dos seios, a menstruação, a descoberta e o interesse sexual, e todo um conjunto de transformações que compõem a identidade dessas

---

20 SILVEIRA, Maria Isabel. *Isabel quis Valdomiro*. São Paulo: Francisco Alves, 1962. p.11.

meninas-moças está ausente em boa parte dos relatos memorialísticos. Isso vem reafirmar os padrões de comportamento estabelecidos pelo controle e pela negação da feminilidade e da sexualidade da mulher.

Tomando o depoimento de Isabel, exemplar nesse sentido, a aproximação com Valdomiro Silveira transcorre entre seus oito a dez anos de idade. Nas palavras da memorialista, "já contei como fui conquistada a bala, na tenra idade de oito anos", e embora tão cedo, "essa conquista foi menos profunda ou menos definitiva".[21] Porém sua mãe, Maria da Glória Quartim de Moraes, pretendia que a filha crescesse, freqüentasse bailes e festas, conhecesse outros rapazes a fim de que a escolha por Valdomiro fosse definida com maior segurança. Um comportamento incomum à época, mas em se tratando da memorialista Maria da Glória ele é, na verdade, bastante compreensível, já que ela foi uma mulher que procurou romper com certas tradições e clichês comuns a seu tempo.

Desse período até 1894, ano em que Isabel e Valdomiro se reencontram, a narrativa dá um salto no tempo. A menina passa a mocinha, como ela mesma registra:

> Para Valdomiro deve ter sido uma perturbadora surprêsa rever sua Gata Sêca transformada em "entreaberto botão, entrefechada rosa". Sem que eu soubesse, pediu-me à mamãe em casamento. Malentendidos, que haviam surgido entre nossas duas famílias, fizeram com que mamãe recusasse o pedido, e lá voltou o Ganso para sua promotoria no sertão. Começou mamãe, então, a cumprir o programa que se traçara a meu respeito. Entrei no rodamoinho social, freqüentando saraus, teatros, sociedades, festas familiares e "assustados" da vizinhança. Os clubes dançantes tinham então, nomes graciosos; "Miósotis", "Crisálida"... (SILVEIRA, Maria Isabel, *Isabel quis Valdomiro*, p.16.)

O memorial de Isabel vai sendo produzido em saltos, de um ciclo a outro, como acontece também em outros depoimentos. De uma página a outra as lembranças de meninas narram as lembranças de mocinhas e destas a vida como senhoras casadas, depois como mães e, mais tarde, como avós. Nesses ciclos sucessivos, os depoimentos, de maneira geral,

---

21 Idem, ibidem.

camuflam certas feições, expressões e traços mais pessoais e íntimos que fizeram parte do itinerário de suas vidas.

Jovens e mães, mulheres de papel

A mesma Maria de Lourdes que, menina, constrói seus *castelos* sob livros *encanta-se*, quando moça, por Hermelindo Scavone. Ele, além de herdeiro da maior indústria de fósforos do Brasil, é o fundador, com alguns amigos, da revista literária *Ateneu*, na qual Maria de Lourdes teve o seu primeiro conto publicado. Hermelindo era também um admirador de Raul Pompéia e interessava-se por livros e literatura. Esse interesse comum definiu a aproximação, o namoro, o noivado e o casamento entre os dois, interrompido depois de vinte anos em função do comportamento repressivo do marido. Após a separação conjugal, nos anos 1940, outra vez a literatura intercede em favor de Maria de Lourdes Teixeira, aproximando-a do escritor e romancista José Geraldo Vieira, com quem viveu até 1977, data em que ele faleceu.

Maria de Lourdes é uma das poucas memorialistas que narra alguns detalhes da vida conjugal com o primeiro e segundo maridos. Sobre o primeiro ela conta o período de convivência dificultado pelo excesso de ciúme e pela proibição para publicar seus escritos. Desse tempo, conta que vivia reclusa, já que as visitas de familiares, sem a sua presença, eram censuradas. A literatura, conforme narra a memorialista, "foi meu arrimo, o meu pão de cada dia. O máximo que consegui sem desarmonia foi conviver com os livros".[22]

Ao longo dos anos, Maria de Lourdes e o marido reuniram uma grande e selecionada biblioteca, incluindo "excelente brasiliana onde não eram raras as edições *princeps*, encomendadas a livreiros do Rio de Janeiro". Já em São Paulo adquiriu pela Livraria Brasil, de propriedade de Carlos Mourão, um sortimento de obras, muitas delas raras, e desse modo manteve-se "em linha reta traçada pelos ardis do destino e um trilho de livros".[23]

---

22 TEIXEIRA, Maria de Lourdes. *A carruagem alada*, op. cit., p.53.
23 Idem, p.52-3.

Sua solidão na cidadela dos livros, como ela mesma denomina, foi diminuída com a presença de Rubens, seu filho, também interessado em livros. Esse período de clausura permitiu que se tornasse atualizada, tanto no que se produzia em literatura como na crítica produzida sobre a literatura brasileira que fazia emergir nomes como os de Tristão de Ataíde, João Ribeiro, Plínio Barreto, Álvaro Lins, Agrippino Grieco, Sérgio Milliet e outros. Todos eles assíduos nas colunas dos jornais do eixo Rio–São Paulo.[24]

Maria de Lourdes narra ainda o aparecimento tanto dos poetas como dos ficcionistas modernos que figuraram nas estantes da biblioteca de sua casa, "quase todos os antigos, desde os clássicos, além de numerosos autores franceses e alguns italianos". Entre os que ela conservou menciona, quase todos nas primeiras edições, os romances de José Geraldo Vieira, Enéas Ferraz, José Américo de Almeida, Raquel de Queiroz Jorge Amado, "todo o Ciclo da cana-de-açúcar" de José Lins do Rego, Graciliano Ramos, Cornélio Pena, Erico Verissimo, Abguar Bastos, Ciro dos Anjos, Octavio de Faria, Marques Rebêlo, José Vieira, Lúcio Cardoso, Dionélio Machado, Eduardo Frieiro, Amando Fontes, Menotti Del Picchia, Oswald de Andrade, Afonso Schmidt, Plínio Salgado, Hilário Tácito e outros.[25]

A ficção e a poesia eram o alvo de leitura de Maria de Lourdes nesse período. Ela elege alguns títulos e escritores de sua preferência e, mais tarde, em alguns casos, teve oportunidade de conhecê-los ou deles obter dedicatórias em livros. Maria de Lourdes aponta algumas leituras, realizadas nessa época, que lhe proporcionaram grande prazer e descoberta, já que mais que isso não lhe era permitido. Conforme ela registra:

> [...] lia as obras de Alberto Rangel, apesar de seu linguajar barroco, rebuscado; Euclides, de que tenho d'Os Sertões quatro edições diferentes, inclusive uma em chinês; Oliveira Lima, Capistrano, Alberto Torres, Oliveira Viana, Alberto Lamego, Afonso Taunay, Paulo Prado, Otávio Tarquínio de Sousa, João Ribeiro, Sérgio Buarque de Holanda, Caio Prado Júnior. Sem me referir aos historiadores de nossa literatura – Sílvio Romero e Veríssimo, os precursores. (TEIXEIRA, Maria de Lourdes, *A carruagem alada*, p.54.)

---

24 Idem, p.54.
25 Idem, ibidem.

A cronologia e os títulos das obras, embora omitidos, dizem respeito, ao que tudo indica, à produção veiculada particularmente na década de 1920 e 1930. No final de 1944, Maria de Lourdes decide pelo desquite com Hermelindo Scavone e sofre, por isso, represália, inclusive de seu pai – um homem de princípios severos – e a interferência direta dos familiares que tentavam a reconciliação do casal.

Maria de Lourdes já havia conhecido o romancista José Geraldo Vieira. Dada a familiaridade dela com suas obras[26] e a admiração profunda que sentia pelo escritor, não foi difícil que se aproximassem. Papel e tinta foram os responsáveis pela convivência entre os dois, que se estreitou por uma longa carta enviada por ela ao romancista. Começou assim a troca de confidências. Uma fase atravessada por crises e agravada por problemas de saúde, pelas contingências da vida conjugal e, depois, da separação.

Com o tempo, Maria de Lourdes parece ter renascido como mulher e como escritora. O desejo latente de retomar a vida literária – adiada durante vinte anos – acumula uma numerosa correspondência com José Geraldo Vieira, chegando a somar seiscentas cartas. A união com o companheiro aconteceu mais tarde. Sobre o período de convivência com o escritor e romancista ela escreve:

> O nosso amor foi um alumbramento, um fulgor recíproco, um amor consciente, duradouro, feito de afinidades e certezas. Tratava-se de uma fusão tão perfeita de nossas almas, éramos de tal forma idênticos, que José Geraldo nos dizia "gêmeos". E assim foi sempre, até o fim dos fins. (TEIXEIRA, Maria de Lourdes, *A carruagem alada*, p.58.)

Essa forma romantizada para descrever a relação conjugal aproxima-se das representações típicas de romances açucarados que não fogem ao tradicional: felizes para sempre. Evidenciam-se os sonhos de papel de Maria de Lourdes, cultivados desde menina, mais do que a vida de carne e osso.

O período de clausura de Maria de Lourdes ficou para trás. Sua metamorfose consolida-se na realização do sonho de ser escritora. Um

---

26 Maria de Lourdes cita alguns contos e romances, como *A ronda do deslumbramento, A mulher que fugiu de soma, Território humano* e *A quadragésima porta*. (Cf. *A carruagem alada*, op. cit., p.55.)

sonho que começa a ser concretizado com o contato realizado no Instituto Progresso Editorial (IPÊ), criado em São Paulo na década de 1940, tendo como diretor literário Menotti Del Picchia, que a apoiou entregando-lhe os primeiros trabalhos para tradução.

As traduções vieram uma a uma e o contato freqüente na editora foi lhe abrindo portas para novos contatos e trabalhos. Foi desse modo que conheceu a jornalista Carmem de Almeida, do jornal *O Estado de S. Paulo*, no qual semanalmente editava uma página feminina. Em 1948 Maria de Lourdes teria sua estréia no mesmo jornal. Uma fase que durou quatro anos, a partir do artigo O Anjo da Guarda, a Musa e a Madona, espaço em que tratava da influência feminina na obra de escritores.

Carmem de Almeida foi, nos primeiros momentos, uma espécie de mentora para Maria de Lourdes. Também desquitada e mãe, recebia em sua casa escritores, jornalistas e artistas plásticos. Uma roda-viva de intelectuais com quem ela passou a conviver. Sua trajetória de vida, leitura e escritura é narrada por nomes ligados à literatura, à crítica literária, ao jornalismo, às artes, ao teatro e à televisão que faziam parte do cenário cultural dos anos 1940 aos anos 1970.

De forma mais ou menos velada, as memorialistas narram suas experiências de moças, do tempo de namoro ao casamento. No caso de Isabel ela conta:

> Mas... como se pode falar em dôce sem falar em açucar, e em açucar sem falar em cana, convém explicar quem são os avós e os pais das crianças de que maneira se conheceram, se amaram e se uniram para a formação da família. Ao ter que abordar o assunto, não posso deixar de sorrir e também de corar, porque aquêle que seria meu marido... me conquistou à bala! Violência?
>
> Bem, não chegou a tanto. Moravamos na ocasião, minha família e eu, na rua Alegre da Luz, em São Paulo, na verdade uma ruazinha alegre e ruidosa naquele longínquo 1888, composta apenas de treze famílias diferentes. Nossa casa tinha o número 8, e no 22 moravam uns rapazes, todos irmãos, entre os quais havia um com o qual eu não simpatizava, por causa de seus modos compenetrados, exageradamente sérios, apesar dos seus 17 anos. Vestia, infalivelmente, sobrecasaca prêta, e como fôsse magro e tivesse o pescoço comprido, eu lhe puz o apelido de 'Ganso'. Nunca nos tínhamos

> falado, mas como eu estivesse à janela com uma tia ao entardecer de certo dia de Junho, o Ganso ao passar pela calçada inesperadamente parou e me dirigiu a palavra: Minha noivita! Você vai casar comigo...
>
> Indignada, retirei depressa as mãos que êle tentava segurar e, para debicá-lo, comecei a encolher e a esticar o pescoço como fazem os gansos. Eu e minha tia Maria, que era muito bonita e ainda mocinha, rimo-nos a bandeiras despregadas, sem que o Ganso demonstrasse aborrecimento por isso. Afastou-se, rindo também, e nos dias que se seguiram tentou reaproximar-se e falar-me de novo. Eu, porém, mal o avistava me escondia dentro de casa. (SILVEIRA, Maria Isabel, *Isabel quis Valdomiro*, p.9.)

O namoro transcorreu em papéis, durante muito tempo, por meio da correspondência mantida entre Valdomiro e Isabel. Dentro delas, seguiam versos dedicados à futura "noivita". Embora tivesse outros pretendentes, Isabel encorajava o romance com o jovem Valdomiro Silveira, estudante de Direito, poeta e, mais tarde, contista e um dos pioneiros na literatura regionalista brasileira.[27]

Aos 15 anos Isabel registra, de um lado, seus primeiros passos como mocinha envolvida em bailes, festas, propostas de casamento e leituras de poesias e romances, "inclusive os de Eça de Queiroz, passando ao largo das páginas inconvenientes...".[28] e, de outro lado, a trajetória profissional do futuro marido. Valdomiro, nessa época, tentava a advocacia em São Paulo, substituindo Plínio Barreto no escritório estabelecido com Armando Prado. Ao mesmo tempo, colaborava com *O Estado de S. Paulo*, escrevendo contos regionais inéditos endereçados ao amigo Júlio Mesquita. Colaborava, ainda, no *Comércio de São Paulo*. Os recursos recebidos por essas colaborações não eram, contudo, suficientes para oficializar o compromisso com Isabel.

Ajudados pelo pai de Valdomiro, João Batista da Silveira, o casamento aconteceu em 1905. A jovem de vinte anos, ainda sob a influência dos hábitos de mocinha, freqüentava os bailes dançantes e, já às

---

27 Cf. MENEZES, Raimundo de. *Dicionário literário brasileiro*. Rio de Janeiro: Livros Técnicos e Científicos, 1978. p.643-4.
28 SILVEIRA, Maria Isabel. *Isabel quis Valdomiro*, op. cit., p.56.

quatro horas da manhã, saía para os banhos de mar com o marido. Essa rotina compunha-se, ainda, de prendas domésticas e proezas culinárias que Isabel praticava para agradar o esposo e as visitas recém-chegadas a sua casa. Um período em que Isabel registra uma vida tranqüila e a convivência alegre com outros poetas e escritores brasileiros e os livros a que tem acesso: *Gracejando, Só... rindo* e *Viajando* (do advogado e político Martim Francisco); *Flores de sombra* (de Cláudio de Sousa); alguns sonetos (sem título) de Ricardo Gonçalves e outros.

Com a gravidez e o nascimento da primeira filha, em 1906, a (quase) brincadeira de casinha descrita até então em tom cor-de-rosa passa por temores, receios e uma certa instabilidade. A gravidez parecia-lhe ameaçadora e o parto mais ainda, já que a jovem senhora em breve tornar-se-ia mãe.

> Em São Paulo, enquanto não chegava o momento fatídico, eu procurava passar o tempo da melhor maneira possível durante aquêle último mês. Costurava o enxoval, recebia visitas de parentes e amigos, e tinha mêdo. O mêdo vinha com alternativas de avanço e recúo, juntamente com a idéia de que eu ia morrer. [...] Ao findar o mês de abril percebi que o desfêcho estava iminente. Pasara o mal-estar, sentia-me leve, e a característica espertéza dos momentos prenunciadores me fazia lembra a famosa 'visita da saúde' que costumam receber os moribundos. Percebi, um pouco tarde demais, que mamãe [Maria da Glória Quartim de Moraes] não era a companhia ideal para semelhante momento. Incrédula, muito adiantada intelectualmente, era mais uma literata e pianista frustrada que pròpriamente a mãe-coruja que seria de desejar na circunstância. Quando eu necessitava simplesmente, animalmente, de carinho, a cada ano que passava ela nos dizia: – Poupei mais um filho para vocês este ano! Não queria que casássemos, e porisso nos tinha procurado distrair com tantas festas. [...] Ao mesmo tempo, parecia estar mais aterrorizada do que eu própria. Sofrera horrìvelmente nos seus partos, que foram nada menos que doze, e comprazia-se em narrá-los com pormenores desencorajantes...
> (SILVEIRA, Maria Isabel, *Isabel quis Valdomiro*, p.32-3.)

A narrativa nesse período privilegia aspectos da vida de Isabel, comuns aos de outras memorialistas que vivenciaram, ainda jovens, a experiência de ser mãe. No caso de Isabel, ela desmistifica, de certo modo, a maternidade. Ela expõe seus receios, inclusive o medo da morte. Na época em que Isabel viveu essa experiência não poderia ser mesmo muito diferente, dado o quadro de precariedade nas condições sanitárias, médicas e de higiene no Brasil. Naquele período, eram significativos os índices de mortalidade entre gestantes e crianças durante o nascimento e os primeiros anos de vida, o que mobilizava, também, as campanhas higienistas iniciadas desde o fim do século passado.

Passados os medos e as dores, Isabel recupera o cenário da casa modificado, agora, pela chegada da filha recém-nascida. As visitas, a amamentação, os planos para o futuro, a educação da menina – mudanças visíveis e invisíveis – ocupam a vida de Isabel atenta, agora, a outros interesses.

> Ao nascer, cada criança é uma pergunta. Quem sou? Como serei? A resposta estará em sua vida, mas essa vida será possivelmente uma simples conseqüência das tendências transmitidas pelos genes de geração a geração. Deitada na sala de visitas que Mamãe transformara em quarto para a ocasião, cerradas as quatro janelas, tínhamos passado eu e Júnia por um sônho profundo e reparador, após a tourada do parto. Para o despertar, Mamãe me esperava com um caldo de galinha famoso, acompanhado de torradinhas finíssimas, estalando. Todo aquêle cansaço e a tensão nervosa dos últimos dias pareciam dissolver-se em novas esperanças, naquela dolorida certeza física que se sobrepõe ao sofrimento superado. [...] Mas havia a pergunta: Júnia, como seria? Puxaria pelos Silveiras intelectuais, pelos Quartins empreendedores, pelos Molinas românticos e aventureiros, ou pelos Alzamora, pelos Oliveira, pelos Corrêa de Moraes ou pelos Sales Penteado? (SILVEIRA, Maria Isabel, *Isabel quis Valdomiro*, p.37.)

Com o nascimento de Júnia, as visitas traziam para a casa o poeta "Antero Bloem, autor de Cristo de Marfim e de tantas outras poesias admiráveis".[29] Além dele, revezavam-se os poetas Vicente de Carvalho e Martins Fontes. A chegada da filha despertou, em Isabel, a história de seus antepassados do lado materno: a vovó Rosa Sales Penteado e o

---

29 Idem, p.47.

lendário Dom Tomaz de Molina. Isabel não só passa em revista os acontecimentos sobre seus bisavós (contados oralmente e lidos no Almanaque de *O Estado de S. Paulo*), como inicia a escrita diária, registrando os fatos do cotidiano, as conquistas e as descobertas da filha, as peraltices, o nascimento dos dentes e, enfim, suas descobertas "como marinheira de primeira viagem".[30]

Seu texto, a partir daí, ganha uma conotação cada vez mais mitificada em relação à maternidade e ao que ela julga ser parte essencial à condição feminina.

> Dormimos a noite tôda, e no dia seguinte eu teria pela manhã a maior das alegrias reservadas neste mundo à mulher: a de amamentar. Impossível sensação mais agradável, mais sublime do que essa de produzir o alimento que fará nosso filho viver e crescer. Nós, mulheres, realizamos nesse momento aquêle sonho admirável de Gilka Machado:
>
> "vontade de nestes versos
> dar-me inteira à humanidade
> na impossibilidade
> de ser pão".
>
> Nesse momento divinamente humano, somos pão. Damos de comer e protegemos aquêle a quem alimentamos. Nele prolongamos o nosso sangue, o sangue de nossos pais, dos nossos antepassados, perpetuando a espécie e nada recebendo a não ser o prazer de dar.
>
> As mulheres que se recusam a ter filhos por mêdo ou por vaidade, e que preferem passar a vida solitárias ou como escravas de um homem, de alguns homens ou do mísero prazer que êles podem proporcionar – ah! essas mulheres não sabem que, deixando de ser mães, perderam a única oportunidade que a natureza nos oferece de nos realizarmos completamente e de nos sentirmos profundamente, integralmente felizes! (SILVEIRA, Maria Isabel, *Isabel quis Valdomiro*, p.38.)

---

30   Idem, p.37.

Assim, a vida corria entre surpresas, um orçamento sempre muito equilibrado, o trabalho de Valdomiro como escritor e, em 1907, o convite para a candidatura pela Academia Brasileira de Letras. Se desta instância de consagração ele recusou-se a participar, já para a Academia Paulista ele esteve entre os quarenta nomes indicados. Isabel vai depondo em seu diário os acontecimentos no mundo da literatura brasileira que mais diretamente foram influenciando a carreira do marido e de outros intelectuais, escritores, poetas e contistas que pertenciam também à sua família.

Com o nascimento do segundo filho do casal, Valdo, Isabel tinha menos tempo para o teatro e as óperas e, mais que isso, para suas costumeiras leituras. A literatura em uso era a dos livros de puericultura, de orientação médico-domiciliar, sobre os cuidados na infância[31] e aconselhamentos educacionais. Valdomiro, aliás, "lia muito os livros de Emile Faguet e acreditava nos seus conceitos educacionais", além dos recém-lançamentos que consumia no escritório, no trabalho, na cama, na sala e onde mais pudesse parar e abrir os livros, revistas e periódicos, adquiridos por assinatura e compra, apesar do orçamento modesto com que viveram nos primeiros anos de casamento.[32]

> Valdomiro tôdas os mêses recebe bateladas de livros, encomenda-os nas livrarias e eles chegam por preços muito razoáveis. A casa está ficando pequena! Estamos à procura de outra para nos mudarmos e só assim os livros ficarão bem acomodados. Êle compra livros diàriamente e os lê em tôda a parte. Temos lindas revistas que chegaram agora: História, Lisez-moi, Vie Heureuse, fora italianas e espanholas. Agora leio pouco, pois as crianças absorvem-me o tempo. Ganhei de Valdomiro uma linda coleção dos romances de André Theuriet, vou dar um jeito de lê-la. Êle anda às voltas com catálogos que recebe de Paris. Agora recebeu uma revista em fascículos, de grafologia, muito interessante. E tudo isso não fica muito caro. (SILVEIRA, Maria Isabel, *Isabel quis Valdomiro*, p.79.)

---

[31] O *Le Journal*, periódico assinado por Valdomiro Silveira, trazia inclusive conselhos médicos utilizados pela esposa. (Cf. SILVEIRA, Maria Isabel, *Isabel quis Valdomiro*, op. cit., p.148.)
[32] SILVEIRA, Maria Isabel. *Isabel quis Valdomiro*, op. cit., p.108.

Isabel, imbuída de sua "missão de mãe", procurou envolver os filhos na experiência com a música, com a leitura, o aprendizado da língua francesa, os recitativos de versos, tudo isso apresentado para o pai como uma forma de boas-vindas entre tantas viagens de trabalho. Para as crianças as revistas eram *Fillette, Cri-cri, Diabolo Journal e Corriere dei Piccoli*. Como lembra Isabel: "Valdomiro, assinara lindas revistas para cada um de nós, e leitura é que não faltava". Essas leituras circulavam à vontade pelos cômodos da casa, quando não era em torno delas que se reunia a família. Valdomiro, por exemplo, lia para os filhos os contos de Natal. Ao chegar essa época, partilhava as correspondências dos parentes mais distantes, ao passo que Isabel lia, também em voz alta, a literatura que fascinou seus tempos de menina e que, agora, era apresentada aos filhos: "a coleção da Condessa Ségur".[33]

No elo dessa corrente chegaram mais três filhos: Isa, Belkiss e Miroel.

> Os nomes anteriores de nossos filhos estavam ligados aos nossos próprios nomes. Júnia era meu nome, quando Musa analfabeta do Ganso [apelido de Valdomiro]. Valdo era metade do nome de Valdomiro. Isa, metade do meu. Belkiss, o final do meu nome acrescido de outra sílaba que também poderia ser um tempo do verbo querer, quiz. Porisso achamos que o último rebento poderia bem ter o finzinho do nome de Valdomiro, Miro, acrescido do finzinho do meu nome, el. E os nomes todos reunidos, formavam o sentido da nossa união movida com amor: JÚNIA-ISABEL QUIS VALDOMIRO.
> (SILVEIRA, Maria Isabel, *Isabel quis Valdomiro*, p.178.)

Envolvida na educação dos filhos, Isabel detalha os momentos de leitura compartilhados com as crianças. Leituras em voz alta, feitas por ela e pelo marido. É assim que Isabel concilia a criação dos filhos e o gosto pelas leituras, já que o tempo é disputado por muitas obrigações e tarefas. Uma nova rotina diferente dos tempos de infância, da mocidade e da vida de recém-casada:

> [...] Precisamos fechar os olhos muitas vêzes e distraí-las com coisas de que gostem, para sondarmos suas tendências.

---

33 Idem, p.91-2.

Gostaria de vê-las com professôres que lhes ministrassem lições de pintura, artes plásticas, música, de tudo enfim para as tendências de cada uma. Como seriam felizes! Continuando nosso programa diário, às oito já estavamos de novo na praia, para caminhar de pés descalços pela areia e respirar o ar puro da manhã. Iamos assim até a Ponta da praia, ou mais freqüentemente até o José Menino e mesmo até São Vicente, de onde voltávamos de bonde, com um apetite desapiedado para o almôço das dez ou dez e meia. Depois dessas touradas, punha tôda a criançada de camisola, e cama para elas! Descansavam contentíssimas até a hora do lanche, lá pela uma hora, e depois de acordadas ficavam brincando no quintal, se o tempo estava bom, ou então dentro de casa, quando chovia. Dedicava-lhes horas a contar histórias e a inventar brincadeiras, que adoravam. (SILVEIRA, Maria Isabel, *Isabel quis Valdomiro*, p.84.)

Andamos tirando o pé do lodo, pagamos algumas dívidas e outras serão logo saldadas, pois o erário vai chegar, no mês próximo. Valdomiro presenteou-me com uma linda máquina 'Singer' com cinco gavetas e anda com outras sedutoras promessas. Vivo costurando para o 'povinho', contente da vida. Adoro costurar! Vou logo começar o estudo da língua inglêsa para ter o prazer de lêr Dickens na sua própria língua, temos aqui quase tôda a sua obra, mas em francês. O pior é que o tempo não chega para tantos planos! Arranjei hoje um tempinho para escrever-lhes. Venham logo passar uns tempos conosco. A casa é bem grande: seis quartos, todos com janelas para o quintal, enorme sala de jantar com terraço ao lado, sala de visitas, biblioteca regular e um quintal imenso no qual a gente some, como gado zebu no mato, lá em Minas. (SILVEIRA, Maria Isabel, *Isabel quis Valdomiro*, p.106.)

Entre as leituras, os filhos de Isabel apreciavam ouvir os apontamentos dos diários que a mãe registrava sobre cada um deles, em cinco cadernos distintos. Além da leitura desses diários, Isabel faz referência aos livros *Férias*, *Desastres de Sofia* e outros da coleção da Condessa de Ségur, presenteados por Valdomiro Silveira quando Isabel era ainda uma menina.[34]

---

34 Idem, p.169.

Desse modo, Isabel ia instruindo os filhos em meio aos livros, além de utilizá-los também como "um recurso" para acalmá-las. "Quando as crianças ficavam muito impossíveis" Isabel ameaçava proibi-las "de estudar e de ler" e, desse modo, "nascia sùbitamente um silêncio, um silêncio...".[35]

> Todos valorizavam muito o que aprendiam, sempre ansiosos por saberem mais. Júnia se acalmava também quando lhe dava a chave da dispensa e lhe permitia aplicar seus intintos de dona de casa distribuindo os mantimentos para o almôço ou o jantar. Júnia ensinava a Isa os versos "Nossa terra tem palmeiras", quando se surpreendeu com a 'versão' que a menina resolvera dar do poema:
>
> – Nosso pai tem mais cuidados...
>
> E, sem querer, a menina estava acertando. (SILVEIRA, Maria Isabel, *Isabel quis Valdomiro*, p.172.)

A trajetória narrada por Isabel fica marcada pela vida entre os livros e os filhos. Uma narrativa construída com base no cotidiano, no interior da casa, e que recupera dos diários que manteve durante a vida. Sua escrita evidencia a maternidade, um período da vida que ela privilegia e mitifica cada vez mais à medida que avança no tempo. Entre as páginas de sua memorialística não raro são os trechos em que Isabel divulga o modelo feminino com o qual se identifica.

> [...] O papel da mulher é sempre o de manter a paz no lar, hasteando nele a bandeira branca, expulsando os maus elementos, evitando os grandes incêndios provocados pelo pesado bombardeio das palavras que nesses momentos podem tudo envolver com os grossos rôlos de fumo do grande calor da nossa raiva...
>
> Não devemos desanimar, empregando sempre nossos esforços e sacrifícios, usando só remédios d'Anunzio para gozar sossêgo, em delícia de viver sãos e vigorosos! (SILVEIRA, Maria Isabel, *Isabel quis Valdomiro*, p.187.)

---

35 Idem, p.171.

Ao passo que Isabel detalha aspectos da vida após o casamento, Maria Eugênia Torres Ribeiro de Castro, nascida em Piracicaba em 1863, interrompe seu diário após ter se casado. Suas memórias não indicam as circunstâncias desse casamento, sua idade, se teve ou não outros pretendentes, quem era o marido, seu nome, profissão, como o conheceu ou qualquer outra referência que pudesse evidenciar aspectos de sua juventude e vida adulta. A descontinuidade na escrita fica muito evidenciada. Em um mesmo parágrafo, Maria Eugênia lembra a reclusão vivida na mocidade e, em seguida, conta ter se casado e ser mãe.

> Até o ano de 1885 gozamos a vida pacificamente; sem grandes contrariedades, retraídas, desfrutamos os suaves prazeres da família. Se não tínhamos ocasiões de nos apresentar na sociedade e apreciar de perto o turbilhão do mundo, com as suas falsas miragens e deslumbramentos, maior compensação nos reservava a sorte no papel de filhas obedientes e irmãs dedicadas, podendo, assim usufruir a tranquilidade da consciência, único bem durável sobre a terra. Nesse ano de 1885 achava-me já casada e, tendo o bom Deus me destinado por companheiro na vida um homem possuidor de todas as qualidades e dotes morais requeridos para um bom esposo, sentia-me perfeitamente feliz. À minha dourada cadeia de amores reunira-se o último elo que faltava para completá-la: era mãe... mãe, mãe, sabem todas as magias que esse nome encerra, pronunciado a medo por uns labiosinhos de coral? Era mãe: podia beijar no querubim adormecido a imagem do adorado esposo que, obrigado pela diurna lide, achava-se ausente do lar, arrostando coragem as intempéries para assegurar-nos uma posição digna e feliz. (CASTRO, Maria Eugênia Torres Ribeiro de, *Reminiscências*, p.79.)

Com isso, Maria Eugênia vai colocando um ponto final em suas memórias. Sua obra padece de outras informações sobre sua vida, o que dá ao texto um caráter incompleto e lacunar. Como já havia me referido em capítulos anteriores, a matéria memorialística, em Maria Eugênia, é interrompida de forma abrupta e muitas perguntas ficam sem resposta: Como e sob quais circunstâncias ocorre a primeira edição do diário de Maria Eugênia? Maria Eugênia teve outros escritos publicados? Quais suas leituras na vida adulta? Como era sua vida após o casamento? A reclusão feminina, aspecto narrado por Maria Eugênia em seu diário, altera-se com o casamento? Quando Maria Eugênia morreu? Onde e como viveu, no período da vida adulta?

A descontinuidade entre os ciclos de vida também aparece nas memórias de Anna Ribeiro de Goes Bittencourt, baiana nascida em 1843. Essas rupturas ficam mais visíveis particularmente em relação à narrativa sobre os acontecimentos e experiências após a mocidade. Entre a mocinha e a senhora casada identifiquei apenas duas referências que marcam a transição de um ciclo ao outro.

A primeira referência diz respeito a um caso de amor que não se concretizou entre Anna e Pedro da Trindade (um primo). Esse amor foi expresso mais entre papéis e livros do que propriamente do contato entre os dois jovens. Pedro sabia da desaprovação dos pais de Anna, e, por isso, envia-lhe cartas e livros, mas todos sempre endereçados à mãe, para evitar qualquer suspeita ou represália. Desse amor em papel, Anna aproximou-se de obras literárias por ele enviadas, a maior parte literatura romântica francesa e fora dessa lista comum *De la longevité de la vie humanie*, de Flourens, muito em voga. Segundo escreve o pretendente Pedro da Trindade, tratava-se de uma obra de natureza científica, mas elas, ainda assim, compreenderiam. Todos os oferecimentos eram enviados à fazenda, em Catu, ou intermediados por um amigo e primo, Manoel Saturnino, que vez por outra caía em suspeita na vigilância materna.[36]

Anna lembra ter recebido, um dia, um embrulho de músicas:

> [...] uma valsa e algumas modinhas então em voga. No invólucro, lia-se: 'Manoel Saturnino oferece a Santinha'. Minha mãe suspeitou que era oferecido pelo outro sobrinho, e, algum tempo depois, perguntando-o a Pedro da Trindade, este negou, porém de modo a aumentar a suspeita. (BITTENCOURT, Anna Ribeiro de Goes, *Longos serões do campo*, v.II, p.207.)

Com a morte de Pedro, acometido por uma tuberculose, Anna não faz nenhuma referência a outros namoros ou amores. O depoimento traz apenas uma segunda indicação sobre a juventude, seus anseios e

---

36 BITTENCOURT, Anna Ribeiro de Goes. *Longos serões do campo*. Rio de Janeiro: Nova Fronteira, 1992. v.II. p.206-7.

descobertas. Tudo muito velado, escrito ligeiramente, em um tom de censura por parte da própria memorialista:

> Havia decorrido um ano [da morte de Pedro da Trindade], e meu organismo de moça robusta tinha reclamado os seus direitos. Voltaram-me as boas cores e o aspecto saudável. Algumas de minhas primas me perguntavam:
>
> – Você não quer mais se casar?
>
> – Não, respondia. E, com as mais íntimas, ajuntava: só se deve amar uma vez.
>
> Era o romantismo, com todo o seu cortejo de ilusões...
>
> (BITTENCOURT, Anna Ribeiro de Goes, *Longos serões do campo*, v.II, p. 218.)

Depois, com as crises de saúde do pai de Anna, Manoel Saturnino, familiarizado na casa, foi consultado sobre um pretendente para a moça. Assim ela não ficaria desamparada se o pai viesse a falecer. Como era comum à época, os arranjos matrimoniais ocorriam entre parentes próximos e sem a aprovação, muitas vezes, das futuras noivas. Essa referência sela, na narrativa de Anna, a fase de mocidade para abrir-lhe uma nova: a de senhora casada. Um período da vida relembrado parcialmente por Anna, e como ela mesma justifica, "não irei além porque a idade e a fraqueza da vista ordenam-me a fazer ponto final".[37]

As poucas lembranças dessa fase estão registradas em dois capítulos que finalizam as memórias de Anna. O primeiro informa aspectos sobre a família do marido, Sócrates, de formação médica, com quem se casou em 1865, aos 23 anos de idade. Anna não aborda, no entanto, aspectos da vida conjugal e o que isso pode ter interferido (ou não) em sua carreira de escritora, já que suas publicações acontecem alguns anos depois de casada e após o falecimento de seu pai.[38]

---

[37] Idem, p.223.
[38] Entre as publicações, Anna faz referência ao conto *Primeira injustiça*, publicado, de acordo com ela, em edição mimeografada (1981) por uma neta, Anita Manso Cabral, a quem o texto é dedicado. O conto é inspirado por um episódio ocorrido na infância. (Cf. *Longos serões do campo*, op. cit., v.II, p.10, 255.)

As informações sobre o marido dizem respeito à sua trajetória escolar e profissional, como filho da aristocracia agrária da região. Mais uma vez percebe-se como a educação, no Oitocentos, concentra-se nos internos da casa e complementa-se no colégio e na faculdade com o fim de aquisição do diploma. Como afirma Anna:

> [...] era usual entre os filhos de proprietários ricos ou abastados, granjearem o diploma médico mais como um título honorífico do que como um meio de subsistência. (BITTENCOURT, Anna Ribeiro de Goes, *Longos serões do campo*, v.II, p.230.)

As leituras relembradas ao longo do memorial encenam as passagens da vida na infância e na mocidade, em meio às festas populares no interior e na província baiana. Reconstituem horas de costura e bordado junto à mãe e às escravas, as leituras compartilhadas em voz alta, os serões domésticos acompanhados pelo piano e as costumeiras modinhas relembradas de seu repertório.

Ao final do livro, essas lembranças dão lugar às leituras católicas e espíritas e, num tom mais crítico, a memorialista não esconde os impactos que o espiritismo gerava, naquela época, mesmo para uma moça formada pelos princípios da fé católica.

No último capítulo, Anna trata de sua formação religiosa, das leituras católicas e, mais tarde, das espíritas, sobretudo os livros de Allan Kardec, e das reuniões de divulgação do kardecismo[39] ocorridas na Bahia.

Percebe-se de sua narrativa as inquietudes perante os princípios doutrinários divulgados por Kardec e os dogmas católicos com os quais conviveu durante a vida. Ela de certo modo ajuda a divulgar esses princípios pelos temas bíblicos e religiosos que elege nos periódicos em que atuou: *A Paladina* e *A Voz* (revistas religiosas redigidas por senhoras) e o *Almanaque de Lembranças Luso-Brasileiro*.[40]

Enfrentando algumas questões de fé, Anna discute aspectos que envolvem tanto a ética religiosa como alguns princípios de religiosidade

---

39 ALENCASTRO, Luiz Felipe de. Vida privada e ordem privada no Império. In: *História da Vida Privada no Brasil*, v.II. São Paulo: Companhia das Letras, 1997. p.44.
40 BITTENCOURT, Anna Ribeiro de Goes. *Longos serões do campo*, op. cit., v.II, p.251.

e sua adesão ao catolicismo. Esse discurso, pela forma como está desenvolvido, denota tanto suas idéias pessoais sobre a religião como aquelas lidas e apreendidas durante a vida. Fica evidenciado parte do processo de sua formação religiosa ao longo da vida e o debate social que alcança a elite branca a partir de meados do século XIX, mediante o impacto do kardecismo em solo brasileiro.

> Ora, principalmente na mocidade, quando a sensibilidade é intensa e o coração governa a cabeça, aos lermos um romance, se deparamos com um personagem com quem simpatizamos sofrendo injustamente, comovemo-nos até às lágrimas. Desvanece-se a impressão ao considerarmos que é um ser imaginário. Se é um ser real, a compaixão nos preocupa por muito tempo. Ora, quem sofreu pela humanidade mais injustamente que Jesus? Não amá-lo seria, pois, imensa ingratidão. (BITTENCOURT, Anna Ribeiro de Goes, *Longos serões do campo*, v.II, p.243.)

Desse modo, não é difícil compreender trechos, como os que selecionei a seguir, que informam, inclusive por intermédio das leituras religiosas, as experiências de Anna no campo da doutrina católica.

> O que também me levava, por vezes, a longas reflexões, era o mistério da Santíssima Trindade. Minha mãe, que havia lido a *Vida de Santo Agostinho*, contava-me que ele, ainda após a sua conversão, trabalhava para compreender aquele mistério quando um dia, passeando à beira-mar, viu um lindo menino com uma conchinha na mão. A criança havia feito uma pequena cavidade na areia e ali despejava a água que, com a concha, tirava do mar. Agostinho perguntou-lhe: – Que pretendes fazer, meu filho? – Mudar o mar para este lado, tornou a criança. Rindo o Santo da ingenuidade infantil, replicou: – Não vês, meu filho, que isto é impossível! – Mais impossível é compreenderes o mistério da Santíssima Trindade, respondeu o menino e desapareceu. (BITTENCOURT, Anna Ribeiro de Goes, *Longos serões do campo*, v.II, p.243.)
> Direi agora por que creio nos Profetas que anunciaram a vinda do Messias, do Deus-Homem, que reinaria sobre o mundo. [...] E por que não se realizou logo a vinda do Messias? A humanidade, sanguinária e feroz, não estava preparada para recebê-lo. [...] Quanto à encarnação miraculosa de Jesus,

> que dizem se encontrar até nas tradições de outros povos, sei que é contestada por alguns, sem que por isso todo homem de boa fé deva duvidar da santidade de sua doutrina. É ainda em *Chardel*[41] que encontro a idéia que utilizo para reforçar minha crença nessa encarnação. [...] De fato, nas profecias há coisas admiráveis. Recordo que li em *Jesus Cristo perante o século*, de Roselly de Lorgues, a realização de profecias de Isaías e Jeremias não só sobre a vinda do Messias, como sobre a ruína da Babilônia, que muito me impressionaram e que vêm bem documentadas pelo autor. (BITTENCOURT, Anna Ribeiro de Goes, *Longos serões do campo*, v.II, p.245.)

Esses trechos ajudam na compreensão do perfil que Anna faz de si mesma à medida que conclui as memórias. Assim, ela depõe:

> Lendo o Antigo Testamento tenho encontrado muitas coisas incríveis e atribuía algumas aos defeitos das diversas traduções por que há passado. A partir do casamento e do nascimento dos filhos, não cogitei mais tais questões. Minha vida era toda absorvida pelos cuidados da família, acrescidos dos que despendia com um pai longos anos enfermo. Demais, no campo, onde residia, o mister de dona de casa era bem pesado nas famílias onde não havia os rigores de uma disciplina intransigente, que, felizmente, na nossa não era usada. Assim, a mãe de família tinha de desempenhar até o cargo de enfermeira, não só com os escravos do serviço doméstico, mas também com os muito numerosos do trabalho agrícola. Conservei-me, pois, cristã prática e não fervorosa como minha mãe, tal qual desejaria ser. (BITTENCOURT, Anna Ribeiro de Goes, *Longos serões do campo*, v.II, p.248.)

Essa confissão poderia confirmar a inabalável fé católica de Anna, não fossem as reuniões espíritas que freqüentava e o contato que teve com a literatura kardecista. A aproximação, especialmente com as manifestações mediúnicas nessas sessões espíritas, chegou a despertar-

---

[41] A memorialista faz referência à obra *A psicologia fisiológica*, de Chardel. Livro que seu parente, Pedro Ribeiro, utiliza para basear sua argumentação "a favor da luz como o elemento central da vida", quando prestou concurso para "lente substituto da cadeira de Física na Seção de Ciências Acessórias em 1858". (Cf. *Longos serões do campo*, op. cit., v.II, p.299-300.)

lhe dúvidas e a impressioná-la, envolvida como esteve com a "evocação de espíritos", as "pancadas na mesa" e as surpresas dos "espíritos zombeteiros".[42]

Seus desvios de fé chegam ao fim; pelo menos é o que ela deixa demonstrar quando afirma nos trechos finais de suas memórias: "Continuei, pois, a ser cristã prática, excetuando a confissão, a que ainda não me decidira".[43]

Alguns anos depois, tomando professores para os filhos e desobrigada de tantas tarefas na condução do lar e na educação da família, ela passa a ocupar-se nos longos serões das noites de inverno, dedicando-se a decifrar e compor charadas e logrifos, a fazer versos ligeiros para as festividades familiares e locais.[44] Com essa indicação, Anna conclui seu depoimento citando, a seguir, alguns de seus trabalhos literários e a participação em gazetas e periódicos, na Bahia. A modéstia da escritora implica a ausência de referências sobre muitos de seus escritos.

Também são esparsas as lembranças de vida das mulheres, adultas e mais velhas, narradas por Carolina Nabuco (1890), Laura Octávio (1894), Hermengarda Takeshita (1903), Maria Helena Cardoso[45] (1903), Maria José Dupré (1905) e Zélia Gattai (1916).[46] Nos depoimentos ficam mais evidenciadas as lembranças de infância e de mocidade do que aquelas vividas na fase adulta.

Essas memorialistas detalham aspectos sobre seus antepassados e seus primeiros anos de vida e de mocidade. Após o casamento ou a entrada no campo profissional as lembranças vão se dispersando. Há vazios que não são preenchidos e a impressão que se tem, à medida que se lêem os registros, é que muitos aspectos sobre suas vidas, na maturi-

---

42 BITTENCOURT, Anna Ribeiro de Goes, *Longos serões do campo*, op. cit., v.II, p.249-50.
43 Idem, p.250.
44 Idem, p.251.
45 No caso de Maria Helena Cardoso, privilegiei também apenas sua primeira obra autobiográfica: *Por onde andou meu coração*, escolhida, como foi também para as demais memorialistas, em função das pistas, indicações e informações sobre o processo de formação como leitora, desde a infância.
46 No caso específico de Zélia Gattai, como privilegiei apenas sua primeira obra autobiográfica, não poderia mesmo identificar aspectos de sua vida adulta, já que isso a memorialista vai registrando ao longo dos três outros títulos memorialísticos que produziu após *Anarquistas, graças a Deus*. Entre as 12 memorialistas privilegiadas, Zélia Gattai é a única que se encontra viva.

dade, poderiam complementar, informar e caracterizá-las melhor, se não tivessem sido minimizados.

Mas se Carolina, Laura, Hermengarda, Maria Helena, Maria José e Zélia não se dedicam ao relato cotidiano da vida adulta, como o fizeram para o tempo da infância e da mocidade, o que elas evidenciam em suas trajetórias como mulheres-leitoras? Eu poderia dizer que essas memorialistas têm como ponto comum alguns títulos e escritores a que tiveram acesso. À medida que narram suas experiências entre os livros e como essas experiências formam/participam de seus pontos de vista, seus sonhos e fantasias e suas buscas por outras leituras é que pude compreender algumas referências do envolvimento delas com a escrita e como escritoras.

Na juventude, elas indicam nomes como os de Victor Hugo, Poison du Terrail, Eugène Sue, Alexandre Dumas, Michel Zévaco, Eça de Queiroz, Dickens, Condessa de Ségur, Júlia Lopes de Almeida, Castro Alves, Guerra Junqueiro, Lamartine, Schiller, Heine, Goethe, Dostoievsky e outros. Dessa fase em diante, as recorrências referem-se aos nomes de Raimundo Correia, Vicente de Carvalho, Joaquim Macedo, Machado de Assis, Olavo Bilac, Alberto Oliveira, Monteiro Lobato, Taunay, Gonçalves Dias e outros.

As leituras, antes partilhadas também em voz alta e coletivamente, passam a ser lembradas como atividades individuais, cada vez mais reservadas, ou então trocadas, adquiridas e lidas com os maridos e os filhos (no caso, obviamente, daquelas que se casaram).

As lembranças, na maturidade, vão se dissipando entre os acontecimentos sobre os familiares e a relação com a literatura e a escritura. O crescimento da família, advindo das relações dos filhos, seus casamentos e descendentes, vai ocupando o campo da memória como se a memorialista quisesse registrar o movimento do tempo/no tempo. Esse movimento chega ao ápice na velhice – período em que produzem suas memórias[47] –, ciclo fundamental à compreensão do processo da tessitura memorialística.

---

47 Com exceção para os trabalhos de Maria Eugênia Torres Ribeiro de Castro (1863), que escreveu seu diário na mocidade; anos mais tarde ele foi reorganizado pelo filho Eugênio, como homenagem a ela, valendo-se para isso da primeira edição de seu diário-memória localizado entre os parentes; o outro trabalho é o de Maria da Glória Quartim de Moraes (1850), que sempre manteve diários desde a infância, e, na velhice, entregou-os à sua neta, Yone Quartim, para publicá-los.

Mulheres de papel? Sim, já que suas histórias são, hoje, imagens construídas sobre papéis. Suas experiências de vida foram atravessadas por muitos papéis; suas relações de meninas a mulheres estiveram submetidas à força e à imposição de certos papéis sociais; seus desejos, intimidades e fantasias... escamoteados nas linhas dos papéis que produziram sobre si mesmas; a feminilidade e a identidade feminina de cada memorialista escondem-se por detrás dos papéis, tanto o de seus registros pessoais como aqueles que dizem respeito às relações sociais. Mulheres de papel porque, enfim, minhas aventuras e encontros, no passado, com essas mulheres só foram possíveis através de seus papéis...

Do trigo ceifado à velhice em memória

Do trigo ceifado – subtítulo do primeiro capítulo na obra de Maria de Lourdes Teixeira – introduz a história dessa escritora e memorialista. Mais tarde *Sub rosa* – subtítulo do último capítulo – retoma e finaliza seu projeto autobiográfico. Como os demais depoimentos analisados, eles foram publicados na velhice[48] ou como obra póstuma.

> Do Trigo Ceifado
> Jamais pensei em fixar no papel minhas memórias, apesar de gostar de ler as alheias. E agora, quando por sugestão de minha amiga, a escritora Edla van Steen, me proponho escrever estas páginas, situo-me como isenta expectadora dos meus dias idos e vividos, procurando abrangê-los num amplo olhar retrospectivo Lou Andréas- Salomé, a intelectual russo-alemã que foi o grande amor de Rilke e a paixão fatal de Nietzsche, escreveu que "a vida humana, qualquer vida, é, na verdade, poesia". De minha parte, permito-me dizer: toda vida humana, qualquer vida, é romance. Horas, dias anos. Tantos anos! O acúmulo de todo esse vasto tempo decorrido, o belo outrora que ainda ilumina o presente, forma o meu destino, a parcela que me coube viver, o meu instante de passagem pela existência a caminho do não-ser. [...] As criaturas e os acontecimentos dos tempos mais distantes se

---

48 Utilizo os termos 'velhice' ou 'velhas' porque assim as memorialistas se identificam nesse ciclo de suas vidas.

encontram tão enterrados, às vezes até mesmo esquecidos, que não será fácil exumá-los, dar-lhes a vibração da vida. Conseguirei? [...] Os dois pólos de minha vida – início e fim, aurora e crepúsculo, infância e velhice – de certa forma coincidem e se harmonizam: formei-me num lar bem constituído; hoje me rodeia um grupo familiar perfeito. [...] Já agora, na etapa mais crítica do meu destino, na curva final, assumo a única postura digna de mim – saber, aceitar, esperar. Mas como Dostoievski e Neruda, posso dizer: eu vivi. E como Péguy: deixo as espigas maduras e o trigo ceifado. Tenho minhas contas feitas com a vida, nesta tranqüila espera da noite absoluta. (TEIXEIRA, Maria de Lourdes, *A carruagem alada*, p.1-3.)[49]

Sub rosa
Aqui estou, pois, há perto de oito anos, na minha solidão povoada. Tranqüila, sempre às voltas com leituras, papéis e minha máquina de escrever, velha companheira; ouvidos e olhos abertos a todos os ruídos que se insinuam no silêncio, ao canto das aves, ao farfalhar das árvores sob as modulações do vento, às mutações da luz ao incidir sobre a montanha ao longe, às vezes vaporosa, quase irreal, às vezes nítida contra a brancura azulado do céu. Sempre atenta ao bailado do zéfiro nos ramos, à litania das palmeiras e casuarinas, aspiro com prazer os aromas errantes – verdes, doces, acres. [...] Assim vivo. Sub rosa, como diziam os romanos. Acompanho o evolver das árvores galho a galho, dos arbustos broto a broto, descobrindo a preferência das aves e das borboletas, a luz das estações, o significado das nuvens e dos ventos, enquanto a brisa me traz de longe, do fim do mundo, a sua infinita queixa. Lembro de Fernando Pessoa: "Eu nem sequer sou peta – vejo". De Rilke, quando na Quinta Elegia de Duino menciona "a rosa do contemplar", e na Décima revela o seu horror à "cidade-aflição". Amo esta solitude, a vida contemplativa que me permite o estado de graça da lembrança e me oferece a convivência com a natureza, eterna mãe a cujo regaço me acolho com gratidão e ternura, e à qual um dia me integrarei. Entreabro as áureas portas da memória e através do cristal da saudade sem amargura recordo, pois não tenho a alma doente de outrora e de jamais. E então, ao penetrar nos bosques do meu universo interior, aí descubro

---

49 Trechos do início das memórias, escritos em torno de 1979.

> uma flor rara, fora da estação; e embrora não me seja dado colhê-la, ela perfuma a minha vida e me faz feliz outra vez. Quando parece que o inverno tudo crestou, volta a primavera e uma caudalosa existência transborda em meu coração. Na magia de estar só o arcano do meu mundo sensível encontra o seu secreto valor. (TEIXEIRA, Maria de Lourdes, *A carruagem alada*, p.279.)[50]

A velhice, se comparada aos momentos narrados ao longo da trajetória autobiografada, é um instante de passagem no conjunto de cada obra memorialística. Ela é ponto de partida na incursão pelo passado, inicia e dá o *tom* da escrita memorial, e ao final do percurso é retomada como arremate dos fios tecidos pela/na escritura.

> Dizem que os velhos vivem de recordações. É verdade; mas as recordações só despertam saudades que nos envolvem em uma nuvem de tristeza, como tudo que acompanha a velhice. Cada amigo que perdemos deixa em nossos corações um vazio que os gozos do presente, não feitos para nós, jamais poderão preencher. Mas Deus misericordioso concede-nos alguns instantes de consoladora ventura nos prazeres e prosperidades de nossos descendentes, que vêm percutir docemente em nossos combalidos corações Graças Lhe sejam dadas. (BITTENCOURT, Anna Ribeiro de Goes, *Longos serões do campo*, v.II, p.104.)

As memorialistas escrevem movidas pela saudade, por um estado de melancolia perante as perdas, as doenças, o medo da morte, a tristeza pelo falecimento de entes muito queridos ou amigos próximos. Cada uma, e à sua maneira, justifica seu projeto e, ao final dele, retoma sua motivação primeira.

Há memorialistas que oferecem, nesse ciclo, apenas uma nota ou referência, como acontece com Adélia Pinto:

> Meu desejo, nessa altura, seria apagar estas memórias...
>
> Contudo, elas aqui ficam. Minhas condições de paralítica e velha não permitiram que eu continuasse a viver sòzinha.

---

[50] Trechos conclusivos no sítio na Serra de São Roque, no interior de São Paulo, em 3 de outubro de 1985.

> Estou em casa de Carmem, atrapalhando a vida dela e a do meu genro, esperando que Deus me chame. Essa foi a minha vida. (PINTO, Adélia, *Um livro sem título: memórias de uma provinciana*, p.208.)[51]

Poderia ilustrar, por outros trechos memorialísticos, algumas outras formas pelas quais a memória se põe em atividade na abertura e na conclusão dos textos. Elegi, por exemplo, Maria Isabel Silveira, quando conclui suas memórias:

> Cresciam as crianças, estavam cada vez mais interessantes, com piadas que valiam a pena e que anotei, como sempre, em 'diários' individuais, abrangendo o período entre 1915 e 1924. Espero ainda poder contá-las se Deus me der vida e fôrças, e se o leitor me conceder de novo a benévola paciência que o trouxe até aqui... Fim (SILVEIRA, Maria Isabel, *Isabel quis Valdomiro*, p.194.)

O final escrito por Isabel justifica seu projeto autobiográfico, como também a escolha do subtítulo que abre suas memórias: "Dá licença?". Pedido de uma dona de casa, sem experiência como escritora, e que, após 1941, resolve publicar seus escritos e outras lembranças.[52]

> [...] É assim que tôdas as mães perdem suas crianças. Embora continuemos a amar os filhos depois de grandes, as crianças que foram nos hão de fazer sempre falta. Perdemos não só o delicado objeto de nosso desvêlo maternal mas também aquêle afeto cego, aquela necessidade de proteção com que as crianças se voltam para nós, e que nos transformam em rainhas de um pequeno mundo encantado no qual temos mais importância que tudo – mais até que o brinquedo preferido. É dessa perda certa e fatal que êste livro procura me compensar. Espero, também que leve idêntico sentimento de compensação a todos os pais e mães que estejam na mesma situação – isto é, já tendo perdido ou estando na iminência de perder suas crianças. Já vivi a maior parte de minha vida, estou agora sòzinha, sem Ter mais para cuidar o marido que a morte levou

---

51 Trechos que encerram as memórias escritas, depois dos oitenta anos de vida.
52 A data de 1941 marca o ano de falecimento do marido e, como a própria Isabel registra, ela só produz suas memórias após esse período.

e os filhos que a vida também vai levando para longe. É tempo de rememorar momentos passados, numa tentativa de reencontrar o paraíso perdido, aquèle clima de afeição profunda que nos torna o sol do sistema planetário familiar. (SILVEIRA, Maria Isabel, *Isabel quis Valdomiro*, p.8-9.)

Maria José Dupré também encerra suas lembranças com o tema da perda – a morte do marido, companheiro de leitura e incentivador de sua carreira como escritora.

> Primeira Parte
> Minha mãe descrevia o sertão verdejante. Verdes eram as matas, os cafèzais, a horta, o pomar, os papagaios e periquitos gritadores, que passavam em bandos com as asas refletindo os raios de sol. Até onde a vista alcançava, o verde predominava em tons variados. Os jequitibás gigantes e tôdas as árvores preciosas das nossas florestas cresciam no solo do sertão, altivos em sua tranqüila ufania. [...] Se eu pudesse lembrar, minhas lembranças seriam verdes como a esperança no coração de meus pais. Vim de lá tão pequena que só posso contar o que dêles ouvi sôbre a fazenda do sertão. E para explicar por que foram parar tão longe e tão sem recursos, devo voltar ao princípio do caminho. (DUPRÉ, Maria José, *Os caminhos*, p.3.)
> * * *
> Meu marido e eu vivemos trinta e seis anos juntos e só a morte nos separou. Muitas vêzes, quando conversávamos longamente sôbre o futuro, êle dizia: '– Sei que vou morrer antes de você, mas você vai continuar a escrever porque gosta e a viajar porque também gosta...' Continuo a escrever a viajar de quando em quando. Nos meus aniversários Leandro deixava sempre um cartão com o presente, assim como em todos os Natais, êle os colocava no meu sapato. Tenho aqui na gaveta da mesa onde escrevo, os cartões deixados por êle: 'Ao meu amor eterno, mil beijos e abraços pela data. Leandro'. Êste é de 1941. Tomo outro, ao acaso, de 1950: 'À minha querida e adorada Mary, com beijos e muitas felicidades. Leandro'.
> * * *
> Todos os Caminhos conduzem ao Fim (DUPRÉ, Maria José, *Os caminhos*, p.309.)[53]

---

53 Com a idade de 64 anos, Maria José publica suas memórias, em 1969.

A memória é seletiva, narra a experiência vivida e a transforma em experiência para outros que a acolhem e a escutam. Assim, o que se elege para narrar, o que se omite, se esquece ou se negligencia constitui o tecido do fio das lembranças escritas na velhice.

A memória de velhos, como diria Ecléa Bosi,[54] contém uma história social bem desenvolvida, uma vez que essas mulheres atravessaram uma sociedade complexa e que se transformou ao longo do tempo. Algumas mulheres participaram de uma sociedade oitocentista: monárquica e depois republicana. Outras nasceram e viveram numa sociedade em processo de industrialização. Há ainda aquelas que atravessaram o quartel final do século XIX e viveram durante as três, quatro ou cinco primeiras décadas do século XX. Portanto, todas elas compartilham quadros de referência familiar e cultural, que se aproximam ou que se distanciam (entre si) segundo as mudanças nas práticas sociais e de costumes, o acesso a determinados bens culturais e de consumo, as formas de sociabilidade (em uso e desuso) e as lutas e contradições sociais em efervescência numa dada época ou lugar.

Isabel nasceu em 1880 e faleceu em 1965. Ela não parece adaptada a certas mudanças na vida moderna. Estava acostumada com outras formas sociais e de convivência entre os familiares, como demonstra ao longo do depoimento. A ausência dos filhos e suas formas de vida destoam do mundo, no passado, que ela tenta resgatar por meio das lembranças tecidas em memórias.

A memória, às vezes, deixa para trás aquilo que depois emerge como se sempre estivesse no mesmo lugar e, por algum motivo, falhou... esqueceu. Nesse espírito, Laura Octávio publicou em 1974 *Elos de uma corrente* e, em 1994, reeditou as memórias com acréscimos – lembranças que complementam as primeiras – e que deram à segunda edição o título *Elos de uma corrente: seguidos de outros elos*, lançada em comemoração ao seu centenário de vida.

"Como era e como é" refere-se ao subtítulo utilizado por Laura nas páginas finais das memórias, uma espécie de metáfora sobre o tempo em que ela pontua algumas diferenças a respeito da "indumentária", das "diversões", dos meios de "condução" e do "cinema" em São Paulo.

---

54   BOSI, Ecléa. *Memória e sociedade: lembranças de velhos.* São Paulo: Companhia das Letras, 1994. p.60.

É assim que a linha do tempo, traçada entre os anos 1862 a 1993, vai dando acabamento à tessitura da/com a memória.

Entre as maneiras peculiares das memorialistas concluírem seus textos, a caligrafia assume formas literárias, ou não, incorpora traços de religiosidade, confessa parte da intimidade, da solidão e do balanço final sobre a vida transformada em texto. Carolina Nabuco vai desenterrando da memória personagens significativos com os quais passa a identificar-se na velhice. Sua mãe reaparece nesse momento, como aparece também um tom claramente religioso.

> Nunca me achei fisicamente parecida com minha Mãe, talvez porque preferisse pensar que o era com meu Pai, mas a parecência com minha Mãe existia sem dúvida, pois acontece às vezes um espelho me devolver de repente a imagem de minha Mãe em velha. Nem todas as velhices são boas. Por fidelidade a um afeto que havia sido valioso em outras idades da vida, dediquei tempo e carinho aos últimos anos de uma amiga cuja vida correra pouco adiante da minha. [...] O direito de abençoar é um privilégio da velhice de que me valho sempre que posso. Até a desconhecidos na rua me acontece abençoar de longe, apenas com um olhar. [...] Há dias vi o capelão da igreja que eu freqüento caminhando na rua com ar de extremo cansaço. Gostaria de saber se minha piedade calada lhe comunicou de longe o encorajamento de que estava precisando. Tenho aliás grande curiosidade de saber se uma simples intenção benéfica pode se transmitir. Admito a hipótese de que esse votos-preces despertem alguma onda no espaço e no tempo. Afinal, o poder da oração é – como reconheceu o cientista Alexis Carrel no livro L'Homme cet inconnu – uma das forças ignotas para ciência, mas inegavelmente existentes neste mundo de mistério. (NABUCO, Carolina, *Oito décadas*, p.184-5.)

Concluído o trecho, Carolina dedica as 15 páginas finais do livro para discutir três temas, os quais denominou *Deus em minha vida*, *O lar de Joaquim Nabuco* e *Histórias de meus livros*; os dois últimos apresentados na obra como apêndice.

As lembranças de velhas dizem respeito, também, a Hermengarda. Embora sejam mais esparsas as recordações desse período, sabe-se que Hermengarda dedica-se aos trabalhos de beneficência e assistencialismo iniciados durante a vida adulta. As leituras, nesse período e na velhice, tendem para o misticismo e o espiritualismo. Os discos voadores e os contatos com extraterrestres aparecem como temas de seu interesse e possibilitam o lançamento do livro *Estranhos viajantes* e a produção de um relatório enviado à ONU. Esse tema ufológico demonstra seu interesse, cada vez maior, pelo extraordinário e o esotérico. Marcas que deixam trilhas em suas novas buscas e nas leituras que passa a privilegiar. Escolhas ligadas às antigas buscas e imagens de infância. Uma menina que brincava em companhia dos anjos, seus amigos prediletos, como ela mesma escreveu. Mais tarde viaja, na velhice, em discos voadores – estranhas viagens, estranhos viajantes.

No caso de Maria Eugênia, Maria da Glória, Maria Helena e Zélia, os livros consultados não contemplam aspectos relacionados a esse ciclo de vida, em função dos recortes temporais específicos privilegiados em suas obras. Sabe-se pelas declarações da neta de Maria da Glória, Yone Quartim, que a avó, durante a velhice, continuou inteirada da vida pública, política e cultural de São Paulo. Tanto assim que tirou seu título eleitoral, em 1930, período em que as mulheres brasileiras haviam conquistado o direito ao voto. Além disso, Yone recorda as tardes em que a avó, em visita aos familiares, rememorava as histórias do passado acompanhada de seus cadernos, escritos desde os tempos de menina-moça. Nessa ocasião, tudo já vivido em seus 82 anos, é que decide entregar seus apontamentos para os cuidados da publicação.

Considerações Finais
Quase tudo

Aquém do outro, além de mim

Tomei essa expressão do livro de Leila Perrone-Moisés[1] porque ela é uma outra forma de descrever o trabalho desta pesquisa sobre as biografias femininas. Faz alusão metafórica ao trabalho desenvolvido à medida que pre-anuncia não só o lugar discursivo privilegiado pelas mulheres nos labirintos da memória, como também o lugar de quem, no exercício da pesquisa, aventura-se na atividade furtiva da caça em terras de outrem – a leitura.[2]

A expressão usada por Leila Perrone-Moisés é bastante representativa da atividade da memória e da memorialista no trato com as reminiscências: um eu narrador que se projeta em um outro – a personagem e a escritora – e que narra num outro ponto de vista, do tempo e do espaço suas lembranças e experiências íntimas e partilhadas.

Assim, neste trabalho, procurei narrar e interpretar as evocações de outras mulheres e constituir uma outra documentação fundamentada no que se conservou dessas lembranças em minha memória, em minha leitura, em minhas anotações pessoais e na minha forma de sistematizá-las.

---

1 PERRONE-MOISÉS, Leila. *Fernando Pessoa: aquém do eu, além do outro*. São Paulo: Martins Fontes, 1990.
2 DE CERTEAU, Michel. *A invenção do cotidiano*. Trad. Ephrain Ferreira. Petrópolis: Vozes, 1994. p.269-70.

Este trabalho quer dar a ler não só o que a documentação memorialística põe à vista. Quer trazer o que as memorialistas revelam sobre a leitura, as formas e modalidades de leitura, suas práticas e praticantes, suas condições de possibilidade e de formação aquém e além das misérias cotidianas, pessoais e sociais do passado. Tudo isso retirado de livros cheios de passado, com histórias intimistas, escritas por ilustres e desconhecidas, que compõem parte do legado autobiográfico registrado em literaturas de corpo feminino.

A elaboração deste trabalho foi um grande desafio. A atividade de pesquisa não se realiza de maneira linear. Tem rituais e dinâmicas próprios e se faz de inevitáveis desvios, retrocessos, recuos e também avanços. Foi difícil, muitas vezes, lidar com essas condições e reconhecê-las como partes constitutivas e constituintes da construção de conhecimento. Isso implicou, portanto, assumir alguns riscos, experimentar novas escolhas, conviver com lacunas, aceitar o imponderável e superar perdas.

Esses desafios no/do trabalho se deram não apenas pelas implicações objetivas de minha formação como pedagoga, mas, sobretudo, pelo que isso exigiu durante o processo de organização e desenvolvimento da pesquisa em função da convergência do tema e das fontes de análise, com outras áreas de interesse freqüentadas comumente por pesquisadores da história, da literatura e das ciências sociais.

Durante a trajetória de construção desta investigação fui interpelada, algumas vezes, sobre o significado e a importância de investir em uma temática ampla, escorregadia e sem tradição no campo da Educação e da leitura.[3]

---

3   Estou considerando a distinção entre os estudos no campo da Leitura – seus temas, abordagens, objetivos, procedimentos e resultados – e aqueles situados no campo das Práticas de leitura. O primeiro campo reúne estudos de incursão teórico-metodológica que se apóiam, predominantemente, nas áreas da Pedagogia e da Psicologia. No segundo campo, as pesquisas vêm sendo mais freqüentemente realizadas, no Brasil, em áreas como a das Ciências Sociais, a História e a Literatura. No rastreamento bibliográfico inicial deste trabalho, em torno dos estudos da leitura, observei o esvaziamento quanto às questões ligadas à sua história social, assim também como em relação aos pertencimentos de gênero, etnia, grupos etários e regionais. Os estudiosos do campo das práticas culturais e da leitura atentaram para esse aspecto. A produção no campo da leitura está fundamentalmente constituída na problemática da alfabetização e do analfabetismo, das preocupações com o ensino da leitura e da escrita e, portanto, com as práticas escolares e extra-escolares para a formação de leitores. O público-alvo nesses estudos, ao final da década de 1980 e os primeiros anos da década de 1990, incide, majoritariamente, sobre os alunos e professores do ensino fundamental do ensino médio.

A interpelação desses pesquisadores e profissionais talvez se justificasse, no final do milênio, pela gravidade dos indicadores sociais referentes ao analfabetismo, à não universalização da oferta de vagas nas escolas públicas brasileiras, à discriminação étnica, à opressão de gênero, ao trabalho infantil e à marginalização dos idosos. Uma situação agravada pelos efeitos longitudinais da história social, política e econômica brasileira e o que disso repercute na educação, na saúde e na cultura desse povo. Temos três milhões de crianças sem escola, dez milhões de desempregados, 15 milhões de sem-terra e padecemos de problemas sociais que se revelam insustentáveis para uma sociedade que se diz (se quer) pós-moderna.

Os equívocos sociais vividos pelas mulheres, escravos e pobres que antecederam o Novecentos são recorrentemente citados como coisa do passado quando, na verdade, estão escamoteados nas histórias de personagens de hoje, de rua e sem terra – sem esperanças de presente e de futuro. Há muito para dizer dos livros que não leram, dos direitos que não possuem e da cidadania que não conquistaram.

O descaso, o desconhecimento ou a subvalorização do que há de brasileiro em nosso passado é lugar-comum, no presente, acostumados como fomos e somos a admirar o estrangeiro e as formas de estrangeirismos. Olhar retrospectivamente algumas histórias e por meio delas examinar parte de uma sociedade que se expressa por algumas práticas culturais em torno da leitura e do escrito traz, para os dias de hoje, lições que me parecem óbvias acerca de alguns passos que ainda são necessários para romper com a tradição imperialista e republicana dos modelos sociais e culturais que impregnaram nossos modos de ser, de ler, de ensinar e de escrever, e influenciaram e constituíram os primeiros passos dos antepassados brasileiros como (in)dependentes.

Apesar dos desafios e, talvez, por causa deles, o fato é que este trabalho pareceu-me, desde o início, instigante e fascinante. Não exatamente pela literariedade das memórias, mas pelos discursos que constituem esse tipo especial de literatura, pelos conteúdos das lembranças – recuperados ou omitidos –, pelas vidas que encenam os quadros de referência social e cultural brasileira, pelos livros que descobri, pelas leitoras que desconhecia, pela literatura da qual pude me aproximar, pela convivência com um inventário de fontes absolutamente inédito em minha trajetória e pelo que ainda não pude consumir e ser consumida, em tempo e no tempo, pelas histórias de vida que descobri e me descobrem quando em exercício de pesquisa, de leitura e de escrita – flagro-me em fuga.

De todo modo, meu envolvimento com a pesquisa reformulou questões que vinham sendo revisitadas: Quais as histórias de leitura presentes nas trajetórias de vida de mulheres que viveram no passado? Para qual sociologia de leitura elas apontam/sugerem com base nas informações e lacunas de seus textos, suas possibilidades e limites em suas condições como leitoras-escritoras?

Por que mulheres que enfrentaram situações semelhantes de censura e oposição aos seus interesses de escolarização, profissionalização e atuação política passam tão despercebidas nos depoimentos pessoais? Mulheres, como escreveu a dramaturga Maria Angélica, que não querem "sujeitar-se ao escárnio dos espirituosos e às censuras mordazes dos sensatos, não tem licença para cultivar seu espírito fora das raias da música ao piano". Maria Angélica, sufragista e dramaturga, parece saber bem dos obstáculos e preconceitos femininos vividos numa sociedade cuja divisão do trabalho é nitidamente sexual. Tanto assim que denuncia: "Entre nós, o que sai da lavra feminina, ou não presta, ou é trabalho de homem".[4] Os esforços pessoais realizados por mulheres como Maria Angélica Ribeiro e outras parece, no entanto, não superar as barreiras da sociedade patriarcal brasileira, já que seus nomes foram apagados da história literária brasileira, salvo, evidentemente, as exceções.

Tomando essas questões e considerando os caminhos de análise propostos ao longo desta investigação, poderia sistematizar algumas posições e idéias trabalhadas com base nas narrativas femininas e o que elas contam sobre a leitura. São considerações que dialogam e procuram ampliar o conhecimento sobre a leitura e suas práticas, no passado, quer numa perspectiva mais sociológica, quer numa perspectiva mais histórica.

Da amostra composta de 12 depoimentos autobiográficos produzidos por mulheres nascidas entre 1843 e 1916, em diferentes cidades, no interior e nas capitais brasileiras, reconstituí parte das experiências, das

---

4   Trecho do prólogo da peça abolicionista *Cancros sociais*, citado em MUZART, Zahidé L., *Escritoras brasileiras do século XIX*: antologia. Florianópolis: Editora das Mulheres, 1999. p.19.

vivências e das representações da leitura. O resultado revela certas condições de possibilidade das mulheres como leitoras.

O tratamento com as fontes permitiu a aproximação com outros estudos sobre práticas culturais, desenvolvidos em particular no Brasil, sobretudo a partir dos anos 1980, nos campos da literatura, da educação, da história e da sociologia. A análise aponta um diálogo entre as áreas e revela aspectos da memória feminina relacionados às formas de leitura, suas preferências (romances e poesias), às estratégias de aquisição dos impressos, às formas de censuras (sobretudo à leitura de romances), às práticas de leitura, individuais e coletivas, usadas na família, na escola, nos rituais de religiosidade e em outros espaços de sociabilidade.

Foram evidenciadas certas condições de possibilidade da leitura feminina pela via da socialização dos impressos, ou seja, do que se dispõe materialmente no mercado livreiro e comercial em favor dos livros, periódicos, jornais e outros objetos de leitura, além da possibilidade que as mulheres efetivamente tiveram de acesso aos teatros, aos saraus, aos serões domésticos, aos cinemas, aos quartos de dormir, aos porões e aos espaços improvisados para suas leituras fugidias.

Suas histórias como leitoras avançam como objetos de análise no campo das práticas culturais, à medida que recuperam cenários, contextos, situações e formas de sociabilidade ocorridas na família, durante os diferentes ciclos de vida que vão da infância à velhice. Por meio das práticas promovidas nos quintais por ocasião das festas de São João, Folias de Reis; nos espaços da rua durante as celebrações religiosas como a procissão de Cinzas, a Missa de Galo e as missões redentoras; nos interiores domiciliares, abrigos para os recitativos, os serões domésticos, as visitações; nos espaços públicos de freqüentação aos teatros e cinemas e festas de rua como o Carnaval, e tantos outros perdidos na memória individual e social.

Além disso, as trajetórias de vida e de leitura das memorialistas permitem a revisão das condições socioculturais e econômicas de seus familiares, os usos e funções da escrita, antes e depois do casamento (para aquelas que se casaram). Permitem também identificar as maneiras, as formas e as modalidades pelas quais os impressos são transmitidos, repassados, lidos e conservados. Dessa forma, encena as práticas orais de contar e recontar histórias; a prática das leituras, intensivas ou extensivas, não somente em função de um número restrito de obras, mas por demonstrarem um certo gosto e preferência por determinadas leituras. E ainda demonstram a partilha de textos e impressos por meio de estratégias formais – compras, assinaturas e subscrições – e por meio de estratégias eventuais – empréstimos, trocas, leituras em voz alta etc.

Entre os papéis que guardam memória, encontrei histórias acerca da trajetória escolar de mulheres que chegaram ou não aos bancos escolares e aquelas que cursaram além do ensino primário. Acompanhar essa trajetória foi rever aspectos da história da educação brasileira mediante as formas de educação promovidas por instituições públicas e as formas de instrução promovidas pela família por meio da contratação de preceptoras, de professores particulares ou da atuação de seus pais, irmãos, pais e parentes no ensino das primeiras letras.

Entre as pistas que auxiliaram minha compreensão acerca dos processos de formação dessas leitoras, alguns aspectos mostraram-se mais evidentes. Entre eles posso citar as representações sociais e pessoais que atribuem ao escrito uma função, importância, valor simbólico e cultural, poder e meio de censura e de controle das idéias. A posse, ou não, de certos objetos de leitura, conservados e mantidos em bibliotecas pessoais ou sob a forma de livros de prateleira, livros de gavetas/armários e livros de oratórios é também um aspecto importante na trilha de formação dessas leitoras.

Um outro aspecto evidenciado nesta pesquisa diz respeito às práticas da escrita diária e o uso dos escritos pessoais como objetos de leitura. A relação de títulos e de escritores/escritoras lidos e rememorados desde a infância põe sob suspeita os discursos mais tradicionais que acentuam o papel da mulher e a consideram apenas a "rainha do lar", submissa aos caprichos masculinos, escravas das tarefas domésticas e da criação dos filhos ou, para as mais abastadas, dedicadas ao ócio e aos prazeres frívolos.

Por fim, a publicização de diários, memórias e autobiografias como materiais de leitura literária revela a participação feminina na produção desse tipo especial de escritura e um percurso social e histórico da luta das mulheres na conquista do direito à leitura e à escrita. Evidencia a participação que as mulheres tiveram e conquistaram no campo das letras e quanto isso beneficiou a imprensa nacional, em particular a imprensa feminina no século XIX, e que se consolida efetivamente a partir da década de 1960.

Se, de maneira panorâmica, são esses os principais aspectos revelados nos auto-retratos da leitura feminina no passado, devo apontar algumas lacunas e omissões que percebi no contato com as fontes-memórias, particularmente aquelas selecionadas para a amostra.

Essas lacunas referem-se, sobretudo, às lembranças da escola. Os espaços de educação de caráter institucional foram pouco privilegiados, mesmo pelas memorialistas que freqüentaram algum estabelecimento de ensino formal. A escola aparece mais como instituição socializadora do código escrito, ou seja, do ensino e aprendizagem da tecnologia da leitura e da escrita do que, propriamente, como espaço formador do gosto da leitura.

Os retratos da escola brasileira, parcialmente reconstituídos pela memória feminina e contrastados com o inventário bibliográfico de apoio, revelam pelo menos dois aspectos mais relevantes. O primeiro diz respeito às práticas escolares em torno da leitura. Ler e rezar, ler e disciplinar, ler e bem falar fazem parte de uma concepção sobre o fazer escolar de efeito social e histórico. As horas de leitura na escola revezam-se com as horas de oração. Uma combinação que valoriza práticas em torno da memorização e do saber-de-cor, disciplina mentes e corpos em meio aos textos enfadonhos e infrutíferos que servem para ler e catequizar, como sublinhou uma das memorialistas pesquisadas.

Um segundo aspecto em relação ao ensino da leitura é que, se no contexto do século XIX e antes dele, ler relaciona-se à instrumentalização básica nas cartas de ABC e é um recurso do disciplinamento e da instrução mínima que compõem o currículo para as meninas, a escola como espaço de socialização corrompe e transcende essa concepção da leitura e de seu uso. Corrompe porque a existência histórica e social da leitura naquele contexto está muito ligado à eloqüência verbal e, por que não dizer, literária em torno dos escritos que se decorava e se recitava como prática social legitimada. A literatura cumpre, como nunca, sua função social. Ela divulga e faz divulgar idéias, conhecimentos e acontecimentos da ordem do dia. Transcende porque os espaços-bibliotecas presentes nas escolas e os livros que circulavam informalmente na rede clandestina entre as alunas colocam as leitoras em fuga, ou seja, entregues aos prazeres de leitura.

No entanto, as práticas de leitura ensinadas na escola não se constituem ações pedagógicas planejadas com o propósito de formar leitoras, de fomentar o gosto pela leitura ou de ultrapassar os limites da aquisição e da interpretação do código escrito. O quadro político de instalação dos aparelhos formais de escolarização pública, como também as casas de educação de ensino particular e confessional, não incorpora a leitura como uma atividade constitutiva e constituída por sujeitos culturais, criativos e interativos, como divulgam, hoje, os estudos recentes sobre a linguagem e o letramento escolar.

A escola como espaço socializador revela-se parte integrante da formação das leitoras, uma vez que dentro e fora das bibliotecas as leituras circulam à contramão das leituras autorizadas, aquém do olhar vigilante dos educadores e além do projeto escolar oficialmente instituído. Nesse sentido, a escola é um espaço para ler e sonhar. Os encontros secretos das leitoras com as leituras proibidas e os encontros marcados na biblioteca escolar são possibilitadores da formação da mulher, particularmente para as memorialistas que contaram com poucos recursos financeiros nas famílias.

Uma segunda lacuna nas memórias femininas parece estar ligada ao estado da literatura brasileira, às condições de acesso a ela e sua divulgação em solo nacional. As referências aos escritores brasileiros, quando aparecem, são quase sempre em torno de nomes mais conhecidos como José de Alencar, Vicente de Carvalho, Machado de Assis, Joaquim Manuel de Macedo e Olavo Bilac, relembrados, mais freqüentemente, na vida adulta de cada memorialista. Já na infância e na mocidade prevalecem, muitas vezes, as referências às literaturas francesa, portuguesa e inglesa.

A influência francesa aparece, é verdade, como uma forte marca nos costumes e formas de sociabilidade do Oitocentos brasileiro e atravessa os primeiros anos do século XX, ainda com certa força e impacto. Isso, no entanto, não é suficiente para compreender a complexidade do mercado livreiro e editorial em busca, no século XIX, de sua autonomia e consolidação. Se em alguns trechos da memória feminina as lembranças de leitura convergem para a literatura francesa em livro e em folhetim, em relação à produção literária brasileira, de autoria feminina, os apagamentos são ainda mais expressivos. Representantes como Nísia Floresta, Amélia de Oliveira, Adelaide Castro Alves Guimarães, Evangelina de Lima Barreto, Presciliana Duarte de Almeida, Amélia de Freitas Bevilacqua, Maria Angélica Ribeiro, Carmem Dolores, Luciana de Abreu, Ignês Sabino e tantas outras são negligenciadas, embora elas, e outras mulheres, tenham sido jornalistas, ficcionistas, poetas, dramaturgas, ensaístas, e sufragistas.

Nesse sentido, talvez seja pertinente, pelas lacunas identificadas, re-interrogar a história sociocultural brasileira sobre o porquê de tamanho silêncio em torno de alguns sujeitos sociais como as escritoras e memorialistas brasileiras. Parece-me bastante importante para a pesquisa brasileira problematizar aspectos ligados às condições de atuação dessas mulheres nos bastidores da publicação e da socialização de seus escritos, obras e livros. Talvez, desse modo, outros estudos venham a apontar respostas para questões ligadas às condições de produção, publicação e veiculação dos escritos por brasileiros, mulheres e homens, num mercado dinâmico como o que os investidores estrangeiros, em particular os franceses, encontraram no Brasil do século XIX.

Essas perguntas, quando investigadas e confrontadas com resultados de pesquisa já consolidados, poderão descortinar, mais verticalmente, outras questões como as que se relacionam a uma terceira lacuna evidenciada neste trabalho de investigação. Refiro-me à literatura clandestina e à participação de pequenas tipografias na história da leitura e da literatura brasileiras. As obras memorialísticas não informam acerca do contrabando de leitura aportado clandestinamente no Brasil. As pequenas tipografias eram perseguidas, muitas vezes, porque divulgavam ideais republicanos e anticatólicos. Essas lacunas convergem em torno dos processos de circulação, divulgação e socialização das idéias e a consolidação dos meios da imprensa escrita.

À luz dessas considerações poderia emergir outros/novos aspectos ainda pouco esclarecidos sobre a cartografia social e histórica que se esconde atrás de cada objeto de leitura. Essa geografia cultural e socialmente engendrada descreve modelos escolares, políticos, históricos, religiosos e conceituais, presentes numa dada sociedade. Produz efeitos plurais à contramão da aparente homogeneidade, por vezes traçada para as histórias sociais das leituras e literaturas brasileiras. Neste trabalho elegi a leitura, o memorialismo e o feminino como objetos e campos preferenciais de análise em relação a outros mais freqüentemente investigados no campo educacional.

E porque há sempre algo a escrever, a cumprir e a aperfeiçoar, e especialmente porque toda atividade humana pensada com a escrita, desenvolvida com base nela e realizada por meio dela é provisória, inconclusa e parcial, proponho, por hora, um ponto final.

Segunda Parte

Documentando o percurso

Lista 1 – Literatura autobiográfica pesquisada (1893 a 1998)

AUTORAS	TÍTULO DA OBRA	EDIÇÃO CONSULTADA	CONDIÇÃO PROFISSIONAL	LOCAL DE NASCIMENTO
ALMEIDA, Maria Stella Vargas de	*Pesadelo que dura...*	[s.l.]: [s.n.], [s.d.].	Professora e diretora de escola primária	Região de Manhumirim-MG
ALMEIDA, Nelly Alves de	*Tempo de ontem*	Goiânia: Oriente, 1977.	Dona de casa	Itaberaí-GO
ANDERSON, Marta	*Eu, Marta Anderson*	Rio de Janeiro: Futuras, 1984.	Atriz de cinema, teatro e TV	Vitória-ES
ANDRADE, Maria Julieta Drummond de	*Diário de uma garota*	3.ed. Rio de Janeiro: Record, 1985.	Diretora do Centro de Estudos Brasileiros em Buenos Aires, cronista e escritora	Rio de Janeiro-RJ
ARREGUY, Maria da Glória D'Ávila	*Antes que toque : a meia-noite memórias de uma professora*	2.ed. Belo Horizonte: Editora Gráfica da Fund. Cultural de BH, 1996.	Professora	Capelinha-MG
BALTHAZAR, Lucy Lúpia	*Eu quero voar: o retrato de um preconceito*	2.ed. Rio de Janeiro: [s.n.], 1979 (rev. e aum.).	Formada em Farmácia e Bioquímica, funcionária do IPASE, abandona a carreira pela profissão de aviadora	Rio de Janeiro-RJ
BARRETO, Ivete Camargos	*Vozes do silêncio*	Belo Horizonte: Veja, 1981.	Professora primária, advogada e depois funcionária pública da PBH	Belo Horizonte-MG

AUTORAS	TÍTULO DA OBRA	EDIÇÃO CONSULTADA	CONDIÇÃO PROFISSIONAL	LOCAL DE NASCIMENTO
BARROS, Maria Paes de	*No tempo de dantes*	2.ed. Rio de Janeiro: Paz e Terra, 1998.	Dona de casa, escritora, criou um hospital leigo, trabalhou em atividades filantrópicas e sociais, criou uma sociedade auxiliadora da igreja presbiteriana e o primeiro Tennis Club de São Paulo	São Paulo-SP
BELINKY, Tatiana	*Transplante de menina: da rua Navios à rua Jaguaribe*	Rio de Janeiro: Agir, 1989.	Escritora infanto-juvenil	Riga, capital da Letônia/ Mar Báltico e aos dez anos vem para São Paulo
BERNARDES, Áurea Custódio	*Ecos de minha existência*	Goiânia: [s.n.], 1970.	Dona de casa	Uberlândia-MG, chamada na época Uberabinha
BITTENCOURT, Goes Anna Ribeiro de	*Longos serões do campo: o Major Pedro Ribeiro*	Rio de Janeiro: Nova Fronteira, 1992 (v.I).	Romancista, poeta e colaboradora em jornais e periódicos	Itapicuru-BA
BITTENCOURT, Anna Ribeiro de Goes	*Longos serões do campo: infância e juventude*	Rio de Janeiro: Nova Fronteira, 1992 (v.II).	Romancista, poeta e colaboradora em jornais e periódicos	Itapicuru-BA
BONDESPACHO, Ana	*A rede era furta-cor*	Rio de Janeiro: CBAG, 1980.	Ex-religiosa da Comunidade dos Vicentinos	Esplendor e Água Dourada-MG
BRASIL, Cecília de Assis	*Diário de Cecília de Assis Brasil*	Porto Alegre: L&PM, 1983.	Fazendeira	Pedras Altas-RS

AUTORAS	TÍTULO DA OBRA	EDIÇÃO CONSULTADA	CONDIÇÃO PROFISSIONAL	LOCAL DE NASCIMENTO
BUENO, Ruth	*Diário das máscaras*	Rio de Janeiro: Fontana, 1980.	Advogada e escritora	(?)
BUENO, Ruth	*Em psicanálise*	Rio de Janeiro: Tempo Brasileiro, 1983.	Advogada e escritora	(?)
BURGOS, Valéria	*Brincar de viver*	Rio de Janeiro: Nórdica, [s.d.].	Jornalista, repórter e produtora de cinema	Brasília-DF
CANÇADO, Maura Lopes	*Hospício é Deus*	Rio de Janeiro: Record, 1979.	Jornalista e escritora	Belo Horizonte-MG
CANÇADO, Maura Lopes	*O sofredor do ver*	[s.l.]: [s.n.], 1986.	Jornalista e escritora	Belo Horizonte-MG
CARDOSO, Maria Helena	*Por onde andou meu coração*	3.ed. Rio de Janeiro: José Olympio, 1974.	Funcionária pública no Rio de Janeiro	Diamantina, vai para Curvelo-MG com um ano de idade
CARDOSO, Maria Helena	*Vida-vida*	Rio de Janeiro: José Olympio, 1973.	Funcionária pública no Rio de Janeiro	Diamantina, vai para Curvelo-MG com um ano de idade
CARMO, Clotilde do	*Aluna do telhado*	São Paulo: Loyola, [s.d.]. (Concluído nos anos 1980)	Dona de casa, doméstica	Portugal, mas veio aos quatro anos para o interior de São Paulo-SP
CARRARO, Adelaide	*Eu e o governador*	São Paulo: L. Oren, [s.d.]. (Escrito no final da década de 1950)	Funcionária pública	São Paulo-SP
CARRARO, Adelaide	*Eu mataria o presidente*	São Paulo: L. Oren, 1966.	Funcionária pública	São Paulo-SP

AUTORAS	TÍTULO DA OBRA	EDIÇÃO CONSULTADA	CONDIÇÃO PROFISSIONAL	LOCAL DE NASCIMENTO
CARRERO, Tônia	*O monstro de olhos azuis*	Porto Alegre: L&PM, 1986.	Atriz	(?)
CASTRO, Maria Eugênia Torres Ribeiro de	*Reminiscências*	2.ed. Rio de Janeiro: Cátedra, 1975.	Dona de casa	Piracicaba-SP
CHACON, Dulce	*Medo de criança*	Recife: UFP Editora Universitária, 1979.	(?)	Pernambuco
COELHO, Maria Silva Salles	*Guardei na memória*	Rio de Janeiro: Alphaset, 1984.	(?)	Ponte Nova-MG
CORALINA, Cora	*Poemas dos becos de Goiás e estórias mais*	8. ed. São Paulo: Global Editora, 1985.	Poetisa	Goiânia-GO
DIAS, Matilde de Carvalho	*Amor e trabalho*	Rio de Janeiro: José Olympio, 1973.	Dona de casa e fazendeira	Região de Poços de Caldas-MG
DUPRÉ, Maria José	*Os caminhos*	São Paulo: Saraiva, 1969.	Escritora a partir dos anos 1940	Sertão paranaense, por volta de dois anos vai para Botucatu
ESCOBAR, Ruth	*Maria Ruth*	Rio de Janeiro: Guanabara, 1987.	Jornalista	Portugal, veio com 16 anos para o Brasil
ESCOREL, Silvia	*Um telefone é muito pouco*	Brasília: [s.n.], 1979 (mimeo.).	(?)	(?)
GATTAI, Zélia	*Anarquistas, graças a Deus*	10.ed. Rio de Janeiro: Record, 1985.	Dona de casa e escritora	São Paulo-SP

AUTORAS	TÍTULO DA OBRA	EDIÇÃO CONSULTADA	CONDIÇÃO PROFISSIONAL	LOCAL DE NASCIMENTO
GATTAI, Zélia	*Um chapéu para viagem*	7.ed. Rio de Janeiro: Record, 1986.	Dona de casa e escritora	São Paulo-SP
GATTAI, Zélia	*Senhora dona do baile*	4.ed. Rio de Janeiro: Record, 1986.	Dona de casa e escritora	São Paulo-SP
GATTAI, Zélia	*Jardim de inverno*	2.ed. Rio de Janeiro: Record, 1988.	Dona de casa e escritora	São Paulo-SP
GRAÇA, Laura Josephson da Silva	*Memórias de uma viúva de três maridos... e suas verdades. 1905 a 1988*	Porto Alegre: Martins Livreiro Editor, 1989.	Funcionária pública e artesã	Porto Alegre-RS
HERZER (pseudônimo)	*A queda para o alto*	17.ed. Petrópolis: Vozes, 1988.	Funcionária pública	São Paulo
JARDIM, Raquel	*Os anos 40*	Rio de Janeiro: José Olympio, 1979.	Escritora	Juiz de Fora-MG
JESUS, Carolina Maria de	*Quarto de despejo: diário de uma favelada*	10.ed. Rio de Janeiro: Francisco Alves, 1983.	Empregada doméstica, catadora de papel e, mais tarde, torna-se escritora	Sacramento-MG
JESUS, Carolina Maria de	*Casa de alvenaria: diário de uma ex-favelada*	4.ed. Rio de Janeiro: Francisco Alves, 1961.	Empregada doméstica, catadora de papel e, mais tarde, torna-se escritora	Sacramento-MG

AUTORAS	TÍTULO DA OBRA	EDIÇÃO CONSULTADA	CONDIÇÃO PROFISSIONAL	LOCAL DE NASCIMENTO
JESUS, Carolina Maria de	*Diário de Bitita*	Rio de Janeiro: Nova Fronteira, 1986.	Empregada doméstica, catadora de papel e, mais tarde, torna-se escritora	Sacramento-MG
JESUS, Vera Tereza de	*Ela e a reclusão: o condenado poderia ser você*	São Paulo: O Livreiro, 1965.	Doméstica (aos 14 anos), prostituta, acabou sendo presa como ladra e depois do cárcere trabalha como costureira profissional	Tupã-SP
JUNQUEIRA, Dinorah Renault	*Lembranças do meu tempo*	[s.l.]: [s.n.], 1957.	(?)	Barbacena-MG
LARA, Odete	*Eu nua*	2.ed. Rio de Janeiro: Civilização Brasileira, 1975.	Atriz	(?)
LARA, Odete	*Minha jornada interior*	São Paulo: Best Seller, 1990.	Atriz	(?)
LARA, Odete	*Meus passos em busca de paz*	Rio de Janeiro: Editora Rosa dos Tempos, 1997.	Atriz	(?)
LEE, Mirian	*Os reis e eu*	São Paulo: MG Editores Associados, 1982.	Empresária	São Paulo-SP
LOPES, Horacel Cordeiro	*Recordando... minhas memórias*	Rio de Janeiro: Revista Continente Editorial, 1978.	Autora de vários livros de poesias, contos, novelas e romances; dedicou-se ao magistério	Porto Alegre-RS

AUTORAS	TÍTULO DA OBRA	EDIÇÃO CONSULTADA	CONDIÇÃO PROFISSIONAL	LOCAL DE NASCIMENTO
MACIEL, Eliane	*Com licença eu vou à luta: é ilegal ser menor*	19.ed. Rio de Janeiro: Rocco, 1986.	Escritora	Rio de Janeiro-RJ
MAGALHÃES, Maria Nilce	*Eu Marianilce*	Rio de Janeiro: [s.n], 1969.	Colunista social e jornalista	Fundão dos Índios-ES
MARCHETTI, Wanda (pseudônimo de Ester Marchetti)	*Diário de uma atriz*	Rio de Janeiro: SNT/SBAT,1979.	Atriz de teatro, rádio, TV e cinema	São Carlos-SP
MARCONDES, Maria Thereza Ramos	*Tempo e memória*	[s.l.]: Editora CQ Ltda.; Taubaté: Prefeitura de Taubaté, 1976.	Fazendeira	Taubaté-SP
MEIRELES, Cecília	*Olhinhos de gato*	São Paulo: Moderna, 1983.	Professora, escritora e poetisa	Rio de Janeiro-RJ
MORAES, Maria da Glória Quartim de	*Reminiscências de uma velha*	[s.l]: [s.n.], 1981 (Coleção Vovó Vita).	Dona de casa	São Paulo/SP
MORLEY, Helena (pseudônimo de Alice Dayrell Caldeira Brant)	*Minha vida de menina: cadernos de uma menina provinciana nos fins do século XIX*	16.ed. Rio de Janeiro: José Olympio, 1979.	Dona de casa	Diamantina-MG
MOURA, Marcia	*Por debaixo da toga*	Rio de Janeiro: [s.n.], 1984.	Juíza do Tribunal Regional do Trabalho	Rio de Janeiro-RJ
MOURÃO, Laurita	*À mesa de jantar*	6.ed. Rio de Janeiro: Nórdica, 1979.	Funcionária de embaixadas brasileiras em vários países	(?)

AUTORAS	TÍTULO DA OBRA	EDIÇÃO CONSULTADA	CONDIÇÃO PROFISSIONAL	LOCAL DE NASCIMENTO
NABUCO, Carolina	*Oito décadas*	Rio de Janeiro: José Olympio, 1973.	Escritora	Rio de Janeiro-RJ
NEVES, Elzira Augusta Pereira	*Minhas lembranças, minhas saudades*	[s.l.]: [s.n.], 1984.	Dona de casa	Curvelo-MG
NICOLELIS, Giselda Laporta	*O exercício da paixão*	São Paulo: Nobel, 1985.	Jornalista e escritora infanto-juvenil	São Paulo-SP
OCTÁVIO, Laura Oliveira Rodrigo	*Elos de uma corrente: seguidos de outros elos*	2.ed. Rio de Janeiro: Civilização Brasileira, 1994.	Dona de casa, formou-se professora	São Paulo-SP
OLIVEIRA, Cícera Fernandes de PRADO, Danda (co-autora)	*Cícera, um destino de mulher*	São Paulo: Brasiliense, 1981.	Tecelã Jornalista	Paraíba
ORTHOF, Sylvia	*Se a memória não me falha*	4.ed. Rio de Janeiro: Nova Fronteira, 1987.	Escritora infanto-juvenil	Interior de SP
PEIXOTO, Maria Luiza Amaral	*Candeia do corpo: reminiscência de uma pequena vida*	Guanabara: Editora Leitura, [s.d.].	(?)	Rio de Janeiro-RJ
PENTEADO, Yolanda	*Tudo em cor-de-rosa*	Rio de Janeiro: Nova Fronteira, 1976.	(?)	São Paulo
PINTO, Adélia	*Um livro sem título: memórias de uma provinciana*	Rio de Janeiro: Pongetti, 1962.	Dona de casa e professora de inglês	Cabo-PE

AUTORAS	TÍTULO DA OBRA	EDIÇÃO CONSULTADA	CONDIÇÃO PROFISSIONAL	LOCAL DE NASCIMENTO
PINTO, Áurea Netto	*Serra da Boa Esperança*	Belo Horizonte: Imprensa Oficial, 1969.	Professora primária	Boa Esperança, atualmente nas margens de Furnas-MG
QUARTIM, Yone	*Vídeo-tape*	São Paulo: [s.n.], 1975.	Funcionária pública	São Paulo-SP
QUEIROZ, Raquel de QUEIROZ, Maria Luíza de (co-autora)	*Tantos anos*	São Paulo: Siciliano, 1998.	Escritora	Fortaleza-CE
RABELLO, Edésia Correia	*Lá em casa era assim...*	Belo Horizonte: Siderosiana, 1964	Professora	Diamantina-MG
REGINATO, Selene Espínola Correia	*Minhas memórias*	Rio de Janeiro: Pongetti, 1966.	Professora, funcionária pública e jornalista	Rio de Janeiro
REGO, Alita Sá	*Dama da noite*	São Paulo: Brasiliense, 1985.	Jornalista e artista	Rio de Janeiro
RITO, Lúcia	*Memória do caos*	Rio de Janeiro: Achiamé, 1984.	Jornalista	Rio de Janeiro
RODRIGUES, Lauricy Bellete	*O tempo no jardim*	Belo Horizonte: O Lutador, 1986.	Professora	(?)
SANTANA, Vera	*Quase baixo*	Rio de Janeiro: Codecri, 1983.	Artista de teatro	(?)
SFAT, Dinah Mara Caballero (co-autora)	*Palmas pra que te quero*	5.ed. Rio de Janeiro: Nórdica, 1988.	Atriz de teatro, cinema e TV	(?)
SILVA, Carmem da	*Histórias híbridas de uma senhora de respeito*	São Paulo: Brasiliense, 1985	Jornalista e escritora	Rio Grande do Sul
SILVA, Francisca Souza da	*Ai de vós! Diário de uma doméstica*	Rio de Janeiro: Paz e Terra, 1983.	Doméstica	Palmares-RJ

AUTORAS	TÍTULO DA OBRA	EDIÇÃO CONSULTADA	CONDIÇÃO PROFISSIONAL	LOCAL DE NASCIMENTO
SILVEIRA, Helena	*Paisagem e memória*	Rio de Janeiro: Paz e Terra, 1983.	Jornalista e escritora	São Paulo-SP
SILVEIRA, Maria Isabel	*Isabel quis Valdomiro*	São Paulo: Francisco Alves, 1962.	Dona de casa	São Paulo-SP
TAGLIAFERRO, Magdalena	*Quase tudo*	(Trad. Maria Lúcia Pinho) Rio de Janeiro: Nova Fronteira, 1979.	Pianista	Até os 13 anos em São Paulo. Muda-se para Paris e retorna no período da Segunda Guerra Mundial
TAKESHITA, Hermengarda Leme Leite	*Um grito de liberdade: uma família paulista no fim da belle-époque*	São Paulo: Alvorada, 1984.	Professora e escritora	Franca-SP
TAMANINI, Virginia G.	*Estradas do homem*	Uberaba: Editora Gráfica Uberaba, 1977.	Escritora	Espírito Santo
TAMANINI, Virginia G.	*Marcas do tempo*	[s.l.]: Editora Art Way DF, 1982.	Escritora	Espírito Santo
TEIXEIRA, Maria de Lourdes	*A carruagem alada*	São Paulo: Pioneira, 1986.	Dona de casa e depois escritora e tradutora	São Pedro-SP
VERSIANI, Elza	*Sobrevi/vi*	Belo Horizonte: Interlivros, 1981.	(?)	Belo Horizonte
VIANA, Deocélia	*Companheiros de viagem*	São Paulo: Brasiliense, 1984.	Dona de casa	Curitiba-PR
VOLUSIA, Eros	*Eu e a dança*	Rio de Janeiro: Continente Editorial, 1983.	Bailarina	(?)
WERNECK, Dorothea	*...apesar de ser mulher*	Rio de Janeiro: Francisco Alves, 1990.	Ministra do Trabalho (no período) e política	(?)

Lista 2 – Obras que não informam sobre a trajetória de leitura das memorialistas

Representam um total de 24 (vinte e quatro) obras:

1. *A rede era furta-cor*
Ana Bondespacho

2. *Serra da Boa Esperança*
Áurea Netto Pinto

3. *Cícera, um destino de mulher*
Cícera Fernandes de Oliveira & Danda Prado

4. *Lembranças do meu tempo*
Dinorah Renault Junqueira

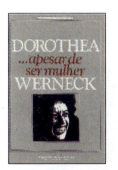

5. *...apesar de ser mulher*
Dorothea Werneck

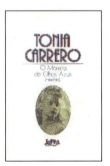

6. *O monstro de olhos azuis*
Tônia Carrero

7. *Com licença eu vou à luta: é ilegal ser menor*
Eliane Maciel

8. *Sobrevi/vi*
Elza Versiani

9. *Eu e a dança*
Eros Volusia

10. *Ai de vós! Diário de uma doméstica*
Francisca Souza da Silva

11. *Memória do caos*
Lúcia Rito

12. *Eu quero voar: o retrato de um preconceito*
Lucy L. Balthazar

13. *Quase tudo*
Magdalena Tagliaferro

14. *Por debaixo da toga*
Marcia Moura

15. *Candeia do corpo*
Maria Luiza Amaral Peixoto

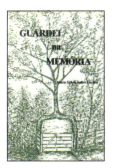
16. *Guardei na memória*
Maria Silva Salles Coelho

17. *Eu, Marta Anderson*
Marta Anderson

18. *Os reis e eu*
Miriam Lee

19. *Em psicanálise*
Ruth Bueno

20. *Se a memória não me falha*
Sylvia Orthof

21. *Ela e a reclusão: o condenado poderia ser você*
Vera Tereza de Jesus

22. *Diário de uma atriz*
Wanda Marchetti

23. *Tudo em cor-de-rosa* – Yolanda Penteado

24. *Vídeo-tape* – Yone Quartim

Lista 3 – Obras que tematizam a leitura, mas não fornecem pistas sobre os processos de formação das leitoras

Representam um total de 31 obras:

1. *Eu e o governador*
Adelaide Carraro

2. *Eu mataria o presidente*
Adelaide Carraro

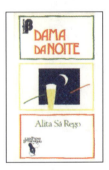

3. *Dama da noite*
Alita Sá Rego

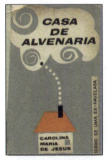

4. *Casa de alvenaria*
Carolina Maria de Jesus

5. *Quarto de despejo*
Carolina Maria de Jesus

6. *Histórias híbridas de uma senhora de respeito*
Carmem da Silva

7. *Olhinhos de gato*
Cecília Meireles

8. *Companheiros de viagem*
Deocélia Viana

9. *Palmas pra que te quero*
Dina Sfat

10. *A queda para o alto*
Herzer

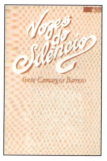
11. *Vozes do silêncio*
Ivete Camargos Barreto

12. *Memórias de uma viúva de três maridos... e suas verdades. 1905 a 1988*
Laura Josephson da S. Graça

13. *O tempo no jardim*
Lauricy Bellete Rodrigues

14. *À mesa do jantar*
Laurita Mourão

15. *Vida-vida*
Maria Helena Cardoso

Álbum de leitura: memórias de vida, histórias de leitoras 391

16. *Eu Marianilce*
Maria Nilce
Magalhães

17. *Pesadelo que dura...*
Maria Stella Vargas de
Almeida

18. *Tempo e memória*
Maria Thereza Ramos
Marcondes

19. *O hospício é Deus*
Maura Lopes Cançado

20. *O sofredor do ver*
Maura Lopes Cançado
(exemplar extraviado)

21. *Eu nua*
Odete Lara

22. *Minha jornada interior*
Odete Lara

23. *Meus passos em
busca de paz*
Odete Lara

24. *Diário das máscaras*
Ruth Bueno

25. *Maria Ruth*
Ruth Escobar

26. *Brincar de viver*
Valéria Burgos

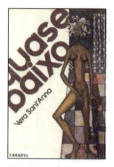
27. *Quase baixo*
Vera Santana

28. *Marcas do tempo*
Virginia Tamanini

29. *Jardim de inverno*
Zélia Gattai

30. *Senhora dona do baile*
Zélia Gattai

31. *Um chapéu para viagem*
Zélia Gattai

Memória de leituras

As listas que se seguem foram organizadas com base nos depoimentos de leitura das memorialistas. Elas referem-se aos títulos, escritores e escritoras lidos durante a vida. Essas lembranças sobre o que se leu em diferentes contextos e situações de vida revelam-se, no trânsito da memória, de forma dispersa e desorganizada. Portanto, foi importante organizar, minimamente, essas leituras, a fim de identificar os gêneros literários, autores e autoras, lidos e censurados, a recorrência ou não de certos impressos entre o conjunto das evocações femininas.

A primeira coluna proposta diz respeito à **Memória de leituras**, isto é, lembranças que apresentam indicadores, como título, autoria, gênero literário e data de publicação recuperados, integralmente ou não, por cada memorialista. A segunda coluna – **Dados coletados em fontes diversas** – compõe-se de **Referências** sobre certas obras que busquei retificar ou complementar. Referem-se aos títulos mais desconhecidos ou aqueles que foram citados com erros ou falhas da memória que comprometem, de certo modo, a identidade da obra. Cada **Referência**, quando apresentada, é seguida da indicação – **Fonte** –, ou seja, a base bibliográfica usada na consulta. Quanto aos títulos mais conhecidos, como *Senhora* de José de Alencar, *A mão e a luva* de Machado de Assis e outros não acrescentei referências específicas, uma vez que estão socializados em diferentes manuais bibliográficos e literários.

Como a memória seleciona, faculta, elege ou apaga certas informações sobre autores e títulos, isso dificultou a localização precisa de muitas obras. Desse modo, procurei corrigir, retificar e completar o maior número possível de impressos, o que nem sempre foi possível. O objetivo é, também, o de dar maior visibilidade não só sobre o conjunto de textos e impressos lidos pelas mulheres, mas ampliar as informações acerca das formas de disponibilização dos impressos indicados. Para tanto, apoiei-me em dicionários, enciclopédias, histórias da literatura, brasileira e estrangeira, e de produções acadêmico-científicas que elucidam aspectos sobre autores e títulos em circulação no Brasil.

Lista 4 – *Longos serões do campo*
         Anna Ribeiro de Goes Bittencourt

MEMÓRIA DE LEITURAS	DADOS COLETADOS EM FONTES DIVERSAS	
Título da obra autor/ período/gênero	Referência	Fonte da referência
Catálogos	Entre 1865 e 1868 viveu em Salvador, acompanhando o marido no curso de Medicina; recebia, então, catálogos de livrarias de Salvador.	Cf. VERGER, Pierre. *Notícias da Bahia. 1850.* Salvador: Editora Currupio/Fundação Cultural do Estado da Bahia, 1981.
A Paladina do Lar	Órgão da Liga Católica das Senhoras Baianas, foi editada pela tipografia beneditina entre 1910 e 1917. Na página de abertura do primeiro número declara como objetivo "propagar idéias moralizadoras e conhecimentos úteis" e "auxiliar as mães de família na tarefa de educar os filhos". Na Seção de Periódicos da Biblioteca Nacional do Rio de Janeiro tem a série completa. A Liga Católica, foi fundada em 1909 e teve D. Amélia Rodrigues como sua presidente, além de contar com a aprovação dos estatutos pelo então Arcebispo da Bahia, Dom Jerônimo Tomé da Silva.	*Longos serões do campo*, v.II, p.309.

MEMÓRIA DE LEITURAS	DADOS COLETADOS EM FONTES DIVERSAS	
Título da obra autor/ período/gênero	Referência	Fonte da referência
Revistas dos Dois Mundos		
Gazeta de Notícias		
jornal diário de Salvador		
Almanaque de Lembranças Luso-Brasileiro		
Histoire de Gil Blas de Santillane obra literária	Sátira mordaz aos costumes da época, assinada pelo francês Alain René Lesage (1668-1747). Obra publicada entre 1715 e 1735, em quatro volumes. Tornou-se, em pouco tempo, uma das publicações mais populares na França. Alcançou traduções em várias línguas européias e, no Brasil, foi divulgada por meio dos catálogos das livrarias importadoras como as de B. C. da Silveira Lemos, Carlos Pongetti e João Batista Martins.	*Longos serões do campo*, v.II, p.192. Apud: VERGER, Pierre. *Notícias da Bahia, 1850*. Salvador: Editora Currupio/Fundação Cultural do Estado da Bahia, 1981.
Compêndio de Geografia física e política, História grega e romana, História Sagrada e a História do Brasil (organizadas em um único volume)	Livro de uso escolar, pertenceu a seu primo, Paulino, depois Barão de São Miguel.	*Longos serões do campo*, v.II, p.204.
A Bahia de outrora	Coletânea de artigos publicados na *Revista do Instituto Geográfico e Histórico da Bahia* e em jornais de Salvador entre 1913 e 1916.	

MEMÓRIA DE LEITURAS	DADOS COLETADOS EM FONTES DIVERSAS	
Título da obra autor/ período/gênero	Referência	Fonte da referência
Quo Vadis	Obra mais conhecida de Henryk Sienkiewicz (1846-1916), escritor polonês de origem aristocrática. Dedicou-se a princípio ao jornalismo e depois ao conto, ao romance e ao memorialismo. Essa obra é conhecida mundialmente pelas traduções que alcançou. (*Longos serões do campo*, v.II, p.256.)	Cf. *Dictionnaire des auteurs de tous les temps et de tous les pays*. Paris: Robert Laffont, 1980. v.IV, p.317-9.
A cabana do pai Tomás de Mistress Stowe	Harriet Elizabeth Beecher Stowe (1811-1896). No início da carreira colaborou eventualmente em jornais de pequena circulação e escreveu romances históricos de modesta repercussão. *A cabana do pai Tomás* foi publicado inicialmente em capítulos diários no *National Era* – jornal abolicionista de Washington. Em 1852 foi editado em livro, ganhou adaptação para o teatro e tradução para pelo menos 23 línguas. A ele seguiu-se *A chave para a cabana do pai Tomás*, uma coletânea de documentos e testemunhos acerca da escravidão nas fazendas do Sul dos Estados Unidos.	*Longos serões do campo*, v.II, p.261.
A salamandra de Eugène Sue romance (1832) – anterior à fase folhetinista	A peça *O naufrágio do Medusa* é uma adaptação, feita pelo próprio autor, do romance *A salamandra*. Apresentada no Teatro São João, na capital da Bahia.	*Longos serões do campo*, v.II, p.293.
Paul et Virginie de Bernadin Saint-Pierre romance (1784)	Estreou em peça – *Paulo e Virgínia* – no Teatro São João.	*Longos serões do campo*, v.II, p.295.

MEMÓRIA DE LEITURAS	DADOS COLETADOS EM FONTES DIVERSAS	
Título da obra autor/ período/gênero	Referência	Fonte da referência
A voz do pastor livro de sermões (sem referências sobre o autor) um livro que continha um sermão próprio para cada um dos dias santificados		
Afrânio Peixoto	Afrânio Peixoto (1876-1947). Foi médico e escritor baiano. Nasceu na Chapada Diamantina e transferiu-se para o Rio de Janeiro. Suas *Obras completas* foram publicadas em vinte volumes em 1945 e incluem trabalhos sobre medicina, higiene, história, sociologia, romances rurais e urbanos, memórias e crítica literária.	*Longos serões do campo*, v.II, p.262.
Jornal de Notícias artigos sob o título *A Bahia de outrora*, por Manuel Raimundo Querino (1851-1923)		

MEMÓRIA DE LEITURAS	DADOS COLETADOS EM FONTES DIVERSAS	
Título da obra autor/ período/gênero	Referência	Fonte da referência
O tesouro das meninas (conhecido como Livro de Bonna) *O tesouro das adultas* os dois títulos são de autoria de Mme. Leprince de Beaumont	Jeanne Marie Leprince de Beaumont (1711-1780). Escritora francesa, cuja obra se dirigia principalmente às crianças e jovens. Viveu na Inglaterra entre os anos de 1745 e 1762, trabalhando como preceptora em famílias aristocráticas. Em 1750 fundou a revista *Nouveau magasin Français* – literária e científica e voltada para a juventude. Nessa revista reescreveu contos folclóricos europeus. No Brasil, chegaram versões portuguesas da escritora, como *O bazar das crianças, ou Diálogos de uma sábia preceptora com suas discípulas* (de Mme. Luiza S. Beloc) e *O tesouro das adultas, ou Diálogos entre uma sábia mestra e suas discípulas da primeira distinção* (do sacerdote Joaquim Inácio de Frias).	*Longos serões do campo*, v.II, p.267.
Flos Sanctorum, abreviado do compêndio das vidas dos santos de especial veneração na Igreja de Deus, para se elegerem por advogados e protetores em qualquer dia do ano. do Padre Francisco de Jesus Maria Sarmento (1713-1790)	Publicado pela Tipografia da Academia Real de Ciências, em Lisboa. A terceira edição, em dois tomos, é de 1852. O subtítulo da obra traz outras referências sobre a natureza dessa obra: *Com várias reflexões, doutrinas morais e espirituais, exercícios para se imitarem as suas virtudes. E juntamente algumas devoções em benefício das almas do Purgatório.*	*Longos serões do campo*, v.II, p.268.
A Tribuna Católica periódico do Rio de Janeiro		

MEMÓRIA DE LEITURAS	DADOS COLETADOS EM FONTES DIVERSAS	
Título da obra autor/ período/gênero	Referência	Fonte da referência
O judeu errante de Marie Joseph Sue	Dito Eugène (1804-1857), foi publicado, como constam as notas de D. Anna Bittencourt, em capítulos diários no jornal parisiense: *Le Constitutionel* entre 1844 e 1845. O sucesso levou à publicação em livro, à tradução em outras línguas e, em 1849, à sua adaptação para o teatro pelo próprio autor. Sue explorou diversos gêneros literários, mas destacou-se no nascente folhetim popular.	*Longos serões do campo*, v.II, p.270.
O filho pródigo de Sir Hall Caine (1853-1931)	Romance original – traduzido por Januário Leite e prefaciado pela escritora D. Maria Vaz de Carvalho. Foi um sucesso de livraria e traduzido para várias línguas.	*Longos serões do campo*, v.II, p.285.
O Conde de Monte Cristo de Alexandre Dumas	Esta obra integra com *A rainha Margot*, *A dama de Monsoreau* e *Os quarenta e cinco*, a trilogia das guerras religiosas escrita por Alexandre Dumas, pai (1802-1870). Escreveu cerca de oitenta obras, entre as quais os destaques são para *Os três mosqueteiros*, *Vinte anos depois* e *O Visconde de Brugelor*.	*Longos serões do campo*, v.II, p.289-90.
Os mistérios de Paris de Eugène Sue	*Les Mystères de Paris* foi o primeiro romance publicado em capítulos diários no *Journal des Débats*, de Paris. O escritor estréia no gênero a partir de uma longa carreira literária e de sua capacidade de prender a atenção dos leitores.	*Longos serões do campo*, v.II, p.290.

MEMÓRIA DE LEITURAS	DADOS COLETADOS EM FONTES DIVERSAS	
Título da obra autor/ período/gênero	Referência	Fonte da referência
Kossut e os hungáros de Mme. Clemence Robert	Obra em dois volumes. Outro título da autora é *Povos e reis*.	*Longos serões do campo*, v.II, p.290.
Novo método de Burgain	Luís Antônio Burgain (1812-1874), nascido na França e radicado no Brasil a partir de 1829. Professor de Francês e de Geografia. Publicou livros didáticos sobre essas matérias, além de algumas peças teatrais.	*Longos serões do campo*, v.II, p.290.
Alexandre Herculano	A. Herculano de Carvalho e Araújo (1810-1877), poeta, romancista e historiador; um dos introdutores do romantismo em Portugal. Entre 1837 e 1844, dirigiu a publicação *Panorama*, jornal Literário e Instrutivo da Sociedade Propagadora dos Conhecimentos Úteis.	*Longos serões do campo*, v.II, p.289.
Gabriel Gustave Andriveau-Goujon	Livreiro e editor muito conhecido, sobretudo pelos mapas que imprimiu.	*Longos serões do campo*, v.II, p.298.
Eurico, o presbítero de Alexandre Herculano	Alexandre Herculano escritor também de *Eurico, o presbítero* e *O monge de Cister*, romances históricos em 1843, 1848, e *A história de Portugal* – outro romance, em três volumes, publicado entre 1846 e 1853.	*Longos serões do campo*, v.II, p.300-1.
Le monde marche – lettres à Lamartine De la longevité de la vie humaine de Eugene Pelletan	Pierre Clemente Eugène Pelletan (1813-1884)	*Longos serões do campo*, v.II, p.300-1.

MEMÓRIA DE LEITURAS	DADOS COLETADOS EM FONTES DIVERSAS	
Título da obra autor/ período/gênero	**Referência**	**Fonte da referência**
Raphael de Alphonse de Lamartine (1790-1869)	Alphonse Louis Marie Lamaartine, diplomata francês que se destacou como poeta, escritor e orador.	Cf. *Dictionnaire des auteurs*, v.III, p.16-22.
Camilo Castelo Branco romances	Escritor, nasceu em 1826 e morreu em 1890. Poeta, romancista e autor de teatro, publicou cerca de oitenta obras, entre elas *Os mistérios de Lisboa* (1853), *O romance de um homem rico* (1859), *Amor de perdição* (1852), *O judeu* (1866) e uma série de 12 volumes, *Novelas do Minho* (1875-77)	*Longos serões do campo*, v.II, p.303.
Os miseráveis de Victor Hugo	Victor-Marie Hugo (1802-1885), poeta, romancista polemista, ativista político, escritor de peças teatrais. Suas obras citadas são *Notre-Dame de Paris* – romance histórico de 1831; *Les misérables* – romance histórico de 1862; e *Hernani* – peça teatral de 1838.	*Longos serões do campo*, v.II, p.303.
Boussuet	Jacques Benigne Bossuet (1627-1704). Sacerdote, escritor e orador sacro francês. Destacou-se pela qualidade literária de seus sermões e orações fúnebres. Escreveu *Discours sur l'histoire universelle*.	Cf. *Dictionnaire des auteurs*, v.I, p.385-8.
Alan Kardec	As principais obras são: *O livro dos espíritos* (1856), *O livro dos médiuns* (1861), *O Evangelho segundo o espiritismo* (1846), *O céu e o inferno* (1865) e *A gênese* (1867).	*Longos serões do campo*, v.II, p.308.

MEMÓRIA DE LEITURAS	DADOS COLETADOS EM FONTES DIVERSAS	
Título da obra autor/ período/gênero	Referência	Fonte da referência
Silvio Pellico	(1789-1854). Nasceu no norte da Itália, viveu na França e alcançou destaque com obras romântico-patrióticas, entre elas *Francesca de Rimini*.	Cf. *Dictionnaire des auteurs*, v.I, p.663-4.
A psicologia fisiológica de Chardel	Chardel é um dos autores na área da Física. Não há identificação pela Biblioteca Nacional.	*Longos serões do campo*, v.II, p.300.
Casa dos mortos de Dostoievsky	Fedor Dostoievsky (1821-1881). Obras mais conhecidas: *Recordações da casa dos mortos*, publicada em 1861, e precedeu os grandes romances como *Crime e castigo*, *O idiota*, *Os irmãos Karamazov* e *O jogador*.	*Longos serões do campo*, v.II, p.309.

Lista 5 – *Reminiscências de uma velha*
Maria da Glória Quartim de Moraes

MEMÓRIA DE LEITURAS	DADOS COLETADOS EM FONTES DIVERSAS	
Título da obra autor/ período/gênero	Referência	Fonte da referência
Método Castilho cartilha	Método português Castilho de Antônio Feliciano de Castilho. Data de 1846. Antônio Feliciano de Castilho vem ao Brasil, em 1855, divulgar seu método de "ensino rápido e aprazível do ler, escrever e bem falar".	NETTO, Samuel Pfromm, ROSAMILHA, Nelson e ZABIDIB, Cláudio. *O livro na educação*. Rio de Janeiro: Primor/ MEC 1974, p.159. LAJOLO, Marisa & ZILBERMAN, Regina. *A formação da leitura no Brasil*. São Paulo: Ática, 1996, p.184.
Cartas Literárias de Adolfo Ferreira Caminha 1895	Escritor naturalista. Escreveu *O bom crioulo*.	CÍCERO, Antonio. *A imprensa hontem e hoje no Brasil, na América, Europa, Asia, Africa e Oceania*. Rio de Janeiro, 1928.
Correio Paulistano jornal de 1854	O mais antigo jornal existente no estado de São Paulo, de 1854, fundado pelo Dr. Taques de Almeida Alvim.	CÍCERO, Antonio. *A imprensa hontem e hoje no Brasil, na América, Europa, Asia, Africa e Oceania*. Rio de Janeiro, 1928.
Jornal das Famílias	1865 – Garnier (editor).	WERNECK, Nelson. *Formação da literatura brasileira*. Rio de Janeiro: Civilização Brasileira, 1964.

MEMÓRIA DE LEITURAS	DADOS COLETADOS EM FONTES DIVERSAS	
Título da obra autor/ período/gênero	**Referência**	**Fonte da referência**
Recordações do escrivão Isaías Caminha de Lima Barreto (1909)		
Apostilas de retórica e poética do Cônego Joaquim Caetano Texto de uso escolar publicado em 1864	Texto similar é o do português Francisco Freire de Carvalho, que produziu o *Manual de ortorafia para meninos* e *Lições elementares de eloqüência nacional* (de 1829). Em 1840 circula outra obra *Lições elementares de poética nacional*, seguida de um breve ensaio sobre crítica literária.	LAJOLO, Marisa & ZILBERMAN, Regina. *A formação da leitura no Brasil*. São Paulo: Ática, 1996, p.183.
Marília de Dirceu de Thomaz Gonzaga	Thomaz Antonio Gonzaga. 2v. in-8. Obra citada no acervo *Brazilia, Biblioteca National* dos melhores autores antigos e modernos.	*Catálogo da Livraria Academica da Casa Garraux* [...]. São Paulo, Agencia do afamado jornal de modas: *A Estação*, s.d., p.51-2.
Literatura francesa (sem designação específica)		
Shapho de Daudet		
Telêmaco de Fenelon	*Les aventures de Telemaque*, de Fenelon	In: Laffont-Bompiani. *Dictionnaire des auteurs de tous temps et de tous les pays*. Paris: Robert Laffont, 1980.

MEMÓRIA DE LEITURAS	DADOS COLETADOS EM FONTES DIVERSAS	
Título da obra autor/ período/gênero	**Referência**	**Fonte da referência**
Jornal Mercantil		
Sarah Bernhardt		
Meandro Poético do Cônego Joaquim Caetano Fernandes Pinheiro 1864 texto de uso escolar	Do mesmo autor: *Curso elementar de Literatura Nacional* (1862). Em 1868 saem dois livros de grande circulação: *Episódios de História Pátria* (adotado pela Instrução Pública) e *História Sagrada Ilustrada* (dirigido para a infância). A obra de 1862 é considerada a primeira obra de literatura nacional.	COELHO, Nelly Novaes. *Dicionário crítico de literatura infantil e juvenil – séculos XIX e XX*. 4.ed. São Paulo: EDUSP, 1995. p.30.
Corografia brasílica de 1817 do Padre Manuel Aires de Casal texto de uso escolar	Texto semelhante é o de Alfredo Moreira Pinto – *Noções elementares de corographia do Brazil*, para uso das escolas primárias. Rio de Janeiro, 1881. Alfredo Moreira Pinto – *Compendio de historia universal*, organizado segundo os ultimos programmas officiaes para o ensino desta materia: nova edição. Rio de Janeiro, 1882.	BLAKE, Sacramento. *Diccionario Bibliographico Brazileiro* Conselho Federal de Cultura, 1970, v.VII.
Gramática Coruja Antonio Alvares Pereira Coruja texto escolar	Compêndio utilizado junto ao ensino da leitura e como complemento para o estudo da disciplina gramatical. Esse compêndio era decorado pelos alunos. Antonio A. P. Coruja de outras obras didáticas – *Compêndio da Gramática Nacional*.	NETTO, Samuel Pfromm, ROSAMILHA, Nelson e ZABIDIB, Cláudio. *O livro na educação*. Rio de Janeiro: Primor/MEC,1974. p.159. MENEZES, Raimundo de. *Dicionário literário brasileiro*. Rio de Janeiro: Livros Técnicos e Científicos, 1974. p.206.

MEMÓRIA DE LEITURAS	DADOS COLETADOS EM FONTES DIVERSAS	
Título da obra autor/ período/gênero	Referência	Fonte da referência
Flos Sanctorum texto religioso	*Flos Sanctorum abreviado, ou compendio das vidas dos Santos por Francisco de Jesus.* Maria Sarmento. 2 v. in-12 enc. (Lisboa). (Seguem outras publicações no catálogo)	*Academica da Casa Garraux* [...]. São Paulo, Agencia do afamado jornal de modas: *A Estação* s.d. p.10.
Vida de Santa Teresa texto religioso		
Gritos das Almas texto religioso		
Combate Espiritual texto religioso	*Combate Espiritual* novamente accrescentado com varias devoções mais uteis ao bem das almas. 1 vol. In-8, enc. (Lisboa)	*Academica da Casa Garraux* [...]. São Paulo, Agencia do afamado jornal de modas: *A Estação*, s.d. p.5.
Gritos das Almas texto religioso		
Romances de Paulo de Havak		
Gramática Savenne texto de uso escolar para a aquisição da leitura		

MEMÓRIA DE LEITURAS	DADOS COLETADOS EM FONTES DIVERSAS	
Título da obra autor/ período/gênero	Referência	Fonte da referência
São Paulo Antigo e São Paulo Moderno (1554-1904) Jules Martin, Nereu Rangel Pestana e Henrique Vanorden		
Cartilha da Doutrina Católica do Padre Ignacio de estudo obrigatório e diário nas escolas entre 1850 a 1868	Padre Ignacio Martins, da Companhia de Jesus.	*Grande Diccionario Portuguez ou Thesouro da Lingua Portuguesa* pelo Dr. Fr. Domingos Vieira [...]. Porto, editores, Ernesto Chardron e Bartholomeu H. de Moraes, 1873, v.II, p.127. *Lello Universal: dicionário enciclopédico luso-brasileiro.* Porto: Lello & Irmão, v.I, p.482.
Virgem da Polônia do Conselheiro Bastos livro sobre tratado de política social de uso corrente na época		

MEMÓRIA DE LEITURAS	DADOS COLETADOS EM FONTES DIVERSAS	
Título da obra autor/ período/gênero	**Referência**	**Fonte da referência**
Introdução à vida devota de São Francisco de Salles texto religioso	CORREÇÃO: *Introdução a vida devota*, por S. Francisco de Salles. 1 vol. In-12, enc. (B.L.G.) *Vida de São Francisco de Salles*, por Marsollier, 2v. in-8.	*Catálogo da Livraria Academica da Casa Garraux* [...]. São Paulo, Agencia do afamado jornal de modas: *A Estação*, s.d., p.15, 31.
Bíblia	Encontrei entre outras referências: *A Bíblia Sagrada*, trad. em portuguez, ilustrada com prefações por Antonio Pereira de Figueiredo, 2v. enc. em Paris. *A Bíblia Sagrada* contendo o Velho e o Novo Testamento. Trad. Em portuguez pelo padre J. Ferreira A. (seguem outras edições no catálogo)	*Catálogo da Livraria Academica da Casa Garraux* [...]. São Paulo, Agencia do afamado jornal de modas: *A Estação*, s.d., p.3.

Lista 6 – *Isabel quis Valdomiro*
Maria Isabel Silveira

MEMÓRIA DE LEITURAS	DADOS COLETADOS EM FONTES DIVERSAS	
Título da obra autor/ período/gênero	Referência	Fonte da referência
Romances da coleção de André Theuriet		
O Estado de S. Paulo jornal	A *Provincia de São Paulo* apareceu em 1875, dirigida pelos Dr. Francisco Rangel Pestana, Americo de Campos e José Maria Lisboa. Passou a chamar, com o advento da República: *O Estado de S. Paulo*. Em 1891, o Sr. Dr. Julio de Mesquita assume a direção de *O Estado de S. Paulo*.	CICERO, Antonio. *A imprensa hontem e hoje* [...], Rio de Janeiro, 1928, p.39.
Comércio de São Paulo jornal	*Commercio de São Paulo*, surgiu em 1893, redigido por Eduardo Prado, Affonso Arinos e Couto de Magalhães.	CICERO, Antonio. *A imprensa hontem e hoje* [...], Rio de Janeiro, 1928, p.40.
As Férias da Condessa de Sègur		
Desastres de Sofia da Condessa de Sègur	Correção: *Os desastres de Sofia*	
toda a coleção da Condessa de Ségur	Outros títulos: *As meninas exemplares, A casa do anjo da guarda, A fortuna de Gaspar, Um bom diabrete, O general Dourakine, Que amor de criança, João que ri- João que chora, A irmã de Simplício e Braz e a 1ª. Comunhão.*	SÉGUR, Condessa. *A casa do anjo da guarda.* (adap.) Virginia Lefèvre. 4.ed. São Paulo: Editora do Brasil. s.d.

MEMÓRIA DE LEITURAS	DADOS COLETADOS EM FONTES DIVERSAS	
Título da obra autor/ período/gênero	Referência	Fonte da referência
Vie Heureuse revista		
Femina revista		
História revista		
Heures Litteraires revista		
Lisez-moi revista		
Fillette revista infantil		
Cri-cri revista infantil		
Diabolo Journal revista infantil		
Le Journaul		
Corriere dei Piccoli revista infantil italiana		

MEMÓRIA DE LEITURAS	DADOS COLETADOS EM FONTES DIVERSAS	
Título da obra autor/ período/gênero	Referência	Fonte da referência
Flores de sombras de Claudio de Sousa Comédia de 1916. Versão italiana: *Fiori de Sombra*.		
Sonetos de Ricardo Gonçalves		
Cristo de marfim de Antero Bloem	Antero Augusto de Albuquerque Bloem. Obra traduzida em várias línguas e data de 1896. O escritor nasceu em Campinas-SP em 1878.	MENEZES, Raimundo de. *Dicionário literário brasileiro*. 1978, p.391.
Correio Paulistano Joaquim Roberto de Azevedo Marques jornal	*Correio Paulistano*, o mais antigo jornal existente no Estado de São Paulo, apareceu em 1854, tendo sido fundado pelo Dr. Taques de Almeida Alvim.	CICERO, Antonio. *A imprensa hontem e hoje* [...], Rio de Janeiro, 1928, p.38.
Gazeta de Campinas jornal	Jornal de 1872	CICERO, Antonio. *A imprensa hontem e hoje* [...], Rio de Janeiro, 1928, p.38.

MEMÓRIA DE LEITURAS	DADOS COLETADOS EM FONTES DIVERSAS	
Título da obra autor/ período/gênero	Referência	Fonte da referência
Província de São Paulo fundado por um grupo de fazendeiros, capitalistas e bacharéis em direito jornal	*A Provincia de S. Paulo* apareceu em 1875, dirigida pelos Drs. Francisco Rangel Pestana, Americo de Campos e José Maria Lisboa. Com o advento da República passou a se chamar *O Estado de S. Paulo*.	CICERO, Antonio. *A imprensa hontem e hoje* [...], Rio de Janeiro, 1928, p.39. SCHWARCZ, Lilia Moritz. *Retrato em branco e preto: jornais, escravos e cidadãos em São Paulo no final do século XIX*. São Paulo: Companhia das Letras, 1987. p. 55-57.
Diário Popular jornal paulista	Jornal fundado em 1884 por Americo de Campos e José Maria Lisboa.	CICERO, Antonio. *A imprensa hontem e hoje* [...], Rio de Janeiro, 1928, p.40.
Almanaque O Estado de São Paulo 1940		
Enciclopédia Brasileira de Alerico Silveira		
A Tribuna jornal de Santos dirigido por Valdomiro Silveira		

MEMÓRIA DE LEITURAS	DADOS COLETADOS EM FONTES DIVERSAS	
Título da obra autor/ período/gênero	**Referência**	**Fonte da referência**
Poesias de Antero Bloem		
Daniella de George Sand		
Gracejando *Só rindo* *Viajando* títulos de Martim Francisco Ribeiro de Andrada e Silva		
Úrsula texto literário		
Gilka Machado		
Vicente de Carvalho		
Martins Fontes		
David Copperfield romance de Dickens		

MEMÓRIA DE LEITURAS	DADOS COLETADOS EM FONTES DIVERSAS	
Título da obra autor/ período/gênero	Referência	Fonte da referência
Le fantôme de la diathèse João Baptista da Silveira		
Os caboclos contos Valdomiro da Silveira (seu marido)	Publicado em 1920, com uma 2ª. edição em 28 e a 3ª. edição em 1962	MENEZES, Raimundo de. *Dicionário literário brasileiro*. 1978, p.643.
Revista do Instituto Histórico e Geográfico de São Paulo		
História Antiga de Minas Gerais de Diogo de Vasconcelos de 1699		MORAES, Rubens Borba & CAMARGO, Ana Maria de Almeida. *Bibliografia da Impressão Régia do Rio de Janeiro*. São Paulo: EDUSP/Kosmos 1993, v.I, p.240.
Povo, o Papa e o Rei panfleto publicado por seu pai, João Corrêa de Moraes		
Carnets papéis com nomes para a escolha dos pares durante as festas		

MEMÓRIA DE LEITURAS	DADOS COLETADOS EM FONTES DIVERSAS	
Título da obra autor/ período/gênero	Referência	Fonte da referência
Revue Philosophique revista		
Almanaque Literário Paulista	*Almanach Litterario de São Paulo.* Editado por José Maria Lisboa, Abílio Marques e J. Taques. Publicado pela Tipografia da Província de São Paulo (ed. fac-similar), em oito volumes, em 1982.	LISBOA, José Maria. *Almanach Litterario de São Paulo.* (8 vols.) São Paulo: Instituto Histórico e Geográfico de S.P./Arquivo Público do Estado/ Imprensa Oficial do Estado. 1982.
Poesias e romances de Eça de Queiroz		
Livros franceses de fins educativos (uma espécie de manual de puericultura) de Emile Faguete		
Os Lusíadas	*Os Lusíadas* de J. P. de Oliveira Martins, ensaio sobre Camões e a sua obra. 1v. in-4. Luiz Camões. *Os Lusíadas*, nova edição 1. Vol, in-12 (2ª.ed.). Segundo a do Morgado de Matheus [...]. Luiz Camões. *Obras completas.* 3v., in-12. Luiz Camões. *Parnaso.* Poesias lyri-	*Catálogo da Livraria Academica da Casa Garraux* [...]. São Paulo, Agencia do afamado jornal de modas: *A Estação*, s.d. p.39, 53.

MEMÓRIA DE LEITURAS	DADOS COLETADOS EM FONTES DIVERSAS	
Título da obra autor/ período/gênero	Referência	Fonte da referência
Os cadernos-diários de sua mãe: Maria da Glória Quartim de Moraes		
História da Civilização Paulista de Aureliano Leite		
História do Brasil de João Ribeiro	Segundo consta o autor é um consagrado intelectual do entresséculos brasileiro. Nasceu em 1860, foi jornalista, notório professor português, dicionarista, ensaísta, crítico literário, poeta, historiador. Eleito para a ABL em 1989.	COELHO, Nelly Novaes. *Dicionário crítico de literatura infantil e juvenil: séculos XIX e XX*. 4.ed. São Paulo: EDUSP, 1995. p.30.
Contos de Natal livro	Com esse título consta a obra de literatura infantil, publicada em 1908, em Porto Alegre, por Andradina de Oliveira.	COELHO, Nelly Novaes. *Dicionário crítico de literatura infantil e juvenil: séculos XIX e XX*. 4.ed. São Paulo: EDUSP, 1995.
Aritmética Trajano texto de uso escolar		

Lista 7 – *Reminiscências*
Maria Eugênia Torres Ribeiro de Castro

MEMÓRIA DE LEITURAS	DADOS COLETADOS EM FONTES DIVERSAS	
Título da obra autor/ período/gênero	Referência	Fonte da referência
Cartilha texto religioso	A *Cartilha da Doutrina Cristã* foi um texto de grande circulação no século XIX. Cartilha (nova) da Doutrina Cristã escrita pelo Abbade de Salomonde. 1 vol. Cart. (A.L.G.) - encad.	WERNECK, Nelson. *Formação da Literatura Brasileira*. Rio de Janeiro: Civilização Brasileira, 1964. *Catálogo da Livraria Academica da Casa Garraux* [...]. São Paulo, Agencia do afamado jornal de modas: *A Estação*, s.d. p.4.
Senhor Deus texto religioso		
Lamartine	Entre as obras publicadas na década de 1880 o autor publicou *Meditações e Harmonias*.	WERNECK, Nelson. *Formação da Literatura Brasileira*. Rio de Janeiro: Civilização Brasileira, 1964, p.216.
Sandeau Feuillet (ambos escritores de romance)	Há referências de romances entre 1869 e 1887 na *Gazeta de Campinas*, entre as quais está o romancista Otávio Feuillet.	MEYER, Marlyse. *Folhetim: uma história*. São Paulo: Companhia das Letras, 1995, p.297.
Romances de José de Alencar	*Diva, perfil de mulher*, obra publicada e em circulação em 1864. (Citada em 1 vol. In-8 enc/br)	*Catálogo da Livraria Academica da Casa Garraux* [...]. São Paulo, Agencia do afamado jornal de modas: *A Estação*, s.d. p.43.

MEMÓRIA DE LEITURAS	DADOS COLETADOS EM FONTES DIVERSAS	
Título da obra autor/ período/gênero	**Referência**	**Fonte da referência**
Jornal do Commercio	"O *Jornal do Commercio* brilhantemente dirigido por Mario Guastini, foi fundado em 1816 e succedeu ao *Commercio de São Paulo*, apparecido em 1893 e redigido por Eduardo Prado, Affonso Arinos e Couto de Magalhães".	CICERO, Antonio. *A imprensa hontem e hoje* [...], Rio de Janeiro, 1928, p.40.
Poesias		
Livros escolares		
Livro para o ensino da língua francesa		
O Borrador	livro ou caderno para registro de operações comerciais; caderno para rascunho ou caderno ou livro para as primeiras linhas ou esboços	AULETE, Caudas. *Dicionário Contemporâneo da Língua Portuguesa*. Rio de Janeiro: Editora Delta, 1958, p.714.
O Razão	resumo das contas que consta a escrituração de débitos e créditos. É também denominado como "livro mestre"	AULETE, Caudas. *Dicionário Contemporâneo da Língua Portuguesa*. Rio de Janeiro: Editora Delta, 1958, p.4264.
O Caixa	livro de contabilidade ou escrituração, entrada e saída de dinheiro usado pela família	AULETE, Caudas. *Dicionário Contemporâneo da Língua Portuguesa*. Rio de Janeiro: Editora Delta, 1958, p.784.

Lista 8 – *Um livro sem título: memórias de uma provinciana*
Adélia Pinto

MEMÓRIA DE LEITURAS	DADOS COLETADOS EM FONTES DIVERSAS	
Título da obra autor/ período/gênero	Referência	Fonte da referência
Livro religioso		
Livro de oração		
Jornal do Commercio jornal de 1827	Pierre Plancher obteve por meio da publicação de periódicos provavelmente as maiores vantagens lucrativas de seus negócios. Em 1827, sediava na rua do Ouvidor o *Spectador Brasileiro*, um jornal que durou até 1827. Deu início à primeira *Revista Brasileira das sciencias, artes e industrias* e uma revista de medicina: *Propagador das sciencias medicas*. Em 1827, adquiriu outro jornal, *Diário Mercantil*, fundado há três anos e em 1º de outubro alterado para *Jornal do Commercio*, tornando-se o mais importante e antigo jornal carioca.	Cf. HALLEWELL, Laurence. (Trad. Maria da Penha Villalobos e Lólio Lourenço). *O livro no Brasil: sua história.* São Paulo: T. A. Queiroz; Ed. da Universidade de São Paulo. São Paulo, 1985. p.69.
Jornal do Brasil 1891		
Receita culinária		
Livro de anedotas		
Revistas e jornais franceses		
Cartas de alforria		

MEMÓRIA DE LEITURAS	DADOS COLETADOS EM FONTES DIVERSAS	
Título da obra autor/ período/gênero	Referência	Fonte da referência
Horas Marianas		
Cartazes de cinema		
Escorpiões romance		
Sua cidade contos		
Cytharedo de Araújo Filho livro de versos		
Pássaro de Sonho de Araújo Filho livro de versos		
Álbum com anotações musicais, dedicatórias de escritores e musicistas, versos, poemas, recortes de jornais.		
A Província jornal do Recife		
Jornal do Recife periódico local		

MEMÓRIA DE LEITURAS	DADOS COLETADOS EM FONTES DIVERSAS	
Título da obra autor/ período/gênero	Referência	Fonte da referência
História Geral do Brasil bibliografia brasileira destinada à escola	Com esse título localizei a obra de Francisco Adolfo de Varnhagen, de 1855.	<www.bn.gov.br>
Episódios da história pátria contados à infância	Cônego Joaquim Caetano Fernandes Pinheiro (livro destinado à escola). Data de 1860.	NETTO, Samuel Pfromm et al. *O livro na educação* Rio de Janeiro: Primor/ MEC, 1974, p.195.
Cuore Amicis	Livro destinado ao uso escolar por Edmundo de Amicis. Publicado em 1868 na Itália, conquistou várias traduções em países diferentes. Traduzido em 1891, por João Ribeiro com base na 101ª edição italiana. A tradução de J. Ribeiro, *Coração*, torna-se a mais popular nas escolas de instrução pública e continua sendo reeditada até hoje (1990).	COELHO, Nelly Novaes. *Dicionário crítico de literatura infantil e juvenil brasileira: séculos XIX e XX*. São Paulo: EDUSP, 1990, p.41.
Romances (leituras censuradas, sem especificação de título ou de autores)		
Cartilha de Infância	Até 1931 alcançou 122 edições impressas. Livro escolar de Thomaz Paulo do Bom Sucesso Galhardo.	NETTO, Samuel Pfromm et al. *O livro na educação*. Rio de Janeiro: Primor/ MEC, 1974. p.195.

Lista 9 – *Oito décadas*
Maria Carolina Nabuco

MEMÓRIA DE LEITURAS	DADOS COLETADOS EM FONTES DIVERSAS	
Título da obra autor/ período/gênero	Referência	Fonte da referência
Romances		
Condessa de Ségur		
Coleção Bibliothèque Rose		
Graça Aranha	José Pereira da Graça Aranha (1868-1931). Jornalista que em São Luís manteve durante anos o diário *O País*. Grande amigo de Joaquim Nabuco – pai de Carolina Nabuco –, entrou para a Academia Brasileira de Letras em 1897, embora não tivesse livro publicado e por insistência de Machado de Assis, Joaquim Nabuco e Lúcio de Mendonça. Colaborou em revistas como *Revista Brasileira, Lanterna Verde, Estética, Revista do Brasil, Movimento Brasileiro*. Sua obra inclui títulos de romance, drama, autobiografia, correspondência etc.	MENEZES, Raimundo de. *Dicionário literário brasileiro*. Rio de Janeiro: Livros Técnicos e Científicos, 1978, p.58.
A Bíblia Sagrada a memorialista cita, também, o drama *L'Otage*, organizado com base em trechos bíblicos		

MEMÓRIA DE LEITURAS	DADOS COLETADOS EM FONTES DIVERSAS	
Título da obra autor/ período/gênero	Referência	Fonte da referência
Notre Dame Auxiliatrice poema religioso		
Le Jour des Cadeaux poema de caráter religioso		
David Copperfield Charles Dickens literatura infanto-juvenil		
Racine, Corneille autores de poesias de uso escolar Racine, Corneille e Molière: clássicos da dramaturgia francesa utilizados nas escolas		
Short-Stories Flaubert		
L'Aiglon de Rostand teatro clássico		

MEMÓRIA DE LEITURAS	DADOS COLETADOS EM FONTES DIVERSAS	
Título da obra autor/ período/gênero	Referência	Fonte da referência
A Ceia dos Cardeais de Júlio Dantas literatura portuguesa		
Os contos de Eça de Queiroz		
A cidade e as serras de Eça de Queiroz		
Fon-Fon! periódico	Rio de Janeiro, 1907 – ?. Revista ilustrada de assuntos diversos. Red.: Álvaro Moreyra, Raul Pederneiras.	COUTINHO, Afrânio & GALANTE DE SOUSA, J. *Enciclopédia de Literatura Brasileira*. Rio de Janeiro: MEC/FAE, 1990, v.I. p.616.
Os Lusíadas* leitura de Pastiche Felipe d'Oliveira (poeta lançado pela revista *Fon-Fon!*) *não se trata da obra de Camões		
Balzac, Thackeray e Tostoi		

MEMÓRIA DE LEITURAS	DADOS COLETADOS EM FONTES DIVERSAS	
Título da obra autor/ período/gênero	Referência	Fonte da referência
L'Option Joaquim Nabuco drama	L'Option (drama 1876-1877), Paris, 1910.	MENEZES, Raimundo de. *Dicionário literário brasileiro*. Rio de Janeiro: Livros Técnicos e Científicos, 1978, p.474.
L'Illustration The Ilustrated London News		
L'Aiglon de Rostand teatro clássico		
Vogue ou *Bazar* revistas da época		
Livro para catecismo religioso		
Catecismo historiado de Carolina Nabuco manual de estudo doutrinário, de uso escolar		
Jornal do Brasil		
Rebeca Daphe du Maureir (escritora inglesa) romance		

MEMÓRIA DE LEITURAS	DADOS COLETADOS EM FONTES DIVERSAS	
Título da obra autor/ período/gênero	**Referência**	**Fonte da referência**
Voltaire, Victor Hugo, Goethe, Bergsons, Fénelon, Philippe Berthelot e outros escritores citados		
Jornal de Crítica artigo de Álvaro Lins a respeito da obra de Daphne du Maurier e a suspeita de plágio da obra: *A sucessora* de Carolina Nabuco	Álvaro Lins, *Jornal de Crítica*, 1ª série, p.233-43. Afrânio Coutinho, *Brasil e brasileiros*, v.II, p.157.	MENEZES, Raimundo de. *Dicionário literário brasileiro*. Rio de Janeiro: Livros Técnicos e Científicos, 1978. p.474.
New York Times Book Review		
Punch semanário britânico de humor		
Le rire semanário francês de humor		
A Careta J. Carlos, Raul Pederneiras semanário brasileiro de humor		

MEMÓRIA DE LEITURAS	DADOS COLETADOS EM FONTES DIVERSAS	
Título da obra autor/ período/gênero	Referência	Fonte da referência
Stream of consciousness de Joubert livro de Pensamentos		
Um estadista do Império Joaquim Nabuco	*Um estadista do Império, Nabuco de Araújo, sua vida, suas opiniões, sua época*, Rio de Janeiro, 1900.	MENEZES, Raimundo de. *Dicionário literário brasileiro*. 2.ed. Rio de Janeiro: Livros Técnicos e Científicos, 1978, p.474.
Shakespeare		
Eminent Victorians vida da rainha Vitória Lytton Strackey (sobre métodos de escrita de biografias) André Maurois		
Saint-Simon memorialista que registrou nos seus perfis as belas da Corte de Luís XIV, as *vilaines dents* de seus modelos.		

MEMÓRIA DE LEITURAS	DADOS COLETADOS EM FONTES DIVERSAS	
Título da obra autor/ período/gênero	Referência	Fonte da referência
Cartas pessoais		
Conferências por ocasião da criação do Ministério da Educação em torno de Diretrizes da Educação Nacional, ocorrida em 1936.		
A educação e a mulher, escrita por Carolina Nabuco; *A educação e o comunismo*, por Alceu Amoroso Lima; *A educação e a democracia*, por Fernando Magalhães; *A educação e a paz*, por Raul Fernandes e *A educação e a guerra*, pelo general Góes Monteiro.		
Diário pessoal de Joaquim Nabuco		
Pensées Détachées		
obra francesa, mais tarde traduzida por Carolina Nabuco		

MEMÓRIA DE LEITURAS	DADOS COLETADOS EM FONTES DIVERSAS	
Título da obra autor/ período/gênero	**Referência**	**Fonte da referência**
Salões de damas do Segundo Reinado		
Romances de Afrânio Peixoto		
Proust (inclusive biografias de Marcel Proust)		
L'Annonce faite à Marie Paul Claudel	Conforme Carolina Nabuco, entre as peças de teatro, sobretudo, *L'Annonce faite à Marie*, Claudel atingiu um público maior. Familiarizou-se com o livro *Corona Benignitatis Anni Dei* que acompanha as festas do ano litúrgico.	NABUCO, Carolina. *Oito décadas*. Rio de Janeiro: Livraria José Olympio, 1973. p. 69.
Francis Jammes		
Le Soulier de Satin Paul Claudel		
Livros de ficção		
O Jornal Renato Lopes (adquirido depois por Assis Chateaubriand)		

Lista 10 – *Elos de uma corrente: seguidos de outros elos*
Laura Oliveira Rodrigo Octávio

MEMÓRIA DE LEITURAS	DADOS COLETADOS EM FONTES DIVERSAS	
Título da obra autor/ período/gênero	Referência	Fonte da referência
Manual Enciclopédico		
Correio Paulistano jornal publicado antes de 1887		
Par le Sentier Sérgio Milliet primeiro livro de versos escrito na	SuíçaSérgio da Costa e Silva Milliet (1898-1966) *Par le sentier*, Genebra, 1918. Além de tantas outras obras e sua participação como nome de importância na história da cultura de vanguarda no Brasil.	MENEZES, Raimundo de. *Dicionário literário brasileiro*. Rio de Janeiro: Livros Técnicos e Científicos, 1978, p.446.
A Balaiada artigo de jornal – folheto data de 1835 escrito por Ricardo Leão Sabino (seu avô)		
Caderno de notas/diário escrito por sua avó		

Álbum de leitura: memórias de vida, histórias de leitoras 431

MEMÓRIA DE LEITURAS	DADOS COLETADOS EM FONTES DIVERSAS	
Título da obra autor/ período/gênero	Referência	Fonte da referência
Hino de Amor texto escolar da *Cartilha João de Deus* poesia	Fr. João de Deus *Cartilha Materna ou Arte de Leitura* Porto: Livraria Universal de Magalhães & Moniz, 1876.	LAJOLO, Marisa & ZILBERMAN, Regina. *A formação da leitura no Brasil*. São Paulo: Ática, 1996, p.341.
Contos de Eça de Queiroz		
Cartas de Fradique		
As meninas exemplares Condessa de Sègur	*Les Pétites filles modèles* (1858) – original francês	Consulta em um exemplar francês
As Férias Condessa de Sègur		
Contos Infantis texto escolar (lido após a etapa de alfabetização) Júlia Lopes de Almeida e Adelina Lopes Vieira	As autoras são irmãs. Júlia nasceu no Rio de Janeiro em 1862 e Adelina em Portugal em 1850. Esse texto é publicado em meados de 1900.	MENEZES, Raimundo de. *Dicionário literário brasileiro*. Rio de Janeiro: Livros Técnicos e Científicos, 1978, p.23-4.
Ceia dos Cardeais Eça de Queiroz	Correção: *A ceia dos cardeais* Correção: Texto de Júlio Dantas adaptado para o teatro	MENEZES, Raimundo de. *Dicionário literário brasileiro*. Rio de Janeiro: Livros Técnicos e Científicos, 1978, p.229.

MEMÓRIA DE LEITURAS	DADOS COLETADOS EM FONTES DIVERSAS	
Título da obra autor/ período/gênero	Referência	Fonte da referência
A Bibliothèque Rose coleção		
Coração Edmundo Amicis texto de leitura escolar (lido após a etapa de alfabetização)	*Cuore*. Texto bastante popular entre adolescentes e apreciado por adultos. Romance usado como texto escolar da segunda metade do século XIX.	LAJOLO, Marisa & ZILBERMAN, Regina. A *formação da leitura no Brasil*. São Paulo: Ática, 1996, p.225.
Sylvia Pellica na Liberdade Alfredo Mesquita	*Sílvia Pélica na liberdade* – texto infantil de 1946. Ilustração de Weber. "Texto baseado na obra *Silvio Pellico*. Tratado dos Deveres do Homem offerecido á mocidade portugueza por F. C. de Mendonça e Mello. 1v. in-8."	MENEZES, Raimundo de. *Dicionário literário brasileiro*. Rio de Janeiro: Livros Técnicos e Científicos, 1978, p.443. Catálogo da Livraria Academica da Casa Garraux [...]. São Paulo, Agencia do afamado jornal de modas: *A Estação*, s.d., p.29.
Sagesse Verlaine álbum de pensamentos, dizeres e versos para as donas de casa		

MEMÓRIA DE LEITURAS	DADOS COLETADOS EM FONTES DIVERSAS	
Título da obra autor/ período/gênero	Referência	Fonte da referência
Os Miseráveis de Victor Hugo		
O Estado de S. Paulo jornal	A *Provincia de S. Paulo* apareceu em 1875, dirigida pelos Dr. Francisco Rangel Pestana, Americo de Campos e José Maria Lisboa. Passou a se chamar, com o advento da República, *O Estado de S. Paulo*. Em 1891, o Sr. Dr. Julio de Mesquita assume a direção de *O Estado de S. Paulo*.	CICERO, Antonio. *A imprensa hontem e hoje* [...], Rio de Janeiro, 1928, p.39.
Crime de Sylvestre Bonnard de Anatole France		
Trophées Héredia		
Jocelyn Lamartine		
Désert Loti		
Rabelais Montaigne Voltaire		

MEMÓRIA DE LEITURAS	DADOS COLETADOS EM FONTES DIVERSAS	
Título da obra autor/ período/gênero	Referência	Fonte da referência
Werther de Goethe – romance identificado na obra de Machado de Assis *A mão e a luva* como uma obra lida pelo personagem Estevão.		
Memorial de Ayres Machado de Assis de 1908		
Compêndio de Literatura Francesa René Doumic usado para as aulas de francês		
Fábulas francesas usadas para as aulas de francês		
Vida Literária no Brasil Brito Broca leitura realizada durante a produção da obra memorialista	Correção: *A Vida Literária no Brasil – 1900*. Rio, MEC. José Brito Broca. Publicado em 1956.	MENEZES, Raimundo de. *Dicionário literário brasileiro*. Rio de Janeiro: Livros Técnicos e Científicos, 1978, p.136.
Le Silence Maeterlinck		

MEMÓRIA DE LEITURAS	DADOS COLETADOS EM FONTES DIVERSAS	
Título da obra autor/ período/gênero	Referência	Fonte da referência
L'Illustration semanário com gravuras sobre a França com suplemento de teatro, artes, músicas etc.	Illustration (L') L'Illustration – Suplément musical (1904 et 1905). Paris, 1904-05, in-8° gr. (40335)	*Catálogo do Gabinete português de leitura.* (org.) Dr. Benjamim Franklin R. Galvão. Rio de Janeiro: Typografia do Jornal do Commercio de Rodrigues & C., 1907, Classe 7 - 780-8, p.163.
Hermann e Dorotéia		
Os últimos dias de Pompéia		
Barbeiro de Sevilha *Fígaro*	autor de crônicas	*O Polichinello.* Semanário ilustrado (ed. fac-similar). (introd.) Ana Maria de Almeida Camargo. São Paulo: Imprensa Oficial/IMESP: Arquivo do Estado/ DAESP, 1981, p.24.
Le Mariage *Fígaro*	autor de crônicas	*O Polichinello.* Semanário ilustrado (ed. fac-similar). (introd.) Ana Maria de Almeida Camargo. São Paulo: Imprensa Oficial/IMESP: Arquivo do Estado/ DAESP, 1981, p.25.

MEMÓRIA DE LEITURAS	DADOS COLETADOS EM FONTES DIVERSAS	
Título da obra autor/ período/gênero	Referência	Fonte da referência
Folies-Bergère revista (espécie de revista-figurino)		
Excusez du peu Olavo Bilac (tradução) texto de leitura escolar	Entre a variada lista de obras deixada por Olavo Brás Martins dos Guimarães Bilac (1865-1918), não identifiquei o texto citado pela memorialista. Provavelmente, trata-se de um texto publicado entre os títulos de uso escolar, entre os quais poderia citar *Poesias infantis*; *Contos pátrios*, *A terra fluminense*, *Teatro infantil* e *A pátria brasileira*, em colaboração com Coelho Neto.	MENEZES, Raimundo de. *Dicionário literário brasileiro*. Rio de Janeiro: Livros Técnicos e Científicos, 1978, p.112.
Primeira travessura de Juca e Chico título original (alemão) *Max und Moritz* leitura de uso escolar		
Tout Paris Françoise Giroud		

MEMÓRIA DE LEITURAS	DADOS COLETADOS EM FONTES DIVERSAS	
Título da obra autor/ período/gênero	Referência	Fonte da referência
Paulo e Virgínia Bernardim de Saint-Pierre	Novela de 1811. Um aviso de 1810 publica na seção de anúncios da *Loja da Gazeta* a venda de obras em francês, inglês e português, de *Aventuras de Gil Blas* e *Telêmaco*. Entre 1801 e 1812 ampliam-se as ofertas de "obras familiares" como *Paulo e Virgínia, O diabo coxo, A choupana índia, Cartas de Abelardo e Heloísa*, sejam vindas de Lisboa ou não. A partir de 1819, além de obras, anunciam-se catálogos das novelas.	MEYER, Marlyse. *Folhetim: uma história*. São Paulo: Companhia das Letras, 1995, p.28-9.
Os amores do Sr. Jacarandá		
O objeto amado		
Doré sur tranche romance-folhetim		
Um fazendeiro paulista no século XIX Carlota Pereira de Queiroz leitura realizada na produção da obra memorialística	Sem data de publicação, São Paulo, Anhembi.	MALUF, Marina. *Ruídos da memória*. São Paulo: Siciliano, 1995, p.288.
Jornal do Commercio jornal criado em 1827 pelo francês Pierre Plancer	"O *Jornal do Commercio* brilhantemente dirigido por Mario Guastini, foi fundado em 1816 e succedeu ao *Commercio de São Paulo*, apparecido em 1893 e redigido por Eduardo Prado, Affonso Arinos e Couto de Magalhães."	CICERO, Antonio. *A imprensa hontem e hoje* [...], Rio de Janeiro, 1928, p.40.

MEMÓRIA DE LEITURAS	DADOS COLETADOS EM FONTES DIVERSAS	
Título da obra autor/ período/gênero	Referência	Fonte da referência
Versos de Olavo Bilac		
O amiguinho de Nhonhô	Texto de 1882 publicado por Menezes Vieira (médico e professor, 1851-1897). Ele estava entre os intelectuais de destaque em função de suas idéias pedagógicas e a prática de ensino que propunha ao final do século XIX. O título citado revelou-se como um clássico infantil e obteve a terceira edição em 1895, em Pernambuco.	COELHO, Nelly Novaes. *Dicionário crítico da literatura infantil e juvenil brasileira: séculos XIX e XX*. São Paulo: EDUSP, 1995, p.45.
O judeu internacional Ford (suposto autor)		
Cadernos de pensamentos		
Quadrinhas		
Versos Emílio de Menezes	Emílio de Menezes (1866-1918). Seu primeiro livro de versos, *Marcha fúnebre* (sonetos), data de 1893. Escreveu outros poemas e entrou para a Academia Brasileira de Letras em 1914.	MENEZES, Raimundo de. *Dicionário literário brasileiro*. Rio de Janeiro: Livros Técnicos e Científicos, 1978, p.440-1.
Amou, Sofreu, Realizou cordel de 1971		

MEMÓRIA DE LEITURAS	DADOS COLETADOS EM FONTES DIVERSAS	
Título da obra autor/ período/gênero	Referência	Fonte da referência
A agulha e a linha conto de Machado de Assis		
Ali Babá e os 40 ladrões		
Amor de perdição	*Amor de perdição*, romance de Camilo Castelo Branco. Obra identificada entre os cem títulos de sua autoria e tradução, segundo o Catálogo da Livraria Garraux.	Catálogo da Livraria Academica da Casa Garraux [...]. São Paulo, Agencia do afamado jornal de modas: *A Estação*, s.d., p.56.
A Muralha Dinah Silveira de Queiroz	Correção: Diná Silveira de Queirós. Nasceu em 1911 em São Paulo. Escreveu o romance entre 1951 e 1965.	MENEZES, Raimundo de. *Dicionário literário brasileiro*. Rio de Janeiro: Livros Técnicos e Científicos, 1978, p.555.
Deus e a Alma escrito por Ricardo Leão Sabino (seu avô)		
Contos de fada		
Helena Machado de Assis romance de 1876		

MEMÓRIA DE LEITURAS	DADOS COLETADOS EM FONTES DIVERSAS	
Título da obra autor/ período/gênero	**Referência**	**Fonte da referência**
Antologia para a infância Henriqueta Lisboa leitura realizada na produção da obra memorialística	A memorialista refere-se ao texto *Hino de amor* no livro *Antologia para a infância* da escritora e poetiza Henriqueta Lisboa. Esse texto está transcrito, de acordo com a memorialista, nas páginas finais da *Cartilha João de Deus* usada na Escola Modelo Maria José, em São Paulo.	OCTÁVIO, Laura Oliveira Rodrigo. *Elos de uma corrente: seguidos de outros elos*, p.39.
Navio negreiro de Castro Alves		
Versos da irmã Marietta e de outras meninas		
Recitativos de Castro Alves		
La Plume revista de 1897		
Camilo de Rosseau		
O livro e a América		

MEMÓRIA DE LEITURAS	DADOS COLETADOS EM FONTES DIVERSAS	
Título da obra autor/ período/gênero	Referência	Fonte da referência
Fábulas de La Fontaine	Em 1896 foi publicado no Brasil *Contos da carochinha*, primeira coletânea de literatura infantil brasileira. Obra inaugural da "Biblioteca Infantil" da Livraria Quaresma, no Rio de Janeiro. Trata-se de uma coletânea de 61 contos populares, morais e provérbios de vários países, traduzidos e recolhidos diretamente da tradição local. Nela há contos de Perrault, de Grimm e de Andersen, fábulas, apólogos, alegorias, contos exemplares, lendas, parábolas, provérbios, contos jocosos etc.	COELHO, Nelly Novaes. *Dicionário crítico da literatura infantil e juvenil brasileira: séculos XIX e XX*. São Paulo: EDUSP, 1995.
Versos de Raimundo Correia	Raimundo da Mota de Azevedo Correia, escritor poético nascido no Maranhão em 1859. Raymundo Corrêa – *Poesias*	MENEZES, Raimundo de. *Dicionário literário brasileiro*. Rio de Janeiro: Livros Técnicos e Científicos, 1978, p.204. *Catálogo do Gabinete português de leitura*. (org.) Dr. Benjamim Franklin R. Galvão. Rio de Janeiro: Typografia do Jornal do Commercio de Rodrigues & C., 1907, In: Litteratura Brasileira, Classe 8 869.914.7, p.578.

Lista 11 – *Um grito de liberdade: uma família paulista no fim da belle-époque*
Hermengarda Leme Leite Takeshita

MEMÓRIA DE LEITURAS	DADOS COLETADOS EM FONTES DIVERSAS	
Título da obra autor/ período/gênero	**Referência**	**Fonte da referência**
Caderno de anotações – diário de Thereza D'Ávila Leme (sua mãe)		
Diário de Antonieta Leme Ribeiro (sua sobrinha)		
Questões político-sociaes *Ave! Cesa! Morituri te salutant!* publicado em 1882 artigo escrito por seu avô no jornal *Echo Municipal do Povo*		
Tempos Primitivos Esboço Phylosóphico Gonçalo Silva Leme publicado em 1887 artigo escrito por seu avô no jornal *Echo Municipal do Povo*		

MEMÓRIA DE LEITURAS	DADOS COLETADOS EM FONTES DIVERSAS	
Título da obra autor/ período/gênero	Referência	Fonte da referência
Eurico, o presbítero de Herculano romance	Alexandre Herculano escritor também de *Eurico, o presbítero* e *O monge de cister*, romances históricos publicados em 1843 e 1848. Além do romance *A história de Portugal* – em três volumes, publicado entre 1846 e 1853.	BITTENCOURT, Anna Ribeiro de Goes. *Longos serões do campo*, v.II, p.289.
Bíblia	*A Bíblia Sagrada*, trad. em portuguez, ilustrada com prefações por Antonio Pereira de Figueiredo, 2v. enc. em Paris. *A Bíblia Sagrada* contendo o Velho e o Novo Testamento. Trad. Em portuguez pelo padre J. Ferreira A. d'Almeida. Seguem outras edições no Catálogo.	Catálogo da Livraria Academica da Casa Garraux [...]. São Paulo, Agencia do afamado jornal de modas: *A Estação*, s.d., p.3.
A agulha e o novelo de linha Machado de Assis texto de uso escolar em manuscrito para ser copiado		
O príncipe encantado histórias de carochinha (contos de fada)	Localizei referência semelhante na obra *Contos da carochinha*, publicada em 1896, como obra inaugural da Biblioteca Infantil da Livraria Quaresma no Rio de Janeiro.	COELHO, Nelly Novaes. *Dicionário crítico de literatura infantil e juvenil brasileira: séculos XIX e XX*. São Paulo: EDUSP, 1995.

MEMÓRIA DE LEITURAS	DADOS COLETADOS EM FONTES DIVERSAS	
Título da obra autor/ período/gênero	Referência	Fonte da referência
Saci-Pererê e o Lobisomem lendas	Localizei referência semelhante na obra *Contos da carochinha*, publicada em 1896, como obra inaugural da Biblioteca Infantil da Livraria Quaresma no Rio de Janeiro.	COELHO, Nelly Novaes. *Dicionário crítico de literatura infantil e juvenil brasileira: séculos XIX e XX*. São Paulo: EDUSP, 1995.
O cestinho de flores		
Divina comédia Dante		
Poema de Ricardito	Pseudônimo de Ricardo Mendes Gonçalves	MENEZES, Raimundo de. *Dicionário literário brasileiro*. Rio de Janeiro: Livros Técnicos e Científicos, 1978, p.311.
Orquídea branca de Bárbara Stanwich		
Rimas de Aníbal Teófilo		
Branca flor poema lírico de Aníbal Teófilo	Aníbal Teófilo de Ladislau y Silva de Figueiredo y Melo de Geron de Torres y Espinosa. s.d.	MENEZES, Raimundo de. *Dicionário literário brasileiro*. Rio de Janeiro: Livros Técnicos e Científicos, 1978, p.677.

MEMÓRIA DE LEITURAS	DADOS COLETADOS EM FONTES DIVERSAS	
Título da obra autor/ período/gênero	Referência	Fonte da referência
O judeu internacional Ford (suposto autor)		
Absalão *O som e a fúria* *Santuário* *Enquanto agonizo* *Pylon* Romances de William Faulkner		
A cegonha soneto Aníbal Teófilo	Publicado antes de 1911	MENEZES, Raimundo de. *Dicionário literário brasileiro*. Rio de Janeiro: Livros Técnicos e Científicos, 1974, p.35.
A dança sobre o abismo Gilberto Amado	Gilberto de Lima Azevedo Sousa Ferreira Amado de Faria	MENEZES, Raimundo de. *Dicionário literário brasileiro*. Rio de Janeiro: Livros Técnicos e Científicos, 1974, p.35.
A chave de Salomão Gilberto Amado	Correção: *A chave de Salomão e outros contos*. Lançado em Paris em 1914.	MENEZES, Raimundo de. *Dicionário literário brasileiro*. Rio de Janeiro: Livros Técnicos e Científicos, 1974, p.35.

MEMÓRIA DE LEITURAS	DADOS COLETADOS EM FONTES DIVERSAS	
Título da obra autor/ período/gênero	Referência	Fonte da referência
O Rio João Cabral de Melo Neto texto de poesia	(Recife, PE, 9 de janeiro 1920). *O Rio* é o livro premiado e a abertura para uma melhor compreensão de sua obra poética. Eleito para a ABL, em 1968, na vaga deixada por Assis Chateaubriand.	COUTINHO, Afrânio & GALANTE DE SOUSA, J. *Enciclopédia de literatura brasileira*. Rio de Janeiro: MEC/FAE, 1990, p.888-9.
Os escorpiões romance de Gastão de Holanda	Obra de 1954	MENEZES, Raimundo de. *Dicionário literário brasileiro*. Rio de Janeiro: Livros Técnicos e Científicos, 1974, p.330.
Os cangaceiros José Lins do Rego	José Lins do Rego Cavalcanti. Sua obra é de 1953.	MENEZES, Raimundo de. *Dicionário literário brasileiro*. Rio de Janeiro: Livros Técnicos e Científicos, 1974, p.568.
Grande sertão veredas Guimarães Rosa	João Guimarães Rosa. Romance de 1956.	MENEZES, Raimundo de. *Dicionário literário brasileiro*. Rio de Janeiro: Livros Técnicos e Científicos, 1974, p.596.
Poemas de amor Pablo Neruda (meio milhão de exemplares vendidos)		
Poesias populares Pablo Neruda (30 mil exemplares vendidos em doze dias)		

Álbum de leitura: memórias de vida, histórias de leitoras 447

MEMÓRIA DE LEITURAS	DADOS COLETADOS EM FONTES DIVERSAS	
Título da obra autor/ período/gênero	Referência	Fonte da referência
Elegia do corrupião Pablo Neruda		
Revista Branca revista do Rio de Janeiro – anterior a 1953 –; em sua nova fase circulou em vários idiomas	"Das revistas contemporâneas (a partir de 1945), pondo-se de lado os periódicos de actualidades (de número bastante elevado), as publicações de curta duração, as revistas universitárias (em grande surto de progresso e servindo de repositório para as pesquisas realizadas nas Faculdades de Letras) e os jornais literários, faz-se necessário assinalar: *Anhembi, Revista Branca, Revista do Arquivo Municipal* [...]".	COELHO, Jacinto Prado. *Dicionário de literatura* [...]. Rio de Janeiro: Companhia Brasileira de Publicações, 1969, v.II, p.932.
Herbarium incunábulo do ano de 1500		
O Crime de Judith de Gilberto Vidigal	(São Paulo, 1894). Ensaísta, conferencista; diplomado em Direito. Não localizei especificamente o título citado pela memorialista.	COUTINHO, Afrânio & GALANTE DE SOUSA, J. *Enciclopédia de literatura brasileira*. Rio de Janeiro: MEC/FAE, 1990, p.1354.
Sonetos Gabriela Mistral (poemas e poesias de 1914)		

MEMÓRIA DE LEITURAS	DADOS COLETADOS EM FONTES DIVERSAS	
Título da obra autor/ período/gênero	Referência	Fonte da referência
Espumas Flutuantes Castro Alves exemplar de poesias editado pela Imprensa Econômica da Bahia em 1870	Castro Alves (A de.) *Espumas Fluctuantes*. Nova Edição. Rio de Janeiro: B. L. Garnier, 1883. Obra citada (5ª. edição), também no Catálodo da Liv. Acad. da Casa Garraux. São Paulo, s.d.	*Catálogo do Gabinete português de leitura.* (org.) Dr. Benjamim Franklin R. Galvão. Rio de Janeiro: Typografia do Jornal do Commercio de Rodrigues & C., 1907, Classe 8 - 869.914.5 p.578.
Cartilha texto escolar para a alfabetização		
O Tico-Tico revista infantil	Almanaques de 1905 a 1958 (anual) Outras publicações da TICO-TICO: a *"edição comemorativa do 50º. aniversário"* (out. 1959); o *"teatrinho na escola"* do nº 2082, set.-out./1959, e o *"quadro da nossa história"* –, ed. especial do nº 2088, set.-out./1960.	Banco de dados sobre periódicos da Biblioteca José Mindlin. LAJOLO, Marisa & ZILBERMAN, Regina. *A Formação da leitura no Brasil.* São Paulo: Ática, p.229-30.
jornal local de São João dos Campos		
Gramática Carlos Pereira Dr. Eduardo Carlos Pereira (ministro protestante)		

MEMÓRIA DE LEITURAS	DADOS COLETADOS EM FONTES DIVERSAS	
Título da obra autor/ período/gênero	Referência	Fonte da referência
Versos de Vicente de Carvalho		
Testamento Pablo Neruda		
Quadrinhas, trovas e versos		
A canção da vida Krisnamurti literatura de auto-ajuda		
Quiromancia literatura exotérica		
Cartas de amor e de familiares		
Novas forças mentais literatura exotérica		

Lista 12 – *Por onde andou meu coração*
Maria Helena Cardoso

MEMÓRIA DE LEITURAS	DADOS COLETADOS EM FONTES DIVERSAS	
Título da obra autor/ período/gênero	Referência	Fonte da referência
Inglês sem mestre livro de uso escolar		
Correio da Manhã jornal		
Romances romances-folhetins		
Poesias		
Histórias da carochinha literatura infantil	Localizei com o título *Contos da carochinha* uma edição de 1896, cuja obra inaugural abre a primeira coletânea de literatura infantil brasileira publicada pela Biblioteca Infantil da Livraria Quaresma, no Rio de Janeiro.	Biblioteca pessoal José Mindlin.
Chernoviz livro médico	Formulário ou Guia Médico de Pedro Luiz Napoleão. *Dicionário Médico Chernoviz*. Em 1927, contava com 19 edições refundidas e aumentadas. *Diccionario de Medicina Popular*: Formulario ou Guia Medico do Brazil [...]. Rio de Janeiro, 1842, 1° vol.	*Diccionario de Medicina Popular:* Formulario ou Guia Medico do Brazil [...]. 1.ed. Rio de Janeiro, 1842.

MEMÓRIA DE LEITURAS	DADOS COLETADOS EM FONTES DIVERSAS	
Título da obra autor/ período/gênero	Referência	Fonte da referência
Vida de Minas revista		
Capitain Pardaillan Miguel Zevacco romance		
Fausta vencida Miguel Zevacco		
Sherlock Holmes fascículos romances policiais		
Nick Carter fascículos romances policiais		
Arsène Lupin		
Recordações da Casa dos Mortos		
Crime e Castigo Dostoievsky		
Anatole France		

MEMÓRIA DE LEITURAS	DADOS COLETADOS EM FONTES DIVERSAS	
Título da obra autor/período/gênero	Referência	Fonte da referência
Viagem à roda da Lua		
Cinco semanas em um balão		
Aventuras do Capitão Hateras		
A volta ao mundo em oitenta dias		
Atribuilações de um chinês na China		
Júlio Verne		
ficção		
A filha do diretor do circo		
Le crime de Sylvestre Bonnard		
Le lys rouge		
Paul Bourget		
primeiros romances em grande moda da Bibliothèque de Mme. Fille		

MEMÓRIA DE LEITURAS	DADOS COLETADOS EM FONTES DIVERSAS	
Título da obra autor/ período/gênero	Referência	Fonte da referência
O judeu errante Eugène Sue	Na referência localizada, trata-se da obra *A lenda do judeu errante*, escrita por Pierre Dupont e Gustavo Doré (ilustrador). O original em francês, *La légende du juif errant*, data de 1862 (2.ed.) pela Librairie du Magasin Pittoresque, em Paris.	DUPONT, Pierre & DORÉ, Gustave. *A lenda do judeu errante*. (trad. David Jardim Junior). Belo Horizonte: Vila Rica Editoras Reunidas Ltda. s.d.
Dramas do Novo Mundo Gustavo Aymard coleção completa em fascículos		
Escrich fascículos		
Rebeca de Daphe du Maureir romance		
As aventuras do coronel Bambley		
Os três mosqueteiros		
Rocambole		
Os anjos terrestres		
Madame Bovary Gustave Flaubert romance de 1856 ou 1857		

MEMÓRIA DE LEITURAS	DADOS COLETADOS EM FONTES DIVERSAS	
Título da obra autor/ período/gênero	Referência	Fonte da referência
Visconde de Bragelone *Vinte anos depois* *Conde de Monte-Cristo* *Memórias de um médico* de Alexandre Dumas		
Anjos da Terra *O violino do diabo* *O piano de Clara* de Prez Escrich		
O Moço louro Joaquim Manuel de Macedo romance de 1845		
Graziela de Lamartine		
Escaravelo de ouro romance policial		
Eu Sei Tudo (revista)		

MEMÓRIA DE LEITURAS	DADOS COLETADOS EM FONTES DIVERSAS	
Título da obra autor/ período/gênero	Referência	Fonte da referência
Gualsworthey, Thomas Hardy, Gorge Elliot, Mrs. Gaskell, as irmãs Brönte, Moore e Joseph Conrad romancistas ingleses		
Tchecov		
Gogol		
Tourguenef		
Poemas de Rimbaud, Baudelaire		
Divina comédia humana Dante Alighieri		
David Copperfield Charles Dickens		
A faixa sarapintada fascículos		
Zanoni fascículos		

MEMÓRIA DE LEITURAS	DADOS COLETADOS EM FONTES DIVERSAS	
Título da obra autor/ período/gênero	Referência	Fonte da referência
Bela feiticeira fascículos		
Bíblia	*A Bíblia Sagrada*, trad. em portuguez, ilustrada com prefações por Antonio Pereira de Figueiredo, 2v. enc. em Paris. *A Bíblia Sagrada* contendo o Velho e o Novo Testamento. Trad. em portuguez pelo padre J. Ferreira A. d'Almeida. Seguem outras publicações no Catálogo.	Catálogo da Livraria Academica da Casa Garraux [...]. São Paulo, Agencia do afamado jornal de modas: *A Estação*, s.d., p.3.

Lista 13 – *Os caminhos*
Maria José Dupré

MEMÓRIA DE LEITURAS	DADOS COLETADOS EM FONTES DIVERSAS	
Título da obra autor/ período/gênero	Referência	Fonte da referência
A Bíblia		
Chernoviz Pedro Luiz Napoleão Formulário e Guia Médico	*Dicionário Médico Chernoviz*. Em 1927 contava com 19 edições refundidas e aumentadas. *Diccionario de Medicina Popular*: Formulario ou Guia Medico do Brazil [...]. Rio de Janeiro, 1842, 1º vol.	*Diccionario de Medicina Popular*: Formulario ou Guia Medico do Brazil [...]. Rio de Janeiro, 1842, 1ª. ed.
Romances de folhetim	Alfredo Bastos publicou diversos folhetins no *Jornal do Commercio* de 1877 a 1879 no Rio de Janeiro e Provincias.	BLAKE, Sacramento. *Diccionario Bibliographico Brazileiro* (reimp. off-set) Conselho Federal de Cultura, 1970, v.I, p.52.
As pombas Raymundo Correia versos	São muitas as publicações em versos realizadas pelo maranhense Raimundo da Mota de Azevedo Correia (1859-1911). Estreou em 1979, com *Primeiros sonhos*, lançou em 1882 *Sinfonias*, com 81 poemas. Em 1898 lançou, em Lisboa, *Poesias*.	MENEZES, Raimundo de. *Dicionário literário brasileiro*. Rio de Janeiro: Livros Técnicos e Científicos, 1978, p.204.
Poesias Guerra Junqueiro	Abílio Manuel de Guerra Junqueiro, poeta português (1850-1923). Entre as publicações cito o poema *A morte de Dom João*, de 1870; *A musa em férias*, de 1879, com nítida influência de Victor Hugo; *A velhice do Padre Eterno*, obra anticlerical de 1885; em 1890 publicou *Finis patriae* e *Canção do ódio*, sátiras violentas à dinastia bragantina e à Inglaterra, e ainda *Os simples*, de 1892, e *Oração ao pão e Oração da luz* que manifestão preocupações místicas.	*Grande Enciclopédia Larousse Cultural*. São Paulo: Nova Cultural, 1998, p.3380. vol 14.

MEMÓRIA DE LEITURAS	DADOS COLETADOS EM FONTES DIVERSAS	
Título da obra autor/ período/gênero	Referência	Fonte da referência
Obras traduzidas Shakespeare		
O crime do padre Amaro Eça de Queiroz leitura censurada	Romance português. A revista *Ocidental* publicou em 1875 a primeira versão d'*O Crime do Padre Amaro*.	COELHO, Jacinto Prado. *Dicionário de literatura* [...]. Rio de Janeiro: Companhia Brasileira de Publicações, 1969, v.II, p.930.
O primo Basílio Eça de Queiroz leitura censurada	Romance português (1845-1900). Além de *O primo Basílio*, de 1878, as obras mais citadas entre as memorialistas são *As minas de Salomão* (tradução), *O crime do padre Amaro*, *A cidade e as serras*.	*Grande Enciclopédia Larousse Cultural*. São Paulo: Nova Cultural, 1998, vol. 9, p.2009-10.
Dom Quixote	Miguel de Cervantes Saavedra. D. Quixote de la Mancha. Traducção do Visconde de Benalcanfor auxiliado, para mais fácil interrpretação do texto, por D. Luiz Breton y Vedra. Ornada com 31 gravuras. 2v. in-4 (Lisboa).	Catálogo da Livraria Academica da Casa Garraux [...]. São Paulo, Agencia do afamado jornal de modas: *A Estação*, s.d., p.60.
David Copperfield Charles Dickens romance		
Poema Walt Whitman		

MEMÓRIA DE LEITURAS	DADOS COLETADOS EM FONTES DIVERSAS	
Título da obra autor/ período/gênero	Referência	Fonte da referência
Salambô	Salambó. Gustavo Flaubert. 2 v. in-4.	Catálogo da Livraria Academica da Casa Garraux [...]. São Paulo, Agencia do afamado jornal de modas: *A Estação*, s.d., p. 33.
A ovelha e o lobo fábula	Consta como uma das fábulas do livro colligido por F. Adolpho Coelho.	COELHO, F. Adolpho. "Leituras escolares brasileiras" 1ª. serie. Trechos variados. São Paulo: Teixeira & Irmão – Editores, 1889.
Barba Azul		
Vinte anos depois romance-folhetim livro da coleção de Alexandre Dumas		
O colar da rainha Alexandre Dumas romance-folhetim	Alexandre Dumas, *O colar da rainha*. 3v. in-8 (Lisboa)	Catálogo da Livraria Academica da Casa Garraux [...]. São Paulo, Agencia do afamado jornal de modas: *A Estação*, s.d., p. 65-67
Leituras sobre guerra em artigos de jornais		

MEMÓRIA DE LEITURAS	DADOS COLETADOS EM FONTES DIVERSAS	
Título da obra autor/ período/gênero	**Referência**	**Fonte da referência**
Poesias, entre elas, *Le Dormeur Du Val* de Rimbaud		
Diário André Gide		
Rebeca Dahphe du Maurier. romance	Citado em função da suspeita de plágio de *A sucessora*, de Carolina Nabuco.	MENEZES, Raimundo de. *Dicionário literário brasileiro*. Rio de Janeiro: Livros Técnicos e Científicos, 1978, p.474.
Cartas pessoais		
Poesias Casimiro de Abreu	J. M. Casimiro D'Abreu. *Obras completas*, colligidas [...], por J. Foberto de Souza Silva. Nova Edição (1872), ornado com o retrato do auctor. 1 v. encad.	Catálogo da Livraria Academica da Casa Garraux [...]. São Paulo, Agencia do afamado jornal de modas: *A Estação*, s.d., p. 55.
O Estado de S. Paulo crônicas escritas no suplemento do jornal	*A Provincia de São. Paulo* apareceu em 1875, dirigida pelos Dr. Francisco Rangel Pestana, Americo de Campos e José Maria Lisboa. Passou a chamar, com o advento da República, *O Estado de S. Paulo*. Em 1891, o Sr. Dr. Julio de Mesquita assume a direção do *Estado de S. Paulo*.	CICERO, Antonio. *A imprensa hontem e hoje* [...], Rio de Janeiro, 1928, p.39.
Poesias Guilherme de Almeida	São várias as obras do poeta paulista, nascido em Campinas em 1890.	COUTINHO, Afrânio & GALANTE DE SOUSA, J. *Enciclopédia de literatura brasileira*. Rio de Janeiro: MEC/FAE, 1990, p.185.

MEMÓRIA DE LEITURAS	DADOS COLETADOS EM FONTES DIVERSAS	
Título da obra autor/ período/gênero	Referência	Fonte da referência
Romances Balzac	Entre outros localizei *A duqueza de Langeais: a missa do atheo; Uma paixão no deserto; Eugenia Grandet* e mais seis obras de Balzac citadas como de grande circulação no Brasil.	Catálogo da Livraria Academica da Casa Garraux [...]. São Paulo, Agencia do afamado jornal de modas: *A Estação*, s.d., p.48.
O Tejo versos		
Poesias de Camilo Castelo Branco		
Amor de perdição de Camilo Castelo Branco	*Amor de perdição* – romance de Camilo Castelo Branco. Obra identificada entre os cem títulos de sua autoria e tradução, segundo o Catálogo da Livraria Garraux.	Catálogo da Livraria Academica da Casa Garraux [...]. São Paulo, Agencia do afamado jornal de modas: *A Estação*, s.d., p.56
Versos (em alemão) Schiller, Heine e Goethe		
A cigarra e a formiga La Fontaine fábulas	Consta como uma das fábulas do livro coligido por F. Adolpho Coelho.	COELHO, F. Adolpho. *Leituras escolares brazileiras* 1ª. serie. Trechos variados. São Paulo: Teixeira & Irmão – Editores, 1889.

MEMÓRIA DE LEITURAS	DADOS COLETADOS EM FONTES DIVERSAS	
Título da obra autor/ período/gênero	Referência	Fonte da referência
O moleiro, o burro e o filho		
La Fontaine		
fábulas		
Baudelaire		
Olavo Bilac		
Raimundo Correia		
Alberto de Oliveira		
Guerra Junqueiro		
Romances		
Sinclair Lewis		
Forsyte saga de John Galsworthy		
Os miseráveis de Victor Hugo		
Romeu e Julieta		
Algumas obras de Eça de Queiroz (leituras censuradas pela família)		

Lista 14 – *A carruagem alada*
Maria de Lourdes Teixeira

MEMÓRIA DE LEITURAS	DADOS COLETADOS EM FONTES DIVERSAS	
Título da obra autor/ período/gênero	Referência	Fonte da referência
Brás Cubas Machado de Assis		
Cartas a um jovem poeta Rilke		
Sermões Padre Vieira	Os *Sermões* são o que há de mais primoroso neste genero de litteratura sagrada. Citado no catálogo junto a outras publicações do Padre Vieira.	Catálogo da Livraria Academica da Casa Garraux [...]. São Paulo, Agencia do afamado jornal de modas: *A Estação*, s.d.
Texto-carta Capistrano de Abreu e Afonso de Taunay	Referência sobre sua vida e sua obra pode ser obtida entre os documentos reunidos na obra Nicolau A. Taunay	Cf. COUTINHO, Afrânio & GALANTE DE SOUSA, J. *Enciclopédia de literatura brasileira*. Rio de Janeiro: MEC/FAE, 1990, v.II, p.1291.
Ubaldino do Amaral autor de romance-folhetim e de críticas, tradutor de várias obras do francês, espanhol e italiano	Ubaldino do Amaral Fontoura nasceu no Paraná em 1842 e faleceu no Rio de Janeiro em 1920. Teatrólogo, orador, diplomado em Direito, professor, advogado, senador, Ministro do Supremo Tribunal. Entre as informações recolhidas, não identifiquei referência explícita a obras traduzidas, composição de romance-folhetim. A indicação feita pela memorialista reporta-se, ao que tudo indica, a colaborações em jornais.	Cf. COUTINHO, Afrânio & GALANTE DE SOUSA, J. *Enciclopédia de literatura brasileira*. Rio de Janeiro: MEC/FAE, 1990, v.I, p.206.

MEMÓRIA DE LEITURAS	DADOS COLETADOS EM FONTES DIVERSAS	
Título da obra autor/período/gênero	Referência	Fonte da referência
Conrad		
Proust		
Camões		
Dostoievsky		
Péguy		
Goethe, Victor Hugo, Chateaubriand, Shelley e Byron		
volume em que constam recortes de jornais brasileiros e de revistas estrangeiras, artigos políticos, históricos, poemas e críticas literárias		
Quem passou pela vida em branca nuvem Francisco Otaviano poema		
Livro de Assentos Estevão de Ribeiro de Rezende (seu avô)	A pesquisadora Marina Maluf faz alusão a diferentes inventários, testamentos, diários, livros de conta corrente, livro de assentos e de receitas, livros de conta de fazendas.	MALUF, Marina. *Ruídos da memória*. São Paulo: Siciliano, 1995, p.275-7.

MEMÓRIA DE LEITURAS	DADOS COLETADOS EM FONTES DIVERSAS	
Título da obra autor/ período/gênero	Referência	Fonte da referência
Napoleão Fagundes Varela poema	Luís Nicolau Fagundes Varela (1841-1875). Não encontrei texto de sua autoria com o título *Napoleão*. A edição *Obras completas* e *Poesias completas*, in *Grandes poetas românticos do Brasil*, 1949 poderiam apontar maiores referências.	MENEZES, Raimundo de. *Dicionário literário brasileiro*. Rio de Janeiro: Livros Técnicos e Científicos, 1978, p.688-9.
Marabá e Harpejos Gonçalves Dias poema	Esse título trata-se, por hipótese, de um verso, drama, canto ou outro tipo de composição realizada por Antônio Gonçalves Dias (1823-1864). Ver *Obras póstumas*, editadas por Antônio H. Leal em 6 vols, em 1868-1869 e *Poesias completas*, Rio de Janeiro, 1971.	MENEZES, Raimundo de. *Dicionário literário brasileiro*. Rio de Janeiro: Livros Técnicos e Científicos, 1978, p.232-3.
Flores d'alma Tomás Ribeiro poema		
soneto Antonio Feijó		
Rocambole	Romance do francês Ponson du Terrail com várias (re)edições. Data de 1857 a primeira edição francesa.	MEYER, Marlyse. *Folhetim: uma história*. São Paulo: Companhia das Letras, 1995, p.129-30.
Os três mosqueteiros Pardaillan	Suplemento do romance *Fon-Fon!*, anno I, n. 41.	Revista *O romance de FON-FON* (suplemento semanal). Rio de Janeiro: Officinas de FON-FON e SELECTA, para Brazil e Portugal.

MEMÓRIA DE LEITURAS	DADOS COLETADOS EM FONTES DIVERSAS	
Título da obra autor/ período/gênero	Referência	Fonte da referência
Romance-folhetim Eugène Sue		
Romance-folhetim Ponson du Terrail		
Judeu errante	*A lenda do judeu errante*	DORÉ, Gustave e DUPONT, Pierre. *A lenda do judeu errante.* (trad. David Jardim Junior). Belo Horizonte: Villa Rica, s.d. (Coleção arte sempre).
Conde de Monte Cristo	Alexandre Dumas. *Conde de Monte-Cristo.* 5v. in-8 (Lisboa)	Catálogo da Livraria Academica da Casa Garraux [...]. São Paulo, Agencia do afamado jornal de modas: *A Estação*, s.d., p. 65-7.
Quo Vadis		
Mártir do Gólgota		
O melro Guerra Junqueiro poema		
poema baseado num conto de Daudet de Gonçalves Crespo		

MEMÓRIA DE LEITURAS	DADOS COLETADOS EM FONTES DIVERSAS	
Título da obra autor/ período/gênero	Referência	Fonte da referência
Dom Jaime de Tomás Ribeiro drama em versos		
O navio negreiro Castro Alves		
Vozes d'Africa Castro Alves	Castro Alves. *Vozes d'África – Navio Negreiro*. Fagundes Varella. 1 folheto (J.G.A.)	Catálogo da Livraria Academica da Casa Garraux [...]. São Paulo, Agencia do afamado jornal de modas: *A Estação*, s.d.
Cântico do Calvário de Varela		
Y-Juca-Pirama de Gonçalves Dias		
O estudante alsaciano		
Olegário Mariano – chamado o "poeta das cigarras"		
Revista Fon-Fon! revista publicação do R. J. texto de aventura policial de Sherlock Holmes	*O Romance de FON-FON* (suplemento semanal). Rio de Janeiro: Officinas de FON-FON e SELECTA [...]. Fascículo n. 1, no. 41, 1922 e outros.	Obra consultada a partir do acervo pessoal de Marlyse Meyer.

MEMÓRIA DE LEITURAS	DADOS COLETADOS EM FONTES DIVERSAS	
Título da obra autor/ período/gênero	**Referência**	**Fonte da referência**
Denunciações da Bahia livro com prefácio de Capistrano de Abreu		
Quincas Borba Machado de Assis		
Memorial de Aires Machado de Assis		
Les lys rouge Anatole France		
Romances de Joaquim Manuel de Macedo		
Juno de Rubens		
Flora de Ticiano		
Inocência de Taunay	"*Inocência* é, sem dúvida, o melhor romance de Taunay, muito superior aos demais" afirma Lúcia Miguel-Pereira. Livro de 1872, obteve várias traduções. *A retirada da Laguna* e *Inocência* obtiveram 36 publicações pelas Edições Melhoramentos.	MENEZES, Raimundo de. *Dicionário literário brasileiro*. Rio de Janeiro: Livros Técnicos e Científicos, 1978, p.669.

MEMÓRIA DE LEITURAS	DADOS COLETADOS EM FONTES DIVERSAS	
Título da obra autor/ período/gênero	Referência	Fonte da referência
Ementário poemas líricos de 1908 de Gustavo Teixeira (seu primo)	Gustavo de Paula Teixeira (1881-1937). O livro *Ementário* data de 1904-1907, São Paulo.	MENEZES, Raimundo de. *Dicionário literário brasileiro*. Rio de Janeiro: Livros Técnicos e Científicos, 1978, p.673-4.
Último Evangelho poema de Gustavo Teixeira (seu primo)	Gustavo de Paula Teixeira (1881-1937). O livro *Último Evangelho* é uma obra póstuma.	MENEZES, Raimundo de. *Dicionário literário brasileiro*. Rio de Janeiro: Livros Técnicos e Científicos, 1978, p.673-4.
Correio Paulistano jornal Seção: A Propósito (contêm poemas e sonetos) dirigida por Álvaro Guerra sob o pseudônimo de Simplício	*Correio Paulistano* o mais antigo jornal existente no Estado de S. P., apareceu em 1854, tendo sido fundado pelo Dr. Taques de Almeida Alvim.	CICERO, Antonio. *A imprensa hontem e hoje* [...], Rio de Janeiro, 1928, p.38.
Folha Nova jornal fundado por Garcia Redondo	A *Folha Nova*. Rio de Janeiro, 23 nov. 1882 – 6 jun. 1885. Entre os redatores do jornal destacou-se Joaquim Serra. Deixando o jornal, como afirma André Rebouças em função da pressão exercida por escravocratas. Houve também a colaboração de nomes como: Gustavo Teixeira, Lúcio de Mendonça, Filinto de Almeida, Oscar Pederneiras e outros.	COUTINHO, Afrânio & GALANTE DE SOUSA, J. *Enciclopédia de literatura brasileira*. Rio de Janeiro: MEC/FAE, 1990, v.I, p.614.

MEMÓRIA DE LEITURAS	DADOS COLETADOS EM FONTES DIVERSAS	
Título da obra autor/ período/gênero	Referência	Fonte da referência
Vida Moderna e a Musa título de revista mensal de arte e literatura propriedade de René Thiollier e Júlio Prestes		
Poemas e canções de Vicente de Carvalho	Vicente Augusto de Carvalho (1866-1924). Publicou *Poemas e canções*, com enorme sucesso, em 1908. Outra obra citada entre as memorialistas, também, de sua autoria é *Relicário*. Livro de 1988, dedicado à noiva. Colaborou em diversos jornais: *A Tribuna, O Estado de S. Paulo, O Jornal, O Diário de Santos*.	MENEZES, Raimundo de. *Dicionário literário brasileiro*. Rio de Janeiro: Livros Técnicos e Científicos, 1978, p.175-6.
Sílvio Romero, Osório Duque Estrada, João Ribeiro críticos da época (1908)		
Goulart de Andrade, Coelho Neto, Afonso Celso, João do Rio, Júlia Lopes de Almeida, Luís Guimarães Filho, Aphonsus de Guimarães, Hermes Fontes, Emiliano Perneta, Emílio de Menezes escritores da época (1908)		

MEMÓRIA DE LEITURAS	DADOS COLETADOS EM FONTES DIVERSAS	
Título da obra autor/ período/gênero	Referência	Fonte da referência
Tristezas à beira-mar Pinheiro Chagas (português) romance em brochura		
Dicionário da Lingua Portugueza de Antonio de Moraes Silva de 1878		
Os gatos Fialho de Almeida (português) contos		
Madona do Campo Santo Fialho de Almeida (português) contos		
O país das uvas Fialho de Almeida (português) contos		

MEMÓRIA DE LEITURAS	DADOS COLETADOS EM FONTES DIVERSAS	
Título da obra autor/período/gênero	Referência	Fonte da referência
Romance-folhetim Victor Hugo	De acordo com Marlyse Meyer, esses textos tiveram uma grande circulação no séc. XIX, por meio do *Jornal do Commercio*	MEYER, Marlyse. *Folhetim: uma história*. São Paulo: Companhia das Letras, 1996.
Romance-folhetim Alexandre Dumas	De acordo com Marlyse Meyer, esses textos tiveram uma grande circulação no séc. XIX, por meio do *Jornal do Commercio*	MEYER, Marlyse. *Folhetim: uma história*. São Paulo: Companhia das Letras, 1996.
Romances de José de Alencar		
Nova floresta Bernardes		
O Tico-Tico revista semanal para crianças	Almanaques de 1905 a 1958 (anual) Outras publicações da TICO-TICO: a "edição comemorativa do 50º. aniversário" (out. 1959); o "teatrinho na escola" do nº 2082, set.-out./1959 e o "quadro da nossa história" - ed. especial do nº 2088, set.-out./1960.	Banco de dados sobre periódicos da Biblioteca José Mindlin. LAJOLO, Marisa & ZILBERMAN, Regina. *A formação da leitura no Brasil*. São Paulo: Ática, p.229-30.

MEMÓRIA DE LEITURAS	DADOS COLETADOS EM FONTES DIVERSAS	
Título da obra autor/ período/gênero	Referência	Fonte da referência
O pátio dos milagres *Triboulet Fausta* *Fausta Vencida Os amantes de Veneza* de Michel Závaco romance-folhetim	Os quatro títulos foram identificados na fl de rosto da Revista Semanal (suplemento) do Romance de FON-FON, fasc. 1, nº 116, nº 172, nº 173 e nº 175, s.d.	Romance de FON-FON (suplemento semanal). Rio de Janeiro: officinas de FON-FON e SELECTA [...]. Fascículo n. 1, no. 41, 1922 e outros. (Acervo pessoal de Marlyse Meyer)

Lista 15 – *Anarquistas, graças a Deus*
Zélia Gattai

MEMÓRIA DE LEITURAS	DADOS COLETADOS EM FONTES DIVERSAS	
Título da obra autor/ período/gênero	Referência	Fonte da referência
Legendas de cinema		
Romance-folhetim		
O Estado de S. Paulo		
jornal		
Cartazes de cinema		
O Tico-Tico		
revista		
Thereza Raquin *Germinal* *Acuso* de Émile Zola		
Kropotkin		
Eça de Queiroz	Entre suas obras mais conhecidas poderia citar algumas, indicadas pelas memorialistas: *O primo Basílio* (1878), *O crime do padre Amaro* (1875) que inaugura o Realismo em Portugal e *A cidade e as serras* (1901).	*Grande Enciclopédia Larousse Cultural*. São Paulo: Nova Cultural, 1998, p.2009-10.

MEMÓRIA DE LEITURAS	DADOS COLETADOS EM FONTES DIVERSAS	
Título da obra autor/ período/gênero	Referência	Fonte da referência
La divina comédia Dante Alighieri livro ilustrado por Gustavo Doré		
Os miseráveis *Os trabalhadores do mar* *Notre Dame de Paris* de Victor Hugo		
Dramas anarquistas de Pietro Góri		
Bakunin Néry Tanfúcio		
Livro das sortes foi copiado em manuscrito e usado pelas meninas para a consulta à sorte (uma espécie de horóscopo amoroso); não foi possível saber se este é o título original do livro.		

MEMÓRIA DE LEITURAS	DADOS COLETADOS EM FONTES DIVERSAS	
Título da obra autor/ período/gênero	Referência	Fonte da referência
Colônia Cecília de Afonso Schmidt		
Caderneta de controle das finanças da casa usada na venda local		
Necrológico coluna do jornal		
Messidor livro de versos de Guilherme de Almeida		
Coleção das Moças		
Expulsa na noite de núpcias folhetim		
Coração de Edmundo de Amicis	*Cuore*, livro de uso escolar por Edmundo de Amicis. Publicado em 1868, na Itália e conquistou várias traduções em países diferentes. Traduzido em 1891, por João Ribeiro: *Coração*, a partir da 101. ed. italiana. A tradução de J. Ribeiro torna-se a mais popular nas escolas de instrução pública e continua sendo reeditada até hoje (1990).	COELHO, Nelly Novaes. *Dicionário crítico de literatura infantil e juvenil brasileira: séculos XIX e XX*. São PAULO: EDUSP, 1990, p.41.

MEMÓRIA DE LEITURAS	DADOS COLETADOS EM FONTES DIVERSAS	
Título da obra autor/ período/gênero	Referência	Fonte da referência
Satanella ou La mana della morta de Carolina Invernizzi romance em livro		
Il bacio della morta de Carolina Invernizzi romance em livro		
Morta na noite de núpcias folhetim		

Inventário de Fontes

ABRAMO, M. O livro no Brasil; alguns dados sobre a sua história e sua evolução. In: *Revista de Cultura Vozes*, Petrópolis, 65(3), abril de 1971. p.5-20.

ABREU, Márcia. Leitura de Ficção no Brasil Colônia. In: *Revista Tempo Brasileiro*, Rio de Janeiro, 124, jan.-mar. 1996. p.55-68.

ABREU, Márcia. *Histórias de Cordéis e folhetos*. Campinas, SP: Mercado de Letras: Associação de Leitura do Brasil, 1999 (Histórias de leitura).

ACERVO – REVISTA DO ARQUIVO NACIONAL. *Estudos de gênero*. Rio de Janeiro: Arquivo Nacional, v.9, n.1-2, jan.-dez.1996.

AGASSIZ, Luiz, CARY, Elizabeth. *Viagem ao Brasil 1865-1866*. Trad. João Etienne Filho. Belo Horizonte: Itatiaia; São Paulo: Pontes, 1990.

ALENCAR, José de. *Crônicas escolhidas*. São Paulo: Folha de S.Paulo/Ática, 1995.

ALENCAR, José de. *Como e porque sou romancista*. (adapt. Ortográfica Carlos de Aquino Pereira). São Paulo: Pontes, 1990.

ALGRANTI, Leila Mezan. Família e vida doméstica. In: *História da vida privada no Brasil*. v.I. São Paulo: Companhia das Letras, 1997, p.83-154.

ALMEIDA, Cybele Crossetti de. *O magistério feminino laico no século XIX: uma abordagem histórico-filosófica*. Universidade Federal do Rio Grande do Sul, Faculdade de Educação, 1991. (Dissertação de Mestrado).

ALMEIDA, Jane Soares de. *Mulher e educação: a paixão pelo possível*. Caxambu: 18a. Reunião Anual da ANPED, setembro de 1995. (GT – História da Educação).

ALMEIDA, Júlia Lopes de. *Elles e ellas*. Rio de Janeiro: Francisco Alves, 1970.

ALMEIDA, Júlia Lopes de. *A Silveirinha*. (ed. fac-similar). Florianópolis: Editora das Mulheres, 1997.

ALMEIDA, Presciliana Duarte de (Diret.) *A Mensageira: Revista literária dedicada á mulher brazileira*. (ed. fac-similiar). São Paulo, Imprensa Oficial do Estado/IMESP, 1987. (2v.)

ALVES, Ivia. (org. e apresent.) *Amélia Rodrigues: itinerários percorridos*. Salvador: Núcleo de Incentivo Cultural de Santo Amaro/NICSA-Bureau, 1998.

AMICIS, Edmundo. *Coração*. São Paulo: Teixeira & Irmão, 1891.

ARAÚJO, Nara. La autobiografía femenina, um género diferente? In: *Anais do VI Seminário Nacional Mulher e Literatura*, v.6. Faculdade de Letras, UFRJ, 1996.

ARROYO, Leonardo. *Literatura infantil brasileira*. Ensaio de preliminares para sua história e suas fontes. São Paulo: Melhoramentos, 1968.

ASSOCIAÇÃO SUL-RIO-GRANDENSE DE PESQUISADORES EM HISTÓRIA DA EDUCAÇÃO. *História da Educação*. Pelotas: Editora da UFPel, v.1, n.1, p.1-149, abril de 1997.

ATAS II CONGRESSO LUSO-BRASILEIRO DE HISTÓRIA DA EDUCAÇÃO. v.1. São Paulo: USP, 1998.

AULETE, Caldas. *Dicionário contemporâneo da língua portuguesa*. Rio de Janeiro: Delta Editora, 1958.

AZEVEDO, Sílvia Maria. Da Revista Popular a Jornal das Famílias: a imprensa carioca do século XIX a serviço dos 'interesses das famílias brasileiras. *Anais no 2°. Congresso ABRALIC* (Literatura e Memória Cultural), Belo Horizonte, 1991. v.3. p.25-34.

BARRETO, Elba Siqueira de Sá (coord.). *Bibliografia anotada sobre a mulher brasileira: história, família, grupos étnicos, feminismo*. São Paulo: Fundação Carlos Chagas; Secretaria da Cultura, Ciência e Tecnologia do Estado de São Paulo, 1977.

BASTOS, Maria Helena Camara. A instrução pública e o ensino mútuo no Brasil: uma história pouco conhecida (1808-1827). Pelotas: Associação Sul-Rio-Grandense de Pesquisadores. In: *História da Educação*, n.1, v.1, abril de 1997. p.115-34.

BARTHES, Roland. Escritores e escreventes. Trad. Geraldo Gerson de Souza. In: *Crítica e verdade*. São Paulo: Perspectiva, 1982.

BELLO, Oliveira. A instrução e o século. In: *Revista do Partenon Literário*. Porto Alegre: Imprensa literária (1):1-20, janeiro de 1875. (mimeo.)

BERNARDES, Maria Thereza C. Crescenti. *Mulheres de ontem? Rio de Janeiro século XIX*. São Paulo: T. A . Queiroz, 1988. (Coleção Coroa Vermelha, v.9)

BICALHO, Mari Fernanda. O bello sexo: imprensa e identidade feminina no Rio de Janeiro em fins do século XIX e início do século XX. In: COSTA, Albertina & BRUSCHINI, Cristina (org.). *Rebeldia e submissão: estudos sobre a condição feminina brasileira*. São Paulo: Vértice, 1989, p.79-99.

BINZER, Ina von. *Os meus romanos*: alegrias e tristezas de uma educadora alemã no Brasil. Trad. Alice Rossi et al. Rio de Janeiro: Paz e Terra, 1991.

BITTENCOURT, Adalzira. *A mulher paulista na história*. Rio de Janeiro: Livros de Portugal, 1954.

BITTENCOURT, Adalzira. *Dicionário bio-bibliográfico de mulheres ilustres, notáveis e intelectuais do Brasil*. Rio de Janeiro: Pongetti, 1969.

BOAVENTURA, Maria Eugênia; LEVIN, Orna Messer (org.). *Remate de males: Raul Pompéia*. Campinas: Revista do Departamento de Teoria Literária do Instituto de Estudos da Linguagem IEL/Unicamp, n.15, 1995.

BOHRMANN, Maria Benedita de (Délia). *Lésbia*. Florianópolis: Editora das Mulheres, 1997.

BOSI, Ecléa. *Memória e sociedade: lembranças de velhos*. São Paulo: Companhia das Letras, 1994.

BRANCO, Lúcia Castello. *O que é escrita feminina*. São Paulo: Brasiliense, 1992.

BRANCO, Lúcia Castello; BRANDÃO, Ruth Silviano. *A mulher escrita*. Rio de Janeiro: Casa Maria Editorial, 1989.

BRANDÃO, Ruth Silviano. *Mulher ao pé da letra*. Belo Horizonte: Faculdade de Letras da UFMG, 1991. (Tese de Doutorado em Literatura Comparada).

BRAIT, Beth. A hilariante história de madame Pommery na terra do café. In: *2º Congresso ABRALIC* (Literatura e Memória Cultural), Belo Horizonte, v.3, 1991. p.175-9.

BRITO, Candida. *Anthologia Feminina*. Rio de Janeiro: Edição A dona de casa, 1937.

BROCA, Brito. *Horas de leitura*. Campinas: Unicamp, 1992.
BROCA, Brito. *A vida literária no Brasil-1900*. Rio de Janeiro: MEC, 1956.
BRUSS, Elizabeth W. L'autobiographie considerée comme acte littéraire. *Poétique*, Paris, n. 17, p.14-26, 1974.
BURKE, Peter (org.). *A escrita da história: novas perspectivas*. Trad. Magda Lopes. São Paulo: Editora da UNESP, 1992.
CAMARGO, Ana Maria de Almeida (intr.). *O Polichinello*. São Paulo: Imprensa Oficial: Arquivo do Estado, 1981. (ed. fac-similar).
CAMPOS, Humberto de. *Memórias*: primeira parte (1886-1900). t.I. Rio de Janeiro: Editora Marisa, 1933.
CANDIDO, Antonio. *Formação da literatura brasileira:* momentos decisivos. Belo Horizonte: Itatiaia, 1981.
CARVALHO, José Murilo. *A formação das almas: o imaginário da república no Brasil*. São Paulo: Companhia das Letras, 1990.
CARVALHO, Kátia et al. *A travessia das letras*. Rio de Janeiro: Casa da Palavra, 1999. (Coleção Bibliófilos)
CARVALHO, Marta Maria C. de; NUNES, Clarice. Historiografia da educação e fontes. In: *15ª Reunião anual ANPED*. Caxambu, MG: GT História da Educação, 13-17 setembro de 1992, p.1-33. (mimeo.)
CASTELO BRANCO, Lúcia; BRANDÃO, Ruth Silviano. *A mulher escrita*. Rio de Janeiro: Casa-Maria Editorial, 1989.
CASTRO, Mário Ferreira de. *O Debate sobre a educação no jornal A Província de São Paulo entre os anos de 1875-1889*. Campinas: Faculdade de Educação, da Universidade Estadual de Campinas, 1997. (Dissertação de Mestrado).
CATALOGOS DOS LIVROS DA BIBLIOTECA FLUMINENSE. Rio de Janeiro: Tipografia de M. A. da Silva Lima, 1848.
CATÁLOGO DA LIVRARIA ACADEMICA DA CASA GARRAUX. Obras em Lingua Portugueza. Agencia do afamado jornal de modas: *A Estação*, São Paulo, s.d.
CATALOGOS DOS LIVROS DE FUNDO E EM MAIOR NUMERO. Rio de Janeiro: E & H. Laemmert; Typographia Universal de Laemmert, 1864.
CATÁLOGO OBRAS RARAS DA BIBLIOTECA LUÍS CAMILLO DE OLIVEIRA NETO. *Guia do Centro de Estudos do Ciclo do Ouro*. Ouro Preto: MG: Centro de Estudos do Ciclo do Ouro/Casa dos Contos, 1993.
CHARTIER, Roger; HEBRARD, Jean. Les imaginaires de la lecture. In: *Histoire de l'edition française*. Paris, Promodis, 1984.

CHARTIER, Roger. *A história cultural: entre práticas e representações*. Lisboa: Difel; Rio de Janeiro: Bertrand, 1990.
CHARTIER, Anne Marie; HEBRARD, Jean. *Discours sur la lecture (1880-1980)*. Paris: Centre Georges Pompidou, 1991.
CHARTIER, Roger. *A ordem dos livros: leitores, autores e bibliotecas na Europa entre os séculos XIV e XVIII*. Trad. Mary del Priore. Brasília: Editora Universidade de Brasília, 1994.
CHARTIER, Roger. *Práticas da leitura*. São Paulo: Estação Liberdade, 1996.
CHARTIER, Roger; CAVALLO, Guglielmo. *História da leitura no mundo ocidental*. (Rer. Téc. Maria Thereza Fraga Rocco) São Paulo: Ática, 1998. (Coleção Múltiplas Escritas – 1).
CHARTIER, Roger (coord.). *As utilizações do impresso*. Trad. Ida Boavida. Portugal: Difel, 1998.
CHRONICA LITTERARIA DE SÃO PAULO. Retrospecto do anno de 1866-1868. São Paulo, 1.v. In-8 br.
COCO, Pina Maria Arnoldi. O triunfo do bastardo: uma leitura dos folhetins cariocas do século XIX. Belo Horizonte, *Anais do 2º. Congresso ABRALIC* (Literatura e Memória Cultural), v.3, 1991. p.19-24.
COELHO, F. Adolpho. (colligidas). *Leituras escolares brazileiras*. Trechos variados. 1ª série. São Paulo: Teixeira & Irmão Editores, 1889.
COELHO, Haydée Ribeiro. Antropologia e História na interlocução entre o feminino e a literatura. In: *Revista de Estudos de Literatura*. Belo Horizonte, v.4, outubro de 1996. p.199-209.
COELHO, Nelly Novaes. 4.ed. (rev. e ampl.) *Dicionário crítico da literatura infantil e juvenil brasileira: séculos XIX e XX*. São Paulo: EDUSP, 1995.
COMPAGNON, Antoine. *O trabalho de citação*. Trad. Cleonice P. B. Mourão. Belo Horizonte: Editora UFMG, 1996.
COSTA, Albertina de O. et al. Pesquisa sobre mulher no Brasil: do limbo ou gueto? *Cadernos de Pesquisa*. São Paulo (54) 5-15, agosto de 1985.
CORREIA, Luís Grosso. Alfabetização, família e condição social no Porto de finais do século XIX. In: *Leitura: teoria & prática*. Campinas: Associação de Leitura no Brasil, ano 16, n.29, p.37-57, junho de 1997.
COUSIN, Almeida. *Memórias de cem anos*. Rio de Janeiro: Ed. Cátedra, 1975.
COUTINHO, Afrânio; GALANTE DE SOUSA, J. *Enciclopédia de Literatura Brasileira*. Rio de Janeiro. MEC/FaE, 1990.

COUTINHO, Afrânio. *Introdução à literatura no Brasil*. Rio de Janeiro: Civilização Brasileira, 1976.

COUTINHO, Sônia. Ficção/mulher anos 80. In: *Revista do Brasil. Literatura anos 80*. Rio de Janeiro: Secretaria de Ciências e Cultura do Estado do Rio de Janeiro/RIOARTE. ano 2, n.5, 1986. p.56.

CRESCENTI, Maria Thereza Bernardes. *Mulheres educadas, Rio de Janeiro no século XIX (1840-1890)*. São Paulo, Departamento de Ciências Sociais, da Universidade de São Paulo-USP, 1983. (Tese de Doutorado).

CUNHA, Maria Teresa Santos. Biblioteca das moças: contos de fada ou contos de vida? In: *Cadernos de Pesquisa*. São Paulo, n.85, maio de 1993, p.54-62.

CUNHA, Maria Teresa Santos. *Educação e sedução: normas, condutas, valores nos romances de M. Delly*. São Paulo: Faculdade de Educação, USP, 1995. (Tese de Doutorado).

D'ALESSIO, Marcia Mansor. Memória: leitura de M. Halbwachs e P. Nora. In: [s.l.]: [s.n.], [s.d.].

DARNTON, Robert. História da leitura. In: BURKE, Peter (org.) *A escrita da história: novas perspectivas*. São Paulo: Editora UNESP, 1992. p.199-236.

DE CERTEAU, Michel. *A invenção do cotidiano*. Trad. Ephrain Ferreira Alves. Petrópolis: Vozes, 1994. (Artes de fazer – 1).

DE CERTEAU, Michel. *A escrita da história*. Trad. Maria de Lourdes Menezes. Rio de Janeiro: Forense Universitária, 1984.

DEL PRIORE, Mary (org.); BASSANEZI, Carla (coord. de textos). *História das mulheres no Brasil*. São Paulo: Contexto, 1997.

DELGADO, Márcia Cristina. *Cartografia sentimental de sebos e livros*. Belo Horizonte: Autêntica, 1999.

DIAS, Maria Odila Leite da Silva. *Quotidiano e poder em São Paulo no século XIX*. São Paulo: Brasiliense, 1984.

DIAS, Maria Odila Leite da Silva. Mulheres sem história. In: *Revista de História: nova série*. São Paulo, USP, n. 112, jan.-jun. 1983. p.31-45.

D'INCAO, Maria Ângela. Mulher e família burguesa. In: DEL PRIORE, Mary (org.) *História das mulheres no Brasil*. São Paulo: Contexto, 1997. p.223-40.

DIDIER, Béatrice. *Le journal intime*. Paris: Presses Universitaires de France, 1976.

DOCTORS, Marcio (org.) *A cultura do papel*. Rio de Janeiro: Casa da Palavra, Fundação Eva Klabin Rapaport, 1999.

DORÉ, Gustave; DUPONT, Pierre. *A lenda do judeu errante*. Trad. David Jardim Junior. Belo Horizonte/Rio de Janeiro: Villa Rica Editoras Reunidas Limitada. (ed. fac-similar). (Coleção Arte Sempre).

ELEUTÉRIO, Maria de Lourdes. *De esfinges e heroínas*: a condição da mulher letrada na transição do fim do século. São Paulo: Faculdade de Filosofia, Letras e Ciências Humanas, Universidade de São Paulo, 1997. (Tese de Doutorado).

ENI, Samara Mesquita. A História da família no Brasil. In: *Revista Brasileira de História*, São Paulo (9): 17, set. 1988/fev. 1989. p.5-35.

EXPILLY, Charles. *Mulheres e costumes do Brasil*. Trad. Gastão Peralva. São Paulo: Companhia Editora Nacional, 1935.

FARIA, Oswaldo Lamartine; MEDEIROS FILHO, João. *Seridó – Século XIX* (fazendas e livros). Rio de Janeiro: Fomape Industria & Comercio Ed., 1987.

FIGUEIREDO, Eurídice (org.). *A escrita feminina e a tradição literária*. Niterói-RJ: Editora da Universidade Federal Fluminense/EDUFF: ABECAN, 1995.

FILHO, José Nascimento. *Maria Firmina*: fragmentos de uma vida. Maranhão: Imprensa do Governo do Maranhão, 1975. p.149-176.

FONSECA, Cláudia. Ser mulher, mãe e pobre. In: DEL PRIORE, Mary (org.), *História das Mulheres no Brasil*. São Paulo: Contexto, 1997. p.510-53.

FREYRE, Gilberto. *Sobrados e mocambos: decadência do patriarcado rural e desenvolvimento do urbano (1936)*. Rio de Janeiro: José Olympio, 1951.

FREYRE, Gilbero. *Casa-grande & senzala (1933)*. In: *Obra escolhida*. Rio de Janeiro: Nova Aguilar, 1977.

FUNCK, Susana Borméo (org.). *Trocando idéias sobre a mulher na literatura*. Florianópolis: UFSC, 1994.

GALANTE DE SOUZA, J. *Bibliografia de Machado de Assis*. Rio de Janeiro: Instituto Nacional do Livro/INL, 1955.

GALANTE DE SOUZA, J. *Fontes para o estudo de Machado de Assis*. Rio de Janeiro: Instituto Nacional do Livro/INL, 1958.

GALVÃO, Dr. Benjamim Franklin Ramiz (org.).*Catalogo do gabinete português de leitura do Rio de Janeiro*. Rio de Janeiro: Typografia do 'Jornal do Commercio' de Rodrigues & C., 1907.

GALVÃO, B. F. Ramiz (dir.). *Almanaque brasileiro Garnier para o anno de 1903*. Rio de Janeiro, anno 1.

GALVÃO, Ana Maria de Oliveira. *Escola e cotidiano: uma história da educação a partir da obra de José Lins do Rego (1890-1920)*. Belo Horizonte: Faculdade de Educação da Universidade Federal de Minas Gerais, 1994. (Dissertação de Mestrado).

GALVÃO, Ana Maria de Oliveira; BATISTA, Antônio Augusto Gomes. A leitura na escola primária brasileira: alguns elementos históricos. In: *Presença pedagógica*, Belo Horizonte: Editora Dimensão, n.24, v.4, nov.-dez., 1998.

GAMA, Padre Lopes. *O carapuceiro: crônicas de costumes*. MELLO, Evaldo Cabral de (org.). São Paulo: Companhia das Letras, 1996 (Coleção Retratos do Brasil).

GENCÉ, Condessa de. *Tratado de Civilidade e de Etiqueta*. 11.ed. (actualizada e aumentada). Lisboa; Livraria Editora Guimarães & Cia., s.d.

GOTLIB, Nádia Battela (org.). *A mulher na literatura*. Belo Horizonte: Imprensa da UFMG, 1990. v.2. 181p.

GOTIB, Nádia Battela. A divorciada (1902); um romance de dona Francisca Clotilde. IN: GAZOLLA, Ana Lúcia Almeida (org.). *A mulher na literatura*. Belo Horizonte: ANPOLL; VITAE; UFMG, 1990. v.1. p.61-9.

GONDRA, José Gonçalves. Entre os frutos e o arvoredo: a docência no projeto educacional republicano (1890-1896). São Paulo: *Atas do 1º. Seminário Docência, Memória e Gênero*, GEDOMGE/FEUSP, n.1, novembro de 1996. p.27-40.

GRAHAM, Maria. *Diário de uma viagem ao Brasil*. Trad. A. J. L. Belo Horizonte: Itatiaia; São Paulo: Editora da Universidade de São Paulo, 1990, vol. 157. (Coleção Reconquista do Brasil. 2ª.série)

GRANDE ENCICLOPÉDIA LAROUSSE CULTURAL. São Paulo: Plural Editora e Gráfica, 1998.

HAHNER, June E. *A mulher brasileira e suas lutas sociais e políticas*: 1850-1937. (Trad. Maria Thereza P. de Almeida et al.). São Paulo: Brasiliense, 1981.

HALLEWELL, Laurence. *O livro no Brasil; sua história*. São Paulo: T. A. Queiroz; EDUSP, 1985.

HARDMAN, Francisco Foot (org). *Remate de males: Brito Broca vida literária e história cultural*. Campinas: Revista do Departamento de Teoria Literária do Instituto de Estudos da Linguagem IEL/UNICAMP, n.11, 1991.

HALBWACHS, Maurice. *A memória coletiva*. Trad. Laurent Leon Schaffter. São Paulo: Vértice, 1990.

HELLER, Barbara. *Em busca de novos papéis: imagens da mulher leitora no Brasil (1890-1920)*. Campinas: Teoria Literária do Instituto de Estudos da Linguagem/IEL, UNICAMP, 1997. (Tese de Doutorado).
HELLMAN, Lillian. *Pentimento: um livro de retratos*. Trad. Elsa Martins. Rio de Janeiro: Francisco Alves, 1981.
HISTÓRIA DA TIPOGRAFIA NO BRASIL. São Paulo: Museu de Arte de São Paulo, Secretaria de Cultura, Ciência e Tecnologia do Governo do Estado de São Paulo, 1979.
HILSDORF, Maria Lúcia. Mestre Benedita ensina primeiras letras em São Paulo (1828-1858). São Paulo: In: *Atas do 1º. Seminário Docência, Memória e Gênero*, GEDOMGE/FEUSP, n.1, novembro de1996. p.95-104.
HOLLANDA, Heloísa Buarque de. Os estudos sobre mulher e literatura no Brasil: uma primeira avaliação. In: COSTA, Albertina de O. et al. *Uma questão de gênero*. Rio de Janeiro: Rosa dos Tempos; São Paulo: Fundação Carlos Chagas, 1992.
HORIZONTES/Universidade São Francisco. *Dossiê: memória social da leitura*. Bragança Paulista: Núcleo de Publicação e Divulgação Científica do IPPEX/EDUSF, v.15, 1997.
KUZNESOF, Elizabeth Anne. A família na sociedade brasileira: parentesco, clientelismo e estrutura social (São Paulo, 1700-1980). In: *Revista Brasileira de História*. (Org. Eni Mesquita Samara). São Paulo (9): 17, set. 1988/fev. 1989. p.37-63.
LAJOLO, Marisa; ZILBERMAN, Regina. *A leitura rarefeita: livro e literatura no Brasil*. São Paulo: Brasiliense, 1991.
LAJOLO, Marisa; ZILBERMAN, Regina. *A formação da leitura no Brasil*. São Paulo: Ática, 1996.
LAJOLO, Marisa. A leitora no quarto dos fundos. In: *Leitura: teoria & prática*. Campinas: Associação da Leitura do Brasil/ABL, 14 (25), jun. 1995. p.10-8.
LE GOFF, Jacques. *História e memória*. Trad. Bernardo Leitão et al. Campinas: Unicamp, 1994.
LE GOFF, Jacques; NORA, Pierre (org.). *História: novas abordagens*. MESQUITA, Henrique. Rio de Janeiro: Francisco Alves, 1988.
LE GOFF, Jacques; NORA, Pierre (org.). *História: novos problemas*. SANTIAGO, Theo (trad.). Rio de Janeiro: Francisco Alves, 1988.
LEAL, Maria Ivone. *Um século de periódicos femininos: arrolamento de periódicos entre 1807 e 1926*. Portugal: Comissão para a Igualdade e para os direitos das Mulheres, Lisboa, 1992.

LEITE, Miriam L. Moreira (org.) Formas de parentesco e de convívio. In: *A Condição feminina no Rio de Janeiro século XIX*, São Paulo: HUCITEC e Edusp; Brasília: INL e Fundação Nacional Pró-Memória, 1984. p.35-63.

LEITE, Miriam L. Moreira et al. *A mulher no Rio de Janeiro no século XIX*. São Paulo: Fundação Carlos Chagas, 1982.

LEITE, Miriam L. Moreira. Mulheres e famílias. In: *Revista Brasileira de História*, São Paulo (9): 17, set. 1988/fev. 1989. p.143-78.

LEITE, Miriam L. Moreira; MOTT, Maria Lucia de Barros; APPENZELLER, Bertha K. *A mulher no Rio de Janeiro no século XIX: um índice de referências em livros de viajantes estrangeiros*. São Paulo: Fundação Carlos Chagas, 1982.

LEITE, Miriam Moreira L. (org.). *A condição feminina no Rio de Janeiro, século XIX*. São Paulo: HUCITEC; Editora da Universidade de São Paulo: Brasília: INL, Fundação Nacional Pró-Memória, 1984 (Estudos Históricos, 4).

LEJEUNE, Philippe. *Je est un autre*: l'autobiographie de la littérature aux médias. Paris: Seuil, 1980.

LEJEUNE, Philippe. *Pour L'autobiographie*: chroniques. Paris: Seuil, 1998.

LISBOA, José Maria. *Almanach Litterario de São Paulo*. São Paulo: Instituto Histórico e Geográfico de São Paulo, Arquivo Público do Estado e Imprensa Oficial do Estado, 1982. (8v.) (ed. fac-similar).

LOBATO, Gervasio (dir.). *Chronica Moderna. Revista Critica Illustrada do Anno de 1881*. Lisboa: 1.v. gr. In-4.

LOPES, Eliane Marta Teixeira. Fontes documentais e categorias de análise para uma história da educação da mulher. In: *Teoria & Educação*. São Paulo (6): 105-114, 1992.

LOPES, Maria Antônia. *Mulheres, espaço e sociabilidade*: a transformação dos papéis femininos em Portugal à luz de fontes literárias (segunda metade do século XVIII). Lisboa: Livros Horizonte, 1989.

LOPES, Silvana Fernandes. A família e a educação na sociedade brasileira do século XIX: uma introdução ao tema. In: *IV Congresso Iberoamericano de Historia de la Educación Latinoamericana*. Chile: Instituto de Historia, Pontificia Universidade Católica de Chile, 1998. (mimeo.).

LOURO, Guacira Lopes. Mulheres na sala de aula. In: DEL PRIORE, Mary (org.) *História das mulheres no Brasil*. São Paulo: Contexto, 1997. p.443-81.

MACEDO, Joaquim Manuel. *Memórias da rua do Ouvidor*. São Paulo: Companhia Editora Nacional, 1952. (Biblioteca Pedagógica Brasileira, série V, vol. 275).

MAGNANI, Maria do Rosário Mortatti. O método João de Deus para o ensino da leitura. In: *Leitura: teoria & prática*. Campinas, UNICAMP/Mercado Aberto/Associação de Leitura do Brasil – ALB, ano 15, n.17, junho de 1996. p.24-50.

MALUF, Marina. *Ruídos da memória*. São Paulo: Siciliano, 1995.

MANOEL, Ivan Aparecido. *Igreja e educação feminina (1859-1919): uma face do conservadorismo*. São Paulo: Editora UNESP, 1996.

MARCONDES, Carlos Eugenio (org.). *Vida cotidiana em São Paulo no século XIX: memórias, depoimentos, evocações*. São Paulo: Ateliê Editorial: Fundação Editora da Unesp: Imprensa Oficial do Estado: Secretaria de Estado da Cultura, 1998.

MARTINS, Ana Luiza. *Gabinetes de leitura da província de São Paulo: a pluralidade de um espaço esquecido (1847-1890)*. São Paulo: Departamento de História da Faculdade de Filosofia, Letras e Ciências Humanas da USP, 1990. (Dissertação de Mestrado).

MARTINS, Wilson. *História da inteligência brasileira*. São Paulo: Cultrix/Editora da Universidade de São Paulo-EDUSP, 1979.

MELLO, Evaldo Cabral de. O fim das casas-grandes. In: *História da vida privada no Brasil – Império: a corte a modernidade nacional*. Luiz Felipe de Alencastro (org.). v.2. São Paulo: Companhia das Letras, 1997. p.386-438.

MEMÓRIA DE LEITURA. Bases de dados do Instituto de Estudos da Linguagem, da Universidade de Campinas – IEL/UNICAMP. http://www.unicamp. br/iel/memória. (História e Infra-Estrutura).

MEMÓRIA DE LEITURA. Bases de dados do Instituto de Estudos da Linguagem, da Universidade de Campinas – IEL/UNICAMP. http://www.unicamp. br/iel/memória. (Ensaios).

MEMÓRIA DE LEITURA. Bases de dados do Instituto de Estudos da Linguagem, da Universidade de Campinas – IEL/UNICAMP. http://www.unicamp. br/iel/memória. (Literatura).

MENEZES, Raimundo de. *Dicionário literário brasileiro*. Rio de Janeiro: Livros Técnicos e Científicos, 1978.

MESQUITA, Alfredo. *Silvia Pélica na Liberdade*. Ilustr. Hilde Weber. [s.l.]: Edições Gaveta, [s.d.]. 159p.

MEYER, Marlyse. *Os caminhos do imaginário no Brasil*. São Paulo: EDUSP, 1993.

MEYER, Marlyse. *De Carlos Magno e outras histórias: cristãos e mouros no Brasil*. Natal: UFRN. Ed. Universitária: CCHLA, Coleção Humanas Letras, 1995.

MEYER, Marlyse. *Folhetim: uma história*. São Paulo: Companhia das Letras, 1996.

MINDLIN, José E. Illustrated books and periodicals in Brazil, 1875-1945. In: *The journal of decorative and progaganda arts*. U.S.: Wolfson Foundation of decorative and propaganda arts, 1995. p.32-41. (número dedicado ao Brasil).

MINDLIN, José E. *Uma vida entre livros: reencontros com o tempo*. São Paulo: Companhia das Letras/EDUSP, 1997.

MINÉ, Elza. A imagem da 'leitora' no novo mundo (1870-1879), In: GAZOLLA, Ana Lúcia Almeida (org.). *A mulher na literatura*. Belo Horizonte: ANPOLL; VITAE; UFMG, 1990, v.1, p.154-73.

MIRANDA, Wander Melo. *Corpos escritos:* Graciliano Ramos e Silviano Santiago. São Paulo: EDUSP, 1992.

MORAES, Rubens Borba de; CAMARGO, Ana Maria de Almeida. *Bibliografia da Impressão Régia do Rio de Janeiro*. EDUSP/Kosmos, 1993.

MORAES, Rubens Borba de. *Bibliografia brasileira do período colonial*. São Paulo: Instituto de Estudos Brasileiros, 1969.

MORAES, Rubens Borba de; BERRIEN, Willian (dir.). *Manual bibliográfico de estudos brasileiros*. Rio de Janeiro: Gráfica Editora Souza, 1949.

MORAES, Rubens Borba de. *O bibliófilo aprendiz*. 3.ed. Brasília, DF: Briquet de Lemos/Livros: Rio de Janeiro: Casa da Palavra, 1998.

MORAES, Rubens Borba. *Livros e bibliotecas no Brasil colonial*. Rio de Janeiro: Livros Técnicos e Científicos. São Paulo: Secretaria da Cultura, Ciência e Tecnologia do Estado de São Paulo, 1979.

MORAIS, Maria Arisnete Câmara de. A busca da leitora no século XIX. In: *18ª Reunião Anual da ANPED*. (GT Alfabetização). Caxambu-MG: ANPED, setembro de 1995, p.15-27.

MORAIS, Maria Arisnete Câmara de. *Leituras femininas no século XIX (1850-1900)*. Campinas: Faculdade de Educação da Unicamp, 1996. (Tese de Doutorado).

MORAIS, Maria Arisnete Câmara de. Reminiscências... In: *Revista Educação em Questão*. Natal: EDUFRN, Universidade Federal do Rio Grande do Norte, v.7.(1/2): 149-154, jan.-dez. 1997.

MORETTO, Fulvia M. L. *Letras francesas: estudos de literatura*. São Paulo: UNESP, 1994.
MOTT, Maria Lúcia de Barros. *Biografia de uma revoltada: Ercilia Nogueira Cobra*. In: *Caderno de Pesquisa*. São Paulo (58): 89-104, agosto de 1996.
MOTT, Maria Luiza de Barros. Escritoras negras: resgatando a nossa história. Rio de Janeiro, *Papéis avulsos*, n.13, p.1-16, 1989.
MUSEU DE ARTE DE SÃO PAULO. *História da Tipografia no Brasil*. São Paulo: Secretaria de Cultura, Ciência e Tecnologia do Estado de São Paulo, 1979.
MUZART, Zahidé Lupinacci (org.). *Escritoras brasileiras do século XIX*: antologia. Florianópolis: Editora das Mulheres; Santa Cruz do Sul: EDUNISC, 1999.
MUZART, Zahidé Lupinacci. Mulheres de faca na bota: escritoras e política no século XIX. In: *Anais do VI Seminário Nacional Mulher e Literatura*, da Faculdade de Letras, Universidade Federal do Rio de Janeiro, n.6, 1995. p.115-24.
NABUCO, Joaquim. *Minha formação*. Rio de Janeiro: Ediouro/Tecnoprint, 1966.
NADAF, Yasmin Jamil. Literatura matogrossense de autoria feminina: séculos XIX e XX. IN: *Anais do VI Seminário Nacional Mulher e Literatura*, da Faculdade de Letras, Universidade Federal do Rio de Janeiro, n.6,1995. p.467-84.
NEVES, Lúcia Maria Bastos P. das; FERREIRA, Bessone. Livreiros franceses no Rio de Janeiro (1808/1823). In: *História Hoje*. IV Encontro Regional da ANPUH, Rio de Janeiro, 1990. Rio de Janeiro: ANPUH/Taurus, outubro de 1990.
NEVES, Lúcia Maria Bastos P. Leitura e leitores no Brasil, 1820-1822: o esboço frustrado de uma esfera pública de poder. In: *Acervo – Revista do Arquivo Nacional*, v.8, n.1-2 (jan.-dez 1995). Rio de Janeiro: Arquivo Nacional, 1995. p.123-38.
NORBERTO, J. *Brasileiras celebres*. Rio de Janeiro: Livraria de B. L. Garnier; Paris: Garnier Irmãos Editores, 1862.
NOVAIS, Fernando A. (org.). *História da vida privada no Brasil: Colônia*. v.1. São Paulo: Companhia das Letras, 1997.
NOVAIS, Fernando A. (org.). *História da vida privada no Brasil: Império*. v.2. São Paulo: Companhia das Letras, 1997.
NOVAIS, Fernando A. (org.). *História da vida privada no Brasil: República*. v.3. São Paulo: Companhia das Letras, 1997.

ODÁLIA, Nilo. *As formas do mesmo: ensaios sobre o pensamento historiográfico de Varnhagen e Oliveira Vianna*. São Paulo: Editora da UNESP, 1997.

O EIXO E A RODA. Belo Horizonte: Faculdade de Letras da Universidade Federal de Minas Gerais, Departamento de Letras Vernáculas, v.6, julho de 1988.

OLIVEIRA, Albertina et al. *Bibliografia anotada: mulher brasileira*. vol. I e II. São Paulo: Brasiliense, 1981.

OLIVEIRA, Andradina de. *A mulher riograndense: escritoras mortas I*. Porto Alegre: Americana, 1907.

OLIVEIRA, Américo Lopes de. *Dicionário de Mulheres célebres*. Porto: Lello & Irmão Editores, 1981.

OLIVEIRA, Flávia Arlanch Martins de. Famílias proprietárias e estratégias de poder local no século passado. In: *Revista Brasileira de História*, São Paulo (9): 17, set. 1988/fev. 1989. p.65-86.

OLIVEIRA, Sueli Teresa de. Escolarização profissional feminina, em São Paulo, nos anos 1910-1930. São Paulo: Pontifícia Universidade Católica de São Paulo, *Projeto História* (Mulher & Educação), n.11, novembro de 1994. p.57-68.

ORTIZ, Renato. *Cultura e modernidade: a França no século XIX*. São Paulo: Brasiliense, 1991.

OTTE, Georg. Rememoração e citação em Walter Benjamin. In: *Revista de Estudos de Literatura*, Belo Horizonte, v.4, p.211-23, outubro de 1996.

PAIXÃO, Fernando. (coord.) *Momentos do livro no Brasil*. São Paulo: Ática, 1996.

PAIVA, Maria Aparecida. *A voz do veto: a censura católica à leitura de romances*. Belo Horizonte: Autêntica, 1997.

PAIXÃO, Sylvia Perlingeiro. *A fala-a-menos: poesia e imprensa feminina no final do século XIX e início do século XX, no Brasil*. Rio de Janeiro: Departamento de Letras da Pontifícia Universidade Católica do Rio de Janeiro, 1989. (Dissertação de Mestrado).

PEREIRA, Lusia Ribeiro. Carlota Kemper – Educadora de meninas. *Atas do 1º. Seminário Docência, Memória e Gênero*, GEDOMGE/FEUSP, São Paulo, n.1, novembro de 1996. p.87-94.

PEREIRA, Lusia Ribeiro. Subsídios para uma discussão sobre as relações coloniais Brasil-Portugal, do ponto de vista da Educação da Mulher. Trabalho apresentado como requisito final da disciplina Família e Relações de Gênero – uma perspectiva de análise histórica, do curso de

História/Universidade de São Paulo e ministrado pela profa. Eni Samara Mesquita, 1º. semestre/1992. (mimeo.).

PERPÉTUA, Elzira Divina. A escrita autobiográfica. In: ALMEIDA, Maria Inês de (org.). *Para que serve a escrita?* São Paulo: EDUC, 1997. p.168-73.

PERPÉTUA, Elzira Divina. Às margens da tradução: a obra de Carolina de Jesus. In: IX ENCONTRO NACIONAL DA ANPOLL, 1995, João Pessoa. Área de Lingüística. Anais..., v.2, t.2. João Pessoa: Associação Nacional de Pós-Graduação e Pesquisa em Letras e Lingüística, 1995. p.1549-54.

PERPÉTUA, Elzira Divina. No território marginal da escrita: O quarto de despejo, de Carolina Maria de Jesus. In: *Anais do IV Congresso Associação Brasileira de Literatura Comparada/Abralic*. São Paulo: jul.-ago. 1994. p.275-7.

PERPÉTUA, Elzira Divina. O revisor como tradutor. In: QUEIROZ, Sônia (org.). *Editoração: arte e técnica*. v.2. Belo Horizonte: Faculdade de Letras da UFMG, 1996. p.21-30.

PERPÉTUA, Elzira Divina. *Solos e litorais da escrita: uma leitura de memórias de marginais*. Belo Horizonte: Departamento de Letras da PUC-MG, 1993. (Dissertação de Mestrado).

PERRONE-MOISÉS, Leyla. *Fernando Pessoa: aquém do eu, além de outro*. São Paulo: Martins Fontes, 1990.

PERRONE-MOISÉS, Leyla. *Texto, crítica, escritura*. São Paulo: Ática, 1993. (Ensaios 45).

PERRONE-MOISÉS, Leyla. *Altas literaturas: escolha e valor na obra crítica de escritores modernos*. São Paulo: Companhia das Letras, 1998.

PERROT, Michelle. Práticas da memória feminina. In: *Revista Brasileira de História*, v.9, n.18, p.9-18, 1989.

PERROT, Michelle et al. (org.). *História da vida privada: da revolução francesa à primeira guerra*. v.4. Trad. Denise Bottmam e Bernardo Joffily. São Paulo: Companhia das Letras, 1991.

PFROMM NETTO, Samuel et al. *O livro na educação*. Rio de Janeiro: Primor/MEC, 1974. (ed. ilustr.).

PISCTELLI, Adriana Garcia. *Histórias que as histórias de amor contam: mulheres, rebeldia e casamentos*. In: COSTA, Albertina; BRUSCHINI, Cristina (org.). *Rebeldia e submissão: estudos sobre a condição feminina brasileira*. São Paulo: Vértice, 1989, p.121-42.

POLLAK, Michael. Memória, esquecimento, silêncio. In: *Estudos Históricos*. Rio de Janeiro, Fundação Getúlio Vargas, v.2, n.3, 1989.

PORCHAT, Edith. *Informações históricas sobre São Paulo no século de sua fundação*. São Paulo: Iluminuras, 1993.

PORTELLA, Eduardo. Problemática do memorialismo. In: *Dimensões I*, Rio de Janeiro: Agir, 1959. p.185-93.

POULAIN, Martine. Lecteurs e lectures: le paysage général. In: *Pour une sociologie de la lecture: Lectures e lecteurs dans la France contemporaine*. Paris: Éditions du Cercle de la Librairie, s.d. (mimeo.)

POULAIN, Martine et al. *Representações e imagens da leitura*. Trad. Oswaldo Biato. São Paulo: Ática, 1997 (Série Fundamentos,133).

PRADO, Maria Lígia Coelho. Des Romans pour les femmes dans le Brésil du début du XIX siècle. In : MATTOSO, Katia de Queirós (org.). *Les femmes dans la ville. Un diàlogue franco-brésilien*, Paris, Presses de l'Université de Paris – Sorbonne, 1997. p.137-49.

PROUST, Marcel. *Sobre a leitura*. Trad. Carlos Vogt. São Paulo: Pontes, 1991.

QUADROS, Jussara Menezes. *Literatura e edição no Brasil na primeira metade do século XIX (1837-1864)*. Campinas: Instituto de Estudos de Linguagem IEL/Unicamp, 1993. (Tese de Doutorado).

QUINTANEIRO, Tânia. *Retratos de mulher*: o cotidiano feminino no Brasil sob o olhar de viageiros do século XIX. Petrópolis: Vozes, 1996.

RAINHO, Maria do Carmo Teixeira. A distinção e suas normas: leituras e leitores dos manuais de etiqueta e civilidade – Rio de Janeiro, século XIX. *Acervo – Revista do Arquivo Nacional*, Rio de Janeiro, v.8, n.1-2, jan.-dez 1995. p.139-54.

REIS, Maria Candida Delgado. *Tessitura de destinos – mulher e educação: São Paulo, 1910-1930*. São Paulo: Pontifícia Universidade Católica de São Paulo, 1991. (Dissertação de Mestrado).

RENAULT, Delso. *O Rio antigo nos anúncios de jornais (1808-1850)*. Rio de Janeiro, José Olympio, 1969.

RIBEIRO, Arilda I. M. *A educação da mulher no Brasil Colônia*. Campinas: Unicamp, 1987. (Dissertação de Mestrado).

RIBEIRO, Arilda. *A educação feminina durante o século XIX: o Colégio Florence de Campinas 1863-1889*. Campinas: Centro de Memória/Unicamp, 1996. (Coleção Campiniana, 4)

RIBEIRO, Francisco Aurélio. A literatura feita por mulheres no Espírito

Santo. In: *Anais do VI Seminário Nacional Mulher e Literatura*, da Faculdade de Letras, Universidade Federal do Rio de Janeiro, n.6, 1995. p.430-54.

RIBEIRO, João. *História do Brasil: curso superior*. 13.ed.(aum. e refundida). Rio de Janeiro: Livraria Francisco Alves, 1935.

RIBEIRO, Luis Felipe. *Mulheres de papel: um estudo do imaginário em José de Alencar e Machado de Assis*. Niterói: EDUFF, 1996.

ROSEMBERG, Fúlvia; PIZA, Edith Pompeu; MONTENEGRO, Thereza. *Mulher e educação formal no Brasil: estado da arte e bibliografia*. Brasília: INEP, REDUC, 1990.

S. Norberto J. de S. *Brazileiras celebres*. Rio de Janeiro: Livraria B. L. Garnier; Paris: Garnier Irmãos Editores, 1862.

SABINO, D. Ignez. *Mulheres Illustres do Brazil*. Florianópolis: Editora das Mulheres, 1996. (ed. fac-similar).

SACRAMENTO BLAKE, Augusto Vitorino Alves. *Dicionário bibliográfico brasileiro*. Rio de Janeiro: Typographia Nacional. 1883. (7 vol.)

SAMARA, Eni Mesquita. *As mulheres, o poder e a família: São Paulo, século XIX*. São Paulo: Editora Marco Zero e Secretaria de Estado da Cultura de São Paulo, 1989.

SAMARA, Eni Mesquita (org.). Família e grupos de convívio. São Paulo: *Revista Brasileira de História*, ANPUH/Marco Zero, v.19, n.17, set. 1988/fev. 1989.

SCHAPOCHNIK, Nelson. Contextos de leitura no Rio de Janeiro do século XIX: salões, gabinetes literários e bibliotecas. In: BRESCIANE, Stella (org.). *Imagens da cidade séculos XIX e XX*. São Paulo: Marco Zero/ANPUH/FAPESP, 1994. p.147-62.

SCHANERB, Robert. *História geral das civilizações: o século XIX – o apogeu da civilização européia*. Trad. J. Guinsburg. Rio de Janeiro: Bertrand Brasil, 1996.

SCHOPENHAUER, Arthur. *Sobre livros e leitura. Über lesen und bücher*. HUMBLÉ, Phillippe; COSTA, Walter Carlos. Porto Alegre: Editora Paraula, 1993.

SCHORSKE, Carl E. *Viena fin-de-siècle: política e cultura*. Trad. Denise Bottmann. Campinas: Editora da Unicamp; São Paulo: Companhia das Letras, 1988.

SCHWARCZ, Lilia Moritz. *Retrato em branco e negro: jornais, escravos e cidadãos em São Paulo no final do século XIX*. São Paulo: Companhia das Letras, 1987.

SCOTT, Joan. Gênero: uma categoria útil de análise histórica. In: *Educação e Realidade*. v.16, n.2, jul.-dez. 1990.

SENNETT, Richard. O tumulto da vida pública no século XIX. In: *O declínio do homem público: as tiranias da intimidade*. WATANABE, Lygia Araujo. São Paulo: Companhia das Letras, 1988.

SILVA, Bruno Ernani. *História e tradição da cidade de São Paulo*. São Paulo: Editora Hucitec, Prefeitura do Município de São Paulo e Secretaria Municipal de Cultural, 1984. v. III e IV.

SILVA, Maria Beatriz Nizza da. A história da mulher no Brasil: balanço da produção e perspectivas. In: *Ler História*, São Paulo (12): 95-110, 1988.

SILVA, Maria Beatriz Nizza da. *Cultura e sociedade no Rio de Janeiro, 1808-1822*. São Paulo: Cia. Editora Nacional, 1978.

SILVA, Maria Beatriz Nizza da. *Cultura no Brasil Colônia*. Petrópolis: Vozes, 1981.

SILVA, Maria Beatriz Nizza da. Educação feminina e educação masculina no Brasil Colonial. São Paulo: *Revista de História* da USP, 55 (109): 149-64, 1977.

SINZIG, Frei Pedro. *Através dos romances: guia para as consciencias*. 2.ed. Petrópolis: Vozes, 1923.

SOARES, Magda. Letramento/Alfabetização. In: *Presença pedagógica*. Belo Horizonte, Editora Dimensão, v.2, n.10, p.83-9, jul.-ago. 1996.

SOARES, Magda. *Letramento: um tema em três gêneros*. Belo Horizonte: Autêntica/CEALE, 1998.

SOBRINHO, J. F. Velho. *Dicionário bio-bibliográfico brasileiro*. Rio de Janeiro: Irmãos Pongetti, 1937, v. I e II.

SODRÉ, Nelson Werneck. *História da literatura brasileira*. Rio de Janeiro: Civilização Brasileira, 1964.

SODRÉ, Nelson Werneck. *História da imprensa no Brasil*. São Paulo: Martins Fontes, 1983.

SOUTO-MAIOR, Valéria Andrade. *Índice de dramaturgas brasileiras do século XIX*. Florianópolis: Editora das Mulheres, 1996.

SOUZA, Gilda de Melo. *O espírito das roupas: a moda no século XIX*. São Paulo: Companhia das Letras, 1993.

TAMBARA, Elomar. A educação feminina no Brasil ao final do século XIX. Pelotas: Associação Sul-Rio-Grandense de Pesquisadores. In: *História da Educação* n.1, vol.1, abril de 1997. p.61-90.

TEIXEIRA, Maria de Lourdes. As mulheres machadianas. In: *Revista Brasiliense*. São Paulo: mar.-/abr. 1956. (mimeo.).

TELLES, Lygia Fagundes. A prosa do imaginário. In: *CULT – Revista Brasileira de Literatura*, São Paulo, ano II, n.23, junho de 1999, p.6-11.

TELLES, Norma. *Encantações: escritoras e imaginação literária no Brasil – século XIX*. São Paulo: Pontifícia Universidade Católica, Programa de Pós-Graduação em Ciências Sociais, 1987.(Tese de Doutorado).

TELLES, Norma. Escritoras, escritas, escrituras. In: DEL PRIORE, Mary (org.). *História das mulheres no Brasil*. São Paulo: Contexto, 1997. p.401-42.

TINHORÃO, José Ramos. *Os romances em folhetins no Brasil (1830 à atualidade)*. São Paulo: Duas Cidades, 1994.

TRINDADE, Etelvina Maria de Castro. *Clotildes ou Marias: mulheres de Curitiba na Primeira República*. Curitiba: Fundação Cultural, 1996. (Coleção Farol do Saber).

VERDIER, Yvonne. *Façons de dire, façons de faire*. Paris: Gallimard, 1979. (Bibliothèque des Sciences Humaines).

VERÍSSIMO, José. Leitura e livros. Publicação original no *Almanaque Brasileiro Garnier de 1904*. Reproduzido em *Caderno de Leitura*, n.4. São Paulo: EDUSP, 1993.

VIANA, Maria José Motta. *Do sótão à vitrine: memórias de mulheres*. Belo Horizonte: Editora UFMG, 1993.

VIDAL, Barros. *Precursoras brasileiras*. [s.l.]: [s.n.], [s.d].

XAVIER, Elódia. *Declínio do patriarcado: a família no imaginário feminino*. Rio de Janeiro: Record/Editora Rosa dos Tempos, 1998.

WERNECK, Maria Helena Vicente. O feminino na literatura. In: *Revista Tempo Brasileiro*. São Paulo: Tempo Brasileiro Ed. v.1, n.1, (101): 123-38, abr.-jun. 1990.

WERNECK, Maria Helena Vicente. *Mestra entre agulhas e amores: a leitora do século XIX na literatura de Machado e Alencar*. Rio de Janeiro: Faculdade de Letras da Pontifícia Universidade Católica do Rio de Janeiro, 1985. (Dissertação de Mestrado).

WERNECK, Maria Helena Vicente. A produção para o esquecimento. In: *Anais do 2° Congresso Abralic: Literatura e Memória Cultural*. Belo Horizonte: Associação Brasileira de Literatura Comparada, v. 3, 1991, p.13-23.

ZAGURY, Eliane. *A escrita do eu*. Rio de Janeiro: Civilização Brasileira, 1982.

ZILBERMAN, Regina. O leitor e o livro. In: *Dossiê: memória social da leitura, Horizontes*/Universidade São Francisco. Bragança Paulista: Núcleo de Publicação e Divulgação Científica do IPPEX/EDUSF, (15), 1997. p.21-40.

ZILBERMAN, Regina. De leitor para leitores: políticas públicas e programas de incentivo à leitura. In: ABREU, Márcia (org.). *Leituras no Brasil*. Campinas: Mercado de Letras, ABL, 1995. (Antologia comemorativa pelo 10º COLE).

SOBRE O LIVRO

Formato: 16 x 23 cm
Mancha: 27,5 x 46,5 paicas
Tipologia: Iowan Old Style 10,5/14
Papel: Offset 75 g/m² (miolo)
Cartão Supremo 250 g/m² (capa)
1ª Edição: 2003

EQUIPE DE REALIZAÇÃO

Coordenação Geral
Sidnei Simonelli

Produção Gráfica
Anderson Nobara

Edição de texto
Milfolhas Produção Editorial
Eliana Sá (Coordenação)
Preparação e Revisão
Beatriz de Freitas Moreira
Diagramação
In Design – Lilian Queiroz

Impressão e Acabamento
Rua 1822, n. 347 • Ipiranga
04216-000 SÃO PAULO, SP
Tel.: (0**11) 6914-1922